SHEHUI ZHUANXING

国家社会科学基金项目

社会转型中的 刑事司法改革与制度创新研究

SHEHUI ZHUANXING ZHONG DE

XINGSHI SIFA GAIGE YU ZHIDU CHUANGXIN YANJIU

张能全◎著

中国政法大学出版社

2017·北京

图书在版编目（CIP）数据

社会转型中的刑事司法改革与制度创新研究/张能全著. —北京:中国政法大学出版社，2017.4
ISBN 978-7-5620-7458-8

Ⅰ.①社… Ⅱ.①张… Ⅲ.①刑事诉讼－司法制度－体制改革－研究－中国 Ⅳ.①D925.204

中国版本图书馆 CIP 数据核字(2017)第 084849 号

出版者　中国政法大学出版社
地　址　北京市海淀区西土城路 25 号
邮寄地址　北京 100088 信箱 8034 分箱　邮编 100088
网　址　http://www.cuplpress.com (网络实名：中国政法大学出版社)
电　话　010-58908586(编辑部)　58908334(邮购部)
编辑邮箱　zhengfadch@126.com
承　印　固安华明印业有限公司
开　本　720mm×960mm　1/16
印　张　22
字　数　360 千字
版　次　2017 年 4 月第 1 版
印　次　2017 年 4 月第 1 次印刷
定　价　66.00 元

序 PREFACE

司法改革是我国当前政治领域最重要的制度改革，刑事司法改革与制度创新是这一改革的核心。刑事司法活动事关国家刑事司法权力的规范行使与刑事诉讼活动的理性展开，刑事司法的规范化、理性化和正当化程度直接关系着国家权力运作的规范化、理性化和正当化发展程度，直接关系着国家民主法治发展、社会秩序安定和谐与公民个人人权保障实现的具体程度。当然，刑事司法运作不能离开其赖以生存和运行的社会制度环境，宏观环境变化必然深刻影响着刑事司法系统要素乃至系统本身的发展完善。反之，刑事司法制度日益发达完善必然引领和带动社会相关制度同步发展，从而使得社会治理体系走向系统完善。随着中国市场经济体制的建立和发展，民主法治制度观念的日益完善和逐步深化，人们对于自由、权利、公平、正义有了更深刻的理解与更强烈的追求，对于制度理性寄予了更多期盼。作为政治法律制度重要组成部分的刑事司法程序与诉讼法律制度，所面临的宏观社会环境显然已经发生了根本性的变化，制度文化也处于持续转型变迁之中，必须主动积极地作出相应调整才能适应社会发展和时代需要。

我国学术界对于司法改革涉及的相关理论与立法修改问题给予了全面关注与深入研讨，实务界则对于司法改革给予了热烈回应并展开了积极探索，通过持续深入的改革实践与理论研究，刑事司法程序与诉讼法律制度在诸多方面取得了长足进步。不过，刑事司法改革属于复杂而浩大的系统工程，无论是理论界还是实务界对于刑事司法改革的整体性、系统性、长远性方面关注还不够，尤其是对于刑事司法改革所涉及的制度与环境平衡协调方面的问题重视不够，研讨不多，所取得的成果也相对有限。在刑事司法改革中，由于缺乏全面系统的理论指导，司法实践出现诸多误区，从而影响到我国刑事司法改革战略全局乃至国家法治大局。立足于中国社会发生全面转型的宏大背景中，深入分析社会环境变迁的主要趋势，全面总结刑事司法基本规律，继而提出刑事司法制度必须适应新的社会环境并积极推动我国刑事司法改革与制度创新活动的全面展开。本书以刑事司法制度与其社会环境变迁协同发展的历史考察为参照，以世界各国刑事司法制度发展的基本规律为依据，以中国改革开放后的社会变迁及制度变动为背景，宏观考察我国刑事司法制度的基本特征和现实状况，科学预测并合理规划其发展前景，从而为我国刑事司法改革与制度创新提供理论支撑，归纳概括刑事司法改革已经取得的成就并深刻剖析其存在的主要问题，为持续推进和全面深化我国刑事司法改革及制度创新提出了有益意见与合理建议。

本书将刑事司法制度植根于宏大的社会历史及现实环境中加以比较考察，通过把握刑事司法制度与社会环境衡态共生的普遍规律从而发现影响刑事司法制度变迁的诸多因素，进而提出刑事司法制度改革完善不仅应当立足于制度本身的深入分析与系统考察，而且更重要的是关注环境对制度的影响和制约，并提出制度环境协调发展的具体举措。本书总论部分主要在以下几个方面展开了研究：其一，不仅从历史视角分析阐述了刑事司法制度变动与其政治环境、伦理环境及文化环境变迁协同发展的基本规律，而且从现实视角分析考察我国刑事司法制度变动及司法改革所处的国际国内环境变化之间的内在关系。这为全面分析论证我国刑事司法改革并提出科学决策和合理建议奠定了坚实的历史及现实基础与理论前提。其二，本书对于刑事司法制度发展总体趋势与所蕴含的基本规律进行了总结归纳，指出刑事司法制度趋同化的主要表征在于刑事司法目的衡平、刑事司法构造均衡、刑事司法主体多元与刑事司法程序理性，并全面深入剖析了现代刑事司法制度趋同化发展的制度背景与发展根基，从而揭示出刑事司法制度发展变革的内在规律。其三，本书运用制度理性与现代化理论工具阐述论证了现代刑事司法理性化发展的主要维度，结合我国刑事司法制度存在的主要问题提出刑事司法诉讼化在我国所遭遇的诉讼结构困境，刑事司法系统化在我国所遭遇的司法体制困境，刑事司法民事化在我国所遭遇的刑事政策困境，进而指出我国刑事司法理性化发展的具体改革思路。其四，本书回顾了我国刑事司法改革历程并深入分析了其直接动因，归纳总结了我国刑事司法改革存在的种种错误倾向，深刻反思与严肃批判了其背后所存在的认识论与价值观误区，着力阐明刑事司法改革必须以协调平衡的价值观为根本指导思想，着重强调指出其对于指导刑事司法改革的理论意义与实践意义。本书分论部分主要在以下方面展开了研究：其一，基于刑事司法权力配置是刑事司法改革及制度创新的核心问题，本书在概括归纳刑事司法权力性质及功能的基础上，论证阐述了刑事司法权力之间的相互关系及调整其关系的主要原则，总结了法治国家刑事司法权力配置的普遍做法，在分析我国刑事司法权力配置存在的主要问题的基础上提出了我国刑事司法权力配置调整的具体方案。其二，在对刑事司法权力配置调整问题进行论证阐述的基础上，对于刑事程序结构与刑事司法体制等宏观层面的问题给予了全面关照与深刻剖析，并从比较法视角概括分析出法治国家刑事程序结构与我国刑事程序结构的特征差异，继而提出我国刑事程序结构调整的基本思路，结合党中央提出的以审判为中心的程序制度改革战略方针及我国刑事司法体制存在的主要问题，着力阐明以审判为中心的程序制度改革关键在于体制优化继而提出我国刑事司法体制优化的相应举措。其三，根据影响刑事司法制度的要素重要程度，本书着力阐述论证了社会转型中的审判体制改革及制度创新、检察体制改革及制度创新、侦查体制改革及制度创新乃至刑事辩护制度改革及其创新等重大问题，并提出了有针对性的具体改革建议。

本书取得了比较丰硕的研究成果，在一定程度上填补了我国刑事诉讼法学及司法制度的研究空白，解决了理论界与实务界在刑事司法改革方面一些长期存在却争论不休的问题，继而在改革需要遵循的指导思想、主要原则归纳概括方面做出了开创性努力，就改革的主要领域提出了一些合理可行的主要方案：其一，本书综合运用了社会学、系统论与生态学理论和方法全面分析考察刑事司法制度与其社会生态环境的内在有机联系，阐明刑事司法制度及其改革应当与其社会环境优化保持生态平衡，从而为我国社会整体转型阶段中的刑事司法改革与制度创新指明前进方向。本书将全新的研究方法引入到刑事司法制度研究领域，并取得相应努力的成果，拓展了刑事诉讼法学及司法制度的研究范围及研究方法。其二，通过深入研究刑事司法制度变动与其社会环境变迁的协调平衡关系，揭示了刑事司法制度及改革发展的基本规律，为分析研究刑事司法改革提供了新的视角，为刑事司法改革行动路线制定提供了科学依据。其三，通过对刑事司法改革存在的问题及深层动因的分析总结，提出运用平衡协调的价值观和方法论指导刑事司法改革的论断，明确了我国刑事司法改革的总体指导思想，通过刑事司法改革主要原则的阐述则，为改革把握了正确方向。其四，就刑事司法改革的主要领域及具体实施的关键方面进行了全面的分析论证，为把握刑事司法改革的整体性、系统性与长远性提供了科学的理论指导与实践指导。本书指出，刑事司法改革应当将刑事司法职权调整、刑事程序结构优化与刑事司法体制完善进行有机结合，在审判、检察、侦查、辩护四个主要环节具体展开司法改革及制度创新。从而明确了改革的主要方向及着力实施的关键领域，为刑事司法改革提供了科学合理的规划蓝图及实施步骤。

张能全副教授主持的国家社会科学基金项目《社会转型中的刑事司法改革与制度创新研究》（10BFX039）的研究工作历经数年，作者终年勤于研究写作，成稿后又反复推敲打磨。学术界多位权威专家在评审后给予了该研究成果较高的评价鉴定意见，全国哲学社会科学规划办公室已对该项目审查批准结项并颁发了结项证书（20160974）。在课题完成送审后，作者继续对书稿进行了反复修改润色，并全面细心地参考了所有评审专家对送审稿所提出的修改意见。在此基础上，经过大半年时间的全面修正补充，本书终于在其课题送审稿的基础上修改完善而结稿。张能全博士踏实能干、不事张扬；工作认真负责，教学效果好，深受学生喜爱；在学术研究方面，专注于基础理论研究，取得了较多的研究成果。作为导师，我深感欣慰！祝愿并相信他能够在今后的学术道路上取得更加优异的成绩。

是为序。

徐静村

2016 年秋于歌乐山下

目 录 CONTENTS

下篇 社会转型中的刑事司法改革与制度创新研究分论

导　论

“法律根源于社会生活，服务于社会生活，本身就是社会和谐运行和发展的一种内在需求和产物。因此，从社会学角度，或者更确切地说从社会实际生活的角度，把法律放在一个较为广阔的社会背景之下，来探讨它的社会基础，它在社会生活中的多元形式，它产生与完善的社会机制以及它的社会化问题，对于反思和检讨有关法治问题的一些观念、思路、方案和实际做法，实现法律与社会的有机结合，无疑是必要的。”〔1〕中国社会正在进行大规模的社会整体转型，转型所带来的全新变化已经或正在使得原有的制度变得僵化甚至失去生命力，如何应对环境变化带来的挑战并根据新的社会环境加快体制转型与制度改革成为当今中国理论界需要展开研究的新兴课题。

一、本书的研究意图

刑事司法制度作为诉讼法学与司法制度理论研究的交叉领域正在受到越来越密切的学术关注，那是因为刑事司法活动事关国家刑事司法权力的规范行使与刑事诉讼活动的理性展开，刑事司法的规范化、理性化和正当化直接关系着国家权力运作的规范化、理性化和正当化发展程度，直接关系着国家民主法治发展、社会秩序安定和谐与公民个人人权保障的实现程度。当然，刑事司法运作不能离开其赖以生存和运行的社会及制度环境，宏观的社会及制度环境变化必然深刻影响着刑事司法系统要素乃至系统本身的发展变化。这是因为，“一个文化系统内的法律、政治、社会、经济等制度及其器物都是

〔1〕 魏宏：《法律的社会学分析》，山东人民出版社 2003 年版，第 1 页。

互为关联的，事物的发展是一个不断延续的过程，当你想要较为完整地讨论某一问题时，这一问题会迫使你回溯历史，并触及相关的其他问题，而绝不应该将其余部分剪掉”。[1]本书意图运用社会学、系统论与生态学理论和方法全面分析考察刑事司法制度与其社会及制度环境的内在有机联系，指出刑事司法改革应当与其社会环境优化保持生态平衡，从而为我国社会整体转型阶段中的刑事司法改革与制度创新指明前进方向，并针对刑事司法改革进程存在的主要问题与不良倾向，提出改革必须坚持的基本原则，明确刑事司法改革的行动路线、着力改革的主要领域及具体实施的关键环节。

本书立足于中国社会发生全面转型的宏大背景之中，着力分析社会环境变迁的主要特征及其发展趋势，从而提出刑事司法制度必须适应新的社会环境来进行改革与制度创新。随着中国市场经济体制的建立和发展，民主法治观念的日益强化，人们对于自由、权利、平等、尊严有了更深刻的理解与更强烈的追求，对于制度理性也寄予了更多期盼。作为国家政治法律制度重要组成部分的中国刑事司法程序与诉讼法律制度，所面临的宏观社会环境已经发生了根本性的变化，制度文化也处于持续转型变迁之中，刑事司法制度必须主动积极地作出相应调整才能适应社会发展和时代需要。本书以刑事司法制度与其社会环境变迁协同发展的历史考察为参照，以世界各国刑事司法制度的普遍做法及刑事司法基本规律为依据，以中国改革开放后的社会变迁及制度变动为背景，宏观考察了我国刑事司法制度的基本特征、现实状况与发展前景，从而为刑事司法改革提供历史参照、现实依据与理论支撑，继而分析总结我国刑事司法改革已经取得的成就及存在的主要问题，为持续推进和全面深化我国刑事司法改革及制度创新提供有益的意见和建议。

二、本书的研究方法

鉴于本书内容介于社会学与法学的交叉地带，无论是刑事诉讼法学，还是司法制度领域都很少有学者从社会学角度对刑事司法进行宏观层面的系统考察，尤其是对刑事司法系统与其社会生态环境的相互关系进行全面考察。然而，其他学科如政治学、经济学、心理学、管理学等，都广泛运用了社会学、系统论与生态学的理论和方法对该学科的诸多理论和实践问题进行具体

---

[1] 尹伊君：《社会变迁中法律解释》，商务印书馆2004年版，导论，第17~18页。

研究，并取得了丰硕成果。我们不能忽视这些研究的新动向而自甘人后，裹足不前。研究方法创新是理论创新的前提条件及重要基础，要使得司法制度研究取得更大的成就，就必须改进研究方法，更新研究思路。“法学方法论的特征即在于：以诠释学的眼光对法学作自我反省。自我反省指的不是对法律决定过程的心理分析，虽然这种分析亦自有益，但是于此所指是：发掘出运用在法学中的方法及思考形式，并对之作诠释学上的判断。”〔1〕实际上，国外运用社会学、系统论和生态学理论和方法从事社会科学研究的做法由来已久，成果丰硕，而且这种趋势越来越明显。例如达马斯卡教授的《司法和国家权力的多种面孔》就是综合运用社会学分析方法、类型分析方法和系统分析方法的成功范例，如今十分流行的社会学法理学就是运用社会学理论和方法研究法律与社会关系的新兴学科，制度经济学也是运用经济学方法来研究法律问题的典型代表等。根据系统科学和生态学理论，任何系统的生存和发展不能离开其相应的生态环境，并与环境保持着衡态共生的平衡状态。研究刑事司法制度不应当无视其赖以生存的社会及制度生态环境而进行单纯的制度分析，因为恰恰是其环境特征及变化决定着刑事司法系统构造及其运行特征，也决定着刑事司法系统的具体变化。目前，国内诉讼法学与司法制度研究者大多从本学科的具体问题出发，就事论事，提出问题，找出对策，这种对策式研究的不足就在于它无法找到问题的真正原因，也就无法从根本上解决刑事司法所面临的问题。本书正是在刑事司法制度与其社会环境维持生态平衡规律的基础上，通过运用系统论、生态学及社会学等学科理论及分析方法，全面考察刑事司法制度与其社会生态环境的内在有机联系，继而提出社会转型中的刑事司法改革与制度创新对策的建议和意见。期盼研究成果能够为我国刑事司法制度完善与刑事诉讼法学理论研究的持续深入尽绵薄之力。

三、刑事司法改革研究置于我国社会整体转型的宏观现实背景之中的必要性

（一）刑事司法改革研究置于中国社会转型背景之中的重要意义

根据社会学、系统论与生态学等学科关于系统环境衡态共生的基本原理，中国刑事司法改革探索必须置身于社会整体转型的宏大背景之中才可能彰显

---

〔1〕［德］卡尔·拉伦茨：《法学方法论》，陈爱娥译，商务印书馆2003年版，第121~122页。

其对于刑事司法制度本身的现实意义与自身价值。中国社会整体转型必然要求新的政治法律制度与之相适应，不相适应的制度自然丧失其功效而遭到淘汰。由于立法天生的滞后性，决定了法律制度从其诞生的时候起就已经落后于快速变化的社会。况且中国经过三十多年的改革开放，经济发展已经带动整个社会发生了巨大的转变。亦即，中国正在由传统农业社会迈入现代工业社会和信息社会，由国家社会一体的政治社会迈向国家与社会逐渐分离的市民社会，整个社会结构与人们的行为方式均发生了重大变化。随着社会分工日益细化，计划经济让位于市场经济，闭关锁国让位于改革开放，高度统一的政治社会逐渐分解，让位于高度分化的市民社会。我国市场经济改革不仅推动了国家政治体制改革，而且带动了法律制度的持续变革，刑事司法改革本身就是顺应中国社会变迁而作出的法律回应。在中国社会进入转型时期之后，刑事司法长期奉行的严厉惩治犯罪的片面司法目的与严打刑事政策已经无法适应新的社会形势。随着法治观念深入人心，平等、自由与人权已经成为人们追求的价值目标与评判是非曲直的根本标准。显然，如果刑事司法制度不进行改革和调整就无法适应新的社会需求。1996 年的《刑事诉讼法》调整了我国刑事司法的目的，将片面强调惩治犯罪改为惩罚犯罪与保障人权并重，并对主要诉讼制度进行了较大力度的修改。不过，由于刑事诉讼法学基础理论研究还有待深入，程序法治意识与人权思想观念还在形成之中，立法滞后使得相关配套制度未能及时跟上，导致 1996 年《刑事诉讼法》修改的诸多内容在实施过程中出现了困难。20 世纪 90 年代末，学术界全面展开了《刑事诉讼法》再修改的探讨，加之司法实践中不时出现的冤假错案引发了社会民众对于刑事司法程序问题的全面讨论，从而引起了党和国家领导层的高度关注，最终推动了国家立法机关及时启动《刑事诉讼法》再修改的立法进程。2012 年《刑事诉讼法（修正案）》同样秉承刑事诉讼法律制度必须与中国转型社会要求相协调的基本精神，继续深化人权保障与权力制约的宪法意旨，将国家尊重和保障人权纳入刑事诉讼基本原则，改革完善了刑事辩护制度、刑事证据制度与强制措施制度，规定了任何人不得被强迫证实自己有罪原则与非法证据排除规则，明确了证明责任与证明标准，并对刑事程序的诸多环节进行了修正。《刑事诉讼法》再修改实际上反映了中国社会整体转型时期需要通过创新刑事司法制度从而实现其价值目标的客观要求。当然，刑事司法改革是一项宏大的制度建设工程，并非仅仅通过一两次《刑事诉讼法》修改就能够完成。况且，《刑事诉讼法》修改仅仅在立法层面解决了刑事司法的法律依据问题，刑事司法体制和运行机制改革还须及时跟进，才能全面推进我国刑事司法制度的不断完善。

司法体制是指司法机关的设置、领导或监督体制、职权划分的管理制度。亦即，司法机关的组织制度。刑事司法体制自然是指刑事司法机关的组织制度。我国现行刑事司法体制中的专门机关的相互关系在《宪法》中已有明确规定，公安机关、检察机关与人民法院分工负责、相互配合、相互制约，以实现惩罚犯罪、保护人民、维护社会秩序的刑事司法目标。由此形成我国特有的三机关流水作业、共同打击犯罪的“配合制约”刑事司法体制。这种体制在高度集中统一的政治体制下与国家社会一体的社会结构中能够充分发挥惩治犯罪和维护社会秩序的诉讼功能。但是，在中国社会整体转型及高度分化的情况下，出现了诸多不相适应的情况，根据转型社会需求及时进行刑事司法改革就成为推进国家法治的关键一环。转型期社会中的刑事司法需求反映了人们对于刑事司法公正所寄予的强烈愿望——期盼刑事司法制度能够公正高效运作以有效解决严重争端，维护和平安宁的社会秩序，确保公民人权得到保障、人格尊严得到尊重、个人隐私受到保护。由于刑事司法本身是以国家权力为后盾，以限制或剥夺公民个人基本人权为目标的国家职权行为，鉴于国家权力滥用的严重危害性与高度危险性，在其解决严重争端的同时不得不防范国家权力侵害公民个人权利的可能性。实际上，人们对于自由、权利和公平正义的渴望与追求是包括刑事司法制度在内的所有法律制度运行的出发点与落脚点，刑事司法运作的目的与过程都必须尊重和保障公民的这些基本诉求与愿望。为此，在使犯罪人承担刑事责任、确保其受到公平的审判和公正的处罚的同时，通过法律程序限制和约束国家专门机关的职权以确保其规范行使就成为现代刑事司法的重要目的与关注焦点。刑事司法改革就是要根据刑事诉讼主体的不同诉讼职能而配备相应的刑事司法权力，以及使不同性质的刑事司法权力之间保持着平衡互动关系。计划经济时期人们对于安全的期望远高于对于自由的渴求，而随着传统社会向现代社会转型，人们尽管期盼安全，但更渴望自由，而中国传统的刑事司法制度更多地强调通过严厉打击犯罪来确保社会平安，当然无法满足人们对于自由的渴望与追求。故而，刑事司法改革必须置身于中国社会转型的背景下，根据转型社会的制度需求来调整刑事司法制度的目的与功能，调整刑事司法结构与刑事司法职权配置。

（二）刑事司法改革研究立足于中国本土法治实践的重要意义

刑事司法改革研究目的在于通过全面总结刑事诉讼法学基本理论与刑事司法客观规律，并将其运用于我国刑事司法制度的改革完善，为我国刑事司法改革提供理论基础、现实依据与具体建议。亦即，刑事司法改革的理论研究最终服务于我国刑事司法改革的具体实践，故而研究工作必须与我国本土刑事司法实践紧密结合。众所周知，中国有着根深蒂固的专制传统，可以想象中国在建设现代化法治国家的过程中，可能面临异常复杂的情况与各种意想不到的困难，可能出现若干曲折、反复乃至倒退的现象，但这些都不能阻挡中国法治建设的历史进程。因为，法治是中国市场经济体制与民主政治制度的必然选择，随着改革开放的全面深入，法治观念与法治意识的日益提高，国家法治已经深入人心。西方法治经验告诉我们，刑事程序法治乃是国家法治的关键环节，刑事司法的正当化及理性化程度直接关系着国家法治发展水平的高低。这是因为，现代国家权力运作的核心在于刑事司法权力运行领域，解决了刑事司法职权合理配置、职能划分与规范运作问题就意味着解决了国家法治的主要问题。我国法治进程起步较晚，进展也比较缓慢，政治民主化与法律理性化层次水平不高。尤其是，国家权力乃至国家刑事司法权力在科学划分与合理配置方面还存在诸多问题，还不符合国家法治化的基本要求。刑事司法改革研究不仅需要总结刑事司法客观规律，总结西方法治发达国家的先进经验，而且需要了解和把握我国刑事司法制度的历史和现状，深入分析现行刑事司法制度的形成原因，全面总结实践经验及存在的主要问题，积极运用别国先进经验改造我国刑事司法制度并力促其逐步完善。故而，刑事司法改革研究不能奉行简单的拿来主义思想，直接照搬他国经验并不能够解决我国现实的问题，更不能一味地将我国刑事司法制度绝对化，甚至将任何改革建议拒之门外。实际上，任何制度进步都只有经过严密的理论分析与全面的实践考证之后，才能形成科学的推论并积极地付诸改革实践以推进其发展完善。

刑事司法改革研究一方面应当肯定中国现行刑事司法程序与诉讼法律制度有着充分的合理性，但另一方面也要看到该制度还存在着不利于司法公正与人权保障的诸多不利因素。例如，我国刑事司法权运行机制中的审判独立性、中立性不足问题，侦查权力过度强势问题、公民个人权利救济缺失问题一直没有得到很好地解决。再如，检察机关作为国家的法律监督机关固然能够发挥监督各专门机关依法行使职权的作用，但应当看到检察机关权力滥用的危险性，应当看到检察机关监督不力的情况在现实中屡屡出现，应当看到检察机关行使监督权造成诉讼结构不合理等诸多问题。这些问题如果得不到重视，就可能成为中国刑事司法改革的绊脚石与拦路虎。我国《宪法》和法律中存在诸多权力制约的制度安排，但是这些权力制约措施本身不尽合理，有些做法甚至违背了权力运行的基本规律——依靠权力主体自律以保证权力合理行使被证明是十分荒谬的做法。中国刑事司法改革最核心的问题在于国家刑事司法权力的科学划分与合理配置受政治体制影响，我国刑事司法体制中的公安机关、检察机关与人民法院三机关一直采取的是平行设置并共同行使刑事司法职权的做法。在特殊的历史环境中与特定的政治体制下，公安机关承担了最重要的捍卫国家安全与社会秩序的职责和使命，因而其政治地位远远超越其他机关。由各地党委副职或行政副职兼任公安机关首长的新近做法实际上突破了既定的《宪法》框架，造成的严重后果在于刑事侦查对于刑事程序所产生的决定意义与全局影响。检察机关作为国家的法律监督机关既行使职务犯罪侦查权，又行使公诉权与法律监督权，尽管都是程序性权力，但未必只有程序意义。人民法院作为三个流水作业机关的最后工序主体几乎没有决定案件结局的权威性与影响力，结果必然是侦查中心化与审判形式化，从而构成中国刑事司法行政化的独特表象。社会转型中的刑事司法改革与制度创新必须立足于中国本土法治的具体实践，深入分析与全面总结我国刑事司法的特殊个性，结合法治发达国家刑事司法制度的先进经验、共同做法及普遍规律，提出合理的改革建议以推动我国刑事司法制度的持续完善。

（三）刑事司法改革置于世界法治大格局中的重要意义

刑事司法改革不仅需要立足于中国活生生的转型社会现实，立足于刑事司法制度的过去、现在与未来，还必须立足于世界法治发展大背景进行宏观思考与全面分析。因为只有在胸怀世界与全面总结已有经验的前提下，才能把握时代发展的脉搏并科学预见刑事司法制度的发展方向。人们对于法治的探索由来已久，法治实践多样化使得法治模式异彩纷呈。不过，权力有限、人权保障、服务政府、公正司法应当是所有法治国家所认同的共同元素。我们不应当将这个世界的差异想象得太大，因为人的本性与需求都是一样的，人们都期盼生活幸福、健康、自由、人人平等、尊严隐私受到保护等。摩尔根曾说："人类的经验所遵循的途径大体上是一致的；在类似的情况下，人类的需要基本上是相同的；由于人类所有各族的大脑无不相同，因而心理法则的作用也是一致的。"[1]故而，中西文化和社会的相同性预设不是说中国应向西方"求同""趋向"，而是指许多原理在人之作为人、社会之作为社会，以及文明之作为文明的意义上"本同"，所不同的只是各自的认识途径、认识程度、表达形式和具体规则，还有得道的先后，如有的可能在中国发达起来，有的可能在西方发达起来。不然的话，我们怎能理解"权利"这个出自西方法律文化传统的词汇被翻译为中文后如此流行？[2]从西方法治国家的制度运作情况看，这些国家的法律制度尤其是刑事司法制度在有效解决严重争端，保障公民个人权利与维护社会秩序继而促成国家法治化与治理能力现代化发展等方面积累了丰富的经验。中国历史悠久，对和谐秩序的追求与和平安宁的期盼向往是其文化的重要表征，但由于专制制度本身服务于特权等，因此传统中国的制度文化与现代社会公认的价值观存在着深刻抵牾。计划经济时代高度集中统一的政治法律制度也过度强调了稳定、秩序的重要性而对于个性自由与公民权利关注不够，那么，社会转型中的刑事司法改革就必须立足于本土法治实践的，积极借鉴法治发达国家的先进经验，在维持国家权力规范运作的同时，更加注重充分保障公民个人的自由和权利。

在探索权力制约的理论研究中，很大程度上都必须提到西方国家的三权分立制度，实际上，权力制约是十分悠久的政治话题，从古老文明发源地的埃及、巴比伦王国中的权力制约制度设计到希腊、罗马时代的权力分立制度安排，再到中世纪基督教会、封建王国等政治法律制度中的权力制约构造，都可以看到人们期望通过权力分立实现权力制衡的目的。只是完整意义上的司法、立法与行政权分立是在近代才被提出并得以实施的。故而，三权分立实际上就是权力制约发展史的经典总结而已。我国实行的人民代表大会政治制度虽与西方三权分立的民主宪政模式不同，但国家权力的分立与制衡关系及对刑事司法体制的制约同样有着和谐的生态效果，遵循着共同的生态平衡规律。当然，西方法治国家在进入 20 世纪 90 年代以后经济社会发展出现了

---

〔1〕［美］摩尔根：《古代社会》，杨东莼、马雍、马巨译，商务印书馆 1997 年版，第 8 页。

〔2〕夏勇："评本应该多些——答谢、反思与商榷"，载湘潭大学法学院编：《湘江法律评论》（第 1 卷），湖南大学出版社 1996 年版。

诸多问题，高福利所带来的国家巨额财政赤字，高额债务导致国家经济社会发展不堪重负，经济倒退、失业增多、福利下降、犯罪突出等问题困扰着这些法治发达国家。当然，任何制度都不可能尽善尽美，法治发达国家的制度同样需要反思和改革完善。当代中国，需要同时解决各种历时性与现时性问题，诸如工业化、信息化与现代化等多重任务。在市场经济改革日益深入的今天，我们不可能停留在改革的半路上甚至退回到计划经济时代。实际上，中国市场经济改革难以继续推进与包括政治体制在内的各项改革没有及时跟进密切相关，只有早日启动包括政治体制改革在内的各项改革举措才可能解决目前经济改革中遇到的瓶颈问题。况且，政治体制改革关键在于国家权力的合理配置，而司法改革关键在于国家司法权力的合理配置。刑事司法权力配置不科学已经在相当程度上阻碍了中国刑事司法公正的全面实现，阻碍了司法体制的科学建构与国家法治化的发展进程。为此，我们必须面对现实，谨慎思考中国法治建设的宏观战略大局，谨慎思考并界定中国法治在世界法治格局中处于何种地位，应作出何种选择。中国已经矗立于世界大国之列，正在日益影响着世界格局的大变动与大发展。时代的要求、国家的命运与历史的机遇决定了中国必须承担起迅速推进国家法治的神圣使命。中国法治进程不仅与世界法治发展息息相关，而且其前进步伐也推动和影响着世界各国政治法律制度的大发展，反之，中国法治倘若不能取得成功，不能完成国家治理现代化使命，必将拖延世界法治的大发展，从而影响全球治理体系现代化的进程。故而，从有效解决严重争端，维护社会和谐秩序，建设法治中国和推进世界法治进程考虑，从中国将为人类社会进步作出更多贡献考虑，从改革完善全球治理结构和持续创新全球治理体系考虑，都需要积极推进中国法治尤其是刑事程序法治的伟大进程。为此，我们必须深入研究和全面把握社会转型中的刑事司法规律，积极推进刑事司法各项改革以促进制度和机制创新。通过持续推进我国刑事司法改革，早日实现我国刑事法治化根本目标，为国家治理体系与治理能力现代化提供强大的助推力。

上篇

社会转型中的刑事司法改革与制度创新研究总论

第一章
刑事司法制度变动与外部环境变迁协同发展的历史考察

“法律发展本身乃是社会发展的一个重要组成部分，甚至在一定意义上是社会文明进程的指示器。法律作为一种社会规范及价值体系，乃是社会生活本身发展所不可或缺的。”[1]纵观人类社会发展史，刑事司法制度体系作为与人类社会同生共长的严重冲突解决机制，属于社会制度大系统的重要组成部分。“一个文化系统内的法律、政治、社会、经济等制度及其器物都是互为关联的，事物的发展是一个不断延续的过程，当你想要较为完整地讨论某一问题时，这一问题会迫使你回溯历史，并触及相关的其他问题，而绝不应该将其余部分剪掉。”[2]实际上，马克思主义经典作家早就说过：“社会不是以法律为基础的。那是法学家的幻想。相反地，法律应该以社会为基础。”[3]特定社会环境中的政治、经济、伦理道德及文化价值观等外部要素的变化，必然会带来刑事司法制度体系的重大调整，这种调整有时是被动的，有时是主动进行的，调整的过程和转变的程度总取决于刑事司法系统要素与其它系统要素之间的竞争、磨合与协调程度，从而具体反映出刑事司法系统对生态平衡规律的遵循程度。随着社会及其制度环境的变化，传统刑事司法制度体系逐渐向现代刑事司法制度体系转型，传统刑事诉讼制度中的弹劾式诉讼与纠问式诉讼是与前近代时期政治、经济、文化等社会结构要素、价值观以及

---

〔1〕 公丕祥：《东方法律文化的历史逻辑》，法律出版社 2002 年版，第 6 页。

〔2〕 尹伊君：《社会变迁中法律解释》，商务印书馆 2004 年版，导论，第 17~18 页。

〔3〕《马克思恩格斯全集》（第 6 卷），人民出版社 1961 年版，第 291~292 页。

社会意识形态相适应的，而近现代刑事诉讼制度中的职权式诉讼与辩论式诉讼是与近现代时期的民主政治、市场经济与法治文化相适应的。无论是传统刑事诉讼，还是现代刑事诉讼，其系统要素和要素组合而成的整个系统构造总是与其外部环境保持着动态平衡、互动整合和网络整生关系。在影响刑事司法制度发展变迁的诸多因素中，政治因素、伦理因素及文化价值观因素无疑是最为显著的影响因子，因而需要对这些因素的发展变迁与刑事司法制度的变动演进情况予以历史考察，以便能够更好地把握刑事司法制度与其外部环境的相互关系。

一、政治环境变迁与其刑事司法制度变动协同发展的历史考察

纵观人类社会发展史，政治制度与法律制度发生着同步演化并呈现出相对分化和密切互动的态势。伴随着社会政治形态日益复杂化和多样化，法律制度不断朝专业化和技术化方向发展。总体说来，政治体制决定着法律结构，而法律制度运行和发展也直接或间接地影响着政治的运行和发展。达玛什卡教授曾指出，政府结构和政府功能两种政治因素在很大程度上影响着程序规则的生长环境，并因此在很大程度上决定着程序制度的基本设计。〔1〕因而，法律程序与占统治地位的政治意识形态之间的亲和性研究有着光明的前景。实际上，阶级社会产生后，刑事司法成了国家权力的核心场域和政治法律的神经中枢，其敏感触角紧紧连接着政治法律制度的心脏。可以说，有什么样的国家政治，就有什么样的刑事司法。刑事司法是检验宪法对国家专断权是否有限制以及限制是否有效的试金石。〔2〕作为关系公民基本人权保障与国家权力规范运作核心领域的刑事司法制度，应当成为关注重心。同时，刑事司法制度的发展演变离不开其赖以生存和运行的政治制度环境，二者维系着和谐共生、动态衡生及网络整生的系统构造，呈现出共生互动的生态平衡关系。研究刑事司法制度就不能不关注它与政治制度的有机联系。本节试图运用系统论、生态学理论及类型学方法分析政治体制与刑事司法制度的平衡生态关系，结合我国正在进行的司法体制及运行机制改革进程提出刑事司法制度调

---

〔1〕［美］米尔伊安·达玛什卡：《司法和国家权力的多种面孔》，郑戈译，中国政法大学出版社2004年版，引言。

〔2〕James O'reilly：*Human Rights and Constitutional Law*，The Round Hall Press，1992（4）.

整应与政治体制改革相协调的建议，力促刑事司法制度与民主政治环境的协同发展与优化。

（一）原始民主政体与古代弹劾式刑事司法制度

政体学说发端于古希腊政治家和思想家对国家、公民和政权组织形式所做的经验总结和探索性思考。柏拉图和亚里士多德都曾经对希腊的城邦政治进行过全面考察和详细分析，提出了较为系统的政体类型及其分类依据的理论，并初步提出了混合政体的设计思想。西塞罗、波里尼乌斯都认为君主政体、贵族政体和民主政体的混合实现了权威、智慧和自由平等的最佳结合，因而是最好的政体选择。混合政体实践主要集中在雅典民主政治时期和罗马共和国及罗马帝国时期。这种政体的典型特征在于权力受法律的制约，包括君主要素、贵族要素和民众要素而构成的复合政体形式，因而其运作体现了权威、智慧与民主的协调统一。

回顾政治发展史，人类社会早期历史阶段实际上已经出现了混合政体的雏形。在原始氏族社会开始出现权力制约观念和机制的萌芽。摩尔根认为，酋长会议、人民大会和最高军事统帅组成的政府实际上已经体现出三权并立的态势。酋长会议提出和制定法案，这些法案只有通过人民大会才能发生效力，因此酋长会议成了一个预先筹商的会议。可以看出，人民大会与酋长会议形成了相互制约的关系，同时二者共同制约着最高军事统帅的权力。[1]早期社会的这种权力结构最终被雅典和罗马城邦国家的政体形式所吸收借鉴。雅典的混合政体是建立在一定的社会经济基础和相互制衡的权力结构基础之上的参与型民主政体形式，在梭伦改革之前，它已经成为希腊最强大的奴隶制城邦国家，为民主政治发展提供了坚实的财政支撑，也为民主政体的建立和运作提供了政治基础。而且，雅典的理智主义精神也为其民主政体的形成和发展提供了文化意识的支持。从而促使雅典政体形成了工商贵族、氏族贵族和平民相互制衡的权力构造。其改革成果在于，“依靠同意的统治取代了依靠强迫的统治，倒立的金字塔被颠倒了过来。通过使每一个公民都成为其自身利益的看守者，梭伦将民主因素引入了国家。”[2]梭伦执政时期是雅典民

---

〔1〕［美］摩尔根：《古代社会》，杨东莼、马雍、马巨译，商务印书馆 1997 年版，第 116~117 页。

〔2〕［英］阿克顿：《自由的历史》，林猛等译，贵州人民出版社 2001 年版，第 9 页。

主宪政的开创时期。[1]梭伦就任后进行了一系列的政治和法律方面的改革，为雅典民主政治的形成奠定了宪法基础。亚里士多德指出："在梭伦的宪法中，最具民主特色的大概有以下三点：第一而且是最重要的是禁止以人身为担保的借贷，第二是任何人都有自愿替被害人要求赔偿的自由，第三是向陪审法庭申诉的权利，这一点据说便是群众力量的主要基础，因为人民有了投票权利，就成为政府的主宰了。"[2]陪审法院作为雅典最高的司法机关，作用在于保障根本法的有效实施。陪审法院原意是"作为法庭的公民大会"，它由行政官于集市日在市场上审理诉案，并由有空暇的若干公民参加。这一制度充分体现了雅典公民参与审判的权利，也是司法权力制约立法和行政权力的制度构造，因而成为雅典民主宪政制度的重要组成部分。通过陪审法庭的方式参与统治，说明了雅典政治制度结构在历史上是一个多层次、有着相互约束的权力结构的主要政体。在雅典民主宪政制度中，用法律的形式规定了公民拥有接受裁判的权利、辩护权利、反诉权利和处分权利等宪法性程序权利，这使得雅典诉讼程序带有深刻的弹劾式特征。接受裁判权又称裁判请求权，是现代社会人们所拥有的宪法性权利。"这项基本权利自梭伦改革时起就已经成为雅典宪法的支配性原理。根据古雅典的法律观念，接受裁判的权利不仅是指当事人将纠纷提交给一位公正的第三人裁判，更主要的是指当事人将纠纷提交由业余法官组成的法院进行审判，因为这种法院代表了全体雅典市民的意志。"[3]此外，雅典还通过规定当事人向法院起诉可以免去任何费用的法律措施来消除不合理的诉讼障碍，以确保当事人接受公正裁判权的实现。无论是有关公共利益的案件，或是有关私人利益的案件在绝大多数情况下都是由一方当事人启动，并且提出诉讼请求的目的和主张的范围也都由这一方当事人予以明确化。梭伦改革的一个最主要的成果莫过于赋予了任何当事人在遭受不法行为侵害后，享有自愿决定是否起诉的权利。除此以外，俊伦改革的另一个成果就是诉讼程序进程及证据的提出主要受当事人主义的支配。举证方法的选择责任和证明责任完全由具有利害关系的一方当事人承担。当然，程序运作的当事人主义与法院机构的人员组成密切相关，陪审法庭的

---

〔1〕 参见何勤华主编：《外国法制史》，法律出版社 2001 年版，第 65 页。

〔2〕 [古希腊] 亚里士多德：《雅典政制》，日知、力野译，商务印书馆 1959 年版，第 12 页。

〔3〕 陈刚：《民事诉讼法制的现代化》，中国检察出版社 2003 年版，第 256 页。

法官都是业余法官。这些业余法官每年年初都要宣誓，郑重承诺将依据雅典法律进行裁决。如果缺少可适用于某一具体案件的法律规定时，他们则根据人类生活的基本准则对纠纷作出最恰当的裁断，从而彰显公平的观念。由此可以看出，古雅典诉讼法律制度内含了相当浓厚的以平等、民主为内容的弹劾要素、法官自由心证要素及自由创制法律要素。

罗马共和国属于混合政体形式，执政官可以看成罗马共和国的君主因素，元老院可以看作是其中的贵族因素，公民大会则可以看成是民主因素。这些政体的结构要素都平等地具有各自的最高权力。"如果人们只注意执政官的权力，那罗马国家就完全是君主政体，如果人们只注意元老院的权力，它又完全是贵族政体，而如果只注意民众的权力，它显然又是民主政体。"〔1〕罗马继承和发扬了希腊的民主宪政制度与自然法理念，形成了私人财产不可侵犯、契约自由、个人权利平等等罗马法精神，而且创建了较为完备的罗马法体系，其法治成就达到了简单商品经济时代的巅峰。《十二铜表法》作为罗马第一部成文法典，更体现了罗马法奉行私权神圣、程序优先的法制理念，它与其浓厚的民主宪政传统互为表里，不可分割。因此，有学者认为《十二铜表法》是罗马历史从礼制社会转向法治社会的分野。〔2〕《十二铜表法》对于诉讼程序的具体规定则比较全面地展示了在古罗马王政时期以及共和国早期实行的是弹劾式诉讼，诉讼实体内容的规定也突出了对于私人权益的保护。根据该法律规定，科处极刑属于百人团民众会议的职权范围。民众会议诉讼处于刑事司法的中心，执法官在民众会议中提起诉讼，勒令被控告者于规定的时间内在民众会议出庭，提出控告，提交证据，被告人则进行辩护，发表辩护演说。执法官如果不中止诉讼，就正式提出控告要求判处某人极刑或罚金刑，民众会议通过审理或者按照执法官的建议科处刑罚或者宣布无罪释放。再者，该法律明确要求任何执法官不得处死或鞭笞已经提出申诉的罗马市民，"向民众申诉制度"被罗马人视为对市民自由权的最高宪制保障。它使那些拥有治权的执法官不能以最严厉的方式使用强制权和惩罚权，尤其是判处死刑的权力。〔3〕从罗马民众会议对严重刑事案件的审判程序来看，控审分离、控辩平

〔1〕 徐大同：《西方政治思想史》，天津教育出版社2000年版，第55页。

〔2〕 陈可风：《罗马共和宪政研究》，法律出版社2004年版，第55页。

〔3〕 参见［意］朱塞佩·格罗索：《罗马法史》，黄风译，中国政法大学出版社1994年版，第154页。

等、裁判中立的弹劾式诉讼构造已经发展得相当成熟，这种诉讼结构的形成与运作当然与罗马古典民主法治背景息息相关。不仅如此，罗马刑事司法中的正当程序观念得到了相当的发展。审判应当依据先前的传统如期进行，必须考虑当事人双方的辩护理由，从而按照法律的一般规定给予正当的法律判决。塔西佗记述，元老院一部分议员曾企图对尼禄时代的一个臭名昭著的告密者不经审判而予以惩罚。而其他议员则坚决认为，应该给予时间，应当公开处罚；按照惯例，即使是对于人民最为憎恶的有罪被告也应当进行审判。无论谁作出的判决，如果他没有让其中一方当事人陈述自己的意见，哪怕判决事实上是正义的，该法官的审判行为也不正当。在罗马法学家看来，兼听当事人双方的意见是确定而无须陈述的一项司法原则。〔1〕由此可见，接受裁判和相关的陈述权、辩护权等司法上的权利已经取得了宪法性权利的形式。

法国学者卡斯东·斯特法尼强调指出："从政治上看，控诉式诉讼程序与民主制度比较协调，而民主制度都要广泛地组织公民参与公共事务管理，并且在个人、个人权利同国家的关系中，给予前者突出的地位。所以，控诉式诉讼程序是一种极有效地保证受追诉人利益的诉讼程序。"〔2〕古希腊和古罗马的民主政体模式与弹劾式刑事司法制度保持的深刻契合，表征着二者不可割裂的衡态共生关系，政权组织形式与权力运行模式直接决定了刑事司法模式的基本框架与运行生态，而弹劾式刑事司法的系统运行又反过来支持并推动着古典民主宪政的稳定发展与日趋完善。因为原始民主政体主张普遍的政治参与、权利平等与权利救济，这些思想反映在解决严重冲突的刑事司法制度架构中，必然与不告不理、控辩平等、中立裁判与理性司法的弹劾式诉讼原则与精神内核相协调。早期弹劾式的刑事司法模式最终成就了古典民主政体的制度理想，成为人类社会在面临严重冲突时作出的最初制度选择。

（二）专制集权政体与传统纠问式司法制度

以自然经济、宗法伦理和权力本位为基础的君主集权专制政体的典型特征在于通过社会等级和人身依附的社会结构来实施阶级统治，其实质是建立在人的依附关系基础之上的。皇帝或君主集国家立法、行政、司法与军事大

---

〔1〕 参见［爱尔兰］J. M. 凯利：《西方法律思想简史》，王笑红译，法律出版社 2002 年版，第 72~73 页。

〔2〕［法］卡斯东·斯特法尼：《法国刑事诉讼法精义》（上），罗结珍译，中国政法大学出版社 1998 年版，第 76 页。

权于一身，而且将绝大部分权利以特权的形式赋予其他统治阶级，社会民众则几乎没有任何权利或者仅仅享有很少的权利。专制集权政体的法律不是权利本位而是义务本位，以确认等级依附关系和维护统治秩序为根本价值目标。更准确地说，“当法律出现以后，它却既不维护传统的宗教价值，也不维护私有财产。它的基本任务是政治性的：对社会施以严格的政治控制”。[1]这种政体的主要特征是：

1. 集权政体模式在体制上表现为集权，是一种专制体制

它是皇帝独裁专制行使最高统治权的概括，由一整套能够保证皇帝顺利行使权力的制度所构成，以保证皇权至上，使之具有绝对的权威性和独断性。[2]异常强大的皇权专制力量完全吞噬并全面支配着社会，从而造成政治国家本身的功能分化程度十分低下，发展进程也非常缓慢；尽管在专制集权政体框架下，国家立法、行政、司法有一定的权能分工，但在建立于人身依附关系上的以体现等级差序结构为特征的政治国家中，行政是最好的统治手段。立法和司法都必须依附于行政，从而体现出为专制皇权服务的本质。最高统治者可凭借手中的行政权力任意侵犯公民的自由、安全和财产，因而不可能形成法律秩序。古代中国皇帝不仅是国家的最高统治者，拥有对全国所有公私财物的最终所有权，不是严格意义上的封建国家而是家产制国家。[3]西欧封建国家以庄园经济为基础，庄园是“中世纪时代的土地管理单位”，也是“社会结构中主要的和正规的组织细胞”。[4]在庄园内部，庄园主行使各种经济、行政、司法等统治权；在外部关系方面，以庄园土地大小为基础形成了具有典型的人身依附特征且等级分明的领主与封臣之间的关系。

2. 集权政体的根本目的是通过身份等级法，维护宗法血缘关系和集权统治

在以人与人的依赖关系为基础的社会中，低水平的生产力发展状况决定

---

〔1〕［美］D. 布迪、C. 莫里斯：《中华帝国的法律》，朱勇译，江苏人民出版社 2003 年版，第 7 页。

〔2〕韦庆远、柏桦编：《中国政治制度史》（第 2 版），中国人民大学出版社 2005 年版，第 69 页。

〔3〕参见［德］马克斯·韦伯：《儒教与道教》，洪天富译，江苏人民出版社 1997 年版，第 54~77 页。

〔4〕［英］詹姆斯·汤普逊：《中世纪经济社会史》（下），徐家玲等译，商务印书馆 1961 年版，第 359~360 页。

了血缘亲属关系在社会关系中的重要地位。以人身依附和等级特权为特征的身份社会的社会关系结构必然要求公开确认不同社会主体在法律上的不平等地位，并依据人的身份配置法律权利义务。在西方封建社会制度中，领主与封臣、贵族与平民、庄园主与农奴乃至每个家庭内部各个成员都处于不平等的法律地位；在东方封建国家里，印度法律明确规定婆罗门、刹帝利、吠舍和首陀罗不同种性之间的等级差别；中国古代法律公开确认不同民族之间、官民之间、宗族内部不同辈分的人之间的不平等。法律地位的高低由此决定其政治、经济和社会地位的高低，比如达到一定地位的官吏在经济上可以占有土地，不承担任何税负，在政治上则可以当官以走上仕途；尤其是，在法律适用中存在着突出的等级差别，封建贵族可以通过“官当”和“八议”等特殊条款来免罪或减刑；地位卑贱者不得告发尊长者，贵族官吏与平民涉讼可以不出庭，贵族犯普通刑事罪不受刑讯拘系等。可以看出，集权政体的法律无论从立法到法律适用，从实体法到程序法都体现出鲜明的特权法与等级法实质。

3. 集权政体在国家政权组织与国家权力行使方面存在谋求国家权力最大化、民众义务最大化的典型特征

强化等级特权法，强调国家权力本位与民众义务本位的差别对待的思想观念与价值取向。集权政体不用权利性规范来调整社会关系，而是以义务性规范来全面构筑起法律体系，并处处显示出服从与压制的统治性质。集权政体在政权组织上则集中体现出权力本位的政治意识，国家机构沦为权威无限而又不负任何国家责任的政治组织。不言而喻，集权政体的国家权力架构及运作机制必然推行法律工具主义观念，在政治与法律的关系中，法律必须服从于政治，依附于权力，是权力主体用来镇压和控制民众的工具。掌握权柄的统治者可以利用手中的权力任意限制和剥夺人民的法律权利，权力的万能使得全社会对其顶礼膜拜，而对权力的无限追求则成为人们最重要的人生目标。在这样的集权政体下，有限政府、责任政府、法治政府的政治理念无从发生，彰显平等的民法成为空白，而官制法和刑法却十分发达且完备。将刑罚视为最高主宰，认为只有刑罚才能使整个世界井然有序。“中国的治国策略认识到必须以儒家的理性和道德形式表达它对于恐怖刑罚的需要。但是刑罚是所谓法家以及受到法家影响的荀子那样的儒家的主要武器。在整个帝国时

期，这始终是官方政策的基础。”〔1〕

与传统集权专制政体所生成的制度环境相适应，刑事司法呈现为典型的纠问生态，这种生态的形成正是专制集权政体环境下的必然产物。专制政体的政治架构体现为权力高度集中，势必要求刑事司法构造与整个国家政治架构保持协调与统一，刑事司法作为国家专制政治机器的重要组成部分，必然体现其集权思路。正如梅利曼所说：“在大陆法系国家中，过分强调采用纠问式的审判方法，是由于罗马法的复兴和受教会审判程序法的影响所引起的。而最重要的原因，则是集权制国家的兴起。”〔2〕权力不分、职能混同的纠问式诉讼客观反映了专制政体本身的内在要求。只有在控诉权与审判权集中于政府官员一人手中才能最大限度地发挥其惩治犯罪，维护专制统治秩序的目的。对那些犯罪行为人最大限度地限制乃至剥夺其自由和权利才能够保证这种目的的成功实现。“从政治上看，中央集权国家的领导者很热衷于纠问式诉讼，尤其是在政治制度具有专制倾向时，以及把社会利益放在个人利益之前的情况下，更是如此。因为纠问式诉讼所要做的正是要竭力防止由于过分尊重个人权利而不能确保对犯罪人进行追究的情形发生，况且一个坏人也不值得受到给予一个公民的全部保障。”〔3〕在专制集权政体视野中，纠问式刑事司法就是实现其全部政治目标的主要工具与法律手段。

在西方，纠问式刑事司法较早出现在教会法中，主要用于告发和惩罚异端。为了惩罚异端，教会确认了法官作为控告人的诉讼程序，在这种程序当中，法官集控告者、起诉人、法官和陪审团的角色与职责于一身，采用秘密原则和书面原则，对犯罪人开始采用刑讯。伯尔曼指出：“形式的和理性的两方面证据的刻板僵硬经常使得在刑事案件中确定定罪依据变得十分困难。正是由于这个原因而不是其他什么原因，最终导致了广泛地使用刑讯手段获得证据，尤其是获取‘证据之王’——口供。”〔4〕自13世纪宗教裁判所正式建

〔1〕［美］卡尔·A. 魏特夫：《东方专制主义》，徐式谷等译，中国社会科学出版社1989年版，第137页。

〔2〕［美］约翰·亨利·梅利曼：《大陆法系》，顾培东、禄正平译，法律出版社2004年版，第135页。

〔3〕［法］卡斯东·斯特法尼等：《法国刑事诉讼法精义》（上），罗结珍译，中国政法大学出版社1998年版，第76页。

〔4〕［美］哈罗德·伯尔曼：《法律与革命》，贺卫方等译，中国大百科全书出版社1999年版，第306页。

立，宗教裁判所在欧洲横行六百多年，千千万万无辜者被烧死，成为“献给上帝的美味佳肴”。宗教裁判所犯下了累累的血腥罪行，把人间变成地狱。[1]随着西欧封建化进程加快及受教会诉讼程序的深刻影响，世俗王权为巩固其集权统治纷纷借鉴教会采用的纠问式诉讼制度，如法国1453年、1498年、1539年、1670年刑事司法敕令及德国《卡纳林娜法典》等。至此，纠问式诉讼已经走出弹劾式仅仅将诉讼作为寻求个人补偿和寻求个人安宁的藩篱——它已经作为权力，特别是上升时期的王权实行社会控制的工具。[2]中国秦汉时期进入高度集权专制的封建社会，中央集权的政治体制必然体现在以惩罚犯罪为主要目的的纠问化刑事司法活动中，集中表现在刑罚实施上面。中国封建刑事法律体系十分完备，制度非常精细，充分体现了法律维护封建专制集权统治的根本要求。从封建纠问式诉讼内部来看，就横向诉讼结构而言，司法官员集侦查、控诉与审判职能于一身，实行的行政兼理司法配置；就纵向诉讼结构分析，没有明显区分刑事诉讼阶段。《唐律疏议·断狱》规定：“以狱官令，察狱之官，先备五听，有验诸证信，事状疑似，犹不实者，然后拷掠”。封建司法官员为查明案件事实真相，拥有广泛的侦讯和处分的权力，甚至进行刑讯逼供；而被告人则严重客体化，成为重要的证据来源和发现真实的工具。整个刑事司法过程体现了维护封建专制统治秩序与等级特权的制度目的而直接争对公民个人发动的行政性惩治犯罪的活动。可见，纠问式诉讼是封建专制政体的必然产物与孪生兄弟，二者具有高度的同构共生与协调统合关系。

（三）现代民主政体与当代辩论式刑事司法制度

现代民主政体是在社会系统显著分化的背景下逐渐形成的，它建立在政治多元主义基础之上，并以深厚的个人主义及权利本位作为主体性价值追求的分权政体模式。具体来说，资本主义高度发达的商品经济体制逐步瓦解了人身依附的封建社会结构，集权主义和专制主义的政治统治从此失去了坚实的宗法血缘关系的支撑；近现代市民社会的成长和壮大造成了政治国家与市民社会的日益分离，最终促成了社会等级的非政治化。维尔指出：“分权学说生发于比较古老的理论，它成了混合政体的对手，同时又成为一种工具，扩

---

〔1〕 董进泉：《黑暗与愚昧的守护神——宗教裁判所》，浙江人民出版社1991年版，第117页。

〔2〕 汪海燕：《刑事司法模式的演进》，中国人民公安大学出版社2004年版，第118页。

大和发展了这一制度而成为18世纪的均衡政制理论。”[1]这种分权制衡的民主政体必然体现法治主义，因为，分权制衡与法治在一定程度上是相互重叠，互为因果的。现代民主分权政体与市场经济秩序及其文化因素密不可分，这种政体形式具有以下基本特征：

（1）现代民主政体在权力结构方面把国家权力分为立法权、行政权与司法权，并由不同的国家机构行使。一般来说，议会行使立法权，行政机关行使行政权，法院行使司法权。通过合法的普遍议会选举任免官员以组建政府机关并形成国家权力分立制衡格局。分权不仅体现在国家权力的横向关系方面，而且还体现在纵向方面。亦即，不仅需要对不同类型的国家权力进行明确区分，而且需要对不同层级的国家权力进行合理划分；不仅需要将国家权力在中央与地方之间进行合理分配，而且需要对国家权力与公民权利进行明确界分。随着社会分工日益复杂化与国家职能的深度扩展，国家已经广泛介入社会生活，行政权力持续膨胀的态势十分明显，各个行政部门正在行使着广泛的自由裁量权，有限政府正在朝着能动政府的方向转变；但即使如此，国家权力仍然保持着分离制衡的结构形式。英国著名学者哈耶克曾指出，宪政原则不仅意味着要对行政自由裁量权施加必要的限制，而且还明确地规定行政机关在公民和私人领域中不享有自由裁量权。此外，司法权与立法权必须严格区分，这是一个自由国家的首要原则。[2]昂格尔教授也认为：“为了确保普遍性，行政必须与立法相分离；而为了确保一致性，审判必然与行政相分离。实际上，这两个分离恰恰是法治理想的核心。由于它们，法律制度应该成为社会组织的平衡器。”[3]

（2）现代民主政体通过宪法确立公私法的界域，实现权力与权利的平衡配置，从而全面规范公权力的行使和有效维护私法主体自主自律的契约、自由和权利。“西方宪政的现代历史都在于试图确定政治权力的合法边界，同时

〔1〕［英］M. J. C. 维尔：《宪政与分权》，苏力译，生活·读书·新知三联书店1997年版，第3页。

〔2〕［英］弗里德利希·冯·哈耶克：《自由秩序原理》（上），邓正来译，生活·读书·新知三联书店1997年版，第218页。

〔3〕［美］昂格尔：《现代社会中的法律》，吴玉章等译，中国政法大学出版社1994年版，第47~48页。

将这些不同边界引入分权所要求的不同的国家机构。”[1]法治国家将公民基本自由与权利通过宪法加以明确规定，并通过刑事司法的规范运作来切实保障公民个人免受国家权力的非法侵害。实际上，人的各种自由权利是公民个人赖以生存发展及社会和谐秩序的前提和基础，正是公民个人自由的重要性，决定了市场经济必然要求对其进行全面而充分的法律保护。各国宪法也明确规定了公民个人享有广泛的自由和权利，如美国《宪法第四修正案》规定："人民的人身、住宅、文件和财产不受无理搜查和扣押的权利，不得侵犯。除非可能的理由，以宣誓或代誓言证实，并详细地写明搜查地点和扣押的人或物，不得发出搜查和扣押状。”法国《1791年宪法》则将1789年通过的《人权宣言》作为整个宪法的总序言，其他各国宪法也都先后确认对于公民个人自由、权利、财产等基本人权的法律保障。从此，人权保障与权力规制成为世界各国宪法和法律最重要的内容。这深刻体现了现代民主政体所致力于保持权力与权利的协调与平衡的内在动因。

（3）现代民主政体将代议制民主与分权制衡进行有机统一。主权在民和分权制衡是西方资产阶级民主制度的两项重要政治原则。主权在民强调国家权力属于全体公民，全体公民通过普遍选举把权力赋予推选出来的人们而组成政府；分权制衡则强调政府权力必须按照其性质进行划分并保持相互的平衡和制约。二者的关系在于：主权在民是民主政治和分权政体的逻辑基础，而代议制民主则是人民主权的实现形式，分权制衡在于通过将国家权力予以分立确保其有效行使而又不被滥用，因而是最好的政权构架。“分权在原则上是为了确保法律创制的一般性；而且大量经过深思熟虑的、内在一致的和公开的规则发挥着宪法壁垒的作用，以保护公民免受激情的、草率的或歧视性的行政行为的侵害。”[2]为保证国家权力的行使服务于保障公民的自由和权利这一根本目的，就必须使这些国家权力之间形成某种制衡关系。“如果同一个人或是由重要人物、贵族或平民组成的同一个机关行使这三种权力，即制定法律权、执行公共决议权和裁判私人犯罪或争讼权，则使一切便都完了。”“在那里，一切权力合而为一，虽然没有专制君主的外观，但人们却时时感到

〔1〕［英］T. R. S. 艾伦：《法律、自由与正义——英国宪政的法律基础》，成协中等译，法律出版社2006年版，第71页。

〔2〕［英］T. R. S. 艾伦：《法律、自由与正义——英国宪政的法律基础》，成协中等译，法律出版社2006年版，第66页。

君主专制的存在。”[1]孟氏的分权制衡理论深刻地影响着西方的民主政治发展。在西方近现代宪法中，“差不多都把国家机关分为立法机关（议会）、行政机关（总统或内阁）和司法机关（法院）三种，把立法权、行政权、司法权分别载入一个文件之内，这个原则最彻底的表现就是美国宪法”。[2]在宪政框架下，国家权力严格分离，立法限于制定“外部规则”，即制定一般性法律，而且不得与宪法相抵触并接受以发现自生自发秩序及制定“内部规则”为宗旨的法官的司法审查。[3]司法审查作为现代宪政法治的核心环节，逐渐成为保障公民权利与规制国家权力的重要制度屏障。

置身于现代民主政体环境下的刑事司法制度必然贯彻权力规范行使与相互制衡原则，体现权力分立与司法独立的基本理念。刑事司法中的警察与检察官代表国家行使追诉职权，而法官是公正无私的中立裁判者对刑事案件行使审判权。法官确保公正审判的职责使他必须决定对被告处理的正义优先于控诉，在控诉中警察或追诉者的行为是在进行责难，被告的禁止自证其罪的特权为其提供了辩护：无论是在审判之前还是在审判过程中他都享有有限的沉默权。尽管富有争议，但这一特权有助于确保刑事审判的敌对性质不会对被告造成过多的不利影响；而且排除裁量的存在可以通过为权力滥用提供有效救济而维护审判上的完整性。[4]“法院的完全独立在限权宪法中尤为重要”，[5]因为法院在现代社会刑事司法中主要是作为“权利的庇护者”[6]——公民权利和社会自由的捍卫者的面相出现的，法院成为公民寻求权利救济、评判追诉机关权力行使正当性的舞台。现代民主政体的内在本质与核心精神在于对公民个人自由与权利的尊重与保障，这种精神体现在国家与公民个人之间的争端解决机制中更能够彰显出法治国家的制度理性。它要求国家宪法和法律遵循罪刑法定原则与无罪推定原则，对于犯罪的追究和惩罚必须有着明确的法律根据，并严格依照法定程序由独立和中立的法官进行审理及作出有罪判

---

〔1〕［法］孟德斯鸠：《论法的精神》（上），张雁深译，商务印书馆 1961 年版，第 156~157 页。

〔2〕龚祥瑞：《比较宪法与行政法》，法律出版社 1985 年版，第 69 页。

〔3〕［英］弗里德利希·冯·哈耶克：《法律、立法与自由》（第 1 卷），邓正来等译，中国大百科全书出版社 2000 年版，第 152~205 页。

〔4〕T. R. S. Allan, “The Criminal Trial and the Judge's Exclusionary Discretion”, in Hyman Gross and Ross Harrison (eds.), *Jurisprudence: Cambridge Essays*, Oxford, 1992.

〔5〕［美］汉密尔顿等：《联邦党人文集》，程逢如等译，商务印书馆 2006 年版，第 392 页。

〔6〕［德］拉德布鲁赫：《法学导论》，米健、朱林译，中国大百科全书出版社 1997 年版，第 100 页。

决后才能实施。刑事司法作为将国家与公民之间的刑事纷争放置于特定的程序空间，并通过平等对话与充分争辩的三方互动机制理性地加以解决的裁判活动。基于刑事诉讼中国家权力与公民个人权利的非平衡性与二者地位的非对等性，人权保障宗旨与法治内在精神必然要求刑事司法程序严格规制国家权力的运作并切实保障公民个人的基本权利。于是，体现民主、人权、平等的刑事正当程序得到了宪法法律的确认和司法发展。国家控诉机关必须有合理依据并严格依照法律规定的程序进行侦查与控诉，而且必须接受司法官员的授权与审查；赋予犯罪嫌疑人与被告人广泛的辩护权利，使其能够与国家侦控机关进行平等协商、对话与交涉；司法官员本着中立和客观的立场不偏不倚地进行刑事审判，监管国家追诉权力是否合理运作并为犯罪嫌疑人与被告人提供司法救济与诉讼关照。体现审判中立、控审分离、控辩平等与有效辩护的“等腰三角形”诉讼构造由此形成，这种诉讼构造实质上就是现代民主分权政体的本质要求，是以保障人权为最高价值取向的宪政法治的深刻体现。

（四）我国刑事司法制度与其政治环境的平衡与协调

政体发展演变与刑事司法制度变动协调发展深刻表征着他们的同构共生的生态平衡关系，尤其在市场经济日益发达与民主政治高度发展的现代社会，关系公民基本人权保障与国家权力规范运作的刑事司法更与民主宪政制度相辅相成，相生相长。随着市场经济体系在全球范围内形成，民主政治在世界格局中深度拓展，保障人权运动日益高涨，作为调整国家权力与公民个人权利关系并以消解严重争端为己任的刑事诉讼法律制度在世界各国正在发生着巨大的变化。那种将国家权力与公民个人之间的刑事纷争通过协商对话与理性争辩的刑事正当程序被大多数国家所认同，并确定于本国的宪法和法律之中。现代民主宪政制度架构为刑事司法的正当化提供了制度环境，反之，刑事正当程序的强化也反过来促进了政治体制的民主化与现代化。刑事正当程序体现了对个人人格尊严与自由权利的充分尊重，诉讼主体平等参与和理性对话，所体现的正是民主协商的政治理念和分权制衡的宪政精神。随着基本人权国际保护机制的逐步完善，犯罪嫌疑人与被告人所享有的基本自由与程序权利已经成为国际人权法调整的重要内容，并已成为世界各国宪法和法律的重要渊源。内含最低限度人权保障机制的刑事司法国际准则实际上就是世界绝大多数国家所共同承认并切实遵守的刑事正当程序，通过对该准则的普遍实施，能够有效督促世界各国刑事司法程序逐步接近国际最低司法准则。进而间接地促使这些国家政治制度的民主化与理性化，从而实现二者的双向互动。由此可见，现代刑事司法的良性运作不能离开它赖以生存的体制环境，现代民主政体制度环境与辩论式刑事司法制度存在着不可分割的生态平衡关系。当然，刑事司法也通过系统运行对其体制环境产生影响，实现二者的衡态共生与有机整合。

随着中国市场经济改革的稳步推进，与市场经济体制相适应的民主宪政正在完善与升华。刑事司法程序及诉讼法律制度作为国家政治制度的重要内容必然随着政治体制改革的推进而发生相应的调整，政治民主性的不断增长推动了刑事司法制度的观念更新，我国刑事诉讼法两次修正正是市场经济与民主政治深刻作用的产物。当然，修正案的不足也自然与市场经济体制欠完善及民主政治改革较滞后密切相关。宪政作为一种高阶民主政治在我国还在建设之中，梁治平先生就指出："中国自有宪法已将近百年，然中国之宪政建设尚待完成。"〔1〕宪政所强调的公民个人权利受到充分的法律保障，国家权力受到严格规范与制约，无论在观念层面上还是制度层面上都还没有得到全面实现。人民代表大会制度作为我国的根本政治制度具有极大的优越性，它将广大人民群众真正当家作主的民主理想直接转化为鲜活的社会现实，是人民主权原则在中国生根开花的结果。当然，人民代表大会制度也需要完善。关于最高权力机关如何处理的国家行政机关与国家司法机关的关系，已经有了比较健全的制度。但深层次的问题，亦即，现代政治的核心——权力的分立与制衡问题仍然没有真正解决。阿伦特指出："能够限制权力同时使其保持完好的只有权力，分权原则不仅能够防止政府的某一部分垄断权力，而且它是一种核心的政府机制，通过这种机制，新的权力不断产生，同时又不至于膨胀到损害其他权力中心或权力来源。"〔2〕如何在社会主义国家实现国家权力的分工行使与相互制约，如何保持权力的合理分配与各自的权力界限以及如何形成有条不紊的相互制衡格局还需要深入研究及审慎探索。宏观层面的问题必然作用于刑事司法这个微观的纠纷解决机制的具体运作，宏观方面的权

〔1〕［美］斯蒂芬·L. 埃尔金等编：《新宪政论——为美好的社会设计政治制度》，周叶谦译，生活·读书·新知三联书店1997年版，总序，第1页。

〔2〕转引自思想与社会编委会编：《现代政治与道德》，上海三联书店2005年版，第90页。

力不分必然使得刑事司法中的国家权力相互混同；宏观方面的权力制约不足必然导致刑事司法中的权力缺乏应有的约束。而刑事司法权力混同与失范反过来又加重了国家权力在宏观层面存在的问题，从而直接影响到我国法治国家与民主宪政建设进程的有序推进。宏观的国家政治环境优化，民主宪政制度的实施与微观的刑事司法系统理性运作的高度一致关系，是我国政治体制改革与刑事司法改革追求的目标，刑事司法体制与刑事程序运行机制的核心在于国家刑事司法权力的分立行使、独立运作与相互制衡，因为只有在解决了前述问题时才能够建立刑事司法的合理结构，才能全面贯彻控审分离、控辩平等、审判独立与有效辩护等刑事司法诸原则，刑事司法运行机制才能够健康理性运作。我国司法体制与刑事司法制度改革尽管取得了明显进步，进行了诸多程序的技术变革。但是，还没有真正实现国家控诉权力与裁判权力的分立行使与有效制衡，司法权力没有实现保证司法公正最低限度的独立性，处于弱势地位的司法权仍然过度依附于行政权，从而扭曲刑事司法的结构与职能，本应客观中立的司法裁判活动演变为了行政性治罪活动，以致刑事司法的人权保障基础功能受到相当程度的削弱。

民主宪政的本质必然要求国家权力分立行使以各司其职，各负其责，相互监督制衡以保证权力有序运作，实现其保障公民个人人权与维护社会和谐秩序的价值目标。在坚持我国人民代表大会根本政治制度的前提下，应当探索如何实现国家立法权、行政权与司法权的相对独立行使以确保其职能充分实现。人民主权原则与公民人权原则要求，国家权力来源于人民，服务于人民并服从于人民的利益，那么，国家立法权行使也应当贯彻权力有限原则与制约原则。代议制民主形式决定了人民直接监督代表使其真正以人民的意志为转移存在着极大的困难性，但人民利益的最高性与公民人权的重要性决定了政治制度必须体现真正的人民主权和公民人权的原则与精神。宪政作为高级的民主政治势必要求代表人民主权的议会机关受国家宪法约束，所有立法文本必须以宪法为依据并体现宪法的基本精神，而保证宪法实施的机构由此获得了审查议会法律文本的权力，司法审查制度在世界各国的建立说明了该制度维护国家宪政体制的重要性与可行性。实际上，“司法权力存在的目的主要是为了根据法律解决政府与个人之间或者个人之间的纠纷。司法审查的权力这种‘公法’功能只会在其行使决定案件正常功能时偶然地并且偶尔地出现。”[1]我国的人民代表大会制度也完全可以建立旨在规制国家机关行为的司法审查制度，该制度的建立又必然要求真正实现国家司法权的独立行使，以保证公民个人的宪法权利不受国家立法机关与行政机关的随意侵犯。在国家权力实现相对分立、独立行使、相互制约的框架下，《刑事诉讼法》秉承《宪法》精神，对国家控诉权力、审判权力进行明确的划分，确立由独立而中立的司法机关对所有犯罪严格依照法定程序审理，最终作出公正的司法判决，从而真正解决严重争端。由此，理性的司法体制与刑事司法运行机制得以全面建立和良性运行，这种微观领域的严重冲突解决机制实际上是国家权力分立行使与监督制衡的宪政制度的具体展开，通过一系列刑事争端的理性处置维护着国家机器的良性运转与民主政治的健康运行。微观的刑事司法机制与宏观的国家权力运行形成了二元互动的良性运作格局，宪政法治的原则和精神就会真正得到落实，公民人权就会得到最大限度的保障，社会和谐秩序就会形成。因此，刑事司法体制改革与刑事司法制度创新的根本点在于完成国家权力的合理配置，国家控诉权的有效规制与国家审判权的独立行使，以及公民个人参与刑事司法的各种程序权利与实体权利的全面确认，从而为严重冲突的真正有效解决提供前提条件。刑事诉讼法律制度的健全与实施，必将推动国家法治建设的快速进步，也必将促进政治体制改革的步伐。亦即，我国正在进行的司法体制改革与刑事程序改革所带来的司法制度创新势必要求推动相应的政治体制改革以保持政治系统与法律系统的平衡互动。刑事司法结构与制度的调整应当与政治结构和政治制度改革相协调，促进刑事司法制度系统与民主政治环境协同发展优化，以维持二者的生态平衡。

二、伦理环境变迁与其刑事司法制度变动协同发展的历史考察

特定时期的刑事司法制度与该时期社会主流的伦理习惯及道德标准具有密切的生态关联性，二者保持着同构共生、动态衡生的网络整生机制。一般来说，传统弹劾式刑事司法制度与早期社会人们追求普遍意义上的平等与自由的理想不可分离，而纠问式刑事司法制度则反映了人们在该阶段所表现出的等级观念与特权思想意识，现代刑事司法制度则体现了人们对于自由、平

---

〔1〕［美］克里斯托弗·沃尔夫：《司法能动主义》，黄金荣译，中国政法大学出版社2004年版，第205页。

等、人权理想追求的古典式回归。

（一）古代伦理道德体系与传统弹劾式刑事司法制度

古代东西方文化呈现出相对明显的差异，西方文化中的法治要素居多，而东方文化中的伦理要素较浓。在古希腊，关于崇尚正义与法律的观念很早就已经蕴藏于希腊人的神话故事里，在《荷马史诗》中，不仅开始使用正义和法的概念，[1]而且已经确立了正义与法的关系。正义作为普遍准则，既规定了人类的秩序，也规定着神的秩序。在荷马看来，正义是一切事物的法则，法律只能是正义的表达，人们遵从正义就应当恪守法律。[2]著名诗人海希奥德认为，法律乃是建立在公平基础上的一种和平秩序，它迫使人们戒除暴力，并把争议提交给仲裁者裁断。[3]进入城邦时代后，希腊人依赖正义和法律来建立社会秩序的愿望，就不再凭借神话形式来隐晦地表达，而是直接将其体现于希腊人的政治学说、具体立法与守法观念之中。例如，斯巴达城邦建立的贵族民主政体已经体现出了公民极强的守法意识，他们把遵从法律看成一种美德和对自身利益保障的屏障；在雅典，梭伦立法之后，法律的权威和正义、平等的法律观念，以及公民对法律遵从的信念得到奠定。正是希腊政治家和民众对法律的普遍遵从，唤起一批批法学家和思想家对法律的深刻关注与理性思考，并提出诸多关于法律与法治的论断，从而诞生了早期的法治学说。哲学家赫拉克利特认为法律包括人的法律与神的法律，神的法律是指自然规律而不是指上帝的意志，人的法律及其力量来自于自然规律而不是来自某个人的意志和权威；人们遵从自然规律也就应当遵从法律。他提出，城邦必须制定法律，依法而治；主张人们尊重法律，维护法律的尊严。德谟克利特则阐述了实行法治的原则，系统分析了法律的特征与价值。柏拉图认为："人在达到完美境界时，是最优秀的动物，然而一旦离开了法律和正义，他就是最恶劣的动物。"[4]伟大的哲学家亚里士多德在继承柏拉图法治思想的基础上，全面系统地提出了法治理论，他认为，法治应当具备两大基本要素："已经成立的法律获得普遍的服从，而大家所服从的法律又本身是制订得良好

---

〔1〕参见徐大同主编：《西方政治思想史》，天津教育出版社2000年版，第13页。

〔2〕汪太贤：《西方法治主义的源与流》法律出版社2001年版，第3页。

〔3〕［美］博登海默：《法理学：法律哲学与法律方法》，邓正来译，中国政法大学出版社2004年版，第2页。

〔4〕［美］萨拜因：《政治学说史》（上），盛葵阳等译，商务印书馆1986年版，第127页。

的法律”。[1]在他看来，法律具有至上权威是法治的关键，而良法是法治的基石。亚里士多德的“良法”标准包括形式意义上的良法与道德意义上的良法，后者体现了法律本身应当具有的理性、正义与善的内在品质。

希腊人最早的法律和正义观念不是来自于社会而是来自于神灵和宇宙，他们认为法律和正义是神灵为人类创立的准则，人应当服从于神灵的指示和安排，自然应当服从于法律和正义。希腊人赋予法律和正义以神性后，他们很快带着神的旨意，在自己生存和繁衍的社会中来寻找法律和正义的踪影。但他们不再以自然神论为向导，而是以他们探索自然规律而创立的自然哲学为指导，即在自然主义哲学中所衍生出来的理性的引导下，来寻觅法律和正义，来表达他们对法律和正义的向往，以及用它们来重构政治和社会的秩序。当自然哲学把法律与正义从神学解释中解脱出来并重新作出一种合乎自然的解释后，人们对法律与正义的认识就不再寓于神话之中，而是寓于理性之中了。“人们对独立的理性思维的依赖和对逻辑准确性的追求不断增长，形成从神话到理性的进步。理性思维渗入了整个社会和文化的发展之中——建筑学脱离了原始的宗教迷信范畴而发展为复杂的数学形式；雕塑摆脱了宇宙模式转而崇尚自然主义和对称协调；政治生活从僭主政治转向对民主的理性尝试；几何学也从简单而实用基础上向着对后世有重大影响的欧几里得的综合法则发展。同样哲学也已逾越‘智者所言’而进入亚里士多德的逻辑学，使人们依靠自己的观察和思考去面对那未知的宇宙。”[2]希腊人认识世界方式的改变从根本上改变了希腊人的物质世界与精神世界。一则促成了希腊城邦法治及其精神的诞生。希腊人依靠人的理智而不是神的指引，来开始安排自己的生活。他们赋予了法律以理性，把法律作为建立一种理性、正义的秩序的重要依据；同时，也把法律看成自己的安全、自由、权利和利益的保障。

正是古代希腊、罗马社会人们对于法律与正义的追求与信仰，决定了该时期刑事司法的运行模式必然是体现诉讼当事人双方完全平等，法官消极裁判的弹劾式诉讼生态。因为理性要求人类社会产生的严重争端必须通过法律的形式解决以恢复和平与秩序。于是，诉讼形式取代血亲复仇与武力决斗是

---

〔1〕［古希腊］亚里士多德：《政治学》，吴寿彭译，商务印书馆1997年版，第199页。

〔2〕［美］马文·佩里主编：《西方文明史》（上），胡万里等译，商务印书馆1993年版，第62页。

社会发展的必然趋势，尽管在以后相当长历史的法律运行中仍然保留着原始复仇的痕迹。作为解决严重争端的刑事司法不仅受制于特定的政治经济与社会环境，而且取决于人们对于法律的态度，在希腊与罗马社会中，法律与正义不可分离，而正义又催生平等与权利，平等、权利、正义与法律成为该时代的同义语。在立法与司法的所有环节必然体现对于理性与正义的追求。西塞罗指出："一位罗马临时执政提出的一项法律，大致是一位独裁官可以不受惩罚地将任何公民——甚至不经审判——处死；在我看来，这项法律不再视为正义。正义只有一个：它对所有人类社会都有约束力，并且它是基于一个大写的法，这个法是运用指令和禁令的正确理性。无论谁，不了解这个大写的法——无论这个法律是否以文字形式记录在什么地方——就是没有正义。"〔1〕这充分表明了体现理性与正义的法律必然从外观形式即诉讼程序上反映出来，那就是对于任何社会冲突乃至严重的刑事冲突解决的法律适用过程都应当体现出正义的基本要求，而古典弹劾式诉讼生态正是反映了那个时代人们的理性观与正义观。"正义是分给每个人以其权利的稳定的、普遍的态度"，故而"法律的诫条是这些：诚实生活，毋害他人，分给各人属于他的"〔2〕的东西。而本着补救先于权利的普通法原则，〔3〕享有诉权与提出诉求就成为权利实现的基本路径。司法官员本着不告不理、消极中立的原则接受任何公民个人的权利诉求，原被告当事人本着平等原则积极参与到涉及自身利益的诉讼过程中，最终通过权威裁判来实现纠纷的理性解决，从而实现法律正义。可以说，古代希腊、罗马对法律与正义的探讨，自然哲学家与政治哲学家提出的自然正义原则与人性恶判断形成的法治学说最终孕育了弹劾式刑事司法的成型，反之，弹劾式刑事司法从诉讼争端理性解决的侧面巩固了法治学说，使得法治理论更加成熟，追求正义与实现正义真正成为该时代的重要表征。

（二）等级差序的伦理体系与传统纠问式刑事司法制度

"由于希腊特殊的地理条件和希腊人从原始的氏族社会向奴隶制社会过渡时的稳定的部族形态，希腊的政治制度问世之时就具有一种相对稳定的多样

---

〔1〕［古罗马］西塞罗：《国家篇法律篇》，沈叔平、苏力译，商务印书馆 1999 年版，第 163 页。

〔2〕［古罗马］优士丁尼：《法学阶梯》，徐国栋译，中国政法大学出版社 2005 年版，第 12 页。

〔3〕［法］勒内·达维：《英国法与法国法：一种实质性比较》，潘华仿等译，清华大学出版社 2002 年版，第 9 页。

性。”[1]亦即，古希腊与罗马社会都是在特殊的地理环境、方便的交通与发达的贸易经济的基础上发展起来的城邦国家。社会单位主要是以个体形式存在，公民个人最大限度地摆脱了家庭及家族的束缚而独立地走向社会。发达的简单商品经济交易秩序决定了平等与自由思想的孕育和成长，法律与正义由此而生。然而，东方国家则是另外一番景象。“恩格斯在阐述亚细亚生产方式时，注意到以农业生产方式为主导的大河文明出现时，因治理洪水而产生的大型水利工程，使得巴比伦文明、埃及文明、印度文明和中国文明从一开始就在政治上形成了中央集权式的君主制形态。”[2]作为东方国家的典型代表——古代中国处于相当封闭的地理环境与发达的灌溉农业经济区域之中，由于生产力水平低下，这种自然经济形式表现为以家庭单位为主的集体劳动，生产主要满足于自身的生活需要而不是用于交换。自给自足的经济形态与家庭单位的组织形式必然发育出与此相应的家庭及家族观念形式。这种状况决定了中国社会人际关系必然以宗法伦理为核心，而人与神的关系则随着社会发展而逐步淡化。中国古代社会由于自身内部条件与外部环境的特殊性决定了以血缘为根基的伦理化社会关系盘根错节的必然性，而伦理道德的核心必然强调以“忠”“孝”为内容的人伦等级秩序和以“内省”和“节制”为内容的内心修养观念。梁治平先生曾指出，古代中国“社会乃是身份社会，法律乃是伦理法律。又所以，国家与宗族，法律与伦常，经常是混淆不分”。[3]为此，外国学者评价道：“中国的中心美德就是子女的孝道，而官吏对他的上司的态度，也应当像儿子对父亲一样。”[4]作为存在于宗法血缘伦理社会中的刑事司法自然不可能接受那种将犯罪视为社会严重冲突并通过平等对话与谈判协商加以解决的弹劾式诉讼模式，它必然深刻体现等级极差思想与着力维护伦理权威的基本理念，刑事司法从诞生时起就存在着诸多恣意的成分与等级特权要素。而且权力在刑事司法中特别活跃，牵引甚至主宰着整个刑事司法的进程，刑事程序被视为国家强权惩罚犯罪以维护社会秩序的主要工具。

著名的中国法史学家瞿同祖先生指出：“中国古代法律的主要特征表现在家族主义和阶级观念上。二者是儒家意识形态的核心，和中国社会的基础，

---

〔1〕 王乐理主编：《西方政治思想史》，天津人民出版社2005年版，第37页。

〔2〕 王乐理主编：《西方政治思想史》，天津人民出版社2005年版，第37页。

〔3〕 梁治平：《法辩》，中国政法大学出版社2001年版，第26页。

〔4〕 [美] T. 帕森斯：《社会行动的结构》，张明德等译，译林出版社2003年版，第611页。

也是中国法律所着重维护的制度和社会秩序。”[1]那是因为，“中国的家族是父权家长制的，父祖是统治的首脑，一切权力都集中在他的手中，家族中所有人口——包括他的妻妾子孙和他们的妻妾，未婚的女儿孙女，同居的旁系卑亲属，以及家族中的奴婢，都在他的权力之下，经济权、法律权、宗教权都在他的手里。”[2]调整家族内部成员关系的核心是“孝道”，并由此构成了社会单位内部伦理关系的基本准则。家族习惯法与朝廷成文法也着力维护并实施这些准则，强制社会成员一一遵循，不孝罪成为中国历代王朝的重罪之一，由此体现了法律维护家庭人伦秩序的基本观念；就家族外部的社会关系而言，中国“封建社会中贵贱之对立极为显著，为封建关系所必具之基础”[3]，“贵贱的对立并不曾因封建组织的解体而消失，士大夫（君子）与庶人（小人）的分野自周代以迄清末三千年间一直似为社会公认的、重要的、二种对立的阶级，只是这一时期的士大夫与封建时代的士大夫不同，以另一种姿态出现而已。儒家关于君子小人及贵贱上下的理论仍为社会中心思想，习俗和法律一直承认他们之间的优越与卑劣关系之对立，承认他们不同的社会地位，承认他们不同的生活方式，赋予士大夫以法律上、政治上、经济上种种特权”。[4]实际上，无论从中国社会基本单位本身，即家庭与家族内部关系的调整尺度而言，还是社会基本单位之间的调整尺度来说，它们的核心都是以等级构成的各种高低贵贱差别有序的社会阶梯关系网格。由此观之，中国传统社会的主要特征在于等级秩序，而伦理道德尺度与法律规范都一如既往地确认并着力维护着这种等级关系，形成了调整中国社会关系的基本准则——“礼”。

作为古代中央集权制国家的典型代表，中国前近代法律制度必然与封建地主土地占有制经济体制以及自给自足的小农业生产方式相适应，必然与高度集中的权力体制相匹配，必然与封建宗法意识形态以及等级伦理秩序融为一体，成为封建政治架构和社会治理的重要组成部分。在以等级为核心的伦理社会中，调整社会关系的准则就必然体现出维护等级秩序的基本特征，于是，“三纲五常”与“忠孝仁义”就成为传统伦理道德与法律规范的主要标准与规范尺度。“以周礼为框架的西周法制乃是一种尚带有混沌法印记的道德

[1] 瞿同祖：《中国法律与中国社会》，中华书局2003年版，导论，第1页。
[2] 瞿同祖：《中国法律与中国社会》，中华书局2003年版，第5页。
[3] 瞿同祖：《中国法律与中国社会》，中华书局2003年版，第149页。
[4] 瞿同祖：《中国法律与中国社会》，中华书局2003年版，第149页。

法，其中道德与法律的混合构成了后世中国古代法的基本格调。而这种以宗法等级制为现实基础的周礼体系，其意识形态是宗法伦理，核心是家族伦理，最高法则是‘亲亲’‘尊尊’，其最早也最突出的伦理规范是‘孝’。”〔1〕马克斯·韦伯总结道：“同封建制是以荣誉为基础一样，世袭制则以孝为基础，孝是元德。前者（荣誉）是藩臣的封臣忠诚可靠性的基础；后者（孝）是统治者的仆从和官吏服从的基础。差别并不是截然相反，而是侧重面不同而已。”〔2〕“孝”从实质上说就是顺应、服从的意思，即严格遵守宗法等级伦理秩序，不得擅自越位，否则就“出乎礼而入于刑也”。严格地说中国的法律并不是真正的“道德法”〔3〕而是“伦理法”，体现了浓厚的宗法伦理精神而与现代道德之正义原则邈不相涉。黑格尔评价道：中国的法律建立在家长政治的原则之上，臣民们被看成是处于幼稚状态里面；自由的情调——就是一般道德的立足点，因此便完全被抹杀了。〔4〕

与这种高度集权专制的封建等级伦理秩序相适应的是对犯罪进行有组织的解决方式必然奉行严刑峻法宗旨，刑事司法也就呈现出充满暴力与镇压色彩的高度纠问化的诉讼生态。既然被视为惩罚异已的法律手段，刑事司法注定是一种强者主宰下的权力活动，纠问官员必然拥有极其强大的支配权力，主导整个程序进程，而犯罪嫌疑人与被告人只能处于诉讼客体地位，根本不可能赋予其必要的辩护权利，并使其拥有基本的防御能力。纵观中国古代的刑事程序，尽管存在着“两造俱备，师听五辞”的诉讼构造以及各种发现案件客观真实的基本制度安排，但是，这个刑事程序极其缺乏形式理性的概念，缺乏“诉讼”本身的内在要素和基本品格，没有那种双方当事人在平等对抗的基础上，通过客观中立裁判最终实现公平正义目的的基本理念和制度设计。中国古代刑事司法对犯罪行为的审理和处罚，实际则被视为“父母官”对违反国法家规者的严厉制裁，是一种教化犯罪者和黎民百姓的方式，与“诉讼”的观念是无关的。〔5〕对此，有外国学者评价道：“中国占支配地位的道德体

---

〔1〕胡旭晟：《法的道德历程——法律史的伦理解释（论纲）》，法律出版社2006年版，第73页。

〔2〕［德］马克斯·韦伯：《儒教与道教》，洪天富译，江苏人民出版社1997年版，第207页

〔3〕胡旭晟：《法的道德历程：法律史的伦理解释（论纲）》，法律出版社2006年版，第71页。

〔4〕［德］黑格尔：《历史哲学》，王造时译，生活·读书·新知三联书店1956年版，第171页。

〔5〕龙宗智：“为什么称《圣经》是一部诉讼法教科书”，载《法学》2003年第10期。

系是正统的儒学，它对世界持一种明确清晰的态度。”〔1〕亦即，主流的儒家伦理道德提倡贵贱尊卑分明，上下长幼有序，血缘亲疏有别，不同地位与层次的人们权利义务自然存在极大的差别，这就是儒家所主张的和谐秩序。法律也就根据儒家的伦理道德标准来确认不同主体的法律地位与权利义务，从而产生出法律实践中的不同权利等级与义务等级。这种理念体现在刑事程序中，国家司法官员享有最高的诉讼地位与广泛的法律职权，出于维护封建等级伦理秩序的基本职能，全面主导着整个程序进程，犯罪嫌疑人与被告人被视为违反社会主流秩序的另类人物，理所当然地应当接受国家强权的审判与严厉处罚。在刑事司法中，“恶逆”“不孝”等严重侵犯家长特权和尊严的行为被列入“十恶”将面临严厉惩处，司法官吏在审理家长的控告子孙不孝时，不但不需指控者提供证据，甚至处罚轻重也按家长意愿定夺。〔2〕帝王可以随时处罚自己的臣民，而大臣却永远必须忠诚于帝王，否则可能以叛国罪被处以极刑。由此可见，在传统伦理秩序为核心的封建社会中，解决严重争端的刑事程序必然是体现等级与特权制度的纠问式的定罪处刑活动，它是与奉行等级差序的伦理价值观相共生与协调的刑事司法模式。除了为封建专制统治服务外，刑事程序本身已经成为传统伦理等级秩序的重要组成部分。

弹劾式诉讼与纠问式诉讼作为传统刑事司法的两种模式在世界各个国家的历史上都曾出现过，因为人类社会早期历史演进都不会相差太远，几乎处于同步发展阶段。正如有学者指出：“人类社会都是从平等的原始社会，经过一个不平等的等级制度发展阶段，进入到以阶级为基础的国家社会的；——在不平等的原始社会向国家过渡的阶段以及早期国家阶段和古代成熟的国家阶段——非专制政治包括民主政治都有广泛发现，而绝不是只有以希腊罗马为代表的欧洲才出现过民主政治。”〔3〕与早期人类社会的非专制政治发展相伴生，早期刑事司法事实上都具有原始民主与平等的弹劾成分。例如有学者就认为，中国周朝时期的诉讼属于弹劾式诉讼，因为“法庭上诉讼之全过程

---

〔1〕［美］T. 帕森斯：《社会行动的结构》，张明德等译，译林出版社 2003 年版，第 610 页。

〔2〕刘进田、李少伟：《法律文化导论》，中国政法大学出版社 2005 年版，第 15 页。

〔3〕易建平：《部落联盟与酋邦——民主、专制、国家：起源问题比较研究》，社会科学文献出版社 2004 年版，第 525 页。

表明西周之诉讼程序是以理性为主导的"[1]。当然，随着各个国家和地区的具体环境和条件发生变化，最终影响到制度的选择及特定的文化乃至法律文化的生成，因为"每一个国家或者社会都有它自己的法律文化，而且没有任何两个是完全相似的"[2]。文化尤其是观念形态的文化诸如法律心理、法律意识、法律情感与法律信仰成为影响刑事司法制度发展变化的重要原因，例如"无讼"观念、权力观念是影响中国历史发展进程的特别重要的因素；而法治理念则是影响古希腊、罗马社会历史发展进程的关键因素。伊林教授指出："心灵如果丧失了精神的内容，也就无法遵守精神的形式：因为它要具有精神的形式就必须真正地按精神的实际内容去生活。"[3]由于古希腊、古罗马饱受正义理念与法治思想的浸润，整个社会形成了尊重法治，追求正义的风尚，这种风尚必然作用于政治体制的生成及其具体运作，必然作用于解决严重争端的刑事司法制度。这些理念集中体现于罗马法中："罗马法是纯粹私有制占统治地位的生活条件和冲突的十分经典性的法律表现，以致一切后来的法律都不能对它做任何实质性修改——不管怎样，实施这种绝对不承认封建关系和充分预料到现代私有的法律，是一个重大地进步。"[4]规定自由民在"私有"范围内形式上平等、契约以当事人之合意为生效的重要条件等原则，体现的正是理性、公平、自由、权利等价值理念。尽管到罗马帝国后期，随着王权势力兴起，强化统治要求与惩治犯罪需要大大促进了刑事司法模式由弹劾式诉讼走向纠问式诉讼。但是，由于受到多种因素尤其是法律乃是正义代表这种观念因素的制约，从而使得演化进程显得相当缓慢。在相当长的时间里，弹劾式诉讼与纠问式诉讼同时并存，后者也局限于一些叛国、谋反等涉及国家利益与社会公共利益的重大案件；基督教会为了惩罚异端逐渐发展出以书面调查与秘密侦讯为主要特征的纠问式诉讼并继而被世俗政权广为借鉴，大量的犯罪仍然被视为侵权行为而采用民主因素较为浓厚的弹劾方式加以解决，这说明了在该时代占主流的弹劾式刑事司法模式是与该阶段人们

---

〔1〕高道蕴等主编：《美国学者论中国法律传统》（增订本），清华大学出版社2004年版，第62页。

〔2〕［意］奈尔肯编：《比较法律文化论》，高鸿钧等译，清华大学出版社2003年版，第24页。

〔3〕［俄］伊·亚·伊林：《法律意识的实质》，徐晓晴译，清华大学出版社2005年版，第3页。

〔4〕《马克思恩格斯全集》（第21卷），人民出版社1965年版，第346、454页。

的权利、正义观念是相适应的。

就西方各国影响刑事司法发展的最突出的要素来看，能够发现其是一脉相承的正义观念与法律理性。“法律意识深深地植根于西方社会，人们十分认真地对待权力的正当性问题。在历史中出现的对不法行为的强烈抗议，反映出西方文化对于法律作为社会基石的执着和信仰。”〔1〕虽然日耳曼人在罗马帝国的废墟上建立了若干王国，法治文明让位于野蛮的氏族习俗与军事暴力，但是，日耳曼人对基督教的虔诚皈依使得法治成果得到了相当程度的保留与延续。法学问题开始以神学的面目出现在哲学、文化与政治领域，教会法学家强调了神法对于世俗法的绝对指导意义，主张永恒法、自然法与神法应当统治人法，实际上是强调了理性与正义对于法律的重要意义。在世俗王权与宗教神权的激烈斗争中，法律获得了至上的地位，强权最终服从于法的统治和管理，而法律本身又必须体现于正义与良心，体现于普遍道德的“善”。正如伯尔曼教授所言：“从本质上讲，世俗国家的观念和现实也就是法律统治的国家或‘法治国’的观念和现实。首先，这意味着每一个教会团体和世俗团体各自的首脑都应当采用和维护他们自己的法律体系，即应当经常制定法律，建立司法制度，组织政府部门，并实行普遍的依法而治。其次，它意味着每一个教会团体和世俗团体各自的首脑都应当受到他们自己制定的法律的约束；虽然他们可以合法地改变法律，但在法律改变前他们必须服从法律——他们必须在法律之下统治——如果教会应当具有各种不可侵犯的法律权利，那么国家就必须把这些权利作为对它自己的最高权力的一种合法限制来接受。同样，国家的各种权利也构成对教会最高权力的一种合法限制。两种权力只有通过对法治的共同承认，承认高于他们两者，才能和平共存。”〔2〕正是在这种背景下，西方各国在封建化的过程中，尽管强化王权与统一信仰对当时的政治、法律及社会生活都发挥着巨大的张力作用，但是，法律本身的正统地位却日益巩固。“法治思想也不可避免与某些基本的制度安排存在联系。平等的基本

〔1〕 R. C. van Caenegem, *An Historical Introdution to Western Constitutional Law* , Cambridge: Cambridge University Press, 1995, p. 2.

〔2〕［美］哈罗德·伯尔曼：《法律与革命》，贺卫方等译，中国大百科全书出版社 1993 年版，第 356 页。

观念，与我们关于正义和公平信念的核心紧密相连。”〔1〕奉行法治主义必然要求正义和平等能够实现，权利能够伸张和保障。英国1215年的《大宪章》中，规定任何自由民都不受逮捕、监禁、没收财产、褫夺公权、放逐或任何方式的伤害，除非那么做是按照与他地位相等的人的合法判决或按照国家法律；在权利或审判上，不得偏袒任何人，也不得拒绝或拖延任何人。《大宪章》有时也被称为“英格兰之诸自由权利的大宪章，之所以这样说，乃是因为它们使人们得到自由”〔2〕。匈牙利在1222年的《金玺诏书》中规定：任何贵族非经依法传唤和判罪，不得因任何强权者的意愿而被逮捕，或受伤害。这些体现正当程序的法律规定给当时的政治法律生活带来了深刻影响，并给正在由弹劾式诉讼向纠问式诉讼转化的刑事司法制度以相当的压力。致使作为维护社会秩序，惩罚犯罪的刑事司法制度不可能迅速实现其彻底纠问化的过程，从而体现出多种诉讼程序混合并存的格局，而且显示出程序之间相互借鉴和渗透的态势。“早期法兰西国王对教会诉讼程序的采纳和以巴黎中央王室法院为顶点的上诉等级制的创立，对后来法兰西的历史产生了不良影响，而英格兰国王早期对法兰克传统陪审制的采纳，却对后来英格兰的历史产生了有益的影响。但是，从12世纪和13世纪的视角看，法兰西的法院体系和法院的诉讼程序却比当时英格兰的制度大为有利，这里的有利是指有利于公正对待诉讼人和有利于王室的社会秩序。”〔3〕在英格兰完成陪审团裁判制度的同时，纠问式诉讼程序却因为采用刑讯制度而不断恶化，令人困惑的是，这种不愉快的转变却源自美好的愿望。为了保护被告人免受不充分证据的错误有罪判决，保证裁判的可靠性，法庭决定对于没有坦白他自己的罪行的被告人，在有两个证人的情况下可以定罪。围绕这种理论而发展出复杂的证据技术，制造出许多案件，成了实现法律公正的强大阻力，因鼓励被告人坦白而采取的刑讯制度影响了被告人行使质证权的公正做法。〔4〕

---

〔1〕［英］T. R. S. 艾伦：《法律、自由与正义——英国宪政的法律基础》，成协中等译，法律出版社2006年版，第30页。

〔2〕［美］小詹姆斯·R. 斯托纳：《普通法与自由主义理论》，姚中秋译，北京大学出版社2005年版，第33页。

〔3〕［美］哈罗德·伯尔曼：《法律与革命》，贺卫方等译，中国大百科全书出版社1993年版，第567页。

〔4〕Mireille Delmas-Marty，J. R. Spencer：*European criminal procedure*，Cambridge University Press，pp. 8～9.

（三）古典自然法理论争鸣与近代刑事程序改革

"16世纪时，欧洲许多国家都对等级制度发起了攻击，其锋芒直指天主教的精神秩序和封建主义的世俗秩序。在经济领域中，它的主要目标是反对封建的经济制度以及与其共存的农奴制度和行会制度。在政治领域，则表现出了反对封建贵族及其特权的新方向。那些在摧毁等级制度方面获得成功的国家，最终强化了世俗的、个人主义的和自由主义的力量在政治、经济和知识生活方面的作用。"[1]他们所凭借的理论武器之一正是在古代自然法与中世纪自然法基础之上形成的更完整而且更具说服力的近代自然法理论，它所提出的道德原则及主张的道德秩序对近代社会的哲学、政治及思想领域产生了强大影响，掀起了遍及整个欧洲的资产阶级革命，建立了新的政治秩序与法律秩序并直接促成了整个西方各国刑事程序的巨大变革。革新后的刑事程序成为近现代政治法律制度的重要内容，对于保障公民个人人权，捍卫自由正义与维护新的社会秩序发挥着关键的利益协调功能与整合控制功能。

16至18世纪是一个伟大的时代，强大的自然法理论与其他新锐思潮猛烈地冲击着封建等级秩序与教会神权社会，在这个时代涌现的大批思想家、政治家与法学家将自由、平等、公平、正义学说阐释发展到一个崭新的阶段。"天赋人权"与"人民主权"思想通过自然法学说与社会契约理论得到了广泛的传播并发挥着巨大的思想启迪作用。这些理论与学说直接推动了人类社会发展的历史进程，从而引发了世界性的资产阶级革命并逐步形成了新的社会秩序。正如凯利所指出的那样："西方思想长期以来的走向已决定了古代君主制和政府制度迟早要发生根本性的变革。"[2]随着资本主义商品经济的迅速发展，与此相适应是必然建立资本主义新型政治体制与司法体制，以自由、平等、人权为核心的政治法律思想必然成为新型的资本主义文化的主要内容。自然法理论无疑成就了资本主义政治法律制度的深厚思想基础，它所主张的道德原则，诸如人人生而平等与自由，政府权力来源于人民的同意，国家法律在于保障公民的天赋权利与自由，包括那些蕴含平等与正义的道德准则逐渐成了新兴的资本主义国家的重要理论支柱与思想基础。刑事司法制度作为

---

〔1〕［美］博登海默：《法理学：法律哲学与法律方法》，邓正来译，中国政法大学出版社1998年版，第40页。

〔2〕［爱尔兰］J. M. 凯利：《西方法律思想简史》，王笑红译，法律出版社2002年版，第194页。

社会制度的重要内容与国家权力运作的重要方面，必然紧紧跟随国家政治制度、道德价值观及意识形态的变迁而发生巨大变化。因为“社会结构、技术水平以及政治安排都会对人们的思考方式与行为方式产生影响，而这些思想和行为转而创生特定时空的法律系统。”〔1〕只要浏览该时期主要国家的宪章性文献的内容都可以发现刑事程序改革成了这些国家新型政治法律制度突出而关键的技术环节，完全能够感受到刑事程序变革与政治司法体制、思想观念创新之间深刻的动态衡生关系。

英国1628年的《权利请愿书》规定：任何人非经法律正当程序之审判，不论身份与社会地位如何，皆不得将其驱逐出国或强迫其离开住所，也不得予以逮捕、拘禁，或取消其继承权，或剥夺生命。该法律明确规定：一是不经议会同意不得向人民募捐或征税；二是不经国家法律或法庭判决，不得逮捕任何人或夺取财产。1679年《人身保护法》则规定：没有法庭的逮捕令，不得拘役和羁押任何人；被逮捕的臣民及其亲友均可向法院或法官申请人身保护令；不得以同一罪名再度拘役已保释的人犯；英国的臣民不得被送至海外领地拘禁。1689年英国的《权利法案》是英国历史上最重要的宪法性文件，也是西方资产阶级取得统治权之后颁发的第一个初步形态的权利法案。〔2〕1776年美国的《独立宣言》把生命权、自由权和追求幸福的权利列为被造物主赋予的、不可转让的权利。1791年美国通过了称为宪法修正案的《权利法案》，其中第4、5、6、7、8条均属于刑事诉讼中犯罪嫌疑人、被告人的权利条款，开创了刑事司法权利宪法化的先例，为刑事司法程序改革与对抗式诉讼的建立奠定了坚实的法律基础。它“以根本法的形式明确了国家与个人的关系，规定了政府的权限及犯罪嫌疑人、被告人的诉讼权利，这使得美国的刑事司法制度能够在宪法的指导下得以架构和发展”。〔3〕1789年法国的《人和公民的权利宣言》显然是以美国《弗吉尼亚权利法案》和《独立宣言》为蓝本完成的，但内容更为完善，把一百五十多年来所有关于自由、民主、宪政和人道主义的思想以十分简洁的形式表述出来。这个宣言以后多次成为法国宪法的序言。《人权宣言》开宗明义指出：“鉴于对人权的无知、

---

〔1〕［美］弗里德曼：《选择的共和国——法律、权威与文化》，高鸿钧等译，清华大学出版社2005年版，第4页。

〔2〕董云虎编：《人权基本文献要览》，辽宁人民出版社1994年版，第1页。

〔3〕李学军主编：《美国刑事司法规则》，中国检察出版社2003年版，第14页。

忽视或蔑视，是公众不幸和政府腐败的唯一原因，现决定在一个庄严的宣言中公布天赋的、不可转让的、神圣的人权。”英国学者艾顿勋爵曾说，这两页纸的宣言，重量大于多个图书馆，也大于拿破仑的所有军队。〔1〕宣言指出，人生来并且始终是自由的，在权利上是平等的。社会殊荣只能建立在公共事业之上；一切政治结合的目的都在于保护人的天赋的和不可侵犯的权利。这些权利是自由、财产、安全和反抗压迫；自由是指可以去做任何于他人无害之事的权利；因此，行使各人的天赋权利，只能以保证社会其他成员也享有同等权利为界限。这些界限只能由法律来确定；法律只能有权禁止有害于社会的行动。凡不是法律所不许可的事，都不得禁止；并且不得强迫任何人去做不是法律所规定的事；法律是公意的表现，所有公民都有权亲自或者通过其代表参与法律的制定。法律对一切人，无论是保护还是惩罚，都必须一视同仁。在法律的心目中，一切公民都是平等的；任何人在被宣判有罪之前，都推定为无罪等。《人权宣言》作为近代法国第一个宪法性文件，它的影响覆盖面很大，是国际性的，对法国乃至对整个世界的人权、公民权、权力分立等观念和法治的发展都具有重大影响。〔2〕

近代自然法理论将普遍意义道德准则的新鲜血液注入了国家政治制度与法律制度的经脉中，尽管遭到了诸多实证思想家与法学家的强烈反对甚至引起那些正统的历史学家的质疑。但是，它所取得的成就却是任何理论所无法比拟的，它将发源于古希腊、古罗马的法治思想不断地发扬光大，历经黑暗时期及至启蒙时期汇聚成滚滚洪流，最终成就了辉煌灿烂的现代法治理想。正如博登海默所言：“他们通过无视历史并将注意力集中在努力发现一种理想的法律和正义制度的方面，也完成了一项重要使命，其意义大大超过了仅研究法制史的学者所做的工作。经过几代思想家的集体努力，古典自然法哲学家显然为建构现代西方文明的法律大厦奠定了基石。”〔3〕如今，公平正义原则与法治宪政精神不仅成为政治学的基本理念原则，更是法学、经济学与社会学关注的主流思想；不仅是所有社会科学必须深入研究的理论课题，更是所有国家经济生活、政治生活与法律生活需要正视的现实主题。对于法律制

---

〔1〕 转引自陈弘毅：《法理学的世界》，中国政法大学出版社 2003 年版，第 7 页。

〔2〕 参见何勤华主编：《外国法制史》（第 4 版），法律出版社 2006 年版，第 233 页。

〔3〕［美］博登海默：《法理学：法律哲学与法律方法》，邓正来译，中国政法大学出版社 1998 年版，第 76 页。

度的研究与建构来说，这些道德原则也是显赫的中心命题，是所有法律系统必须谨慎思考与理性对待的核心价值。对于刑事司法制度来说，近代自然法理论所主张的道德原则成了引领刑事程序改革的航标。正是近代的天赋人权学说、人民主权学说、社会契约理论将自由、平等、正义、人权这些伦理学元素阐发至无以复加的程度，才使得政治法律制度由前近代社会统治者手中的工具和玩物脱胎换骨，转变为普通公民个人权利与自由的坚实保障与真正载体。即民主政治就是广大人民群众的自主意志得以体现的基本形式，而法治宪政则成为公民个人自身权利与自由实现的主要手段。斯图亚特·密尔曾指出："我们称之为权利的东西，是与我们所采纳的正义理论明通暗合的。倘若要对权利的存在及权利冲突的实际解决最终作出系统的判断，必须以完满的正义理论为中介。"〔1〕刑事程序在自然法理论的那些道德原则的浸润中，在近代法治宪政伟大旗帜的感召下，也获得了新生，以公平、正义、人权为核心要素的价值理性成为其活的灵魂和真正精髓。从此，刑事程序的工具理性不再独揽天下，工具理性让位于价值理性，即程序本身的道德合理性与法理正当性成为判断刑事程序优劣的唯一标准。有学者就指出："法律理论来源于基本的直觉：法律应当有指引其主体行为的能力。"〔2〕与封建等级秩序相适应的纠问式诉讼程序因资本主义平等竞争的市场秩序的建立与民主宪政格局的形成，必然经过脱胎换骨后而走向新生，体现职能分离、控辩平等的新型职权式诉讼程序逐步确立，表征着新的法律秩序与道德秩序对于刑事程序的根本要求，近代刑事程序的改革也回应了这一历史发展的主流趋势。

（四）我国刑事司法改革与其伦理环境变迁的协调与平衡

法律制度真正的精髓在于对道德原则的确认与维护。博登海默指出："法律和道德代表着不同的规范性命令，然而它们控制的领域却在部分上是重叠的。从另一个角度来看，道德中有些领域是位于法律管辖范围之外的，而法律中也有些部门在很大程度上是不受道德判断影响的。但是，实质性的法律规范制度仍然是存在的，其目的在于强化和确使人们遵守一个健全的社会所

---

〔1〕 转引自夏勇：《人权概念的起源——权利的历史哲学》，中国社会科学出版社 2007 年版，第 27 页。

〔2〕［英］约瑟夫·拉兹：《法律的权威》，朱峰译，法律出版社 2005 年版，第 186 页。

必不可少的道德规则。”[1]刑事司法作为解决严重争端的法律机制如果没有以正义为核心的道德法则作为其活的灵魂与坚实的观念支撑，必然陷入国家实证主义者所主张的政治工具陷阱，继而使刑事司法成为国家追诉、惩罚犯罪的垄断舞台从而导致专横司法死灰复燃，公民个人人格尊严、主体权利与基本自由将随时被以国家惩治犯罪为理由而任意处置。如此一来，国家法治将最终迷失方向而成为权力恣意的牺牲品、个人极权的装饰物，市场经济秩序与民主的国家理想将面临灭顶之灾。实际上，任何时代的法律制度都以特定的道德原则与伦理精神为依归，根本不存在完全自主自足的法律系统。因为，“事实上，在实际的司法过程中，法律适用中的伦理要素从来都未曾被排除去过。”[2]实证主义者所主张的法律与道德无涉的神话被历史所粉碎，法西斯灭亡标志着法律只是意味着国家制定法判断的不得人心与绝对荒谬。二战后古典自由主义的复兴、世界各国民主政治改革与法律制度变革的事实说明了以正义为核心的道德法则对于国家法治的根本意义。刑事司法的工具属性之所以在中国大行其道不仅与中国传统治理模式高度重视刑事法律体系对于维护国家统治与社会秩序的全局意义有关，而且暴露出传统中国以德治国的内在伦理精神严重不足这一根本症结所在，因为中国的礼治是以“忠孝仁义”为代表的传统伦理为基本内容，实质上体现的是奉行公开的不平等的专制政治统治路线本质，历代官府奉行等级差序的宗法伦理观压制甚至遮盖了民间自发的公平正义观。尽管社会主义建设已经走过大半个世纪的历程，改革开放使得中国进入了高速发展的快车道，社会制度真正走向了新生。但是，传统犹如人的影子一样无法挥之即去。市场经济改革在破除旧的制度链条的同时，在新的制度体系没有完全建立的时候，社会失范现象就会席卷而来。旧的等级、身份、特权思想就会在制度围墙的塌陷处潜滋暗长，那些传统社会价值观与伦理法则就会对新的制度体系施加若干影响，导致新的制度体系遭受旧的价值信仰与道德法则的冲击而可能失效。中国刑事司法制度的困境就在于传统的追求实体真实、注重诉讼结果的客观真实主义占领了绝对统治地位，从而导致为适应计划经济体制与高度集权政治体制的刑事司法运行呈

---

〔1〕［美］博登海默：《法理学：法律哲学与法律方法》，邓正来译，中国政法大学出版社 1998 年版，第 399 页。

〔2〕［美］罗斯科·庞德：《法律与道德》，陈林林译，中国政法大学出版社 2003 年版，第 81 页。

现出严重的纠问化现象，国家利益优先成为占绝对地位的道德原则，刑事司法旨在维护社会秩序的根本宗旨得到了具体制度与程序规则的全力支持，公民个人的人权则服从于国家通过刑事司法打击犯罪的最高目的。在新的历史时期，市场经济改革的稳步推进带来的民主政治气息持续深刻地作用于刑事司法制度体系，刑事诉讼法的持续修正正是对于社会环境变化的深刻回应。但是，观念的转换与价值观的形成需要时间积累与新型制度的强力推动。与中国社会深刻转型相适应的法治观念与以正义为核心的道德原则正在形成之中，刑事司法改革也正于处新旧交替的阵痛之时。如果不持续强化以正义为核心的新型道德体系，法治理念不能得到中国各个社会阶层的充分认同，甚至不能得到国家主流价值观的持续肯定，那么，刑事司法制度的真正转型也可能最终胎死腹中。

刑事司法制度旨在解决严重刑事争端的法律机制与社会控制机制，必然受制于特定的道德原则与伦理精神。“法律要求社会成员的道德信仰具有最低限度的一致性。甚至在冲突型的社会关系中，各方也必须承认这样的现实：为了战胜对手而进行的斗争必须依照特定的规则进行，例如不得进行恫吓。在一个法律被人们看成保障公平的工具的社会里，法律最为繁荣。”〔1〕中国市场经济体制的全面建立与民主政治格局的稳步形成正在作用于刑事司法体制与刑事诉讼法律制度的转变历程，新的刑事诉讼法的实施实际上就是这种社会变革的深刻回应与自然依归。而中国新的刑事诉讼法在立法层面与司法环节所存在的问题也恰恰与这种制度环境变动的过程所避免不了的且需被必然解决的。市场经济秩序内在的平等、自由、权利、契约理念，民主政治内在的平等对话与理性协商等新型道德准则与价值观为新型刑事司法体制与刑事诉讼法律制度的最终形成提供了深厚的思想基础与强大的精神支撑。市民社会成员追求公平正义的时代呼声正在猛烈地冲击着旧的道德秩序与法律秩序，平等参与政治生活，自主决定与自我管理的民主意识正在不断地升华，近年来出现的市民通过体制外的选举进入国家政治领域的事件正是公民政治参与意识增强的真实反映。政治国家与市民社会的分离必然要求宪政法治进程向深层次方向纵深推进，规制权力与保障权利正在成为时代的最强音。以

---

〔1〕［英］彼得·斯坦、约翰·香德：《西方社会的法律价值》，王献平译，中国法制出版社2004年版，第42页。

人权保障为核心的公平正义、契约自由、平等协商与理性对话等道德原则与价值观正发展为强大的意识形态，处于国家政治生活中心领域的刑事司法制度如何顺应时代潮流是今天每个关心公民人权保障与国家法治运作的有识之士不能回避的问题。只要大多数社会成员自觉以公平正义为核心的道德法则为最高信念，以平等自由和尊重及保障人权的价值观为社会制度构建的根本出发点与最终落脚点，就能够为推动中国法治宪政进程增添力量。“如果说愿望的道德是以人类所能达到的最高境界作为出发点的话，那么，义务的道德则是从最低点出发。它确立了使有序社会成为可能或者使有序社会得以达致其特定目标的那些基本规则。”〔1〕刑事司法体制与诉讼法律制度改革理所应当以公平正义为核心的道德原则为依归，所有的制度构建与程序设计均应体现这一市场经济秩序与民主宪政格局的根本要求，努力祛除那些与法治国家目标和市民社会期待相违背的传统社会治理原则与价值体系。落实在中国现行刑事诉讼法律制度改造中，就应当全面体现平等、自由、人权、正义等基本道德指标，改造应不仅仅旨在惩罚犯罪这种体现片面价值观的诉讼目的，改造应旨在实现有效打击犯罪相配套的流水线作业的诉讼结构，全面确立旨在保障人权，维护法治秩序的体现道德理性与标准的刑事司法诸原则，认真清理现行刑事司法基本制度与具体程序规则中内含的那些不符合时代要求的旧的道德观念和旧的道德法则，最终建构起以刑事正当程序规则为中心内容，全面反映现代法治与宪政精神的刑事诉讼法律制度体系。这本身就体现着新型伦理道德体系与刑事诉讼法律制度的二元共生互动关系。道德体系的构建、道德标准的界分与道德原则的贯彻重新塑造着刑事司法制度建构，而刑事正当程序的理性化运作又强化了以公平正义为核心的道德体系，二者的协调互动共同造就理性的刑事司法制度的系统建构与新型伦理道德体系的形成。

三、文化观念环境变迁与其刑事司法制度变动协同发展的历史考察

刑事司法作为一种法律现象反映了特定社会法律制度的基本面貌，也反映着特定社会或民族的历史传统与文化底蕴。刑事司法制度变迁与特定社会的文化密切相关，正是特定国家或民族的文化背景和法律传统决定了该社会

---

〔1〕［美］富勒：《法律的道德性》，郑戈译，商务印书馆2005年版，第8页。

的刑事司法的内部结构与运行模式、具体法律制度与基本价值理念，而后者也是特定社会法律文化的具体体现。正如黑格尔所言：“民族的宗教、民族的政治制度、民族的伦理、民族的法制、民族的风俗以及民族的科学艺术和技能，都具有民族精神的标记。”[1]刑事司法制度变迁与法律文化传统表现为互塑共生的生态平衡特性，刑事司法制度作为法律现象之一，生存并发展完善于特定的民族文化之中，构成民族文化的重要组成部分；而特定的民族文化必然作用于该民族的刑事司法制度与法律意识的形成和发展。文化是人类在漫长的社会生活实践中日积月累形成的智识结晶，随着人类社会的不断演进和更替，刑事司法制度作为解决人类社会生活中严重争端的法律机制与利益协调机制，自身的变化和发展日益丰富着人类社会特有的复杂文化凝聚体。同时，文化凝聚体又深刻地影响和制约着该时期的刑事司法运作及人们对于刑事司法的心理、意识、认知和情感，从而影响着刑事司法制度的发展变迁。

（一）诉讼意识与刑事司法制度变迁

西方国家有着悠久的法治传统与浓厚的诉讼偏好，这与其发达的诉讼制度和先进的诉讼文化密切相关；而以中国为代表的东方国家却有着完全相异的无讼传统，这与儒家文化、宗法礼教秩序与国家的专制体制环境不可分离。人们对于诉讼的不同意识直接影响着刑事司法的具体运作，继而影响着刑事司法制度结构和程序的发展演变。

1. 西方好讼意识与刑事司法制度的变迁

纵观西方诸国，尤其是当今法治滥觞的美国，好讼与泛讼成为其突出的法治文化特征，而好讼传统最早可以追溯到古代希腊、罗马时代。雅典政治法律制度的平等性、民主性与普遍性决定了公民参与政治和诉讼的广泛性，从而逐渐培育出平等、正义与权利意识，培育出“好讼”之风。“每个人都有权利和手段保护自己的利益，这个原则为雅典宪法所采用，这是民族进步的重要一步。”[2]希腊城邦国家关于正义的思想给以后的罗马法学的发展铺平了道路，而罗马法学又给现代的权利概念提供了思想基础。“好讼”传统在古代罗马得到进一步发扬的事实表明了罗马人对于权利的关注，罗马的私法对契约和财产交易出现的各种各样的私利性质、范围和实现作了精辟的界定、

[1] [德] 黑格尔：《历史哲学》，王造时译，生活·读书·新知三联书店1956年版，第104页。
[2] [英] 阿克顿：《自由史论》，胡付胜等译，译林出版社2001年版，第11页。

说明和阐释。实际上，早期罗马法乃至英国法的发展都是诉讼中心主义的，即通过具体的诉讼活动来创设权利和法律，这说明其诉讼意识、诉讼文化已经发展到相当发达的阶段。在罗马，随着诉讼活动的不断增加，法院制度得以建立健全，逐渐形成了一系列保障当事人平等、自由权利的制度，如陪审制度、申诉制度、律师辩护制度。同时，不告不理原则、一事不再理原则、公开审判原则、自由心证原则、不干涉原则等一系列诉讼法原则也得以确立。其中，引人注意的是辩护制度已经比较发达，在古罗马弹劾式诉讼中，双方当事人处于平等地位，享有同等的权利，承担同等的义务。案件审理通常是由原告提出控告的理由和证据，然后由被告提出反驳理由和证据。被告人拥有辩护权，可为自己的利益进行辩解和反驳，还可以聘请精通辩术的辩护人为自己辩护，审判采取对质、言词、公开的方式进行。辩护权以及代言人、辩护人等的存在，标志着罗马刑事辩护制度已经形成。在公元1世纪进入帝国时期以后，原来实行的诉讼代理和辩论的原则，逐渐发展成为律师辩护制度。这些原则和制度为近现代西方社会民众重视诉讼，通过诉讼来保障自己合法权利的好讼主义与泛讼传统奠定了坚实基础。

英国在诺曼征服前的盎格鲁-撒克逊时期大多沿袭日耳曼人的习惯法。有学者指出："在封建化的早期，欧洲大陆和英格兰的习惯法并无实质区别，基本上都是成文的并且具有浓厚的日耳曼色彩。"〔1〕当时的百户法院、郡法院，领主法院乃至王室法院实行讼师制度和裁断人制度，裁断人可以直接出任陪审团成员。原告和被告都可以参加裁断人的选任，并且可以对裁断人的人选提出异议。在这种体现平等、民主的弹劾式诉讼制度氛围下，法院就成为人们和平解决纠纷，辩明是非曲直的场所，而诉讼实际成为人们日常生活的重要方面。诺曼征服之后，英国开始了急剧的封建化进程并建立起强大的中央王权，审判体系也逐步完成了统一：地方审判事务由郡法院管辖，采用陪审团制度，即由事件目击者或当地居民代表组成陪审团进行审判。中央审判事务属于王室法院管辖，将从各地汇总提炼出来的普通法作为依据进行审判。当时英国尚无成文的制定法，因而实行的是判例制度。有学者指出："普通法乃是从一个面对争议的法官的角度，或者从一个试图作出一项裁决的陪审团

---

〔1〕［英］范·卡内冈：《英国普通法的形成》，李红海译，中国政法大学出版社2003年版，第115页。

的角度所看到的法律，而不是从一个面对一群难以操纵之人民的至高无上的君主的角度，或者从面对内战而拥有主权之人民的角度所看到的法律。”〔1〕在这种特殊情况下，英国从古代起就培植了如同罗马那样重视诉讼的法律传统。而作为英国殖民地的美国，则深受到宗主国判例制度的影响，同样继承了这种好讼与泛讼的传统，美国对抗制刑事程序就是其鲜明的例证。

西方好讼传统的背后是对于权利的重视与对于平等的诉求，诉讼的目的在于解决各种纷争与权利冲突，热衷于诉讼意味着对于保障权利的极大关注。因为权利的实现必须依赖于诉权行使，诉权的行使又必然通过诉讼程序才能得到实现，体现了“无救济即无权利”〔2〕的古训。这表明：平等与正义在古代西方人的价值体系中占据着十分重要的地位，由此决定了刑事司法模式属于弹劾式类型，即意在解决双方当事人的利益纷争而不是为着诉讼外的其他目标。“事实上，古代法院之成立，其主要目的在于处理辩明一切未臻明确或可疑之案件。迄尔后血缘组织日趋衰落之后，法院始成抑制强暴手段，弱者之保护者。”〔3〕这种刑事司法模式突显了古代西方社会公民权利的拥有程度与法律面前人人平等理念在具体的纠纷解决过程中的实现程度；也初步界分了国家专门机关在诉讼中的地位、作用与性质，即仅仅作为消极的第三者站在中立的立场上公正裁决，体现了双方当事人完全平等，法官中立的诉讼特征。到了罗马帝国后期乃至中世纪社会，随着权力出现垄断集中，刑事司法逐渐由解决纷争向维护统治秩序转变，刑事司法结构也就发生相应变化。弹劾诉讼类型逐步向纠问诉讼类型过渡，公民诉讼权利逐渐萎缩，直到后来完全由国家专门机关负责刑事案件的指控和审判，新的纠问诉讼文化也开始逐渐形成。而英美法国家则承袭习惯法传统，刑事程序由弹劾式诉讼逐步发展为当事人主义至上的辩论式诉讼程序。

2. 中国无讼意识与刑事司法制度变迁

“以刑去刑，追求无讼”是中国传统法律文化的一个重要特点。具体来说，首先，在中国传统社会，等级森严的专制主义政治格局是整个社会结构

---

〔1〕［美］小詹姆斯·R. 斯托纳：《普通法与自由主义理论》，姚中秋译，北京大学出版社 2005 年版，导论，第 13 页。

〔2〕 *Black's Law Dictionary*, St. Paul Minn. West Publishing Co. , 1979, p. 1363.

〔3〕［美］孟罗·斯密：《欧陆法律发达史》，姚海镇译，中国政法大学出版社 1999 年版，第 44 页。

的核心。作为最高统治者的君主实行行政、司法合一的政治法律制度，集立法、诉讼、审判大权于一身。在集权专制体制下，法律仅仅成为暴力和惩罚的代名词，诉讼不可能依照公平的理念和原则加以裁决。由此，“无讼”成为中国法律文化的主流取向。其次，天人合一是中国古代社会追求的思想境界，人与自然、人与人之间的和睦相处与和平安宁的社会秩序成为最高的价值目标。人们认为自然界存在一种天理，并包含天、地、人三者之间的相互作用，决定世界安宁和人们幸福的是和谐。和解精神与协调一致成为社会交往关系中最高准则，而“无讼”的思想意识这是该准则的重要体现。再次，汉代以后儒家思想占据了主导地位，而儒家的最高目标就在于追求和谐、安定而又差等有序的大同社会，在这个大同世界里，没有纷争和犯罪，因而不需要法律或虽有法律而搁置不用。这种文化所追求的最高理想或价值取向就是“无讼”。中国自古就崇尚“无讼”和“息讼”，一方面，国家在诉讼活动中重视对涉讼者进行教化，迫使其对争讼行为违背礼教而感到羞耻，从而主动和解。地方官员也以自身的行为教育感化百姓，当辖区出现母子相讼、兄弟争田、亲属争财或骨肉争讼的案件时，便自以为教化不力，无才无德，有辱“为民父母”的身份，从而主动解印去官。[1]中国古代的老百姓在儒家伦理道德学说潜移默化的影响中，形成了“无讼”的潜意识，自然而然地将诉讼视为一种耻辱。另一方面，集权专制致使官吏腐败、封建衙门趋炎附势乃至野蛮专横，趋利避害的本能使得百姓不认为诉讼能够实现公正。加之封建纠问式诉讼实行有罪推定的指导原则，并将刑讯逼供制度化，老百姓的“畏讼”思想自然产生；封建司法官吏冷酷无情而且贪得无厌，诉讼期限遥遥无期，导致老百姓“厌讼”的意识日益增长。久而久之，人们形成了不打官司、远离诉讼的习惯，最终使得“无讼”变成了大众生活的日常准则。比较法学者达维、茨威格特、克茨等人都大体认为西洋各国将法看作是正义的象征，而且要求市民应为确保法律至上而斗争；而远东则与此相反，其传统哲学将法视为只适合于陶冶“蛮民”的弥缝技术。诚实的市民与法无关，他们远离法院，忽视法而遵循祖先传下来的道义、礼仪规范而生活。[2]

---

〔1〕 瞿同祖：《中国法律与中国社会》，中华书局 2003 年版，第 291~292 页。

〔2〕［日］大木雅夫：《东西方的法态度比较》，华夏等译，北京大学出版社 2004 年版，第 7~8 页。

中国传统的无讼意识不仅严重抑制了普通民众通过诉讼方式维护自身权利的诉求，而且导致诉讼的工具性职能极大膨胀，诉讼程序内在的定纷止争功能被抑制甚至被剥离。以刑法为中心的法律体系必然体现惩罚的最高目的性，法律的刑法化与诉讼的刑事化都是为了确保封建宗法统治秩序的有序性。于是，一方面，奉行严刑峻法；另一方面主张德性教化，使之远离诉讼，以诉讼为耻。“以儒家思想为指导制定的法律，使古代社会的罚罪手段偏于酷”，而“遵从法家‘严刑立威’之道的罚罪原则，则使古代社会的诉讼实践趋于峻”，“兵刑同源，儒法合流造就了独特的中华法系及其立法罚罪原则，王道霸道杂用、以法辅礼，也就成了传统政治的主要运行手段”。[1]故此，专制社会中的刑事司法就不可能是以实现正义和保障权利为目的，诉讼结构也不可能是法官消极中立，控辩平等的弹劾式诉讼形式，这与奉行皇权的唯我独尊、社会等级有序的治国理念是背道而驰的。有学者指出：“传统中国的法律由于伦理化而丧失了它自己作为法律的价值、功能和品格，传统儒家伦理的价值、旨趣和特性成了它的精髓，它随着伦理的发展而发展，变化而变化，甚至因伦理的滞后或枯竭而变得僵化。”[2]与宗法伦理秩序相协调共生的刑事司法程序必然呈现出典型的纠问化特征与浓厚的政治工具主义倾向，为维护统治者利益与既存社会秩序，随时准备动用强力解决包括民事纠纷在内的所有诉讼案件。而普通公民一旦被卷入诉讼，就会面临“深不可测、威不可知”的后果。中国传统法律文化以“无讼”作为价值取向与自给自足的小农经济和高度集权的封建专制政治体制密切相关而又相辅相成，它们共同缔造出高度纠问化的刑事司法生态，而且互相作用，互为表里，成为中国传统社会治理的典型表征。

（二）国家治理思想与刑事司法制度变迁

从人类社会组织方式与国家治理思想来看，存在着三种国家治理模式，其一为神治，亦即通过对神灵的崇拜与祭祀达到有效统治与社会团结的目的，这种方式存在于初民社会，随着知识的增长与人们认识能力的增强，神治模式较早退出了历史舞台；其二为人治，亦即通过掌握最高权力驾驭国家机器并进行社会事务管理。由于人性的缺陷决定了人治模式具有走向集权专制的

---

〔1〕 金良年：《酷刑与中国社会》，浙江人民出版社 1991 年版，第 141～142 页。

〔2〕 张中秋：《中西法律文化比较研究》，南京大学出版社 1999 年版，第 153 页。

必然性，这种模式长期存在于封建等级社会阶段；其三为法治，亦即通过法律实现国家治理，一切行为都必须受到法律统治和调整，由于法律的普遍性、客观性与稳定性决定了法治为较好的国家治理方式，近代以降逐渐成为社会主流思想与国家治理的一般模式。

1. 西方法治思想与刑事司法制度的变迁

西方人对于法治的思考是从古希腊开始的，希腊人的法治思想最初源于他们对法律与正义的向往，而产生于对法律的普遍遵从的现实和信念之中。随着自然哲学兴起，人们对于法律和正义的认识由神话发展到了理性，从而促成了希腊城邦法治及其精神的诞生。他们依靠自己的理智而不是神的指示安排自己的生活。他们把法律作为建立理性而正义的社会秩序的重要依据，也把法律看成保障自己安全、自由、权利、利益的手段。自然哲学的理性思维促成了法治作为一种思想或学说，在政治哲学中的萌生。罗马在征服希腊之后，成了希腊法治思想的继承者与传播者，并把希腊法治思想进一步推向前进。西塞罗指出，人们热爱法律和遵从法律是因为他们遵从和热爱正义。他认为统治者应当服从法律，国家权力机构之间应当保持分权制衡的关系，西塞罗为共和国设计了整套的权力运行规则，从而丰富和发展了古希腊的法治思想。有学者指出："权力的分立（对抗）与相互制约甚至制衡、公民参与、程序公正等，在古希腊和古罗马已经具备了初步的实践，并形成了一定的思想体系。这些政治法律文化对于近现代的立宪民主制和法治，即大众享有对国家事务的政治参与权利，同时国家的权力又受到有效的制约的政治法律体系，具有奠基性甚至基因般的影响。"[1]如果说古希腊和古罗马被浓厚的法治思想所主宰，那么中世纪则是被神治思想所垄断，并且人治思想和法治思想都处于神治思想的巨大笼罩之中。在那个黑暗的时代，基督教教会与世俗政权保持着持续的竞争和激烈的对抗，而基督教神学宣称人的法律乃是整个神圣统治体系的组成部分，这就将法律上升为了终极意义上的神的理性。如此一来，法的统治与神的统治得以契合，使得法治有了神治的合法依据和庇护，最终造就了神治思想孕育法治理念及思想成长的意想不到的结果。教会与世俗统治者的相互斗争和制衡，导致了意外的有意义结果——法律权威意识在中世纪逐渐形成。于是，法律至上、法律神圣、法律是限制权力的有

〔1〕 陈步雷：《法治化变迁的经验与逻辑》，法律出版社 2009 年版，第 186 页。

效工具等思想逐渐形成，并在中世纪就被公认为一项政治准则。哈耶克教授指出："在当时的数个世纪中，人们所公认的一项原则乃是，君王或者任何其他的权力机构只能宣布或发现已经存在的法律，或纠正其间所隐含的对既存法律的种种滥用情况，而绝对不可能创制法律。只是中世纪晚期，经由主观构设而制定新法律——亦即我们所知的立法——的意识才开始渐渐为人们所接受。"〔1〕基督教思想的集大成者，西方神学家阿奎那全面阐述了法律和政治统治的正当性以及政制与法治的关系，论证了法治、理性以及君主服从法律支配的思想，这些思想为近代法治思想复兴奠定了牢固的基础。"在漫长的中世纪，并不黑暗的一点是，法律的崇高地位没有受到削弱。当然，强权是永远存在的，但是，至少没有人胆敢公然以非法的形式为所欲为。"〔2〕

弹劾式诉讼饱受西方法治主流文化的长期浸润和滋养，使得这一人类社会解决利益冲突的原生态刑事司法模式经过漫长的历史更替依然得到了存续和发展，并在纠问式诉讼勃兴的西方封建专制黑暗时代依然焕发出顽强的生命力。实则是因为弹劾式诉讼程序契合了法治主义的基本立场，适应了西方社会多元势力竞争、多元价值复杂并存的社会现实。尤其是在普通法精神得到孕育和发展壮大的英国，更充分地体现出人们对于平等与自由、民主与人权的伟大理想的执着追求与热切期盼，并将这种美好愿望直接转化为改变历史的动力。在英国，"随着多元利益和价值的正当化和合法化，个人自由、团体利益、宗教要求、社会需要及政党主张基本上都能获得最低限度的满足；人格化的权威即专制必然受到排弃，而赋予其地位和利益合理合法性的非人格化的权威即法律及其他自发的社会规范得到推崇。"〔3〕强大的自由主义、个人主义传统与普通法精神融为一体，为弹劾式诉讼程序的发展完善继而向现代对抗式诉讼演进提供了坚实的思想基础与强大的精神动力。恰如庞德教授引用一位外国观察家的话说，英国法治的鲜明特征在于对个人自由的极端重视和对私人财产的无限尊崇。它只与个人权利有关，与社会正义无关。它把具有最高社会意义的问题当作纯粹的私人争端来处理。它从个人角度出发，制定了诉讼程序、民事、刑事和激烈辩论模式，并在现代社会里保持了公平

---

〔1〕［英］弗里德利希·冯·哈耶克：《自由秩序原理》（上），邓正来译，生活·读书·新知三联书店 1997 年版，第 204~205 页。

〔2〕何勤华、张海斌主编：《西方宪法史》，北京大学出版社 2006 年版，第 223 页。

〔3〕张彩凤：《英国法治研究》，中国人民公安大学出版社 2001 年版，第 304 页。

的、抗辩的古老诉讼理论。[1]实际上，个人自由主义价值观与弹劾式诉讼在普通法视野中是互为因果的，个人自由主义思想文化持续孕育并支撑着弹劾式诉讼；而弹劾式诉讼又不断地捍卫着自由的普通法精神。

2. 东方人治文化与刑事司法制度变迁

性善论与性恶论一直是传统中国人治精神的哲学基础的两种不同的理论。性善论认为传统中国政制的存亡在于人心，这就必然要求道德的政治化和政治的道德化。他们认为，人只要发掘内心，就可以找到善的源泉，通过不断修善就可以达到道德上的完美境界，而道德上的不断完善恰恰是做一个称职的统治者的前提，这与西方政治学中的性恶论传统恰成对照。[2]性恶论则坚持认为，先秦法家根本不相信礼教道德可以收到改善人性而致天下大治的功效，他们认为人性本恶，反映在现实生活中，人们总是贪生怕死、趋利避害。正因为如此，政治策略上应该取法而排礼，刑事政策上应当以恶止恶、以杀去杀、主张重刑主义；而刑法只能由最高统治者来制订和掌握，这就必然导致绝对的专制主义和人治法律的产生。当然，传统中国的专制政治思想，既不是以单纯的性善论为基础，也不是以纯粹的性恶论为根据，而是将两者糅合在一起。“儒家法家都以维持社会秩序为目的，其分别只在他们对于社会秩序的看法和达到这种理想的方法。”[3]儒法两家的理论看起来水火不相容，结果都成为统治者手中的工具。因为不管是性善还是性恶，最后在实践上都必然采用专制和人治。亦即，德治和礼治最后都成为人治。即以极少数人的言行为标准，要求全体臣民承认他们的绝对权威性，以他们的意志为转移。最终通过法律的强制实施，使专制定型化和人治制度化。主张性恶论的法家认为君主是唯一合法的权力主体，皇帝就是国家强制力的代表，皇帝可对全体臣民施用法律，唯独他自己不受法律制约。由此一来，皇权成了绝对的国家强力，法权只是这种国家强力的外衣。性善论与性恶论殊途同归的奥秘在于他们是从现实政治的需求出发来探讨人性问题的，因此，无论是儒家还是法家，都把人性问题涂上了浓厚的现实政治色彩，亦即，如何建立强大的君主等级制专制国家。所以说，儒法两家不论对人性怎样探讨，发表什么意见，

---

〔1〕［美］罗斯科·庞德：《普通法的精神》，唐前宏等译，法律出版社 2001 年版，第 9 页。

〔2〕梁治平：“说‘治’”，载“文化：中国与世界”编委会编：《文化：中国与世界》（第 3 辑），生活·读书·新知三联书店 1987 年版，第 236 页。

〔3〕瞿同祖：《中国法律与中国社会》，中华书局 2003 年版，第 292 页。

最终都不免成为君主专制的理论根据，这也是汉以后儒法合流的真正基础。结果是礼所容许的，也就是法所容许的，认为合法的。礼所不容许的，禁为的，也就是法所禁为的，所制裁的。诚如汉廷尉陈宠疏云：“礼之所去，刑之所取，失礼则入刑，相为表里也。”

人治主义的精神实质在于权力主义，法律只是权力的工具和外壳。在中国法律初生之时，法、律、刑是同一种意思，都起源于兵，即战争，因此法律天生就带有惩罚的意味。“以刑为核心，围绕着刑发展起来的法必定具有暴力的色彩。古代法自三代至清一概为刑律，古人言法必含有刑罚的意思在内，都是因为这个缘故。”〔1〕法律的刑法属性与工具属性决定了法律适用形式——刑事司法的属性与功能。有学者认为：“自有文字考证历史以来，中国的刑事司法按照模式来划分，大体上可以分为‘四大阶段，三种模式’。从奴隶制社会夏朝开始到清末的几千年间，一直实行的是纠问式诉讼。”〔2〕这反映了中国传统文化对于刑事司法构造的巨大影响，刑事司法运行机制的惩罚本质与工具属性充分显露，法律本身的正义品质与消解争端属性被扭曲甚至被抽离。人治中心的法律制度远离法治基本精神，权力本位、权力至上的思想弥漫于整个法律制度之间，公民自由与个体权利没有生存的空间。慑于对权力的恐惧和敬畏，人们不敢轻易诉诸诉讼，“贱讼”“厌讼”心理与思想由此产生。而官方的“无讼”主张更张扬了这种民间本身存在的厌讼心理与意识，从而使得刑事司法被边缘化与政治化，从而遮蔽了通过诉讼实现权利保护的最后路径。正是中国这种根深蒂固的传统文化最终造就了专制主义色彩极其浓厚的惩罚性的刑事司法特殊品格，任凭时代转换与岁月沧桑而不改其本来面目，给今天中国刑事司法的现代化带来巨大的阻力和极为深远的消极影响。

（三）社会价值观与刑事司法制度变迁

社会在不同发展阶段及不同历史时期可能存在着完全相异的价值观念体系，这些价值观念决定着法律制度的制定与实施，而随着法律制度的运行又在不断地强化这种已经存在的价值观念体系。西方国家早期就形成了以公民自由为核心的个人主义价值观，这种价值观为公民个人争取自由与权利提供了强大的思想基础；以中国为代表的东方国家集体主义价值观却十分浓厚，

---

〔1〕 梁治平：《寻求自然秩序中的和谐》，中国政法大学出版社 1997 年版，第 55 页。

〔2〕 汪海燕：《刑事司法模式的演进》，中国人民公安大学出版社 2004 年版，第 347 页。

这种整体意义上的国家主义价值观为集权专制体制提供了肥沃的土壤，从而对刑事司法制度的发展变迁发挥着不同的影响。

1. 西方个人本位价值观与刑事司法制度变迁

雅典法在最初是以氏族为本位的，经过梭伦改革逐渐转向以城邦为本位——其实质是以公民个人为中心的公民本位价值观。罗马法在共和国中期一直秉承“家本位”思想；共和国晚期随着经济发展和军事扩张，个人本位的法律观和法律制度在否定了家本位的基础上发展起来。家子地位的提高，妇女待遇的改善，婚姻目的的改变，监护、保佐制度由“私职”而变为“公职”等标志着家本位的解体，也意味着家长制的衰落。这些都表明随着生产力的提高，生产关系必须随之改变的基本要求，这不仅是当时的社会制度，也是农业生产的需要。在家庭关系方面，家子有扶养请求权，遭到虐待可以控告家长；在婚姻方面，家子同意与否是婚姻成立的必要条件；在财产方面，家子享有独立的财产权；在民事行为方面，家子则拥有签订契约的权利。〔1〕不过，罗马时代的家长在财产权和继承权上仍有相当的权威，作为家子的个人还不可能完全挣脱家的束缚，妇女终身监禁制也没有废除。〔2〕但是至少，罗马时代的法律强调个人本位的法律价值观最终成就了近代以来欧洲大陆个人主义法律思想的历史渊源。日耳曼人在罗马的废墟上建立起国家后，将自己的原始习惯法编纂成法典，这些法典一无例外地强调了氏族本位的血缘精神。但是，日耳曼社会的非国家主义性质决定了习惯法的优越地位，民众大会的最终决定权体现了直接民主，同阶审判体现了权利的平等对待和均等保护。日耳曼社会对于个人自由的珍视、浓厚的法治与限权传统、契约观念与权利意识使得封建社会制度等级化趋势受到一定程度的遏制，而封建庄园制度与骑士制度的确立大大促成了法律中氏族集团本位的衰落。随着商业的兴起、地理大发现和宗教改革的到来而涌起的与之相对应的人本主义思潮为个人本位价值观的奠立及发扬光大带来了无限生机。以霍布斯、洛克、孟德斯鸠为代表的启蒙思想家，站在不同角度为个性自由、平等权利而呐喊呼号，无数思想家的努力换来的是资产阶级的人权理论的形成和资产阶级革命的世界性胜利。他们认为承认和保护人的价值是至高无上的使命，应当让每个人

---

〔1〕 参见周枏等编：《罗马法》，商务印书馆 1996 年版，第 124~127 页。

〔2〕 ［英］梅因：《古代法》，沈景一译，商务印务馆 1984 年版，第 87 页。

在个性、精神、道德和其他方面的独立获得最充分与最自由的发展。由资产阶级人权理论衍化出来的法制原则主要包括人权天赋、人人平等、所有权不可侵犯、意思自治、契约自由、罪刑法定及主权在民等等。这些法制原则在近代西方各国的法律中得到了广泛体现，从而造就了西方法律个人本位价值观念的滥觞。近代西方资产阶级国家人权宪章极大地宣扬了个人至上，自由、平等与人权等个人主义的价值观，使得自由主义思潮在人类历史上掀起了第一个高潮，由此带来了深远的历史影响。世界上的主要国家不但在制度层面上构筑了个人主义本位的法律体系，而且在观念层面获得了极其广泛的价值认同。

古罗马、古日耳曼和不列颠的刑事司法无一例外地实行弹劾式诉讼。这种模式体现了该时期人们对于刑事司法的基本认识，追诉犯罪被视为个人的私事，除了极少数例外情况，国家并不积极介入诉讼。作为人类社会最初解决纠纷的原生态方式，弹劾式程序强调了当事人的意思自治原则，突出了公民个人本位的法律观。不过，这种诉讼形式却忽视了整个部族或城邦的利益，不利于社会整体秩序的维护。随着国家与社会的逐步分离，社会安定秩序与国家整体利益逐渐进入人们的视野，尤其是统治阶级逐渐认识到犯罪行为不仅仅是对公民个人利益的直接侵犯，而且也是对既存社会秩序和统治权威的破坏和蔑视时，刑事司法程序就会发生变化。“考此种变化之由来，盖由于当时维持和平之思想有所变更，一般以维持和平之目的，主在于维持君主之平和，于是，所谓全体人民之平和，浸假而多少为君主制平和所代替之矣。影响所及，终于刑事司法程序及犯罪处罚上，亦发生种种变更。”〔1〕国家政治中的权力因素的增长，以及人们对于犯罪危害性的认识和对弹劾式诉讼程序的功能缺陷的不满都影响到这种诉讼模式的发展变迁，当事人因素的萎缩与权力因素的扩张导致纠问式诉讼逐渐兴起。在公元 5 世纪至 10 世纪期间，基督教传遍欧洲。随着基督教纠问程序的采用，神明裁判被废除，一种新的证据制度——法定证据制度开始兴起，同时导致刑讯的盛行。这种纠问式诉讼支持了王权与教权势力扩张的需要，有效地实现了惩罚犯罪、维护秩序的目的，很快受到了世俗政权的接纳，乃至到 16 世纪至 17 世纪，纠问式诉讼在

〔1〕［美］孟罗·斯密：《欧陆法律发达史》，姚梅镇译，中国政法大学出版社 1999 年版，第 143 页。

欧洲全面确立，反映了封建专制制度中的权力因素发展到相当成熟的阶段，表明了统治阶级高度重视社会控制的时代需要。此时，公民个人的权利空间日益缩小，个人自由与法律理性让位于神的理性与服从神的指示以及世俗政权的等级秩序。正是社会本位的秩序观成为主流意识形态最终导致了纠问式程序主导地位的确立，而表征公民个人权利与自由的弹劾式诉讼程序逐渐退出了诸多领域。然而，英格兰仍然保持着象征平等、自由与理性的弹劾式诉讼，最后发展为当事人主义诉讼程序。在经历资产阶级革命后的整个西方国家，再次找回了个人本位的价值信仰，重新校正了法律文化中的权力要素压倒权利要素的偏向，高扬了人权精神与人的理性，充分肯定了人的自身价值。从而为刑事司法由传统刑事诉讼生态向现代转型提供了强大的精神支柱与理论基础。

2. 东方家国本位价值观与刑事司法制度变迁

中国在远古时代一直秉承氏族集团本位思想，氏族的组织形式和原始的血缘关系在各宗族转变初期没有明显变化。到国家初生，阶级降临人间时，氏族首领转化成为奴隶主贵族，氏族统治权也就转化为国家统治。尽管国家开始按照地域划分居民进行管理，但是以血缘关系为基础和纽带的氏族贵族的家族统治却以家族制度的形式保留了下来。中国社会自给自足的小农经济为宗法思想的生长和宗法制度的推行提供了肥沃的土壤，宗法制度与专制政治相辅相成，成为中国奴隶制国家最基本的政治制度和法律制度。西周法律制度的宗族本位具体落实在西周社会和国家政权的组织形式中，中国的法律也紧紧地沿着宗族制度的发展轨迹而运行和发展。时至春秋战国之交，经夏、商、周一千多年发展而成的宗法制度趋于土崩瓦解。面对“礼崩乐坏”的景象，孔子及其弟子对宗法制度的两个基本原则“忠”与“孝”重新进行了阐释，强调宗法制度及其伦理道德与国家政治互为一体。这就在旧的同姓血缘基础上的君父一体制崩溃之际，为确立新的非同姓血缘的君父一体制奠定了理论基础。[1]儒法合流之后，儒家学说与法家学说成为中国历代统治者的基本理论与国家学说，礼法融合成为了中国传统法律发展的主旋律，“德主刑辅”遂成为传统法律的中国特色。在礼法融合思想的指导下，古代法典向着儒家化、伦理化方向发展。也就是将儒家伦理学说作为法律依据，突出强调

〔1〕 杨景凡、俞荣根：《孔子法律思想》，群众出版社 1984 年版，第 106 页。

了封建君臣上下等级意识，“三纲五常”与“三从四德”成为调整社会关系的根本准绳。其实质是维护以宗族、国家为本位的封建等级伦理关系，反映的是法律道德化的浓厚情节。

由于中国传统法律制度高度强化了封建等级特权与宗法伦理纲常，突出保护了这种单向度的权力义务体系，法律的家族主义与国家本位主义表现得十分浓烈。对此，马克斯·韦伯评价道：“中国的法以典型的方式，表现出家庭和宗族的保持与世袭的王公统治共同作用，作为个人社会地位保障者的最重要的意义。独立于皇帝而作为私人的国家概念是不存在的——这一事实妨碍了法律概念的形成。”〔1〕在统治压力单向度传递的宗法伦理网络架构中，自然没有个人的立足之地，更谈不上个人权利、自由等个人本位思想意识。正是这种根深蒂固的家族主义与国家主义法律文化，使得中国封建法典无一不渗透着宗法等级思想与传统伦理精神，由此决定了中国传统刑事司法生态的纠问化。因为这种诉讼模式与中国传统文化发展为一种高度协同的衡态共生与网络整生化的有机体，正是通过这种高度集权而又主动纠问的诉讼程序，封建等级纲常与伦理道德才得以持续巩固和不断强化。传统中国这种家国社会本位价值观对于法律制度，尤其是刑事诉讼法律制度产生了深远影响，以家族、集体等社会整体单元为价值取向的法律最终消解了个人的主体价值与主体理性，以自由、尊严、平等、人权为代表的个人价值观在中国漫长的社会发展中没有生长的土壤和条件，而以等级、特权、服从为代表的传统价值要素则长期渗透于法律制度与社会意识之中。由此而带来的是刑事诉讼中个人自由与理性、平等与人权精神的缺位，从而决定了中国传统刑事司法生态的相当浓郁的纠问化成分。基于此，我们说中国社会的家国本位价值观严重制约着中国法律现代化的进程，也严重制约着中国传统刑事司法生态向现代诉讼的转型。

（四）我国刑事司法改革与其文化观念环境变迁的协调平衡

好讼传统、法治思想与个人本位价值观成就了西方浩浩荡荡的民主法治潮流，而无讼意识、人治传统与国家本位价值观造就了根深蒂固的东方专制体制。刑事司法作为严重争端的法律解决机制与社会治理的主要手段自然随

〔1〕［德］马克斯·韦伯：《经济与社会》（下），林荣远译，商务印书馆1997年版，第85~86页。

着社会环境的变化而逐渐发生变迁，而且环境的变迁程度直接决定和影响着刑事司法制度的发展变迁程度。就西方而言，弹劾式诉讼作为早期社会解决不法行为的诉讼形式随着人们对于犯罪认识的改变与统治权力的强化而逐渐演变为纠问式诉讼，但其演变过程相当曲折而漫长。但在东方，亚细亚的生产方式、高度专制的王权结构以及宗法伦理思想意识决定了弹劾式诉讼的较早消失，取而代之的是漫长持久的超强纠问的刑事司法形态。尽管人民共和国社会环境已经发生了很大的变化，社会主义刑事司法制度也屡经变迁，但受传统文化的深刻影响，现行刑事司法制度依然具有浓厚的纠问成分。中国超职权主义的诉讼结构与传统的纠问式诉讼有着紧密的内在联系，它们存在着相同或相似的文化基因与伦理基础。刑事诉讼中权力混同、职能混淆与中国古代社会行政司法合一的集权传统不无关联，诉讼和解的勃兴与调解思维的发达与古老的无讼思想有着内在的协调一致性，被告人诉讼权利的缺失和主体地位的弱化与刑事司法旨在打击犯罪，维护秩序的传统思维相合拍。刑事司法制度的现代化单纯依靠诉讼程序的更新和刑事司法系统内部要素的调整不可能实现其目标，必须将其作为一项系统工程加以考量、设计和建设，全面考察影响刑事司法运作的政治、经济、文化环境，并从整体上推进系统与环境的协同发展。其中，价值观念与诉讼文化的发展变化对于刑事司法制度变迁施加的影响尤其深刻而久远。我国刑事诉讼法已经进行两次修正，提出控辩式诉讼模式改革目标并在具体制度完善方面做出了很大的努力，但是，与其相适应的诉讼文化与价值观念还没有完全形成，故而新刑事诉讼法的实施效果并不理想。实际上，在推进刑事司法改革的今天，应当更加关注通过诉讼文化更新与价值理念重塑来促进刑事司法改革的有序推进与健康发展。[1]具体来说，在深化刑事司法改革的同时，应当在三个方面改善现代刑事司法制度赖以正常运行的文化观念环境：

1. 诉讼意识的培育与诉权思想的拓展

好讼传统的背后是对权利的尊重保护与争端解决机制的理性化，无讼思想的背后是对国家权力的顶礼膜拜与对自由权利的极端漠视以及刑事司法机制的恣意无常。我国刑事司法改革从制度层面上来说，需要切实扭转长期存在的超职权主义诉讼模式继而向控辩式诉讼模式转型，由片面强化惩罚犯罪

---

〔1〕 参见张能全："刑事诉讼制度变迁的法律文化解释"，载《兰州学刊》2011年第11期。

的“镇压”型刑事司法运行机制向严重争端理性解决的“恢复”型刑事司法运行机制转变；从文化观念层面上来说，需要克服无讼思想、畏讼思想，培育公民的诉讼意识，提倡诉权保护精神，完善诉权保护制度。这是因为，权利意识是诉讼意识的基本前提，没有权利意识，就不可能存在诉讼意识；诉讼意识是权利意识的外在表现形式，拥有较强的诉讼意识，必然通过积极提起诉讼、参与诉讼以保护自身权益。有学者指出：“最近十多年，随着社会主义法治国家建设进程的进一步加快，随着权利时代的到来，人民群众的维权意识和诉讼观念显著提升，人们越来越习惯于从法律的角度提出利益主张和诉求，越来越寄希望于通过司法程序解决矛盾纠纷。这表明在法律与社会的现代化过程中，公民理性和社会文明显著提升。”而且认为我国已步入“诉讼社会”时代，“诉讼社会”是对特定社会涉法纠纷急剧增长、诉讼案件层出不穷的态势的理论概括。〔1〕我国1996年刑事诉讼法已经将被害人作为刑事诉讼中的当事人并赋予其广泛的诉讼权利，规定被害人可以就三类案件自行提起刑事诉讼；两次刑事诉讼法修正对刑事辩护制度进行了比较大的修改，犯罪嫌疑人及被告人辩护权利得到进一步扩展；同时，我国申诉与上访的繁荣发达从另一视角也说明了现代社会公民权利意识与诉讼意识的日益增长。与此不相适应的是，我国刑事诉讼模式转型还没有完成，刑事司法的工具性与惩罚性特征仍然十分突出，其程序正义品质与争端解决功能还未能得到充分体现。与民众高涨的诉讼热情相比，我国专门机关的国家本位主义思想、官僚主义作风仍然十分突出，将刑事司法视为打击犯罪以维护社会稳定秩序的思想根深蒂固，权力至上的思想观念十分浓厚。反映在刑事诉讼运行机制中，国家权力相互制约严重不足，权力滥用与权利遭到侵犯的现象较为普遍。其深层次的原因在于，我国的国家职权观念比较发达而个体诉权意识比较单薄，而国家职权本身并不认为等同于国家诉权。例如我国检察机关的公诉权、抗诉权从来都不视为诉权而是国家职权。然而，“无论是大陆法系国家还是英美法系国家在面对被告人个人诉权和国家诉权时都不约而同地选择倾向于加强对被告人个人诉权的保障，而相对限制国家诉权的行使。”〔2〕故而，我国诉

〔1〕 张文显：“现代性与后现代性之间的中国司法”，载《现代法学》2014年第1期。

〔2〕 李扬、王峰：“在权利与权力之间行走——对两大法系国家诉权的模式分析”，载《中国刑事法杂志》2014年第3期。

权思想与诉权理念都有待深化。制度缺陷往往是因为观念落后造成的，制度改革需要观念的更新；反之，观念的更新也需要制度改革完善予以配合，从而使得制度完善与文化发展相得益彰。刑事司法制度完善需要诉讼意识的培育与诉权思想理论的丰富发展，而诉讼意识的增长与诉权理论的发展必然对刑事司法制度的改革完善提出要求。故而，刑事司法制度的现代化需要强化诉讼意识、培育诉讼文化与丰富诉权制度体系。

2. 法治理念的强化与法治理论的完善

法治作为一种国家治理模式与社会发展状态，其根本标志是普遍意义上的社会公平正义得以伸张、践行与崇尚，其直接表征是法律至上与法律平等，法律至上要求国家和社会的普遍准则是法律而不是领导个人的意志，更不是少数人制定的反映其特殊利益的具体政策。而法律至上本身要求法律制定的民主化与公开化，法律一旦制定公布施行，所有人都必须接受法律规范的调整。法律平等要求国家所有公民个人、社会团体、政府机关一体遵循，违反法律的行为都应当受到制裁。法治实现需要立法、执法与司法三大环节相互配合与协调运作，立法必须充分体现民主性，执法必须充分体现平等性，司法必须充分体现权威性。立法民主是法律具备普遍性与道德性的基本条件，而执法平等是法律运作的基本要求，司法权威是法律至上的真正体现。三大环节缺一不可，构成国家法治的三个有机组成部分。在建设社会主义法治国家的进程中，我国还存在着对法治的一些错误认识，如片面理解依法治国的内涵，如有人认为依法治国就是依照法律治理国家、管理民众，忽视了法治的本质要求与最终价值是实现公平正义。个别地区法治实践中存在着滥用依法治国口号，违背国家法治精神的形式主义做法甚至出现赤裸裸的人治现象，这些都是一个后发展国家尤其是专制传统较浓厚的国家必须面对和需要克服的文化观念障碍。实际上，“法治之所‘治’即法治中国的客体，其关键在于公共权力而非人民权利。法治中国以对国家权力的制约与监督为手段，以实现人的全面自由发展为依归。”[1]在建设社会主义法治国家进程中，应当注意克服那种将中国模式独立于世界各国历史发展潮流的说法，也应当注意克服不考虑中国国情，完全照搬西方国家制度的拿来主义思想。既要认识到国家法治是人类社会发展的共同理念和追求，充分考察西方国家法治道路与有

〔1〕 汪习根：“论法治中国的科学含义”，载《中国法学》2014 年第 2 期。

益经验，同时也要考虑我国的国家性质、特殊国情与发展阶段，采取切实可行的具体发展道路，进行审慎科学的制度设计。

刑事司法活动作为国家法治的重要方面与制度体现必须遵循法治的内在精神与基本原则，西方国家在这方面积累了丰富的理论与实践经验，提出了刑事程序法治的诸多原则。在刑事司法改革进程中，如何遵循刑事司法的国际准则要求，并将其具体体现于我国刑事诉讼制度中还未能找到切实可行的路径。学术界普遍主张全面遵循现代刑事司法的各项准则，而实务界则倾向于根据中国具体国情办事，走相对合理的改革路线。我们认为尽管特殊国情需要考虑，但国际准则也应当遵循。既要坚持刑事司法活动原则普遍适用的必要性，又要照顾到本国具体情况，做到原则性与灵活性相结合。实际上，刑事程序法治应当更多强调原则的普遍性与刚性，灵活性变通应当适度降低。例如，无罪推定原则强调未经审判，犯罪嫌疑人与被告人就是无罪的公民，享有普通公民的基本人权，这应当属于刚性的原则。我国的未经判决，对任何人不得确定有罪原则强调了法院的定罪权，但没有明确其无罪公民的地位，应当是属于改革的内容。再如司法独立与审判中立原则是程序公正与实体公正的保障性原则，我国仅仅有专门机关独立行使职权原则，在专门机关行使职权的过程中缺乏保证其独立和中立的制度和规则，这些方面都是需要改革的重要内容。总之，推进刑事司法改革必须全面贯彻法治精神，塑造并深化法治理念，克服传统司法中的错误认识与陈旧观念，才可能为刑事司法改革注入强大动力。这是因为，“法治中国的建设及法律制度的有效运行，在很大程度上取决于人们对法律的信仰程度、对宪法权威的尊重程度，以及以什么样的法律态度、法律观念和法律思维参与公共生活。”〔1〕

3. 强调个人本位价值观与社会本位价值观的中庸协调

纵观人类社会发展与刑事司法制度的变迁，国家权力与公民个人权利的紧张与衡平构成人类全部政治法律制度的主线。人的社会性决定了国家和权力产生的必要性与合理性，但是，权力的扩张与滥用也给人类社会带来了巨大灾难，因此必须审慎思考权力价值的问题，思考国家权力与公民个人权利的相互关系。随着国家权力的产生、扩张与逐渐受到限制，刑事司法制度也

---

〔1〕 周光辉：“推进国家治理现代化需要寻求和凝聚社会共识”，载《法制与社会发展》2014年第5期。

历经弹劾式诉讼向纠问式诉讼发展再向现代辩论式诉讼转向的过程。从人类社会制度的发展完善历程中，可以看出国家权力的总体发展趋势是从不受任何约束的状态变为受到严格的法律规则约束的状态。社会个体权利作为国家权力的对立物逐渐成长壮大，权利所属主体也从社会集体逐渐转向公民个体。作为一个后发展的大国，要建设法治国家，不但需要完成法律制度的现代化，而且需要完成法律文化的现代化。社会价值观是文化的重要内容，自然需要对其进行检视并完成转向，选择适合我国法治建设的相应社会价值观加以塑造。在反对极端个人主义价值观与国家本位价值观的同时，应当强调个人价值观与社会价值观的中庸协调。

实际上，随着改革开放的日益深入，社会转型与社会分化加快，我国社会传统价值观正在分化瓦解，个人本位价值观正在自发生长。同时，极端个人主义、享乐主义、崇金主义、无政府主义思想有所抬头，对此应当保持警惕和防范，因为传统社会道德准则体系的消解以及错误价值观的生成对于个人成长与发展乃至对于整个社会的冲击无疑是巨大而危险的。有学者指出："随着市场经济的深入推进，市场经济特有的利益观念前所未有地植根于国人的生活方式和思维方式中。由于没有理性的权利文化，又使得中国的法律问题不期然地演化为利益问题。"〔1〕为此，需要正确引导社会价值观的塑造和形成。我们认为，文化本身是民族精神的结晶，传统中国的国家本位价值观体系同样存在着精华内容，它是民族凝聚力的体现与象征。当然，将国家利益、集体利益、社会利益凌驾于公民个体利益之上，不顾公民个体的正当利益需求，完全以国家集体利益马首是瞻必然导致专制主义的死灰复燃。过分强调个体利益而置国家社会利益于不顾，则会导致国家政局不稳、社会动荡，个体利益终将不保。故而，应当坚持个体本位价值观与社会本位价值观的兼顾与平衡。在充分尊重与保护公民具体权利的同时，兼顾国家与社会整体利益。刑事诉讼作为严重争端的法律解决机制，国家社会整体利益与公民个人利益的紧张与冲突更为激烈，刑事司法改革自然无法摆脱两种对立的价值观对于制度安排带来的影响与冲击。随着世界性的人权保障运动普遍高涨，惩罚性司法向恢复性司法转型，作为公民个人在刑事司法领域的代表，犯罪嫌疑人、被告人的人权保障正在成为各国刑事立法与司法关注的重点。同时，

---

〔1〕 杜宴林："当下中国需要怎样的治理现代化"，载《法制与社会发展》2014年第5期。

被害人利益越来越受到制度的关注，刑事和解的勃兴就是其最好的说明。我国刑事诉讼法律文本的两次修正也体现了充分尊重和保障人权的宪法精神，刑事辩护制度进行了大幅度修改，极大地拓展了刑事辩护权利。不过，总体上来说，刑事诉讼中的国家本位、社会本位价值观仍然十分浓厚。“我国当前的刑事诉讼呈现出了从国家本位主义向社会本位主义和人本主义过渡的转型期的典型特征，一方面，我们仍然将刑事诉讼作为国家刑罚权的实现方式，另一方面，我们又力图在这种国家本位主义的刑事诉讼本质观下，确立一系列反映社会本位主义和人本主义的理论与制度，其结果必然导致理论上的矛盾与实践中的混乱。”〔1〕具体体现在刑事司法目的追求上依然表现出较强的惩罚犯罪意识，人权保障缺乏深厚的理论阐释与价值关怀。具体制度规则也未能充分彰显人权保障精神，对于公民个人权利的保障还不到位，刑事司法侵犯公民个人程序权利与实体权利的现象还较为普遍；相反，国家刑事司法权力配置还存在着诸多不科学不合理的地方，权力分化不彻底，裁判职权没有实现主持公正审判最低限度的独立性与中立性，侦查权与检察权恣意滥用的现象还较严重。因此，秉承法治精神与人权保障意识，全面深化刑事司法改革是当前刑事司法领域的主要任务，惟有树立正确的价值观，遵循法治原则，采取切实有效的刑事司法改革步骤，才能逐渐推进我国刑事司法制度完善与理念更新。

---

〔1〕 孙锐：“刑事诉讼本质论”，载《政法论坛》2012 年第 4 期。

第二章
社会转型中刑事司法改革的国际背景

“任何司法活动都是在特定的语境和时空下进行的，都应当与社会形势、社会需求结合起来。特别是应当与人类普适性的社会价值结合起来。”〔1〕我国刑事司法改革是在改革开放政策深入推进的过程中逐步展开的，它不仅是国内社会主义市场经济体制建构与中国特色社会主义民主法治发展的客观要求，更与世界各国法治发展的大格局密不可分。随着人权保障世界潮流的持续高涨与各国宪政法治秩序的逐步生成，刑事司法国际准则在各国刑事司法领域逐步得到遵循和贯彻，世界范围内的刑事司法体制及运行机制改革得以先后展开与持续推进。“近年来，世界各主要国家和地区，如英、美、法、德、俄、日以及我国台湾、香港地区，都在不同程度地推进本国或本地区的刑事司法改革，修订或制定新刑事诉讼法典，联合国也制定了一些相当重要的有关刑事诉讼的公约。”〔2〕刑事司法国际化、宪法化与程序正当化趋势日渐深入，现代刑事司法制度趋同化发展构成了中国刑事司法改革深刻宏大的国际法治背景。

一、世界各国刑事司法改革新动向

第二次世界大战以来，特别是 20 世纪 80 年代以来，刑事诉讼法律制度在世界范围内出现了较为明显的变化，这些变化呈现出两个方面的特征：其

〔1〕 胡玉鸿：《司法公正的理论根基》，中国政法大学出版社 2004 年版，第 85 页。

〔2〕 陈光中：“21 世纪初域外刑事诉讼立法之鸟瞰”，载陈光中主编：《21 世纪域外刑事诉讼立法最新发展》，中国政法大学出版社 2004 年版，第 1 页。

一，强调公正与效率的协调统一。公正与效率作为刑事司法的两大根本价值目标具有高度的依存关系，世界各国在强化公正实现的同时，更加强调诉讼效率的提高。强化公正价值的具体制度安排表现在以下主要方面：无罪推定原则的法典化，司法独立与法官任免制度细化，被害人人权保障得到强化；强调效率价值的具体制度安排则体现为审判程序简化与审前程序改革，前者诸如俄罗斯效仿美国的辩诉交易而建立的被告人认罪程序，英国缩小陪审团审理案件的范围；后者诸如德国扩大检察官自由裁量不起诉的权力，法国扩大司法警察的权力，美国放宽反恐斗争中对秘密侦查手段的限制以及证据制度的改革。其二，注重惩罚犯罪与人权保障的统筹兼顾、程序公正与实体公正的动态平衡。世界各国在促成公正价值实现的同时，根据各自诉讼模式的特点对本国法律持续进行微调，力争实现程序公正与实体公正二者的协调统一。以英美为代表的实行当事人主义刑事诉讼模式的国家普遍采取了强化实体真实查明，提升刑事诉讼对维护社会秩序的基本功能；以法德为代表的实行职权主义刑事诉讼模式的国家则广泛而普遍地扩大了犯罪嫌疑人与被告人的辩护权利，着力提升刑事诉讼的人权保障功能。

在美国，刑事司法改革主要体现在两个方面：其一，证据规则有所调整，沉默权规则在一定程度上得以放宽。在 2000 年到 2004 年期间，四个重要的米兰达问题被提交到美国联邦最高法院：①国会是否有权改变米兰达规则；②毒树之果规则是否要求排除违反米兰达规则的实物证据；③当警察机关故意地违反米兰达规则时，将适用什么证据规则；④米兰达权利被侵犯的公民是否有权提起民事损害赔偿之诉。虽然联邦最高法院在“迪克森案”中拒绝推翻米兰达规则，但是米兰达规则还是出现了一些松动。如针对违反米兰达规则的自白而获得的实物证据是否将作为毒树之果而被排除的问题，2004 年联邦最高法院以 5∶4 的表决结果作出裁决，这种情况下毒树之果将不被适用，同时通过间接违反米兰达规则而获得的实物证据将不被排除。[1]其二，加强被害人权利保护。2004 年美国国会通过了《犯罪被害人权利法》，该法律旨在赋予犯罪被害人权利，扩大犯罪被害人在刑事诉讼中的作用并明确其在法庭审判中的地位。《犯罪被害人权利法》将犯罪被害人定义为：“直接或间接遭

〔1〕 陈光中：“21 世纪初域外刑事诉讼立法之鸟瞰”，载陈光中主编：《21 世纪域外刑事诉讼立法最新发展》，中国政法大学出版社 2004 年版，第 7 页。

受犯罪行为侵犯的个人”。该法赋予犯罪被害人八项基本权利：①免受被告伤害，得到合理保护的权利；②任何与犯罪有关，或者与被告释放、逃跑相关的公开审判程序、假释程序，被害人都可以得到合理、准确、及时通知的权利；③不被排除在任何公开法庭程序之外的权利，除非法院有明确和令人信服的证据表明，该程序中的其他证词会使犯罪被害人的证词发生重大改变；④合理听取法院所有公开审判，包括释放、答辩、量刑或任何假释的权利；⑤与检察官进行合理协商的权利；⑥依法充分并及时获得赔偿的权利；⑦使诉讼程序不受任何不合理拖延的权利；⑧受到公平对待以及尊严和隐私受到尊重的权利。该部法律的通过标志着美国犯罪被害人保护立法达到了顶峰，该法也被称为美国历史上对犯罪被害人保护最彻底的联邦法律。〔1〕

在英国，刑事司法改革主要体现在《2003 年刑事审判法》与《2012 年刑事诉讼规则》两部法律的修订之中。《2003 年刑事审判法》修改后扩大了警察的搜查权和控方对程序性审判的上诉权，缩小了陪审团审判的范围，加强了对被害人和证人的保护，建立了重罪案件的再审制度，进一步放宽了关于传闻证据可采性的规则，加重了部分犯罪的法定刑，延长了拘禁刑的实际执行期限。这些修改反映了英国刑事司法制度重新权衡刑事诉讼中的利益关系，向被害人和公众倾斜的新动向。2002 年英国颁布的《刑事司法方案》，规定以下三类案件不适宜采用陪审团进行审理的：一类是重大复杂的欺诈案件，某些其他复杂和耗费诉讼时间较长的案件；另一类是被告人同意不采用陪审团审理的案件；还有一类就是有证据显示陪审团成员有可能受到恐吓而无法保证审理公正性的案件。〔2〕《2012 年刑事诉讼规则》主要对刑事证据制度进行了大幅度调整。其一，重新平衡被告人、被害人及证人之间的关系，更多地向被害人和证人倾斜，允许在庭审中将针对被告人被控罪名的相关不良品格呈交陪审团；其二，更加依赖庭审法官的自由裁量权以及法官对陪审团的指示；其三，允许陪审团更多地接触证据，运用常理决定证据的价值；其四，注重保护证人尤其是被害人证人的作证积极性。〔3〕

---

〔1〕 吴大华、邓琳君：“美国《犯罪被害人权利法》扩张适用及其启示”，载《现代法学》2014 年第 5 期。

〔2〕 刘宇晖：“价值多元化与我国人民陪审团制度的构建”，载《河北法学》2012 年第 9 期。

〔3〕 李叶丹：“英国近年刑事证据制度改革之评析”，载《河南财经政法大学学报》2013 年第 3 期。

在法国，继2000年对《刑事诉讼法》进行修改之后，近年引人注目的刑事司法改革集中于拘留制度改革。受拘留数量连续攀升所引发的巨大社会影响，法国从2009年下半年开始推进拘留制度的改革。2010年7月，法国宪法委员会裁决法国《刑事诉讼法》关于拘留的法律规定违反《宪法》，要求立法机关启动《刑事诉讼法》修改工作。2010年10月，欧洲人权法院在针对法国的判决时指出："自拘留开始时起，任何人都应当被确保拥有一整套进行辩护的权利，尤其是反对强迫自证其罪的权利和在接受询问的过程中获得律师帮助的权利。"就在同月，法国最高法院在一天之内通过两个判决，宣布任何关于限制律师在拘留期间在场的规定都不符合欧洲法的要求，其中也包括例外性的规定，如涉及有组织犯罪、恐怖主义犯罪和毒品犯罪方面的特别制度。2011年时任法国总统萨科齐签署了关于拘留的第2011-392号法律，该法于同年7月1日正式生效。该法律关于拘留的具体修改体现在：首先，明确了拘留的含义，规定了拘留的适用条件。即"拘留是一种由司法警官在司法机关监督下决定适用的强制措施"，正式明确了拘留在性质上会造成对被拘留人人身自由的限制和剥夺。更重要的是，新规定正式确立了一系列适用拘留的明确条件：①使执行一项需要被拘留人在现场或参与其中的侦查措施成为可能；②确保被拘留人能够被提交到共和国检察官面前，其目的是该司法官能够评估下一步应当进行的侦查措施；③防止被拘留人篡改物证或痕迹；④防止被拘留人对证人、被害人或他们的家庭及亲属施加压力；⑤防止被拘留人与他可能是其共犯或同谋的人进行商议；⑥确保那些为了制止重罪或轻罪而采取的措施得到落实。该规定不仅对侦查人员的主观判断进行了具体的指引和约束，同时也确立了拘留的必要性原则，即警察只能将拘留作为实现以上侦查目标的最后手段，而非可以任意启动的首选措施。新法强调，即便具备了拘留的形式条件，警察仍然可以选择足以满足侦查需要的其他侦查手段，只有用尽其他可能手段仍不能完成侦查任务时才可以决定适用拘留。新法要求侦查机关降低对拘留措施的依赖程度，促使其必须尽可能地选取其他手段来获取证据，以减少"过分拘留"现象的发生。其次，扩大向犯罪嫌疑人进行权利告知的范围。新法重新规定了侦查人员对被拘留人的告知内容和告知方式：被拘留人应当立刻得到由一名司法警官或一名受司法警官监督的司法警员以一种其能听懂的语言，或者在必要时采用固定格式告知书方式进行的关于以下内容的告知：①其被拘留的地点，这一措施的期限以及可以延长这一措施的情形。②其被怀疑已经或试图实施的犯罪行为的性质和该犯罪行为被推测发生的日期。③其享有要求通知其亲属和雇主的权利；由医生进行身体检查的权利；获得一名律师帮助的权利；在询问过程中，其即便拒绝透露身份，但仍享有进行供述、回答问题或者继续保持沉默的权利。而且法律规定权利告知情况应当被记载在拘留过程的笔录当中，并且应当由被拘留人签名。如果其拒绝签名，应当注明此情况。再次，获得律师帮助权的内容被极大扩充。本次法国拘留制度改革的最大成果就是极大地扩展了拘留期间当事人获得律师帮助权的范围。具体包括：①聘请律师的权利；②与律师会见的权利；③在接受询问和对质时有律师在场的权利；④律师对案情的知悉权；⑤被害人获得律师帮助的权利。最后，新法明确规定："在涉及重罪和轻罪的情况下，任何人不能仅仅根据其在无法与律师进行交流并且无法获得律师帮助的情形下所做的供述被认定有罪"，从而使该权利对整个刑事诉讼的结果具有了前所未有的重要影响力。此外，改革几乎在每项具体律师帮助权的保护程度上都有所提高，令律师在拘留期间的介入程度变得更加深入，保证了其对当事人的法律援助更加具有"实质"意义上的效果。[1]

英国学者霍奇森在新近出版的专著中指出，法国刑事司法的新发展主要表现在两个方面：其一，法国最高法院在 2010 年 12 月作出的一项裁决中排除了此前所计划的由检察官取代预审法官负责所有的刑事侦查的可能性，因为预审法官的司法特质受到强调，而检察官的司法性则广受质疑。其二，法国最高法院在 2011 年 4 月作出的一项裁决中指出，在警察拘留，包括警察讯问过程中赋予犯罪嫌疑人获得律师帮助的权利，任何人在没有机会咨询律师并获得律师帮助的情形下所作的供述，不得作为确定有罪的根据。而律师们则主张，提供有效辩护不能限于身体受到羁押的期间，还应当拓展到侦查行为以及某人已被确定为犯罪嫌疑人，但未被羁押的侦查中。该主张表明，辩护职能已经被重新定义，辩护远离了以往作为司法或警察侦查的消极旁观者的职能，向着更强的参与性，甚至责问性的职能转化。它肯定了审前的侦查是案件中关键性的决定因素，因而在此阶段，辩护权以及法律帮助正如在审

---

〔1〕 俞亮："法国拘留制度改革最新动态"，载《比较法研究》2012 年第 2 期；王洪宇："借鉴与反思——法国刑事拘留改革对中国之启示"，载《比较法研究》2012 年第 3 期。

判阶段同样重要。[1]

在德国，值得关注的是近年兴起的参与式侦查改革模式。参与式侦查模式改革是2004年德国议会讨论的司法改革主要议题，其目的是希望辩护律师在侦查程序中尤其是在询问证人时发挥作用。具体方案是，从侦查开始，被追诉人的律师就可以参与证人询问、讯问其他共同被告、选择鉴定人等环节。改革的建议者们希望通过这一改革措施使被追诉方较早地参与侦查程序，形成更为开放、公正的侦查程序；同时希望通过在侦查程序中引入被追诉方的参与，让被追诉方能更多地接受侦查程序的结果，使侦查所获得的证据能直接运用到审判程序中，协商也能够得以较早进行。事实上，参与式侦查模式在德国已经开始实践，如律师实际可以参与讯问犯罪嫌疑人的程序，讨论中的参与式侦查模式改革只不过是扩大参与侦查的适用范围而已。参与式侦查模式程序改革主要基于：其一，警察、检察官等国家公职人员的侦查在审前程序中占据主导地位，几乎包揽了全部证据的收集活动。而一旦警、检机关主导乃至垄断全部取证行为，那么取证上难以避免的偏颇将对法庭的公正审判形成极大的破坏力量。其二，为了提高诉讼效率，德国出现了庭审协商制度，并在近二十年来得到了迅速发展。为了保证庭审协商顺利进行，缩短法庭审理的时间，将证据的审查提前到侦查阶段，即允许辩护方参与侦查，会更有助于辩护方接受侦查程序的结果，从而避免法庭审理的拖延。[2]

在日本，以“新时代的刑事司法制度”为主题的刑事司法改革正在如火如荼地进行。此次日本刑事司法改革主要围绕两个主题展开：其一，摆脱对讯问的过度依赖与实现证据收集手段的正当化、多样化；其二，摆脱对供述证据的过度依赖与实现法庭审理的进一步实质化。其中，审前程序无疑是此次改革的重点与难点。以村木事件为背景，日本新时代刑事司法制度特别部会围绕如何构建适应时代要求的新刑事司法制度进行了为期3年的审议，并形成了《关于建构新刑事司法制度的调查审议的结果（案）》。现任内阁在全盘接受该结果案的基础上，形成了《刑事诉讼法等部分条文法律案要纲》

---

〔1〕［英］杰奎琳·霍奇森：“法国刑事司法的新发展”（代中文版序），载［英］杰奎琳·霍奇森：《法国刑事司法——侦查与起诉的比较研究》，张小玲、汪海燕译，中国政法大学出版社2012年版，第3~7页。

〔2〕刘计划：“法国、德国参与式侦查模式改革及其借鉴”，载《法商研究》2006年第3期；张新：“德国侦查程序之新发展及其启示”，载《福建警察学院学报》2015年第5期。

(以下简称《要纲》)。《要纲》确立了三项制度：一是讯问录音、录像制度；二是合意制度；三是刑事免责制度。录音、录像制度的主要内容包括：其一，检察官、检察事务官、司法警察职员的讯问录音、录像义务；其二，检察官请求调查记录媒体的义务。合意制度是指在一定的财政经济关系犯罪及药物、武器犯罪中，在辩护人同意的前提下，犯罪嫌疑人、被告人帮助查明他人的犯罪事实而进行供述或实施其他行为，检察官针对该犯罪嫌疑人、被告人的案件，作出不起诉、请求较轻刑罚等行为。所谓刑事免责制度，是指在证人主张不被强迫自证其罪特权而拒绝作证的场合，由检察官提出、法官决定，以命令的方式取消该特权并要求其作证，作为对价剥夺证言在证人的刑事案件中的证据资格的制度。日本此次刑事诉讼法修改意在改变过度依赖讯问、口供笔录的侦查、审判现状，进而实现“精密司法”向“核心司法”的转变。[1]

在俄罗斯，刑事司法改革正在促使其由职权主义向当事人主义转向。由于国体与政体的改变，法律制度会必然发生根本性的改变，今天俄罗斯的刑事司法改革主要围绕着强职权主义诉讼模式向英美法对抗式诉讼转变来进行，这一系列体制、机制与诉讼制度改革推动着刑事司法制度持续而深刻的全面转型。沙俄时期受大陆法国家影响建立起职权主义的诉讼模式，苏联时期受马列主义国家与法学说的影响形成了强职权主义的诉讼模式。20 世纪 60 年代以后，苏联进入相对稳定的发展阶段，不仅经济实力增强，而且政治也相对比较稳定，法制建设取得了较大的进步，特别是 1961 年之后苏联的刑事诉讼制度与运行环境发生了很大的变化。主要表现为：强调遵循社会主义法制原则，规定了人身权不受侵犯，规定了无罪推定原则，规定了刑事被告人享有广泛的辩护权。可以看出该阶段的刑事诉讼制度强化了权力的制约与被追诉者的权利保障。[2]1993 年俄罗斯新《宪法》颁布，该《宪法》以“人和人的权利与自由具有至高无上的价值”为宗旨，新规定了一系列刑事诉讼原则、制度和规则，如无罪推定、禁止重复追诉刑事责任、非法证据排除、证人作证豁免权、诉讼辩论和各方平等。根据新宪法的规定并借鉴欧美其他国家刑

---

〔1〕 参见汪海燕、董林涛：“日本刑事审前程序改进趋向与评析”，载《人民检察》2015 年第 11 期。张超：“日本刑事司法改革方案出炉”，载《法制日报》2014 年 9 月 23 日。

〔2〕 汪海燕：《刑事诉讼模式的演进》，中国人民公安大学出版社 2004 年版，第 296 页。

事诉讼立法经验，俄罗斯对《刑事诉讼法》作了多次重要修改，并于2001年通过新的《俄罗斯联邦刑事诉讼法典》（后简称《法典》）。新的刑事诉讼法典在刑事诉讼目的、刑事诉讼原则及刑事诉讼制度方面都有较大的突破：其一，规定追究与保障并重的刑事诉讼目的。该《法典》第6条规定："刑事诉讼具有以下目的：①维护受到犯罪侵害的人和组织的权利和合法利益；②保护个人免受非法的和没有根据的指控、判刑，不让权利和自由受到限制。刑事追究和对犯罪人判处公正的刑罚与不对无辜着进行刑事追究、免除其刑罚、对每个没有根据就受到刑事追究的人进行平反同样符合刑事诉讼的目的。"可见，新《法典》明确表述了刑事追究和保障人权并重与平衡的立法宗旨。其二，规定了刑事诉讼原则。一是法典根据新《宪法》规定确定了无罪推定原则及相关内容，即："①刑事被告人在未依照本法典规定的程序被证明其有罪并由已经产生法律效力的刑事判决确定以前被推定为无罪。②犯罪嫌疑人或刑事被告人没有义务证明自己有罪。举证证明对被告的指控和推翻为犯罪嫌疑人或刑事被告人辩护的理由的责任由控方承担。③所有依本法典规定的程序不能确定的、对被告人有罪的怀疑，均应作对被告人有利的解释。④有罪判决不得根据推测作出。"二是规定了司法审查原则。根据新法典规定，只有经过法院决定，才能正式羁押人；才能对住宅进行勘验和对住宅进行搜查和提取物品；才能限制公民的通讯、电话和其他谈话、邮件、电报和其他通讯秘密的权利；才能搜查、扣押邮件和电报以及在邮电机构提取邮件和电报，对电话和其他谈话进行监听和录音。三是规定了国际法优先原则。新《法典》明确规定："公认的国际法原则和准则及俄罗斯联邦签署的国际条约是俄罗斯联邦调整刑事诉讼的立法的组成部分。如果俄罗斯联邦签署的国际条约规定了与本法典不同的规则，则适用国际条约的规则。"其三，建立了与当事人主义诉讼模式相配套的诸多新制度。一是建立了陪审团制度，二是建立了沉默权制度与证人作证豁免制度，三是实行法庭审判的控辩双方辩论制度，四是实行自由心证证据制度，五是建立了非法证据排除规则，六是建立因犯罪嫌疑人、被告人认罪或与被害人和解的特别程序。而最重要的制度建设应当是改革和完善了辩护制度，新《法典》在强化辩护权保障方面作出了若干规定：①规定在侦查程序中被告人有权请辩护人，被拘捕或受羁押的犯罪嫌疑人也有权请辩护人参加诉讼，至于轻罪案件在调查程序和自诉程序中从提起刑事案件起就有权请辩护人。②犯罪嫌疑人有权在第一次被询问前单独会见辩护人，会见内容保密；会见次数、时间长短不受限制。③辩护人有权参加侦查行为和调查行为，询问犯罪嫌疑人、被告人时辩护人有权在场；辩护人不在场的犯罪嫌疑人、被告人陈述不允许采信作为证据。④犯罪嫌疑人、被告人有权无偿得到指定辩护人的帮助，指定辩护人的酬金由联邦预算资金支付。〔1〕

在世界性的刑事司法改革大潮影响下，我国刑事司法改革与刑事诉讼法再修正工作得到持续推进，立法者采取了弘扬刑事诉讼主体精神、拓展刑事诉讼人权保障内涵、完善刑事诉讼制度等诸多举措展开刑事诉讼制度改革。例如，1996 年对刑事诉讼法第一次修改内容主要体现在以下几个方面：取消收容审查，改革强制措施，扩大犯罪嫌疑人与被告人辩护权利，改革法庭审判模式等。2012 年对刑事诉讼法进行的第二次修改则显示出改革层面的扩大与改革力度的增强，包括将“国家尊重和保障人权”的宪法条款纳入刑事诉讼法律文本、规定不得强迫任何人自己证实有罪、完善证据制度、对强制措施进行重大修改、加强辩护权保障、完善侦查措施、重塑审判程序、完善执行程序及构建中国特色的刑事特别程序等。〔2〕这充分体现了根据系统规律和生态平衡原理对刑事诉讼系统要素进行适度调整，强化较弱的人权保障价值向度而弱化过强的惩罚犯罪价值向度以维系价值向度大致均衡的指导思想。

从世界各国刑事司法改革新动向能够体察系统规律与生态平衡规律对于刑事司法制度的指导作用：一向以当事人主义自居的英美法国家逐渐发现单纯强调程序优先与人权保障价值是存在一定缺陷的——容易导致刑事诉讼效率低下，难以有效地实现惩罚犯罪、维护社会秩序的价值目标。于是逐步强化刑事诉讼的真实发现功能，注重发挥刑事诉讼的工具作用而削弱其内在价值以达到二者的平衡。相反，以职权主义自居的大陆法国家则纷纷以当事人主义诉讼模式作为改革的理想模式。不断强化刑事诉讼的人权保障价值，强化程序的正当性，增强辩护力量，强调控辩的平等对抗与理性争辩而弱化国家强权，注重彰显刑事诉讼的内在价值而抑制其工具价值。“两种制度正在从

〔1〕 陈光中：“2001 年《俄罗斯联邦刑事诉讼法典》简介”，载陈光中主编：《21 世纪域外刑事诉讼立法最新发展》，中国政法大学出版社 2004 年版，第 7 页。

〔2〕 张军、陈卫东主编：《刑事诉讼法新制度讲义》，人民法院出版社 2012 年版，第 1~5 页。

不同方向融汇为一种大体相当的混合的刑事诉讼制度。”[1]这种刑事诉讼的矛盾运动实质就是系统规律与生态平衡规律在刑事诉讼中的生动体现，包括两大法系在内的世界各国持续推进的刑事司法改革直接促成了现代刑事司法制度的趋同化发展。根据生态学原理，当生态系统要素之间、要素与系统之间以及系统与环境之间形成持续稳定的动态平衡时，系统就处于协调、健康的运行状态。随着世界性的市场经济体制的形成与民主政治格局的不断发展和成熟，与此相适应的以平等协商和理性对话为特征，充分发挥诉讼当事人自身的积极性和主动性的辩论式诉讼必然成为新型的刑事诉讼运行模式。不过它已经不是英美法国家传统意义上的“沉默的法官、争斗的当事人”的那种当事人主义诉讼，而是既强调实体真实，又注重正当程序；既要求实现惩罚犯罪，又要求实现人权保障的当事人积极参与的刑事司法新模式。这种模式就是生态平衡原理的真实反映，更是各国刑事诉讼所要着力追求的理想目标。

世界各国刑事诉讼新变化不仅反映出刑事司法系统价值目标的持续校正，系统要素和系统结构的不断调整，而且也反映出各国刑事司法系统与外部环境因素的协调整合。刑事司法作为一个置身于社会环境中的子系统不可能在封闭的空间中独自运行，必然受更大的社会系统的影响与制约。“一个国家的法律制度，作为一种上层建筑，总是应这个国家的政治制度和经济制度的需要而产生，并应这两种制度的变化而发展的。”[2]故而，社会转型中的刑事司法改革与制度创新，除了要研究刑事司法系统内部诸要素之间的协调平衡关系之外，还必须研究刑事诉讼制度与其赖以生存和运作的政治制度、经济制度及其他社会制度等外部环境之间的动态平衡关系。当前，刑事司法实践主要以各个国家的刑事诉讼法律为依据，尽管国际公约、条约及区域性的条约对各国刑事诉讼制度的运行产生了广泛影响，但是毕竟现在还是民族国家时代。各个国家刑事司法运作更多地受制于该国的政治、经济、文化等系统外部环境的影响与制约，受制于特定国家的历史传统、风俗习惯与民族文化，比较研究刑事司法制度的共性特征与个性特质应当注意各国刑事司法背后的

---

〔1〕［美］约翰·亨利·梅利曼：《大陆法系》，顾培东、禄正平译，法律出版社2004年版，第133页。

〔2〕李义冠：《美国刑事审判制度》，法律出版社1999年版，序言，第3页。

政治、经济、文化、伦理道德与民族习惯等系统要素的差异。对于刑事诉讼法律制度的世界性趋同发展态势，当然也应研究刑事司法趋同化发展的深层次原因，查找刑事诉讼制度运作背后是否存在着政治、经济、文化等系统要素的共同性，从而验证结论的准确性。

二、刑事司法制度趋同化发展的主要表征

刑事司法作为国家活动的重要组成部分，通过国家专门机关依照法定诉讼程序理性解决严重争端的程序机制，随着现代社会经济、政治及文化的迅速发展与深度融合而呈现出相同或相似的发展格局。何家弘教授曾经概括指出当代世界刑事司法存在八大发展趋势：走向统一、走向文明、走向科学、走向法治、走向人权、走向公正、走向和谐和走向规范。[1]我们认为，尽管世界各国刑事诉讼制度与司法程序内容千差万别，不过万变不离其宗，从各国刑事司法制度及改革中能够抽象出共同的质。刑事司法目的衡平、刑事司法结构均衡、刑事司法主体多元与刑事司法程序理性构成了现代刑事司法趋同化的鲜明表征，且已成为世界各国刑事司法共同追求的理想目标。

（一）刑事司法目的衡平

刑事司法目的是指国家立法文本中明确规定的或间接体现出的通过刑事司法活动所期望达到的理想结果。不同时代的刑事司法所反映出的目的存在着较大差异。历史上最早产生的刑事司法制度是弹劾式诉讼制度，其目的在于和平解决当事人之间的纷争，带有古老的血亲复仇等报应观念。自从纠问式诉讼将惩罚犯罪纳入刑事司法目的以来，它就逐渐成了刑事司法活动的中心。在现代法治社会中，人们认为：犯罪不仅直接侵害公民的合法权利，而且严重地破坏社会公共秩序。国家作为社会公共利益的代表，有责任也有义务保护社会成员不受犯罪行为所侵害。发生犯罪后，国家必须采取法律允许的手段及时收集犯罪证据、查获犯罪人，最终通过公正审判使之受到应得的惩罚；实际上，犯罪现象可以说与人类社会相伴相随，自从人类社会进入阶级社会后，犯罪就被认为是严重侵犯公民合法权益、破坏社会秩序的行为，从那时起刑事司法就开始与民事诉讼相区分而承担起特别的国家职能，即维

〔1〕 何家弘："刑事司法的八大发展趋势"（代序），载何家弘主编：《刑事司法大趋势——以欧盟刑事司法一体化为视角》，中国检察出版社2005年版，第1～16页。

护既存社会秩序而对犯罪行为进行惩处，以儆效尤。因此，任何统治阶级都会高度关注整个统治利益与统治秩序的稳定性而对犯罪严惩不贷。现代社会同样需要稳定安全的生活秩序，这就不得不努力遏止犯罪与预防犯罪。再者，刑罚权作为国家权力的重要组成部分体现为一种公共权力，现代国家严格禁止私人自行动用，并且要求必须经过法律事先规定的程序，通过刑事司法活动才能实现。可以说，现代国家追究犯罪与惩罚犯罪的唯一合法渠道只有刑事司法，通过独立公正的法庭经法定程序审理后所作的生效刑事裁判，就成为国家以刑罚方法制裁犯罪行为人的唯一合法根据。从这个意义说，刑事司法就是国家证实犯罪、惩罚犯罪的活动，刑事程序就是实现国家刑罚权的专门程序。宋英辉教授指出，使用“惩罚犯罪”表达刑事诉讼目的并不准确，应当使用“犯罪控制”。其理由在于：其一，惩罚犯罪仅仅强调适用实体刑法的后果，只体现出《刑事诉讼法》作为程序法的工具价值以保证刑法得以适用，其独立价值没有得到体现；其二，惩罚犯罪的目的在于通过适用刑罚等活动来抑制犯罪，其自身本不是刑事诉讼的目的所在；其三，刑事案件在按照刑事程序进行处理的过程中，有的确实属于犯罪，有的则不构成犯罪，有的虽然构成犯罪但依法需要作不起诉处分。后两种情形并没有实现惩罚犯罪的目的，而使用控制犯罪则可以适用全部刑事诉讼。[1]我们认为，使用犯罪控制与保障人权来表达刑事诉讼目的更加符合法治精神，因为它强调的是通过刑事诉讼程序控制犯罪，而不是采取别的形式对犯罪予以报复。不过，基于本书主要讨论二者之间的平衡关系，依然沿用理论界的通用表达，暂且搁置“惩罚犯罪”与“犯罪控制”的词汇使用问题。

保障人权成为刑事司法的重要目的，则是近代以来人权理论发展和民主宪政实施的必然结果。其理论依据在于：其一，建立在政治国家与市民社会二元论基础之上的个人自由主义原则。在政治国家与市民社会相互分离的现代社会结构中，作为平等的社会主体的每个人，在私法自治领域都完全拥有不受公权侵犯的基本权利和自由。国家不得随意侵犯个人作为人应该享有的基本人权，即使出于保护社会公共利益的需要；作为国家代言人的政府必须依照法律事先规定的程序行使权力，而且必须在法律授权范围内合理行使。政府在刑事司法的每个环节上都必须有法律上的根据和理由，为实现刑罚权

〔1〕 宋英辉：《刑事诉讼目的论》，中国人民公安大学出版社 1995 年版，第 87~88 页。

而采取的任何法律行为必须受到法律的严格规制。其二，建立在现代民主宪政制度下的个人权利至上原则。“自由主义者强调的是个人自由具有优先性，认为构成一个社会的基本单位是个人，无论在发生学还是本体论的意义上，个人都是优先的。”〔1〕人民主权原则与公民人权原则决定了现代民主宪政制度的总体框架，那就是在充分尊重公民个人意愿的基础上，通过普遍民主选举组成的国家公共权力机关必须充分尊重和反映人民的意志，并最终服务于人民的利益。公民个人的基本权利必须受到最大限度的保护，凡是限制与剥夺公民个人权利的行为必须经过严格的法律程序并由专门的司法机关作出裁判方能为之。其三，建立在国家与个人在事实上的不平等性决定了人权保障优先原则。社会契约论视野中的国家与个人关系不过是平等的契约而已，体现了完全意义上的地位平等与协商理性。而事实上，政治国家与公民个人存在着天悬地殊的巨大差距，前者是社会整体利益的代表者，拥有强大的国家权力资源、道德资源与自然资源，后者仅仅代表自己的普通公民个人，除了他单薄的自然肉体与维系生存的微不足道的生活资料外，没有任何可以与国家相提并论的东西。故而，“在国家作为追诉者具有压倒优势的刑事程序中，如何保障被告者的人权构成了程序正义的特殊内容。”〔2〕现代刑事司法正是在确认国家追诉和惩罚犯罪的同时，高度关注刑事诉讼中的公民代表——犯罪嫌疑人与被告人的基本人权必须得到切实有效保障，从而将保障人权作为刑事司法的重要目的。

“法律的任务就是努力在尊重个人自由和维护社会根本制度之间保持平衡。”〔3〕可以说，现代刑事司法目的是惩罚犯罪与保障人权的协调、衡平与统一。它追求社会秩序、公共安全与公民个人权利、基本自由的协调平衡，不再像弹劾式诉讼那样仅仅强调纠纷的解决，也不像纠问式诉讼那样仅仅满足于惩罚犯罪。即：惩罚犯罪只是刑事诉讼法目的的一个方面，另一个重要方面就是保障人权。〔4〕追求刑事司法目的观的协调统一并不要求做到惩罚犯

〔1〕 顾肃：《自由主义基本理念》，中央编译出版社2002年版，第23页。

〔2〕 [日] 谷口安平：《程序的正义与诉讼》，王亚新等译，中国政法大学出版社1996年版，第8页。

〔3〕 [英] 彼得·斯坦、约翰·香德：《西方社会的法律价值》，王献平译，中国法制出版社2004年版，第210页。

〔4〕 陈光中：“刑事诉讼法再修改之理念更新”，载《政法论坛》2004年第3期。

罪与保障人权的绝对对等与整齐划一，事实上二者在价值取向上往往是对立和矛盾的，存在着相互冲突又必须面临取舍的困难问题。正是二者的对立冲突，才更要求在追求刑事司法价值目标实现的过程中必须做到二者协调兼顾，当然不排除在某种情况下趋向优先保护公共安全价值而较注重惩罚犯罪，在某种情况下趋向优先保护权利与自由价值而较注重保障人权，从而使其保持一种动态平衡的态势。在发展中追求二者的统一，在动态中求得二者的平衡应该是比较合理的选择。世界各国刑事司法的整体运行情况，也体现了这种辩证的刑事司法目的观。在明确表述刑事诉讼目的的主要法治国家中，美国联邦诉讼规则确立的诉讼目的强调公正与效率并重，[1]日本刑事诉讼法则强调维护公共福利与保障个人基本人权的统一，[2]俄罗斯刑事诉讼法强调对犯罪者公正处罚与不对无辜者定罪相互兼顾[3]其它法治国家虽然没有关于诉讼目的的表述，但具体制度安排都反映出遵循正当程序进行刑事司法活动的基本精神。我国2012年《刑事诉讼法》在总则中增加了“国家尊重和保障人权”的宪法条款，全面修改刑事辩护制度反映人权观念和制度建设已经发展到新阶段，非法证据排除规则的正式确立反映程序公正观念和制度完善已经达到新高度。这标志着我国已经将保障人权置于刑事司法的首要地位，突出了惩罚犯罪与人权保障的协调统一，从而确保公正司法价值目标的全面实现。

（二）刑事司法构造均衡

刑事司法构造是指刑事诉讼法所确立的国家展开刑事司法活动的基本方式以及控诉、辩护与裁判三方在刑事诉讼中所形成的法律关系。刑事司法构造包括横向构造与纵向构造，横向构造是指控诉、辩护和裁判三方在各主要诉讼阶段中的法律关系，纵向构造是指控诉、辩护和裁判三方在刑事诉讼程序中顺序关系上的相互关系。横向构造又包括侦查程序构造与审判程序构造。侦查程序构造是指控诉、辩护与裁判在侦查程序中的地位和相互关系。随着两大法系刑事诉讼制度的相互借鉴，其侦查构造也逐步融合：其一，裁判与侦查职能分离。其二，法官对侦查活动进行司法审查。实际上，不论英美法系国家还是大陆法系国家，都已经形成控辩平等对抗、法官居中裁断的侦查

---

〔1〕 参见《美国联邦刑事诉讼规则和证据规则》，卞建林译，中国政法大学出版社1996年版，第30页。

〔2〕 参见《日本刑事诉讼法》，宋英辉译，中国政法大学出版社2000年版，第3页。

〔3〕 参见《俄罗斯联邦刑事诉讼法典》，黄道秀译，中国政法大学出版社2003年版，第11页。

程序构造；审判程序构造是指控诉、辩护与裁判在审判程序中的法律地位以及相互关系。现代刑事审判程序构造具有共同的基本特征，都遵循控审分离、审判独立、控辩平等、直接言词、证据裁判及自由心证等原则和制度。[1]纵向构造包括刑事程序的侦控构造与刑事程序的控审构造，刑事程序的侦控构造包括侦控结合模式、侦控分立模式、混合模式等三种模式。三种不同的侦控模式在行使国家追诉权时各有优劣，不过，其共同发展趋势在于公诉对侦查的建议和指引逐步得到强化，侦查服务于并服从于公诉的诉讼观念在不断增强。刑事程序的控审构造包括案卷移送式构造与起诉一本式构造，案卷移送式构造是指检察机关在提起公诉时不仅递交起诉书，而且同时向法院移送全部案卷和证据材料，法官在对全部材料进行审查的基础上开庭审判。其缺陷在于法官容易产生预先判断，为解决此问题，有的国家实行阅卷法官制度，[2]阅卷法官通过阅卷以行使司法审查之职能，庭审法官则不能接触任何案卷材料以防止其产生预先判断；起诉一本式构造是指检察机关在提起公诉时只向法院移送起诉书，所有案卷和证据材料在法庭审判时由控辩双方向法官出示，缺点在于容易造成庭审效率不高和诉讼拖延，因而实行证据展示制度。

惩罚犯罪与保障人权的诉讼目的决定了现代刑事司法的基本构造：刑事诉讼中的控诉、辩护与裁判三方主体构成了一个稳定的立体三角形诉讼结构，由国家专门官员——检察官负责刑事控诉，由被告人及其辩护律师负责刑事辩护，由独立而中立的法官负责刑事诉讼的审理与裁判。这种结构在近、现代诉讼合理主义思潮的影响之下，力图实现查明客观真实与程序正当化的统一，因而比较协调于现代社会的价值理念和法治发展。[3]三方主体各自承担独立完整的诉讼职能，形成了三者之间的相互依存及相互制衡关系。诉讼主体为了各自的诉讼利益而积极主动地参与刑事诉讼活动，并平等地行使着诉讼权利，履行诉讼义务。控辩平等原则对于调整控诉与辩护之间的关系尤其重要，为此，卜思天·儒佩基奇曾指出："对反社会行为者给予法律上的适当待遇似乎是自相矛盾的，但它在意识形态和政治上的积极意义就是，绝对地

---

〔1〕 宋英辉主编：《刑事诉讼原理》，法律出版社 2003 年版，第 249 页。

〔2〕 宋英辉、陈永生："刑事案件庭前审查及准备程序研究"，载《政法论坛》2002 年第 2 期。

〔3〕 龙宗智：《刑事庭审制度研究》，中国政法大学出版社 2001 年版，第 94 页。

认可反社会个人在刑事诉讼中的平等和尊严，他在诉讼当中是一个与控诉方平等的主体，而不是任人摆布的客体。”[1]为有效制约国家权力，控诉主体与裁判主体则需要遵从职能分离原则，双方形成各自归属独立的组织系统，承担着完全不同的职责：控诉机关负责刑事案件的侦查，收集犯罪证据与查获犯罪嫌疑人，提出对犯罪的刑事指控；审判机关则本着司法独立与审判中立原则，负责对刑事案件进行独立地审理和裁判。当然，平等原则也要求审辩平等，即法官与被告人之间的平等，孟德斯鸠指出：“法官还应与被告人处于同等的地位，或者说，法官应该是被告人的同辈。这样，被告人才不觉得他是落到倾向于用暴戾手段对待他的人们的手里。”[2]

控诉、辩护与审判的立体三角构造使得现代刑事司法进入了全新的权力（权利）制衡格局，国家专门机关划分成职能不同而且各自独立的诉讼主体。控诉主体代表国家行使对犯罪的刑事侦查权与追诉权，拥有国家法律赋予的诸多行政权力与司法权力；裁判主体则代表国家对所有刑事案件行使刑事审判权，对国家与个人之间的刑事争端进行独立而公开地审理并作出公正而权威的司法裁判。基于司法独立与审判中立原则，审判主体站在客观公正立场上对诉讼争端进行独立裁判，并不因为身为国家机构之一就放弃独立地位与公正立场，同时对国家控诉机关的所有行为行使司法审查职权以对其任何侵犯公民个人权利的行为提供司法救济。辩护主体由犯罪嫌疑人与被告人本人与民间的法律专家辩护律师承担，辩护权利通过《宪法》和法律来具体规定并通过独立而中立的法官的司法裁判予以保障。面对刑事诉讼极不平衡的权力与权利态势，行使平衡器的职能，即对强大的国家控诉权力进行适当的抑制和全面的司法监督，对过分弱小的辩护权利的行使给予充分的关照，并保证权利的实现。由此，刑事诉讼中的控诉、辩护与审判形成了稳定而平衡的立体三角结构，这种结构对于实现刑事司法目的具有基础性作用，同时也体现着现代诉讼的基本原理与价值理念。

（三）刑事司法主体多元

现代刑事司法的立体三角结构决定了其主体要素的多元构成：控诉主体、

---

〔1〕［斯］卜思天·儒佩基奇：“从刑事诉讼法治透视反对自证有罪原则”，王铮等译，载《比较法研究》1999年第2期。

〔2〕［法］孟德斯鸠：《论法的精神》，张雁深译，商务印书馆1994年版，第158页。

辩护主体与裁判主体的平行与并列。其主体建构原理是在近代启蒙以来在社会契约理论与人的主体性理论基础上形成和发展起来的，它与近代人本主义、人民主权观念、权力分立与制衡理论、公民人权思想等密不可分。人的主体性决定了人是制度设计和制度运行的主体，一切制度设计要以克服人性缺陷和满足作为主体的人的需要为基本出发点，要以保障和实现作为主体的人的主体性价值为最终目的。〔1〕社会契约论认为国家乃是人们通过自愿联合形成协议的产物，“人们联合成为国家和置身于政府之下的重大的主要的目的，是保护他们的财产”。〔2〕国家的代表者政府的最终目的在于更好地保护人们的权利与自由，为了保证这一目的的实现，人民通过自由民主选举出他们的代表组成政府。孟德斯鸠认为：每个国家都有三种权力：立法权、司法权和行政权，这三种权力相互独立，应由不同的国家机关来行使，而不应由同一个机关或同一个人来行使。三权分立理论与权力制衡思想有力地推动着刑事程序改革，经过资产阶级革命，西方各国先后建立起以三权分立为框架的民主政治体系与以司法独立运行为标志的法治国家制度体系，刑事司法也完成了现代化的转变，对于犯罪的国家追诉责任从此由专门的国家控诉机关承担，不再由司法官员来兼任，从而完成了控诉职能与裁判职能的分离。人民主权与公民人权思想更有力地催生着人的主体性理论，政治民主必然要求诉讼民主，必然要求保障人权。犯罪嫌疑人与被告人作为刑事诉讼中的公民个人代表自然成为刑事司法关注的重要对象，人的自由意志决定了他们应当享有基本人权，但是刑事程序的特殊性不同程度地限制当事人及诉讼参与人的基本权利，并对其课以特定义务或产生不利影响，故而必须赋予相应的程序主体权利。康德把人的自由视为根据人性而具有的唯一原初的、固有的权利，认为这本身就含有形式平等的思想，因为它意味着每个人都是独立的并是他自己的主人。他指出，任何人都没有权利仅把他人作为自己主观目的的工具，每个人都应当永远被视为目的本身。刑事诉讼中的犯罪嫌疑人与被告人不应当成为国家追究和惩罚犯罪的纯粹工具，他们应当成为他们自己的目的本身，因此有权利为自己辩护，从而成为刑事诉讼中的重要程序主体。正是基于此，资产阶级革命后的刑事司法都确认了犯罪嫌疑人与被告人的刑事诉讼主体地

〔1〕 刘涛：《刑事诉讼主体论》，中国人民公安大学出版社2005年版，第41页。

〔2〕 洛克：《政府论》（中译本下篇），商务印书馆1964年版，第77页。

位，赋予其广泛的辩护权、决定聘请辩护律师的权利以及由国家免费提供律师辩护的权利。犯罪嫌疑人与被告人及律师成为刑事诉讼重要的主体要素，在刑事诉讼中与控诉方保持平等对抗与理性争辩态势，从而有效地维护自己的合法权益。

刑事程序的推进和展开实际上就是控诉主体、辩护主体与裁判主体各自实施诉讼行为的过程。作为控诉主体的刑事警察与检察官代表国家行使控诉职权，其控诉主体属性彰显无疑；作为裁判主体的法官及陪审员代表国家行使审判权，尽管要求其保持消极中立地位，但由于承担查明案件事实以适用刑罚权从而最终解决严重争端的责任，其主体职能得到了充分肯定；作为辩护主体的犯罪嫌疑人、被告人及其辩护律师尽管主体属性已经得到观念和制度层面的确认，但由于处于被追诉的不利地位，其主体职能往往容易受到控诉主体的不当侵犯。为确保刑事程序符合最低限度的正当性要求，必须遵循司法独立、裁判中立、控辩平等与有效辩护等基本原则，使得控诉、辩护与裁判三方主体能够平等地展开对话与协商，从而推进刑事诉讼程序的正常进行。实际上，控诉主体与辩护主体本身存在着天然的不平等状况，仅仅坚守平等原则还远远不够，需要设立特殊的制度安排以满足控诉与辩护实质平等的基本要求。从现代各国的刑事诉讼立法来看，一般通过四个方面的制度安排来实现此目的：其一，赋予犯罪嫌疑人与被告人沉默权以保障其消极辩护权的行使，犯罪嫌疑人与被告人可以自主决定是否陈述以落实辩护主体地位。其二，严格贯彻无罪推定原则，证明被告人有罪的最终责任只能由控诉方来承担，辩护主体不承担证明有无罪行的举证责任，只承担程序意义上的证明责任以达到控诉与辩护在力量上的平衡。其三，控诉方有义务将收集的证据全面开示于辩护方，使得辩护方能够充分准备辩护。英美法国家实行控诉方在庭前双方对等开示证据，而大陆法国家辩护律师可以通过行使阅卷权以获得对被告人有利的证据。其四，通过非法证据排除规则将控诉方非法获取的证据予以排除从而达到对控诉方证据调查手段的限制，平衡乃至缩小双方在调查取证能力上的差距。

（四）刑事司法程序理性

“西方文明的知识历史所提供的大量权威典籍可以用来支持这样一个命题，即一个判断或一个结论，只有在它是以确定的、可靠的、明确的知识为基础的情形下，才能被认为是‘理性的’。”〔1〕理性作为哲学中一个极为重要的概念却具有多种不同的内涵，不同时代有各自不同的理性观，视角不同也会有完全不同的理解。英国哲学家罗素指出：“所谓理性，实际上可以用三个特征作为它的定义。首先，它依靠说服而不是依靠武力；其次，它谋求使用者所相信是完全正确的观点，进行说教；再次，在提出意见的过程中，它尽可能使用观察和归纳，尽可能地少用直觉。”〔2〕现代刑事程序理性主要表现在两个方面：其一，刑事程序的形式性。形式与内容是揭示事物的表现形式和内在要素的一对哲学范畴。如果说法律的内容是以权利和义务表现出来的利益，那么程序就是法律实现这些利益的形式和手段。伯尔曼教授指出：“法之所以成之为法，并与其他社会制度和解决社会问题的过程相区别，在于它的形式化、程序化——正是法律程序的形式使得法律成为一种特殊的和独一无二的社会关系。”〔3〕刑法作为实体法规定什么是犯罪以及如何进行处罚；而刑事诉讼法作为程序法规定查明犯罪事实及适用刑法定罪处罚的步骤和形式，惩罚犯罪的刑法目的必须依靠特定的刑事程序形式才能实现。其二，刑事程序的程序正义属性。人们关于正义的追求贯穿于人类社会发展的历史长河之中，由于实质正义实现往往存在诸多不确定因素，人们只能寄托于程序正义，期盼正义不仅应当实现，而且应当以看得见的方式予以实现。刑事程序发展也走过了从古老的自然正义原则发展到近代的正当程序理论再到国际人权公约坚持的最低限度程序公正标准的漫长历程。传统刑事司法与现代刑事司法的本质区别就在于传统刑事司法程序仅仅具有工具属性而缺乏内在的程序正义秉性，因而充满了诸多非理性因素——弹劾式诉讼的国家无为思想与神示证据制度，纠问式诉讼的刑讯逼供与肉体折磨、秘密和书面审判、口供乃证据之王等。现代刑事程序强调自身的独立公正品质，其公正性具体体现在刑事司法国际准则之中的最低限度程序正义保证的以下方面：①平等权；②司法中立和公开；③审判及时；④无罪推定和反对强迫自证其罪；⑤辩护权和获得法律援助的权利；⑥对质权；等等。〔4〕

---

〔1〕［美］博登海默：《法理学：法律哲学与法律方法》，邓正来译，中国政法大学出版社1998年版，第270页。

〔2〕［英］罗素：《罗素文集》（3），靳建国译，内蒙古人民出版社1997年版，第340页。

〔3〕转引自吕世伦：《当代西方理论法学研究》，中国人民大学出版社1997年版，第263页。

〔4〕史立梅：《程序正义与刑事证据法》，中国人民公安大学出版社2003年版，第103页。

马克斯·韦伯曾指出，从罗马法的形式主义原则中发展起来的现代西方法律的主要特征是法律程序的理性化。在此意义上，脱离法律规则的和程序的行为都可被称为是非理性的。〔1〕现代刑事司法正是建立在权力有限与保障人权的民主法治国家基础之上的，以刑事正当程序为核心的司法类型，其目的在于和平而理性地解决基于犯罪而引发的政治国家与公民个人之间的刑事争端，从而恢复社会秩序和实现权益保障。为此，刑事诉讼作为刑事争端的法律解决机制，既要体现国家追究犯罪与惩罚犯罪以维护社会公共秩序的基本功能，同时又要体现国家重视和保障公民个人的基本人权的责任和义务。刑事司法程序被确认为国家通过刑事司法活动最终实现刑罚权的唯一路径和通道，对于保证国家最大限度地查明案件事实，准确适用法律以惩罚犯罪，从而实现实体公正具有基础性意义，它能够有效防止私刑滥用，杜绝犯罪行为的法外私力救济，避免原始复仇现象再现。同时，它对于保证国家权力的规范行使，保障犯罪嫌疑人与被告人的程序权利免受国家权力的随意剥夺和不当侵犯，从而实现法律的程序公正具有决定性意义。程序公正是实体公正的前提和基础，程序不公不可能有实体公正的结果。正是因为刑事司法程序关系到整个刑事司法价值目标的实现，世界各国无不努力修改本国刑事诉讼法律，调整刑事司法程序内容，使其保持价值诸要素的综合平衡。

三、现代刑事司法制度趋同化发展的制度背景与发展根基

（一）市场经济体制普遍建立构成现代刑事司法趋同化发展的经济基础

马克思指出："人们在自己生活的社会生产中发生一定的、必然的、不以他们的意志为转移的关系，即同他们的物质生产力的一定发展阶段相适应的生产关系。这些生产关系的总和构成社会的经济结构，即有法律的和政治的上层建筑竖立在其上并有一定的社会意识形式与之相适应的现实基础。物质生活的生产方式制约着整个社会生活、政治生活和精神生活的过程。"〔2〕市场经济作为商品经济的高级形态充分体现了市场自由竞争与均衡协调发展的经济规律，为资源配置的最优化与经济效益的最大化提供了结构性的前提和制度上的支持，从而极大地促进了资本主义国家生产效率的提高与社会财富

---

〔1〕 陈金钊：《法律解释的哲理》，山东人民出版社 1999 年版，第 150 页。
〔2〕《马克思恩格斯全集》（第 13 卷），人民出版社 1960 年版，第 8 页。

的增长。经济结构的变化必然带来政治结构的变化，继而促成了新兴政治体制的形成，同时也引发了法律制度的相应调整以适应经济发展的客观需要，最终导致了刑事司法体制与运行机制的变革和创新。而且经济关系变化带来了社会关系的全新变化，以契约、人权、理性、公平、正义为元素的现代政治法律文化体系开始逐渐成形。从人类社会历史发展演变过程来看，随着近代科学技术的迅猛发展和持续运用，社会生产力获得了迅速解放和极大提高，由此带来的是生产关系的根本变革，新型的资本主义生产关系得到牢固确立和蓬勃发展，资产阶级作为新兴的政治力量登上历史舞台开始角逐并分享国家权力。商品经济内含的自由自主、平等互利与协商理性反映在政治法律制度与理念中，就必然产生民主、法治与人权这些全新的思维和理念，而随着人们思想观念与思维方式的改变，最终促成了政治法律制度的根本变革。刑事司法制度正是在这一深刻的社会背景中发生根本转变、整合互动而逐渐呈现出趋同化的发展态势。商品经济乃至市场经济的巨大发展不仅提供了民主政治制度发展的物质基础，而且奠定了现代刑事司法制度趋同化发展的根本性制度前提和发展根基。

市场经济体制在全球范围内的形成和发展，大大促进了世界各国经济水平的提高与相互依赖性的增强，同时对市场经济规则的一体化与法治化提出了更高要求，世界贸易组织规则的产生就是其显著标志。首先，市场经济本质上是平等竞争的经济，因而也是法治化的经济，对于法律制度的依赖程度空前提高。只有在市场经济主体资格得到法律充分肯认的前提下，个人的主体地位与基本权益才能受到法律的全面保护。唯有如此，市场主体才可能充分地参与到市场经济活动中去，积极地为资本增值与财富增长发挥自身的主动性与创造力。但是，任何社会由于资源的有限性与主体利益的多元性都可能引发矛盾冲突，继而产生破坏性力量。“市场经济体制不能不依存于国家的司法系统”，因为，“权利即社会资源的分配若欲达到效率最优，必须通过法制形成当事者之间进行自由交涉的条件，结果的决定均以交涉过程为基础。这意味着司法程序乃至法律制度整体的构成是否妥当对于市场机制的运行及其利用具有极其重要的意义”。[1]刑事司法正是将那些严重破坏市场经济秩序的犯罪行为通过正当而理性的司法程序进行权威裁判，最终实现权益保护

〔1〕 季卫东：《法治秩序的建构》，中国政法大学出版社 1999 年版，第 47 页。

与秩序恢复的基本功能。因此，刑事司法系统也为有效保障市场经济正常运行提供了制度前提及必要条件。其次，在现代社会中，公民个人权利的有效实现依赖于国家权力规范运作，但是权力具有天生的主动性甚至侵犯性，国家权力的理性运行在很大程度上取决于程序法律制度的科学性与规范性。故而，刑事正当程序对于保障国家权力最终服务于公民人权实现具有关键意义，这表明了刑事司法制度通过对国家权力的规范与控制，以有效保障市场主体权益，进而促进市场经济秩序的有序形成。有学者指出："实际上，正因为有了社会规范，自由才成为可能。如果没有社会规范，那么社会生活将无法进行——甚至是无法想象的。"〔1〕

在系统论视野中，刑事司法系统与市场经济体系是两个动态平衡的社会生态系统。市场经济在更大程度上依靠法律制度来保证正常运行，而不同于计划经济通过行政手段就能够实现预期目标。现代刑事司法的主要目的在于解决公民个人与国家之间的严重争端。但是，在具有压倒性优势的国家追究公民个人刑事责任的情势下，如何有效保障公民个人的基本权利不受国家权力的侵害正是国家刑事司法所要关注的重大问题，只有从制度上解决了刑事诉讼中被追诉的公民——犯罪嫌疑人与被告人的法律地位与基本权利问题，才可能更为有效地保证其他普通公民的基本权利不受非法侵害。实际上，近现代各个国家的宪法都充分彰显了政治国家与公民个人的平等与契约关系，建构实施议会选举制度来践行人民主权，建构实施权力分立与相互制衡机制以保障公民人权，并通过国家宪法和刑事诉讼法来设定国家追究和惩罚犯罪的唯一合法路径从而实现公共管理职能，建立独立公正的刑事司法系统来公平高效地解决国家与个人之间的严重争端，从而全面保障公民个人的权利与基本自由。正是建立了这样的民主宪政框架与刑事司法制度，市场经济秩序才逐渐形成并得以在世界范围内扩展。可以认为，有市场经济体制，就必然存在充分保障市场主体权利与自由的现代刑事司法制度体系；没有系统而全面保障公民个人自由与基本权利的刑事法治，也就不可能建成健全的市场经济体系并维系其持续健康的发展。

（二）民主宪政体制普遍实施构成现代刑事司法趋同化发展的政治基础

现代民主政治是多数人的政治。历史证明单纯的民主政治并不是有利无

---

〔1〕［美］凯斯·R. 孙斯坦：《自由市场与社会正义》，金朝武等译，中国政法大学出版社 2002 年版，第 43 页。

害的，因为多数人也可能产生暴政，从而压迫与剥削少数人。如何防止在实行多数人统治时不至于损害到少数人的利益，保证所有人的基本权利都得到尊重和保护，合理的意见和建议都得到吸取与采纳，这是宪政需要解决的问题。宪政即限政，也就是限制权力的政治制度与政治体制，既厘清了国家公共权力与公民个人权利的边界，也解决了国家公共权力之间的边界，即通过权力分立与权力制衡来实现权力的公共管理职能并保障公民个人权利充分实现的制度体系。“最大的困难在于必须首先使政府能管理被统治者，然后再使政府管理好自己。”〔1〕现代民主宪政体制不仅在权力结构方面把国家权力分为立法权、行政权与司法权，并由不同的国家机构行使，而且通过宪法实现权力与权利的平衡配置，确立公私法的界域，规范公权力的行使，维护私法主体自主自律的契约自由权利；同时，主权在民思想成了民主政治和分权政体的逻辑基础，而代议制民主则成为人民主权实现的最佳形式，分权制衡成为最好的政权构架，现代民主宪政由此完美实现了代议制民主与分权制衡的统一。

纵观世界，但凡采用现代民主宪政模式的国家，其刑事司法体制也都大同小异。即本着权力有限行使并遵从职能分立的原则，实现国家立法权、行政权与司法权的各自独立运行，达到权力分立与制衡的生态格局。在民主宪政体制下，刑事司法作为解决以检察机关为代表的国家与公民个人之间的刑事争端，本着控辩平等、控审分离与有效辩护的原则来建构刑事诉讼主体结构关系并合理定位刑事诉讼功能，从而形成裁判者中立裁判，控辩双方平等理性对抗的三角诉讼构造。基于刑事诉讼中的犯罪嫌疑人与被告人处于被指控的被动与弱势地位，宪法与法律赋予其最低限度公正的防御权利。这种对抗式的诉讼结构及运行机制与民主宪政体制有着密切的共生关系，民主宪政体制在刑事诉讼中对于权利的充分尊重体现在对犯罪嫌疑人与被告人的人性关怀、人格尊重与权利保护等周密制度安排中，其权力制衡理念体现为刑事诉讼中的裁判、控诉与辩护的分离与制衡构造。实际上，刑事司法是灵敏的国家政治法律检测器与社会政策风向标，特定的政治制度与政治理念必然反映在相应的刑事诉讼结构与程序安排上面。拉德布鲁赫曾指出：“刑事程序的历史，清楚地反映出国家观念从封建国家经过专制国家，直到宪政国家的发

〔1〕［美］汉密尔顿等：《联邦党人文集》，程逢如等译，商务印书馆 1980 年版，第 264 页。

展转变过程。”〔1〕考察刑事诉讼发展史就可以得到确信无疑的结论，原始民主政体下的弹劾式诉讼所反映的就是早期社会人们的公平与民主理念；而纠问式诉讼必然体现封建专制集权政治的制度理想；大陆职权主义诉讼制度反映了对于专制政体所遗留下来的传统观念的传承，而英美国家自由民主思想则哺育了对抗式诉讼制度的成长。在当今世界各国刑事司法改革趋势以及现代刑事诉讼制度构造中所体现出来的精神正体现着人们对于自由权利、公平正义价值与民主宪政制度的不懈追求。

在全球化趋势不断深化的今天，市场经济全球化进一步促进了民主宪政的全球化态势。世界各国政治实践所反映出来的对于人民主权原则的切实尊重，对于公民人权的周密保障，以及对于公共权力的制约措施体现了现代民主宪政制度的重要价值与深远影响。社会主义国家实行人民代表大会制度等政体形式，较之西方民主制更能体现人民主权的思想，但同样存在权力必须制约的问题，正在推进中的我国政治体制改革也体现了权力必须受到监督与制约的基本理念。在全球范围内的政治民主化浪潮的影响下，刑事司法制度必然要发生相应的调整，从诉讼目的、诉讼理念到诉讼基本制度都必然反映出这种政治改革的要求。全球范围内的刑事诉讼制度调整与司法改革正是对民主宪政发展趋势的深刻回应。随着世界各国政治民主化进程的加快，刑事程序理性化、正当化与趋同化的发展趋势表现得十分明显。就大陆法国家而言，它们不遗余力地强化犯罪嫌疑人与被告人的辩护权利，增强辩护力量，目的在于强化较为弱小的辩护职能，使得控诉与辩护旗鼓相当，实现惩罚犯罪和人权保障目的之间的动态平衡；而一向以实行对抗式诉讼程序著称的英美法国家则努力强化刑事司法查明真相的功能以实现惩罚犯罪目的，对沉默权进行一定程度的限制，规定禁止双重危险的例外削弱辩护权利，用意在于使得惩罚犯罪与保障人权形成大体平衡协调的态势。“实际上，二战以后，英美法系和大陆法系一直都在相互吸收、相互接近，当事人主义和职权主义的差距在不断缩小，而且近年来这种趋势有增无减。”〔2〕两大法系的刑事司法制度逐步融合的典型表征就在于通过各自沿着不同方向的改革，实现共同的

---

〔1〕［德］拉德布鲁赫：《法学导论》，米健、朱林译，中国大百科全书出版社 1997 年版，第 143 页。

〔2〕陈光中：“21 世纪初域外刑事诉讼立法之鸟瞰”，载陈光中主编：《21 世纪域外刑事诉讼立法最新发展》，中国政法大学出版社 2004 年版，第 10 页。

刑事司法目标。全球范围内的刑事司法体制与刑事诉讼制度变革不仅是世界各国市场经济的普遍要求，更是政治民主化的深刻体现，这反映了刑事司法趋同化发展有着坚实的民主政治基础与法治宪政根基。

（三）市民社会发展壮大构成现代刑事司法趋同化发展的社会基础

现代刑事司法制度是随着西方资本主义国家商品经济与民主政治的不断发展使得政治国家与市民社会二元体系逐渐形成后得以确立的，其发展演变离不开整个社会结构的分化与调整，政治国家与市民社会的整合、分化、互动以及法治文化、人权意识、契约精神的培育和发展，更离不开西方社会的若干重大事件所造成的深远影响和若干政治法律思想理论的交锋、碰撞与共鸣，正是这些多重要素的复杂交互作用推动着西方社会法治的日臻成熟，使得现代刑事司法制度系统逐步得以发展完善。

现代刑事司法表现为理性处置发生于公民个人与政治国家之间的严重争端，二者进行平等对话与理性争辩的程序活动，由独立而中立的裁判机构通过公正而权威的法律判决最终解决争端、平息冲突、维护权利与秩序的过程。这种争端解决模式深刻体现了市民社会的根本旨趣与内在精神。马克思指出，当市民社会从政治国家或专制权力的束缚中挣脱出来获得独立存在的时候，代议制民主就获得了坚实的基础，并从三个方面说明了这种分离的意义——它使等级制变为代表制；它使权力的分立成为必要；它确立了人权和公民权的原则。〔1〕“现代的市民社会是彻底实现了的个人主义原则，个人的生存是最终目的；活动、劳动、内容等都不过是手段而已。”〔2〕市民社会以市场主体的充分自由与高度自治为特征，凡是成熟的市民社会必然存在着整套的自由、平等、合意与民主的价值体系，而且存在着一系列保障市场经济良性运行的法律制度，以保证社会个体的自由权利，使之能够进行充分自主自愿的选择，从而形成理性的市场经济秩序与法律秩序。事实上，“一部市民社会的产生、演变和发展史，就是自由主义理论的兴衰、更迭的嬗变史。”〔3〕哈耶克认为：“在自由的社会中，每个人都拥有一个明确区别于公共领域的确获承认的私域，而且在此一私域中个人不能被政府或他人差来差去，而只被期望

---

〔1〕　俞可平：“马克思的市民社会理论及其历史地位”，载《中国社会科学》1993年第4期。

〔2〕《马克思恩格斯全集》（第1卷），人民出版社1960年版，第345页。

〔3〕　袁祖社：《权力与自由》，中国社会科学出版社2003年版，第57页。

服从那些平等适用于所有人的规则。"〔1〕市民社会视野中的纠纷解决机制必然体现为高度的自主、自由与自愿行动，在充分尊重个体人格尊严与行动自由的基础上本着双方合意与协商的精神理性处置各种利益纷争。作为政治国家法律重要组成部分的刑事司法制度在市民社会中仍然体现为一种严重冲突的解决机制，目的在于公平消解公民个人与政治国家之间的刑事争端。自从国家作为共同体的管理者取得了被害人的追诉权利进而协调争端后，公力救济就开始取代私力救济，承担起解决社会利益冲突、维护社会共同体秩序等重要职责。由于国家权力本身存在滥用的可能性，市民社会从根本上要求国家实施法治与宪政以保障个人权利与社会秩序。刑事司法制度作为法治的重要内容与根本体现必然以市民社会为内在的物质基础与精神基础，必然体现出市民社会的根本要求及价值理念。这就要求刑事司法程序及法律制度必须体现依法而治和正当程序的要求，体现尊重个体自由与基本人权尊严不受侵犯的宪法精神。刑事司法不仅仅是惩罚犯罪的活动，而且是理性处置严重争端，以消解冲突及恢复秩序为目的的裁判活动，它应当体现刑事司法的合意性、平等性、参与性与中立性等公正品质。由此，一种以审判为中心、以诉讼为框架的等腰三角形诉讼架构得以形成，旨在保障人权、消解冲突的贯彻控审分离、控辩平等、审判中立、有效辩护等原则的现代刑事司法制度得以建立，而理性解决、平等参与、公平对待、程序正义就成了现代刑事司法制度所秉承的基本理念。

现代刑事司法充分体现了市民社会的客观要求，即国家刑事司法活动要以保障公民个人自由权利，充分尊重个体人格尊严的人权精神和要求行事，尽管它最终以剥夺人的权利为结果。然而，"在尊重个人作为一种价值观念被人们广为接受的地方，只有在能够证明某人确实犯了某种特定的反社会行为的罪行而且在道义上他应当对此负责时，剥夺这个人的权利才是符合道义要求的。"〔2〕保障人权是现代刑事司法的核心价值目标，它要求在具体的正当刑事程序之中，通过严格规制国家权力的运行，来防止其任何随意干预和侵犯公民个人权利的行为。为实现上述目标，现代法治国家都一无例外地将公

---

〔1〕［英］弗里德利希·冯·哈耶克：《自由秩序原理》（上），邓正来译，生活·读书·新知三联书店1999年版，第264页。

〔2〕［英］彼得·斯坦、约翰·香德：《西方社会的法律价值》，王献平译，中国法制出版社2004年版，第189页。

民的刑事司法权利通过宪法加以规定，并建立起严格的刑事正当程序机制与违法行为惩戒机制，同时赋予公民个人在权利遭到侵犯时随时向独立的司法机关提请司法救济的若干权利。例如：按照美国刑事诉讼教科书的一般体例，几乎所有刑事司法程序问题都涉及被告人宪法性权利的保护问题，因此，刑事程序都受宪法第四、五、六修正案的调整和规制。至于在美国刑事司法中占据极重要地位的非法证据排除规则，被视为被告人宪法性权利的重要救济制度；加拿大的自由与权利宪章同样将很多刑事被告人的权利规定其中；德国基本法确立了一些重要的被告人权利，并通过判例解释发展了证据禁止制度。〔1〕这些宪法原则与具体制度与程序规定都充分体现了现代刑事司法的根本要义，那就是要全面保障市民社会中的所有成员享有充分的自由、平等、人权，严格规制国家权力以防止对市民社会的任何干预。市民社会为法治的成长以及现代刑事司法制度的运行提供了丰富的土壤，使得现代刑事司法呈现出与民主政治、市场经济深刻的统一性与和谐性，成为市民社会制度框架的重要环节。市民社会成员的充分自由、自主、自治与平等，为政治国家所建立的严重争端法律机制提出了基本要求。只有全面体现现代法治理念，充满理性与人道主义精神的现代刑事司法程序与制度才能完成这一使命。亦即，尊重每个人的人格尊严与独立自主意愿、充分自由权利，并圆满解决严重争端，为市场经济的良性运行及市民社会的和谐发展提供制度保证。现代刑事司法制度以成熟的市民社会为深厚的物质及社会基础、观念来源与精神支柱，而市民社会这一广阔场域又为现代刑事司法制度的运行指明了方向。

---

〔1〕 陈瑞华：《程度制裁理论》，中国法制出版社 2005 年版，第 475 页。

第三章
社会转型中刑事司法改革的国内环境

中国正在发生全面而深刻的社会转型以及根本性的社会制度变动，牢牢把握中国社会转型的基本特征与发展趋势，深入分析转型社会中刑事司法改革需要面临的现实环境，继而提出改造的具体思路，从而为社会转型中的刑事司法改革与制度创新扫清障碍，具有特别重大的理论意义与十分突出的现实意义。根据环境决定系统，系统影响环境的系统论思维与系统环境衡态共生的生态学理论，社会转型必将深刻地影响中国刑事司法制度及变革并决定其发展走向。当然，刑事司法改革本身也构成宏大的社会及制度转型的组成部分，甚至能够成为引领并推动中国社会转型与制度进步的内驱动力。“随着社会的发展和变革，刑事诉讼也必然发展和变革。刑事诉讼很少是静态的，并几乎总是有争论的，在不断的斗争中探寻国家和公民之间的适当关系方面，它是一个主要的战场，可能是最主要的战场。刑事诉讼必须反映出一个国家拥有的正义的最深入定位和深刻概念，同时认可面对和威胁社会的新挑战的现实。”〔1〕本章尝试概括中国社会转型的基本特征及发展趋势，分析社会转型中的刑事司法改革必须面对的不利现实环境，继而提出社会环境改造优化的具体对策与建议。

一、刑事司法改革面临的中国转型社会的基本特征

一般意义上的社会转型是指社会形态由传统社会向现代社会跨越的过程，

---

〔1〕［美］弗洛伊德·菲尼：“美国刑事诉讼的新发展”，胡铭、程味秋译，载陈光中主编：《21世纪域外刑事诉讼立法最新发展》，中国政法大学出版社2004年版，第196页。

按照这个含义来理解，中国社会转型就是指中国由传统小农经济社会向现代大工业社会的转变过程；具体表现为计划经济向市场经济转型，传统集权政治向现代民主政治转型，传统人治文化向现代法治文化转型。中国社会转型是从1840年的鸦片战争后正式开始的，这一转型过程大致经历了1840年至1949年的启动和慢速发展阶段；1949年至1978年的中速发展阶段；1978年以党的十一届三中全会召开为标志至今的快速和加速发展阶段。〔1〕与此相比较，西方传统农业社会向现代工业社会转型经历了相对较长的发展过程与相对广阔的社会变迁空间。当然，西方各国与中国社会转型的时代背景与主要目标有较大差异，西方各国社会转型的背景和目标在于工业化、城市化，而中国社会转型的主要背景是全球化、信息化和科技化，中国社会转型既要解决工业化、城市化问题，又必须处理好全球化、信息化及科技化问题，故而所面临的社会转型更加复杂。传统社会与现代社会属于不同性质的社会类型，一般通过经济、政治、文化三个方面来概括社会转型的内容及其程度。同理，我国正在经历着全面的社会转型期，转型阶段的基本特征主要表现在以下几个方面的发展趋势：

（一）计划经济向市场经济转型的发展趋势

中国经济发展经过了一个从计划经济向商品经济再到市场经济的发展转变过程，正是改革开放政策的持续实施，社会主义市场经济体制的建立和发展从根本上改变了中国社会的面貌。经过三十多年的改革开放，我国市场经济体制已有了长足的发展，以北京师范大学经济与资源管理研究院的测算来看，在进入2000年后，中国市场经济化程度已达到60分及格线，在2008年已稳定在70%左右，也就是说中国社会主义市场经济体制已基本确立。〔2〕市场经济的深入发展使中国政治、文化与社会生活发生了根本性转变，从而引导中国由传统农业社会向现代工业社会、信息社会全面转型。

我国在70年代末启动了以市场为取向的经济体制改革，此次改革全面深入到各个领域并产生了广泛而持续的积极影响和动力效应。随着农村家庭联产承包经营制逐步推开，城镇企业经营体制也开始向多种形式的承包、租赁

---

〔1〕 郑杭生主编：《中国社会转型中的社会问题》，中国人民大学出版社1996年版，第1~2页。

〔2〕 参见北京师范大学经济与资源管理研究院：《2010中国市场经济发展报告》，北京师范大学出版社2010年版。

与企业首长负责制方式转变。20世纪80年代开始提出了建立社会主义商品经济体系的口号，各地逐渐建立起区域性市场，但是关于计划与市场二者的关系一直没有得到理论突破。邓小平及时指出，计划和市场都是发展经济的手段，资本主义有市场，社会主义同样应该也有市场。小平同志南行讲话科学总结了党的十一届三中全会以来的基本经验，鲜明地回答了困扰和束缚人们思想中姓“资”姓“社”等许多重大问题，这为中国特色社会主义市场经济理论的形成奠定了思想基础。1992年党的十四大作出了逐步建立社会主义市场经济体制的战略决策，从而标志着我国正式进入了计划经济向市场经济转变的实质性改革阶段。此后，国家一直在致力于市场经济体制的建立和发展，规范市场行为，发展中介组织，加强市场管理，破除不利于市场运行的行政体制与各种壁垒。中国经济体制创新的伟大实践经历了一个从农村到城市，从对内搞活到对外开放，从小范围试点到整体推进并向纵深发展的波澜壮阔的历程。在这一历程中，中国经济体制创新实践出现了三座重要的里程碑：第一阶段是从中共十一届三中全会开始进行市场取向的改革到中共十二届三中全会通过《中共中央关于经济体制改革的决定》，提出了商品经济是社会主义经济发展的不可逾越的阶段，并确定了以计划经济为主、市场调节为辅的重要原则，这标志着中国社会主义经济已开始在实践中运用市场手段。第二阶段是从邓小平南方谈话和中共十四大确立社会主义市场经济体制的改革目标到中共十四届三中全会通过《中共中央关于建立社会主义市场经济体制若干问题的决定》，确定了社会主义市场经济体制的基本框架，这标志着中国社会主义市场经济的发展模式正式确立。第三阶段是从中共十六大提出建立完善的社会主义市场经济体制的任务到中共十六届三中全会通过《中共中央关于完善社会主义市场经济体制若干问题的决定》，这标志着中国社会主义市场经济开始走向成熟和完善。

中共十六大以来，在全面建设小康社会的新时期，中国社会主义经济体制创新也在有条不紊地向前推进。继党的十六大之后，党的十七大强调落实科学发展观，积极构建社会主义和谐社会的战略构想，提出了全面实现小康社会的奋斗目标；而党的十八大则提出全面建成小康社会和全面深化改革开放的战略目标，加快完善社会主义市场经济体制和加快转变经济增长方式。在党的正确领导下，经过三十多年的改革与发展，市场经济体制得以成功建立，市场经济秩序渐次生成，市场观念和基本制度正在得到不断的巩固和发展，计划经济向市场经济转型基本完成。同时，我国的经济建设取得了举世瞩目的巨大成就。我国经济总量已经跃升到世界第二位，社会生产力、经济实力、科技实力向前迈进了一大步，上了新台阶，国家综合实力、国际竞争力及国际影响力显著提升，国家面貌发生新的历史性变化。党的十八报告指出，在今后的相当长的时间内，我国将全面深化经济体制改革，因为深化改革是加快转变经济发展方式的关键，只有全面深化经济改革，才能促进经济的全面转型并实现经济的更大发展。而经济体制改革的核心在于处理好政府和市场的关系，尊重市场规律，发挥政府应有的作用。在完善社会主义市场经济体制的进程中，应当继续巩固和发展公有制经济，全面深化国有企业改革，完善各类国有资产管理体制，从而推动国有资本更多地投向关系国家安全和国民经济命脉的重要行业和关键领域，不断扩大国有经济的影响力，增强其活力。同时，应当大力鼓励和支持引导非公有制经济发展壮大，确保各种所有制经济公平参与市场竞争，平等使用生产要素并使之受到法律的同等保护。不断加快完善社会主义市场经济体制，完善公有制为主体、多种所有制经济共同发展的基本经济制度，持续完善按劳分配为主体、多种分配方式并存的分配制度，切实发挥市场在资源配置中的基础性作用，积极健全现代市场体系，加强宏观调控目标和政策手段机制化建设，从而有效推动经济的可持续发展。

（二）集权政治向民主政治转型的发展趋势

经过近一百年的艰辛探索，中国共产党在领导中国人民取得革命和建设的巨大胜利的宏伟进程中，逐渐探索出适合中国国情的政治制度。这种带有浓厚中国特色的政治体制的先进性表现在：其一，人民代表大会制度与人民政治协商制度体现了人民当家作主的社会主义民主政治本质。根据我国宪法规定，中华人民共和国的一切权力属于人民。全国人民代表大会和地方各级人民代表大会是人民当家作主、行使政治权利的制度形式，它体现了人民主权的宪政原则，是一种代议民主制形式；而中国共产党领导的多党合作和政治协商制度，是中国的基本政治制度，充分体现了中国政治的广泛民主性与普遍代表性。其二，人民代表大会制度下的“一府两院制”反映了中国政府组成形式与权力结构形式，同样深刻体现了权力分立与相互制约的现代民主政治原则和精神。根据宪法规定，全国人民代表大会是国家的最高权力机关，最高行政机关、最高司法机关由其产生并对其负责，受其监督；而地方各级人民代表大会是地方权力机关，地方行政机关与司法机关由其产生并对其负责，受其监督。立法、行政与司法权力职责明确，体现了国家权力的合理分工与独立行使。其三，国家宪法确立了司法权独立行使的基本原则。根据宪法规定，人民法院独立行使审判权，人民检察院独立行使检察权，不受行政机关、社会团体和个人的任何干涉。这从制度上保证了司法权的独立行使，从而体现了现代法治的基本精神。其四，宪法对权力和权利作出了比较明确的规定和界分，为保证国家权力的规范行使与公民个人权利的有效保障提供了制度上的支持和根本法上的依据。

当然，源远流长的传统集权专制文化与宗法伦理思想观念给新中国社会主义民主政治结构及运行机制带来了深远影响，使得当代中国政治中的传统因素仍然相当活跃。[1]其具体表现在新中国确立的政治体制中，国家权力比较集中而且不尽合理。邓小平在中央政治局扩大会议所作的《党和国家领导制度改革》的重要讲话中深刻分析了我国政治体制的主要弊端、产生根源、问题实质以及改革的原则和方式方法，指出我国政治体制的主要问题在于权力过分集中，领导个人高度集权，从而为政治体制改革奠定了理论基础，确定了基本原则并指明了方向。党的十三大对我国的政治体制改革进行了全面部署：实行党政分开；进一步下放权力；改革政府工作机构；改革干部人事制度；建立协商对话制度；完善社会主义民主政治的若干制度；加强社会主义法制建设。苏联解体、东欧剧变之后，政治体制改革内容进行了适度调整。具体包括：进一步完善人民代表大会制度，完善共产党领导的多党合作与政治协商制度，建立和健全民主、科学的决策机构，加强基层民主建设等。党的十四大确定建立和完善社会主义市场经济体制作为我国经济体制改革的目标，政治体制改革内容和目标大致是按照调整后的思路规划和实施的。党的十五大明确提出继续推进政治体制改革的目标，从而将政治体制改革再次提上了重要日程。党的十六大从全面建设小康社会的高度，提出了发展社会主义民主，建设社会主义政治文明的重大任务。主要内容包括：坚持和完善社会主义民主制度；加强社会主义法制建设；改革和完善党的领导方式与执政方式；改革和完善决策机制；深化行政管理体制改革；推进司法体制改革；深化干部人事制度改革；加强对权力的制约和监督等。党的十七大报告强调指出，政治体制改革作为我国全面改革的重要组成部分，必须随着经济社会

---

〔1〕 张能全：《刑事诉讼生态化研究》，中国人民公安大学出版社 2009 年版，第 198 页。

的发展而不断深化，同时与人民政治参与积极性提高相适应。坚持走中国特色社会主义政治发展道路，将党的领导、人民当家作主、依法治国有机统一起来，坚持和完善人民代表大会制度和中国共产党领导的多党合作和政治协商制度，坚持和完善民族区域自治制度以及基层群众自治制度，从而促进社会主义政治制度的自我完善。

改革开放以来，在中国共产党的领导下，我国的政治体制改革取得了很大进步，从而逐步完成了从传统集权政治向现代民主政治转型：其一是改进了党的领导方式和执政方式，将党的领导、依法治国和人民当家作主有机统一起来，坚持民主执政、科学执政、依法执政，以党代政、党政不分的现象得到了很大改变，党的领导得到了加强和改善；其二是进一步完善了人民代表大会制度，制定了《监督法》，使权力的制约和监督制度逐步建立起来；修改了《选举法》，使得选举工作更加民主化、规范化和制度化；其三是进一步完善了共产党领导的多党合作与政治协商制度，中央和地方的重大决策、重大事项事先进行政治协商，听取民主党派和政协委员的意见；其四是进一步加强了城乡基层民主建设，建立了村务公开、厂务公开和校务公开制度，推行村民自治、业主自治；其五是进行了行政管理体制改革，全面推进依法行政，建设法治政府，建立和实施公务员制度；其六是加强廉政制度建设，建立健全惩治和预防腐败体系，改革和完善党的纪律检查体制，建立完善了巡视制度；其七是干部制度改革取得明显成效，对干部选拔实行公开招聘、民主推荐、公开考试、择优选用办法，引进了竞争机制。

党的十八大报告指出，通过总结改革开放以来发展社会主义民主正反两方面的经验，可知人民民主乃社会主义的生命。必须坚持国家一切权力属于人民的基本原则，持续推进政治体制改革，促使其不断完善。我国社会主义民主政治建设已经取得了重大进展，成功开辟和坚持了中国特色社会主义的政治发展道路，为实现最广泛的人民民主确立了正确方向，奠定了坚实的基础。必须继续积极稳妥推进政治体制改革，发展人民民主。继续坚持党的领导、人民当家作主、依法治国的有机统一，以保证人民当家作主为根本，以增强党和国家活力、调动人民积极性为目标，扩大社会主义民主，加快建设社会主义法治国家，发展社会主义政治文明。注重改进党的领导方式和执政方式，保证党领导人民有效治理国家；注重健全民主制度、丰富民主形式，保证人民依法实行民主选举、民主决策、民主管理、民主监督；注重发挥法治在国家治理和社会管理中的重要作用，维护国家法制的统一、尊严、权威，保证人民依法享有广泛权利和自由。积极借鉴人类政治文明有益成果，把制度建设摆在突出位置，充分发挥我国社会主义政治制度的优越性。

（三）人治文化向法治文化转型的发展趋势

中国有着几千年的封建专制深厚基础，人治思想文化根深蒂固。新中国成立后由于受苏联关于法是统治阶级意志的主要工具学说的影响，加之我国20世纪50年代政治开始步入“左”的误区，政治意识形态全面占领并统治了中国的社会经济及文化生活，到十年动乱期间，法律虚无主义思想与无政府主义全面泛滥，人治思想和观念成为中国主流的思潮。党的十一届三中全会以后重新确立了发展社会主义民主，健全社会主义法制的基本方针，这才迎来了我国法律文化建设的春天。[1]邓小平指出，“为了保障人民民主，必须加强社会主义法制，必须使民主制度化、法律化，使这种制度和法律不因领导人的改变而改变，不因领导人的看法和注意力的改变而改变”，要做到“有法可依，有法必依，执法必严，违法必究”。[2]在党的十一届三中全会确立了新时期党的路线、方针、政策以后，我国开始了前所未有的社会主义法制建设，并由此开启了由人治文化向法治文化转型的进程。

党的十二大之后，我国启动了宪法修改的进程，对宪法结构进行了重大调整，将公民基本权利和义务安排在国家机构之前，这体现了对公民权利的极大重视以及对法治精神的重新审视与准确定位。随后，围绕宪法的宣传和实施，我国开展了声势浩大的普法运动，这一提升全民素质的普法规划持续了多年，对法治文化和观念的培育及生成发挥了独特的作用。党的十四大高度重视法制建设，江泽民指出：“加强立法工作，特别是抓紧制订与完善保障改革开放、加强宏观经济管理、规范微观经济行为的法律和法规，这是建立社会主义市场经济体制的迫切要求。要严格执行宪法和法律，加强执法监督，坚决纠正以言代法、以罚代刑等现象，保障人民法院和人民检察院依法独立进行审判和检察。加强政法部门自身建设，提高人员素质和执法水平。要把民主法制实践和民主法制教育结合起来，不断增强广大干部群众的民主意识。”[3]

---

〔1〕张策华：“当代中国法律文化的三次飞跃”，载《扬州大学学报（人文社会科学版）》2004年第3期。

〔2〕《邓小平文选》（第3卷），人民出版社1994年版，第146页。

〔3〕江泽民：《中共中央重要文献选编》，中央文献出版社2002年版，第302~303页。

此时，中央已经意识到，建立社会主义市场经济体制需要完备的社会主义法制。随后在党的十四届三中全会中指出，要高度重视法制建设，加快经济立法，力争在20世纪末初步建立起适应社会主义市场经济的法律体系。

党的十五大明确提出了依法治国、建设社会主义法治国家的基本方略，随后将其载入国家宪法，赋予其根本性的效力和权威。依法治国，把坚持党的领导、发扬人民民主和严格依法办事有机统一起来，摒弃了人治，坚持了法治，规定了中国共产党执政和治理国家的主要方式，这无疑对把我国建设成为高度民主、法制完备的社会主义现代化国家产生了深远的影响。党的十六大提出了“积极稳妥地推进政治体制改革，扩大社会主义民主，健全社会主义法制，依法建设社会主义法治国家”的新蓝图。党的十七大则明确提出依法治国，建设社会主义法治国家的具体目标：“坚持科学立法、民主立法，完善中国特色社会主义法律体系；加强宪法和法律实施，坚持公民在法律面前一律平等，维护社会公平正义，维护社会主义法制的统一、尊严、权威；推进依法行政，建设法治政府；建设公正、高效、权威的社会主义司法制度，保证审判机关、检察机关依法独立公正地行使审判权、检察权；加强政法队伍建设，做到严格、公正、文明执法；深入开展法制教育，弘扬法治精神，形成自觉学法、守法、用法的社会氛围；尊重和保障人权，依法保证全体社会成员平等参与、平等发展的权利。”党的十八大及十八届三中、四中全会更进一步强调了依法治国、建设社会主义法治国家的总要求，并提出了一系列改革措施。经过三十多年的法治建设，中国特色社会主义的法律体系基本形成，法治与法制观念争鸣并以法治被接受而告终，这表明我国的法治意识和法治理念有了很大提高，传统人治文化正在迅速向现代法治文化转型。

经济、政治与文化是相互作用、相互影响的系统要素，经济改革与政治改革必然促进文化的转型，而文化的转型反过来又影响着经济改革和政治改革的进程。我国在改革开放之后着手改革高度集中统一的计划经济体制，建立和完善社会主义市场经济体系，但政治体制改革比较滞后而且困难重重，深层次原因在于人治思想与权力本位观念还在相当多的领域中存在。“在现实生活中法律不具有至上地位，权大于法、以情践法、以钱渎法的现象也屡见不鲜。”[1]法治观念与民主观念具有不可分割的联系，法治意识淡薄必然伴

---

〔1〕 何士青：《政治文明的法学解读》，中国社会科学出版社2004年版，第188页。

随着民主观念稀缺，从而直接影响到中国民主政治改革的强力推进。民主的最初意义在古希腊语中是指“由人民进行统治”〔1〕，现代意义上的民主政治实际上指通过普遍而公正的选举制度推选出代表民意的成员组成代议制政府来，行使人民授予的国家权力以管理社会的制度安排。从西方发达的民主宪政体制与完善的市场经济秩序的良性互动中能够发现二者存在着复杂的有机联系。民主政治是市场经济秩序的基本政治条件，没有民主政治对市场经济秩序的保障和制衡，市场经济必然将社会引向混乱；民主政治本身如果运用不当，也可能会妨害市场功能的正常发挥，从而影响到市场经济秩序的健康运行。故而，市场经济比任何经济制度都需要民主政治的保障和制衡，当然民主政治本身又必须受到宪政的制衡，即通过宪政制度建设来规范制约民主政治使其良性运作。随着我国市场经济体制的不断完善，有必要进一步推进民主政治建设的发展进程。

法律理念的更新是一个时代法律变迁的精神轨迹，从法律理念的更替中我们可以窥见法律进步的身影。〔2〕弗里德曼曾指出：“法律文化是重要的，因为态度帮助制造对法律制度的真实要求，起作用的是产生行动的态度。文化建造结构，结构反过来对态度起作用，因为它规定什么是可能的，确定什么是普通的并形成那种文化中思想转动的圈子。而且，结构是态度的宝贵证据。”〔3〕法律制度的变迁与法治文化的生成相辅相成，不过，法治文化生成往往比制度变迁要困难得多，新文化取代旧文化往往需要漫长的历程而且伴随着激烈的思想斗争。总体看来，我国正在由人治文化向法治文化转型，不过，国家法治进程还比较缓慢。法治的观念与文化正在形成之中，人治思想在一些领域、一定范围内存在并发挥着持续影响。现代法律制度与人们实际的行为方式之间的差距仍很大，法治的思想观念与文化还没有完全走出人治的思想观念与文化的包围圈。“最根本的原因大概在于，中国当代法律基本制度源于西方，并不是土生土长的东西，而……思想观念、行为却是千百年来

---

〔1〕［英］戴维·米勒等编：《布莱克维尔政治学百科全书》，邓正来译，中国政法大学出版社1992年版，第188页。

〔2〕叶传星：“和谐社会构建中的法理念转换”，载《法制与社会发展》2006年第1期。

〔3〕［美］劳伦斯·M. 弗里德曼：《法律制度》，李琼英译，中国政法大学出版社1994年版，第245页。

民族文化的一部分，有其深厚的根基。”[1]正是传统法律文化与现代法律制度之间的冲突，造成了现代法律制度的实际运行过程并不顺利，法律的实际效益相对低下，其深层次原因是传统人治文化与现代法治文化存在尖锐的矛盾冲突。随着社会主义市场经济和民主政治的发展，我国的法律文化的现代化水平有了大幅度的提高；但是，与社会整体系统的转型过程相适应，法律文化也呈现出转型时期的特征，具有深刻的矛盾性与复杂性。因之，要实现法治国家与和谐社会建设的宏伟目标，推动中国法制现代化的全面实现，必须努力消解这种法律文化的结构性矛盾，推动法律文化不断更新和转型。在这一结构性矛盾的消解过程中，不仅要大力进行社会主义市场经济和民主政治建设，为法律文化的现代化奠定坚实的社会经济和政治基础。更重要的是我们必须立足于当代中国法治现实，积极推进社会主义政治法律制度改革，使现代法治文化不断发展完善的，从而促进国家法治建设进程。

二、刑事司法改革所面临的我国转型社会时期的不利现实环境

新中国成立六十多年来，我国法治建设取得了辉煌成就。中国特色社会主义法律体系基本建成，国家司法体制改革取得重大进展，法律权威和法律信仰得到逐步强化，全社会正在形成尊重法治与自觉守法的良好风尚。但毋庸讳言，我国法治水平还处在较低层次，公平正义的价值观念还正在形成之中，法律制度还不够完善，等级特权观念与集权思想意识还在一定社会层面存在。有学者指出：“自改革开放以来，长期坚持以经济建设为中心，在全力高速发展经济的基础上，我国经济市场化已稳定在较高的水平，但市场化并不是越快越好，当前中国社会所体现出来的社会失范、腐败猖獗、贫富分化严重、生态环境恶化等诸多社会问题就明确提示了我国民主、法治等上层建筑的制度缺失，经济与民主、法治相互之间发展失衡，经济系统发展失衡。”[2]具体到刑事司法领域，尽管刑事诉讼法已经进行了两轮修改，司法体制及具体运行机制改革与量刑程序规范化改革持续推进，但由于刑事司法整体权力配置未作较大力度调整，加之配套制度未能全面建立，在刑事司法中的老问题没有得到彻底解决时又出现了许多新问题，刑事司法程序的正当性彰显

---

〔1〕 梁治平：《新波斯人信札》，中国法制出版社 2000 年版，第 16 页。
〔2〕 袁达松：“走向包容性的法治国家建设”，载《中国法学》2013 年第 2 期。

仍然严重不足。这既与刑事司法系统诸要素结构功能缺损密切相关，更与其外部环境条件缺失不无联系。因为任何系统的健康发展不能离开赖以生存的环境，社会制度的运行自然也不能离开赖以生存的社会环境。有学者就指出："法律根植于社会，生长于社会，法律的真实效力不是源于主权者，而是源于社会的承认。"〔1〕刑事司法是在特定的政治、经济、文化和社会大背景下运作的，受到特定的政治体制、经济模式、文化传统、社会价值观、道德伦理以及民族特性等外部社会生态环境因素的深刻影响，受国家政治体制和社会意识形态的浸染。尤其是，"刑事司法程序规则更紧密地触及一个国家的政治组织。"〔2〕社会转型中的刑事司法改革研究需要全面分析我国刑事司法改革所面临的国内现实环境，提出环境改造和优化的具体举措，旨在开辟中国刑事程序法治建设的全新道路；强调通过刑事程序法治全面推进国家法治，从而增进人民幸福，拓展人民权利，最大限度地促进公平正义在刑事司法领域内全面实现。当然，我国刑事程序法治建设道路还很漫长，究其原因，不仅与刑事司法系统结构缺陷密切相关，还在于刑事程序法治生成的社会生态环境条件远未成熟。在经济、政治、文化与社会各方面都还存在着刑事司法改革必须面对的诸多不利生态环境，主要表现在以下几个方面：

（一）市场经济发展严重失衡是刑事司法改革必须面对的不利经济环境

经过三十多年的改革与发展，中国市场经济体制得以成功建立，市场经济秩序渐次生成，市场基础观念和基本制度正在得到不断巩固和发展。但是，就目前来说，我国市场经济改革进程正在遭遇巨大困难。随着改革的不断深入，经济体制改革所触动的利益格局和层面越来越大，最终形成了强大的改革阻力。比较突出的问题表现为：其一，受地理环境、资源条件与经济发展方式制约，我国市场经济发展已经显现出严重失衡的情况，城乡差距、地区差距与行业差距逐渐拉大，党的机关报曾经连续四次刊载评论文章，从各个层面分析解读中国的收入差距问题。〔3〕其二，受国家经济建设指挥棒影响，各地方政府为突出各自政绩，不顾自身条件确立诸多经济赶超指标，片面追

---

〔1〕 尹伊君：《社会变迁中法律解释》，商务印书馆2004年版，第111页。

〔2〕［法］卡斯东·斯特法尼等：《法国刑事诉讼法精义》（上），罗结珍译，中国政法大学出版社1998年版，第66页。

〔3〕 中国新闻网："人民日报连发四文聚焦收入差距 改革信号令人期待"，访问时间：2011年2月18日。

求GDP增长率，拼命争取国家级、省市级等重点建设项目，盲目上马本地区重大基建项目与建设各种新区、园区及开发区，结果出现大量的重复性建设，形成恶性竞争甚至构筑地方壁垒，造成资源大量浪费，环境破坏严重，经济发展畸形化，个别地区正遭遇或面临着巨大的生态失衡风险。其三，在市场经济改革缺乏配套制度支撑的情况下，资源类行业以及垄断性行业逐渐成为高收入行业，加上存在官商勾结、权钱腐败的现象，导致部分社会财富非正常急剧转移，利益分配失去了平衡。其四，国有企业垄断化经营不断得到强化，大量非市场行业却过度市场化。一方面，一些国有企业利用制度上的漏洞和政策上的偏差谋取巨额利润，有的甚至直接瓜分肢解企业收益，而且凭借强大的资本优势与政策优势排挤乃至兼并民营企业，工商、税收、质检、银行等部门也往往偏向支持和照顾国有企业，从而导致中小企业的生存十分艰难。另一方面，教育、医疗、社会保障、基础设施建设、文化事业等社会领域却存在加速市场化的趋势。最让人担忧的是中国社会贫富悬殊所带来的社会分化现象，失业、半失业问题突出，社会结构冲突逐渐升级。有学者批评指出，《中共中央关于完善社会主义市场经济体制若干问题的决定》颁布实施以来，经济体制并未按照预期目标得到完善，市场主体、垄断行业、收入分配、社会保障、宏观调控、人力资源配置等领域的改革甚至出现停滞，成为未来中国经济发展的障碍。[1]

市场经济发展不平衡已经广泛而深刻地影响国家政治、文化及社会生活，对刑事司法系统的直接影响在于：其一，在现行司法体制下，各地司法机关的财政收支水平主要取决于当地的财政收支状况，而地区经济发展的不平衡直接导致地方政府对司法行政工作的财政预算巨大差异，从而造成了司法机关的办公经费与工资收入的巨大悬殊。有学者早就指出，司法经费由各级地方人民代表大会确定、由同级政府机构的财政部门拨付的做法使得司法状况雪上加霜，所谓的“创收”即在政府拨款之外开拓财源，以弥补常规拨款的缺口，解决法院人员的福利，成了让各级法院院长们最头痛的难题。[2]在国家司法队伍较为庞大，大幅提高工资待遇及改善福利较为困难的情况下，有的司法工作人员下海经商，或选择自由职业，造成了专业人才的巨大流失；

---

〔1〕 孙剑：“中国经济体制改革：停滞与深化”，载《理论导刊》2011年第2期。

〔2〕 贺卫方：“中国司法管理制度的两个问题”，载《中国社会科学》1997年第6期。

有的甚至利用手中的职权捞取不义之财，从而引发司法腐败。其二，在经济市场化缺乏总体布局与整体推进的情况下，地方政府为突出各自政绩往往仅仅致力于本地的经济建设而疏于民生、教育、环境保护、社会公益等事务，过分强调经济指标完成情况继而摊派细分到各个部门，司法机关常常不得不为完成招商、环卫、维稳等各种指标而疲于奔命，有的公安司法机关甚至成了地方政府违法行政的开路先锋，最为突出的就是许多地区的城市拆迁过程中的暴力执法与严打战役中的野蛮司法导致公民个人权益受到侵害，甚至不时出现公民非正常死亡等严重情况。其三，在现行司法体制下，事权、人权和财权的隔离与脱节，使得各级司法机关的财政收支呈现倒金字塔状况，同级公安司法机关之间设施配备与经费投入差距也较大。其四，市场经济环境下的权力寻租现象在国家职权相对集中的部门表现较为明显，例如公安机关拥有广泛的治安处罚权、刑事强制措施及刑罚执行权而滋生了一些腐败现象，审判机关滥用裁判权的情形也不罕见。

（二）政治体制改革严重滞后是刑事司法改革必须面对的不利政治环境

中国古老文明灿烂辉煌，但同时存在着难以轻松卸载的沉重历史包袱，几千年形成的封建专制传统就是其中之一。任何社会制度都会受到自身传统的深刻制约，封建专制的制度残渣和思想余毒不可能不对新中国政治法律制度产生各种影响，当代中国政治体制与基本制度的现代性要素与传统性要素并存就是其具体表现。传统因素还不时影响着中国政治运行的整体格局，使得当代中国政治的民主程度还不充分，法治还不健全。“民主政治是当前中国社会发展的一个薄弱环节。迄今为止，民主政治仍然是我们奋斗的理想目标，而不是既存的客观现实。”〔1〕现代民主宪政要求国家权力必须服从于法律统治，并且取得合法性与正统性，法律制度必须真正体现全体人民的意志并具备公平正义等良性道德的内涵。这就必须建立健全普遍而公正的选举制度和代议制度，通过实现立法权的普遍代表性来保证人民主权的彻底实现。马克思认为普选权是“人民主权意志的内容”〔2〕，没有普选制就没有代议制，就不可能实现代议制的民主内涵，国家的合法性依据就会被质疑。〔3〕弗里德曼指

---

〔1〕 张千帆等：《宪政、法治与经济发展》，北京大学出版社 2004 年版，第 205 页。

〔2〕《马克思恩格斯选集》（第 1 卷），人民出版社 1972 年版，第 406 页。

〔3〕 杨心宇主编：《现代国家的宪政理论研究》，上海三联书店 2004 年版，第 69 页。

出："选举是现代国家运作的基本程序，而投票正如许多人所认为的那样是最后的合法形式，也是政府所仰赖的最终基石。"〔1〕同时，现代民主宪政要求将国家权力划分为立法、行政与司法三个独立的部门，并且实现相互制衡，要求司法权的独立行使并赋予其违宪审查的权力。实践证明，该制度充分体现了广泛代表性，彰显了人权法治的基本精神，能够有效缓解民主与法治的紧张、政治国家与市民社会的冲突，个体价值与集体价值失衡等政治难题。在相当程度上，我国社会主义民主政治还处于初级阶段。一方面，尽管我国现行人民代表大会制度体现了广泛的民主性，但制度运行还存在着诸多问题。其一，人大代表的选举普遍性程度不高，民众的选举参与性相对不足。从代表的具体成分来看，人大代表中党政官员与工商实业界代表较多，而真正反映各个阶层愿望和呼声的普通民众代表较少，尤其是基层民众代表更少。其二，个别人大代表的政治素质与法律素质不高，难以真正履行人民代表的职责。他们疏于思考和关注涉及民主法治与国计民生等的全局问题与根本问题，对法律草案的提出和讨论缺乏相应理论的支撑与实证调研数据的支持，更无可具体操作的建议。其三，人民代表大会制度运行机制不规范，简单地采用听取报告、审议讨论与投票表决方式，缺乏全面听证与相互辩论等议决机制；诸多重大立法事项往往委托于常务委员会甚至直接交由行政机关具体起草，既难以充分发挥其民主议事与民主决策的基本功能，又造成行政机关自己立法、自己执行的既成事实，客观上助长了行政权力的自我膨胀。其四，人民代表大会制度的约束机制不力，人民如何具体行使对代表的监督还需要制度完善，个别人大代表对自身使命没有清醒的认识，履行职责不力；有的则滥用权力，随意监督具体个案甚至介入与自己利益相关的个案。近年来，作为官员或企业家身份的人大代表违法犯罪案件呈上升态势。另一方面，权力分工还很不完善，具体表现在：其一，中国共产党领导下的多党合作与政治协商制度尽管被国家宪法确认，但是，由于没有具体的政党法，使得合作与协商缺乏规范明确的操作程序；共产党作为执政党如何在宪法和法律范围内活动还缺乏具体法律规范，"迄今为止，我国还没有任何法律来专门规范执政党的活动，而主要是依靠党章和党中央的文件，这样，在某种程度上造就党章

〔1〕［美］弗里德曼：《选择的共和国——法律、权威与文化》，高鸿钧等译，清华大学出版社2005年版，第47页。

和党中央的文件获得高于宪法、法律的地位”。[1]其二，执政党与国家权力机关的相互关系还没有理顺，如何处理加强党的领导与国家机关依法行使法律赋予的职权两者之间的相互关系还存在着诸多误区，以党代政，以党压政的现象仍然存在，“一把手”权力制约不力的实质就在于党政不分问题没有得到很好的解决。其三，国家专门机关之间的分工权限并不明确，还存在着职责不清、交叉重叠与相互推诿现象。权力之间的制衡关系不突出，也不平衡，无法形成权力制约的良性互动关系。司法审判权没有实现真正的独立运行，从而无法从制度上保证权利的救济与权力的规制。由于司法裁判权受到多种上位权力的控制，导致司法权独立行使的原则受到损害。民主集中制作为指导党和国家政治生活的基本原则，更多的是强调了集中而非民主。群众民主意识的淡薄与民主制度的缺乏直接导致权力的滥用与恣意，权利空间受到相当的挤压与排斥，也就难以构成对权力的有力约束。可以说，当前经济社会发展中遇到的种种问题，几乎都与政治体制的弊端密切相关。只有全面深化政治体制改革，才能促进经济社会的持续发展，促进基本政治制度的发展完善，清除体制性障碍，促成政治观念的不断更新，实现社会公平，切实保障民生，建设和谐社会大局。[2]

（三）法治共识与正义理念未能达成是刑事司法改革必须面对的不利文化环境

法治亦即法律的统治，在实行法治的国家，最高权威不是某些随心所欲发号施令的个人或集团，而是按照人民的意愿建立起来，由独立的司法机构执行，并以权力制约方式维护的整套法律制度及其运作方式。[3]民主亦即民主政治，它是指通过普遍而公正的选举制度的理性运作，推选出广泛代表民意的成员组成代议制政府来行使人民授予的国家权力以管理社会的制度安排。民主法治是现代政治追求的价值目标与必须遵循的基本准则，它充分显示了人们对于人民主权与公民人权原则精神的普遍尊重和遵循及制度建构的努力。我国在塑造和强化民主法治理念方面还存在着诸多不足，具体表现在：其一，社会各界在对待普适性的制度与地方性的知识方面未形成共识，强调地方知

---

〔1〕曲新久：《刑事政策的权力分析》，中国政法大学出版社2002年版，第123页。

〔2〕虞崇胜：“深化政治体制改革需要凝聚共识”，载《中国党政干部论坛》2012年第3期。

〔3〕顾肃：《自由主义基本理念》，中央编译出版社2003年版，第127页。

识重要性与特殊性的声音还十分强大。有学者甚至断言，世界不存在普遍的法律模式，中国法治必须从中国的本土资源中演化出来。[1]实际上，民主法治潮流浩浩荡荡，几乎所有的国家都不同程度地受到了影响。其二，国家政治法律生活在处理民生、民意、民主与法治相互关系等方面，比较偏重民生建设而对民主法治制度建设重视不够，比较强调尊重民意而对法律必须得到严格执行强调不力。实际上，它们都具有内在的协调性与统一性。国家宪法对意识形态强调多于制度建设，而且修改得过度频繁，但又未能直接进入司法领域，导致宪法的各项刚性规定难以落实。其三，主流意识形态反映在法治观念与法律制度中，人治思维仍然相当发达，国家权力本位色彩极其深厚，权力分立与制衡理念彰显严重不足，公民个人权利保障缺乏坚实的制度支撑与观念认同。由于立法、行政与司法没有得到严格意义上的区分，司法独立的理念、制度和技术远不足以保证司法权力独立运行的最低限度。各种争端的法律解决机制不畅甚至阻塞，而作为非正式渠道的信访与上访负荷严重，司法公正价值实现受到很大程度的削弱。

我国宪法及法律反映了社会主义国家对于公平正义价值的不懈追求，并不断地扩大了平等权利的适用范围，使得广大人民群众正享受着从没有过的平等权利与社会正义。但不可否认的是，在我国这个封建专制文化传统特别深厚的国家仍然存在着不平等的思想残余及社会现象，法律制度与法律文化中的极差、等级与特权痕迹时隐时现。在这些形形色色的思想及制度糟粕中，尤其是国家本位思想、权力本位思想和官僚主义作风较为严重，[2]片面强调公共利益第一、社会秩序优先、稳定压倒一切。历史经验表明，公民个人权利与社会公共利益、个人自由与公共秩序总是处在二者不断博弈与逐渐平衡的状态之中，因为社会集合体是个人组成的，社会的基本单位是个人，公民个人的权利与自由程度直接诠释着社会的民主与和谐程度。从一定程度上说个人与社会在利益、自由与选择方面具有一致性与共同性，但是，从总体上说二者存在着此消彼长的矛盾关系。在特定的社会秩序中，如果希望公民个人有较大的自由选择权利与活动余地，就必然要求社会放松对于公民个人的

〔1〕 苏力：《法治及其本土资源》，中国政法大学出版社 1996 年版，第 55 页。

〔2〕 参见张永理：《当代中国政治生活中的封建残余研究》，知识产权出版社 2004 年版，第 120 页。

若干限制；如果希望保持特定社会的高度协调一致与整齐划一，势必要求每个人接受相同的价值观并统一行动步调，也就必然要求公民个人放弃自己的独立意愿与自由权利。社会公共利益与公民个人利益始终存在着这种两难的紧张冲突关系，于是需要进行政治的、经济的、道德的、法律的和政策的手段加以调整，使之保持大致平衡的状态。受权力至上观念与人治意识的深刻影响，我国现行刑事诉讼法律文本过分突出了以集体主义价值观为核心的社会本位思想，强调通过严厉打击犯罪来保障人民群众的人身及财产安全，维护社会公共秩序的价值目标。而对于公民个人的基本人权和自由的法律保障则强调得还不够充分，特别是对于刑事诉讼中的犯罪嫌疑人和被告人的辩护权利和诉讼地位的重视关注还远远不够，刑事司法价值体系中各要素失衡的现象十分突出。具体反映在刑事司法目的、刑事司法结构以及刑事程序运行的各个环节，致使现行刑事司法运作存在着严重的结构失衡、权力恣意、权利救济缺失甚至相当程度的政治化现象。〔1〕

（四）市民社会未获充分发展是刑事司法改革必须面对的不利社会环境

市场经济持续发展完善启动了中国社会由单一性走向多元性转变的伟大历史进程，市民社会日渐形成，并推动了多元社会权利的扩展伸张。但中国社会本身存在着国家主义思想特别浓厚、市民社会极端积弱的典型特征，这对中国市民社会发展造成了深刻制约，因为中国市民社会的可能性或基础性空间需要国家通过推进市场经济改革得以实现，需要改革计划经济中的身份制、单位制、行政制、户籍制才能获得、维护和拓展市民社会的发展空间。由于政治国家的强大力量，中国社会或个人及社团表现出对国家的极大依附性和相对的脆弱性，如何协调二者之间的紧张关系是保持政治国家与市民社会良性互动，促进市民社会健康发展的关键问题。有学者指出："中国现代化两难症结真正的和根本的要害，在于国家与社会二者之间没有形成适宜于现代化发展的良性结构，确切地说，在于社会一直没有形成独立的、自治的结构性领域。"〔2〕市民社会的自治与独立能力不足严重制约着权利意识、平等观念、契约精神与法治理念的生长，推动民主化与法治化强大的市民社会力量还远未形成。当然，我国市民社会成长缓慢与僵化落后的社会管理体制密

---

〔1〕张能全：《刑事诉讼生态化研究》，中国人民公安大学出版社 2009 年版，第 428 页。

〔2〕邓正来、景跃进："建构中国的市民社会"，载《中国社会科学季刊》1992 年第 1 期。

切相关。受权力高度集中的政治体制深刻的影响，国家及社会事务无一例外采用高度集中的行政化管理体制，与之配套进行的是制定和实施整套指标体系的目标化管理模式，过度强化“上令下从”与“监督检查”，结果导致国家与社会结构的单一化、行政化与官僚化。由于我国政治体制改革严重滞后，国家权力分化相对不足，权力系统单元没有明确的法律边界而且严重失衡，相互制约的机制难以形成。行政权力恶性膨胀，具体表现在几乎所有国家与社会事务的运作都陷入行政化、官僚化甚至利益最大化困境。实际上，单纯采用集中统一的管理体制，并与高度细化的目标管理模式相结合，再辅之以多层次、多渠道、全方位的监督机制可能会在多元社会中失效甚至产生相反的效果，最明显的莫过于机构重叠、权力内讧、管理失灵乃至监督无力等现象。对于司法而言更具有灾难性后果，因为司法职业是一种需要进行专门训练的特殊职业，更多体现的是法律素养、法律知识与专业领域的个体决策，而不同于行政工作几乎一成不变的例行公事化作业，如果将司法与行政等量齐观甚至进行归并管理将会对司法构成致命打击。有学者就指出，人民检察院以单纯的行政管理方式而不注意按照司法的要求管理检察业务，是我国检察制度建立以来的一个重要教训。[1]人民法院如此管理，危害性更烈，当前社会比较突出的司法腐败与行政化的司法管理模式不无关系。

中国市民社会与政治国家的非平衡性反映在刑事司法场域中，表现为刑事司法专门机关权力的过度恣意，而作为市民社会代表的被害人、犯罪嫌疑人、被告人乃至辩护人的权利缺失。现行刑事司法存在的“流水作业模式”与“倒三角”诉讼结构生动而形象地展现了我国刑事司法的基本模式与诉讼主体的行为方式。这种模式体现出公共权力与对个人权利的单向度压制与教化特征，即权力对权利构成了强大压力，二者形成了高度统制关系，个人权利始终处于公共权力的掌控和笼罩之下，很难指望权利能够平等对话乃至制约权力。在国家权力没有受到法律的严格规制以及国家权力没有完成相对分化的政治体制中，要使个人权利受到国家权力的充分尊重和切实保障是十分困难的，因为权力本身具有侵犯性与扩张性。“权力的本性在扩张，而且权力

---

〔1〕 龙宗智：“论检察权的性质与检察机关的改革”，载《法学》1999 年第 10 期。

的扩张总是通过侵蚀个人权利来实现的。”[1]中国刑事司法领域存在着严重的权力恣意现象，国家权力缺乏有效的制约与规范，专门机关的自由裁量权太大，以至于在整个刑事司法程序中都存在着国家权力难以受到法律规制和程序控制的困境。权力行使缺乏有效监管与违法后果制裁机制的缺失将大大加重个人权利遭受公共权力恣意侵犯的危险性。而权利救济机制的严重阙如，使得公民个人的权利受到侵犯时没有可行的法律途经来为公民提供及时有效的法律帮助与关照救济。特别是在刑事侦查阶段，国家专门机关采取大量刑事强制措施或其他强制侦查行为时暴露出的问题显得尤其严重。随着刑事司法向前推进，公民个人的人身自由也就渐渐地被剥夺，直到法庭宣判的时候，羁押才会最终结束。本来自由的公民，只要被侦查机关留置或拘捕而沦为犯罪嫌疑人，就几乎处于一种“无助”的状态，不仅仅是人身自由、身体健康，甚至连作为人的尊严乃至生命，都完全被置于侦查、起诉机关甚至某个具体官员的控制之下。[2]刑事司法作为严重冲突的法律解决机制在理性协商与平等对话方面要素太弱而压制服从要素太强，其根本症结就在于中国市民社会未获蓬勃发展而无力抗衡政治国家的强大压力。

三、刑事司法改革不利社会环境的改造与优化

环境是系统存在的必要条件，系统的生存和发展都要依赖于环境。系统环境的复杂性决定了在系统研究中不能仅就系统本身进行分析，而始终是既研究系统，也研究与系统有关的环境。即通过环境研究系统，同时，又通过系统研究环境。[3]积极推进刑事司法改革以有力推动中国刑事程序法治化进程不仅需要思考对刑事司法系统本身各要素进行改革调整，更需要思考如何全面优化刑事司法系统的外部生态环境。故而，破除中国刑事司法改革的社会生态环境障碍就成为推进中国法治进程的重要环节。

（一）继续深化经济改革以破除市场垄断

市场经济体制的根本特征在于市场主体的平等地位与市场准入的均等原

---

〔1〕谢佑平、万毅：《刑事诉讼法原则——程序正义的基石》，法律出版社 2002 年版，第 409 页。

〔2〕孙长永：《沉默权制度研究》，法律出版社 2001 年版，第 223 页。

〔3〕［苏］瓦尼萨多夫斯基：《一般系统论原理》，贾泽林译，人民出版社 1984 年版，第 228 页。

则，中国市场经济改革遭遇的强大阻力实际上就是来自于计划经济时代遗留的特权、身份因素在经济转轨过程中由于配套制度缺失而造就出的各种利益集团。要想建设社会主义法治国家，确保普遍意义上的公平正义在全社会得到广泛实现，就必须义无反顾地继续推进市场经济改革的进程。而深化市场经济体制改革，就应当切实解决以下主要问题：其一，必须全面贯彻实施调整经济活动的法律制度，健全市场经济法规，将经济生活全部纳入法治轨道，从而建立法治化的市场经济体制。有学者指出，中国由非代议制政府与非市场经济走向代议制政府与市场经济将付出越来越多的代价，越来越走不通。在这种情况下，通过宪政改革来限制权力越位，减少权力参与垄断竞争，乃是根本之道。只有当政府的权力范围缩减到只限于维护公共秩序、提供公共产品等公共领域时，政府权力才可能透明，才有可能做到"高薪养廉"，腐败现象才有可能被基本根除，才有希望建立一个真正公平的社会。[1]也就是说，经济秩序必须通过法治予以保障。其二，全面规范国有企业与民营企业的经营领域，明确界定二者的活动范围，所有国有企业必须退出一般竞争性领域。分解垄断性国有企业，引入竞争机制，以防止其形成垄断后操纵国家经济生活。一般竞争性领域贯彻市场准入的均等原则，禁止设立身份性质的门槛条件，减少不必要的行政审批项目与审批环节。其三，实行彻底的政企分离，剥离行政机关及事业单位的所有附属企业，隔离政府主管部门与所属企业的经济联系，禁止政府部门与企业的任何经济往来，防止腐败现象滋生。其四，加强国有企业的经营监管与财务监管，防止其损害国家利益的违法犯罪行为，确保国有企业作为社会主义公有制的主体地位与对国民经济的支柱作用，真正体现国有企业的全民所有属性。其五，通过国家税收制度与财政预算制度调整经济生活，缓解目前严重的地区差距与行业差距，逐步消除因为制度缺失造成的贫富不均现象。其六，废除对于地方党委及政府官员的经济建设考核做法，政府机关主要履行宏观层面的管理职能与服务职能。在此基础上，积极推进司法体制改革，建立统一完整的司法体制与快捷高效的司法运行机制，切实解决司法机关的人、财、物的配备问题。从而切断地方党委行政控制属地司法的制度弊端，赋予司法机关相对独立的司法权，实现其

〔1〕 赵晓："分配公平的关键在于规范权力而不是诅咒市场"，载《中国经济观察》2007 年第 1 期。

守护社会正义的基本功能。

（二）积极推进民主宪政以替换集权管理体制

现代民主宪政要求贯彻人民主权与公民人权的原则精神，亦即，通过普遍选举实现人民主权，解决国家权力来源问题；通过权力制衡规范权力运作，解决公民人权保障问题；并将此制度根植于国家宪法之中以建立系统完善的权力制约机制与权利保障机制，从而将民主宪政加以全面实施。实践证明，人民代表大会制度是适合中国国情的根本政治制度，但该制度需要在运行过程中逐渐加以完善。首先，为了使人民代表大会更全面充分地代表广大人民群众的意志，就必须努力改革执政党的领导方式，处理好党的领导与人大的关系。有学者指出："权力在人大，权威在中国共产党，这就是党与人大的规范关系。在权力与权威分立互补而统一于中华人民共和国宪法的政体设置中，人民民主、党的领导与依法治国实现了有机统一，既有民主，又有决断，既有活力，又有秩序，辅以其他制度的配套改革及法治建设的推进，中国特色社会主义政治必将开出一个崭新的局面。"〔1〕其次，必须改革完善国家的民主选举制度，扩大直接选举的范围和比例，同时积极推进政治体制改革进程。邓小平深刻指出，我国管理体制最大的弊端在于权力的过分集中，其它种种弊端都直接或间接地与权力集中有关。"现在经济体制改革每前进一步，都深深感到政治体制改革的必要性。不改革政治体制，就不能保障经济体制改革的成果，不能使经济体制改革继续前进。"〔2〕从而深刻揭示了政治体制与经济体制的平衡互动关系，阐明了推进二者同步改革的必要性。再次，必须继续强化党政分开，党务与政务应当有明确的界限，党委书记与行政首长应当各司其职；国家权力应当得到相对清晰的划分，立法权、行政权与司法权应当独立行使。在现行"一府两院"体制中，行政权主导过分强势，立法权与司法权相对较弱，造成国家权力本位思想的严重泛滥。在党的领导下，应当充分肯定全国人民代表大会的立法职能，逐步缩小乃至全面废除目前采用的委托立法模式，并借鉴法治国家的做法实行人大代表专职化并建立人大代表法律助理制以提升立法水平，从源头防止行政权的扩张。国家司法权依附于行政权、司法没有独立性的根本原因在于目前财政体制与人事体制改革严重

---

〔1〕陈伟："论中国共产党与人民代表大会的规范关系"，载《学海》2008 年第 3 期。

〔2〕《邓小平文选》（3），人民出版社 1993 年版，第 176 页。

滞后，这导致了司法的地方化、行政化与官僚化现象，致使国家法治进程缓慢。因此，必须改革现行财政体制，实行全面而独立的司法预决算；改革组织人事体制，将司法官员的选拔、任命、惩戒与行政官员区分开来。最后，必须改革管理体制，应当从根本上区分行政管理、司法管理、行业管理与社会管理。行政管理采用权力相对集中的管理体制，但是司法管理、行业管理与社会管理只能采用比较宽松的分散管理体制，遵循司法自主与行业自治原则。同时，必须保证国家宪法的相对稳定性与最高权威性，并通过建立和实施违宪审查制度，全面落实宪法对于人民主权与公民人权精神的根本性制度保障功能。

（三）持续强化公平正义以洗礼身份特权

罗尔斯指出："在一个正义的社会里，平等的公民自由是确定不移的，由正义所保障的权利决不受制于政治的交易或社会利益的权衡。"〔1〕公平正义既是任何社会的底线伦理要求，也是终极价值目标，其实质是要求经济、政治、文化等各种权利在社会成员之间得以合理分配。从这个意义上说，社会公平正义既体现为一种价值理念，也体现为一种制度安排；既可视为一种原则和标准，也可视为一种状态和结果。"人的平等感的心理根源之一乃是人希望得到尊重的欲望。当那些认为自己同他人是平等的人在法律上得到了不平等的待遇时，他们就会产生一种挫折感，亦即产生一种他们的人格和共同的人性遭到了侵损的感觉。"〔2〕在建设和谐社会的时代背景下，必须持续强化公平正义理念，社会制度安排与主流价值观必须高扬平等思想，祛除身份、等级、特权等陈旧观念意识。坚持人权的普遍性原则，基本权利必须体现完全平等，尤其要贯彻人的尊严与人格平等，机会平等与地位平等的形式平等原则。逐步实现权利平等、分配平等的实质平等原则要求，努力缩小已经严重扩大的贫富差距，增强人们对于法律平等的理想信念。当然，法律制度本身必须体现平等价值的基本要求，做到法律面前人人平等，任何人都没有超越法律之上的特权。在克服社会不公现象的同时，我们必须关注平等原则对于国家公共权力的特殊要求，即政府必须与公民个人平等，政府官员必须与

〔1〕［美］约翰·罗尔斯：《正义论》，何怀宏等译，中国社会科学出版社1988年版，第4页。

〔2〕［美］博登海默：《法理学：法律哲学与法律方法》，邓正来译，中国政法大学出版社2004年版，第311页。

普通百姓平等。长期以来，人人平等的观念和制度得到了极大重视，但对于公民个人与国家权力之间平等的观念强化不力，这是建构和谐社会必须认真对待和着力解决的重要问题。公平正义的道德原则具体落实在刑事司法运行机制中，必须强化国家专门机关与当事人的平等观念，刑事诉讼中的控诉、辩护与裁判主体都具有平等的法律地位，其诉讼权力与权利都必须得到一体尊重和保障。当然，只有全社会形成了以平等和正义为核心的价值共识，才有可能为刑事司法系统的程序正义价值观奠定坚实的道德基础与信仰基础，也才能为刑事正当程序提供良好的运作环境与持续发展的动力。

（四）实施简政放权方略以解套社会瓶项

市民社会是主体多元、利益多元与价值诉求多元的社会，通过各个社会主体间平等而充分的对话协商以达成共识，推动国家社会良性互动就能够形成健康理性的制度体系。然而，中国社会的瓶颈在于大政府、小社会格局还没有得到根本改变。“在中国历史上，国家-社会模式一直是强国家、弱社会形态。在中国传统权力体系中不存在社会独立于国家之外，并获得不受国家干预的自主权利的观念和理论。”[1]政府权威通过各种手段广泛介入公民政治生活、经济生活与社会生活，造成社会场域中国家权力无所不在的制度困境。由于纠纷解决机制与矛盾疏导机制的低效甚至阻塞，主体协商对话与讨价还价的制度缺失，导致各种矛盾冲突的大量集结。这充分说明在推进市场经济改革的过程中，同步推进政治体制改革与国家法治建设的重要性，更显示出当前国家职权配置优化和实施简政放权战略的紧迫性。鉴于中国市民社会成长的特殊性，需要国家形成权力的自我约束机制，收缩权力范围，改革完善国家权力调控机制；同时，需要扶持社会自治力量的发展壮大，支持帮助各种社团组织的正当合法需求，充分尊重公民自主与自治的私人生活。本着政治国家与市民社会良性互动的社会学原理，市民社会的自主与自治将会对政治国家施加相当的压力，促进政治国家尊重公民权利并向民主宪政方向理性发展。但只有在市民社会发展壮大到一定程度才能够对政治国家形成有效制约。那么，只有政治国家自觉主动分解权力并达成权力的相互平衡以形成国家权力的良性约束机制，才可能为市民社会的发展提供足够的空间。为

〔1〕陶鹤山：《市民群体与制度创新——对中国现代化主体的研究》，南京大学出版社2001年版，第194页。

此，积极而循序渐进地推进中国政治体制改革，国家在从上而下策动进一步改革的同时，加速转变政府职能，主动、逐渐地撤出不应干涉的社会经济领域；社会成员则充分利用改革的有利条件和契机，有意识地、理性地由下至上推动市民社会的营建。[1]而且，通过裁减行政机关、简化管理环节、改革社会管理体制、尊重民主与健全法治等手段以回归自由、宽松的市民社会本质是建设社会主义和谐社会的应有之义。只有如此，才可能有利于经济的健康发展、政治的理性运作、社会的秩序井然与公民的幸福安康，防止经济垄断与权力异化。对于刑事司法而言，需要强化裁判机关的独立与中立属性，赋予其司法审查权力以约束国家侦控行为，发挥检察机关作为国家公诉机关与法律监督机关对于侦查机关的监督功能，优化司法机关的职权配置。另外，充分保障犯罪嫌疑人、被告人及其辩护人的主体地位与各项程序权利，使之能够与国家侦控机关平等对话与理性协商，向中立的裁判机关充分表达诉求与提出主张，从而形成合理的刑事司法结构以实现其理性解决严重冲突的法律目的。

---

〔1〕 邓正来：《国家与社会——中国市民社会研究》，北京大学出版社 2008 年版，第 4 页。

第四章

社会转型中刑事司法改革的动因及进程

“司法是社会治理体系的有机组成部分，作为微观社会矛盾纠纷的灵敏显示器和社会治理状态的预警机，为法治的发展提供反思机制，发挥制度变革的‘微调器’功能，促进社会制度变革与社会发展的平稳结合，是其发挥社会治理功能优越性之所在。”〔1〕中国刑事司法改革是在社会进入全面转型阶段，并在深入推进市场经济改革和有序展开政治体制改革的历史大背景下进行的。经过三十多年的持续改革，刑事诉讼法律制度建设取得了明显进步，刑事司法体制与具体运行机制得到了进一步优化。当然，中国社会也跟随各项改革步伐正在由传统社会迅速向现代社会转型。社会转型中的刑事司法改革既不能无视刑事司法对于社会转型的促进作用，也不能忽视其相对滞后的刑事司法体制和运行机制对于社会转型所带来的不利影响，实际上，社会转型已经对中国刑事司法制度变革提出了迫切要求。故而，社会转型中的刑事司法改革与制度创新研究既要全面总结我国刑事司法改革已经取得的成就和存在的不足，同时需要对刑事司法改革的宏观背景进行深入分析，阐明社会转型对于刑事司法制度运行及其改革带来的动力及压力，提出切实有效的改进对策以推进中国刑事司法改革的进程，进而促进中国社会全面转型的最终实现。

一、社会转型中的刑事司法改革动因

刑事司法改革作为司法改革的重要组成部分不仅得到了党和国家的高度

---

〔1〕 杨建军：“通过司法的社会治理”，载《法学论坛》2014 年第 2 期。

重视，而且引起了社会各界的广泛关注。刑事司法制度是一种严重争端的法律解决机制，其目的在于消解冲突以定纷止争，这对于维护社会和平安宁有着根本意义，而且已经成为我国市场经济正常运行与民主政治持续推进的重要环节；同时，刑事司法公正是司法公正的核心内容与主要标志，刑事司法公正事关司法公正乃至整个社会公平正义的全面实现；再者，因为我国刑事司法体制和司法权运行机制存在的诸多弊端所引发的司法不公问题已经到了必须通过改革加以根治的时候。当然，我国积极参与经济全球化进程，主动融入国际社会并成为国际大家庭成员，履行保障人权的国家义务与遵循国际司法准则也是刑事司法改革的重要原因。不过，其直接动因是基于国内市场经济发展与政治体制改革需要，乃至司法体制自身改革的现实需要。鉴于前面章节对社会转型中的刑事司法改革的国际背景与国内现实环境已有思考，本章仅就直接动因作出初步分析。

（一）市场经济发展迫切要求刑事司法改革

改革开放以来，我国经济建设取得了举世瞩目的巨大成就，市场经济体制正在逐步走向成熟和完善。“改革后中国意义最深刻的变化在于，伴随着改革的发展，社会正发生着一场重大的社会结构转型。”[1]经济体制的深刻变革和市场经济的快速发展对我国刑事司法改革提出了十分迫切的要求。首先，随着市场经济的发展，社会利益日益多元化，包括严重冲突在内的各种纠纷和冲突呈现出爆炸式的增长态势。面对社会纠纷和冲突的大量增加、诉讼案件的快速增长以及各种新型案件的不断涌现，不仅捉襟见肘的司法编制难以应付，而且职业化水平不高、专业化程度不够的司法队伍也很难适应。据不完全统计，改革开放初期的1978年，全国法院受理案件总数为60余万件，2008年已经突破1000万件；反观同期法官（不含法院其他工作人员）的数量，1978年约有6.7万人，2008年约有22万人；相比30年前，案件数量增长了15.7倍，但法官数量却仅仅增加了2.3倍，并且案件法律关系日益复杂，处理难度明显加大。[2]经济的快速发展迫切要求推进司法改革以增强司法能力，并大力提高司法效率。其次，随着经济的快速发展和人们生活水平的不断提高，人们的法律观念、权利意识日益增强，对社会公平正义的要求

---

〔1〕 张树义：《中国社会结构变迁的法学透视》，中国政法大学出版社2002年版，第9页。

〔2〕 沈德咏主编：《中国特色社会主义司法制度论纲》，人民法院出版社2009年版，第557页。

也越来越强烈，社会民众对司法机关的期待不断攀升，要求改革现行司法体制以便实现司法公正和提高司法效率的呼声也越来越强烈。在此情形下，推进刑事司法改革以有效解决严重争端，切实保障公民的合法权利，在更大范围和程度上实现社会公平正义成为不可阻挡的社会潮流。再次，随着经济体制改革的不断深化和改革开放的日益深入，我国在政治、经济、文化、社会等各个领域和各个方面都已经发生了天翻地覆的巨大变化，而刑事司法改革却显得相对滞后，诸如司法行政化、司法地方化、司法大众化等问题越来越严重，其弊端也越来越突出，迫切需要构建与转型社会相适应的刑事司法制度体系。最后，随着社会主义市场经济体制的确立和完善，随着我国依法治国进程的强力推进，立法工作取得了持续进展，具有中国特色的社会主义法律体系初步形成。然而，与快速增长的立法相比，我国的刑事司法工作却显得有些落伍。在刑事司法实践中，对诸多冤假错案的发生，人们往往归咎于司法而非立法。近年来刑事司法领域频频出现的冤假严重打击了人们追求刑事司法公正的信心，也引发了人们对于现行刑事司法体制的深刻反思。正如党报所指出的那样："近年来出现的一些冤假错案几乎都经过了侦查、批捕、起诉、审判、执行等刑事诉讼的全过程，然而依然会一错再错、一错到底。错案纠正，是否要像呼格吉勒图案、赵作海案、佘祥林案一样，寄希望于'真凶出现''亡者归来'?"〔1〕为了实现依法治国的战略目标，将刑事立法意图有效落实于刑事司法实践，就必须持续推进与全面深化刑事司法改革。

（二）政治体制改革逐步推进亟待刑事司法改革同步跟进

随着经济体制改革的逐步深化与市场经济的持续发展，政治体制改革也需要及时跟进。党的十三大报告深刻指出："我国现行的政治体制，是脱胎于革命战争年代而在社会主义改造时期基本确立的，是在大规模群众运动和不断强化指令性计划的过程中发展起来的。它不适应在和平条件下进行经济、政治、文化等多方面的现代化建设，不适应发展社会主义商品经济。对这种状况，要做历史分析。这种体制，是过去历史条件下的产物。现在形势发展了，党的事业前进了，必须对这种体制进行改革。"党的十四大再次指出，政治体制改革必须同经济体制改革和经济发展相适应，必须按照民主化和法制化紧密结合的要求积极推进。党的十五大明确提出了政治体制改革的主要任

〔1〕新华网："党媒盘点近年冤假错案：昭雪不该靠真凶出现"，访问时间：2014 年 12 月 17 日。

务在于大力发展民主、加强和建设法治。在政治体制改革持续推进的情况下，刑事司法改革亟待启动并跟上政治体制改革的步伐。徐静村教授曾撰文指出："宪政、法治与刑事程序改革之间存在着内在的有机联系：首先，宪政是法治的集中体现，法治是宪政的基石；刑事程序法治化是法治建设的一个重要方面，因而也是推动建设的原动力之一；践踏法治的现象多发生在刑事诉讼领域，刑事程序的法治化如何将直接影响到法治建设、宪政建设的进程。"〔1〕在当今时代，如果说政治是法律化的政治，法律是政治化的法律的话，作为深刻反映政治与法律基本特征的刑事司法自然成为最为显赫的关注中心，因为刑事司法发达的权力触角与敏感的道德神经紧紧连接着政治与法律的心脏。基于刑事司法制度直接关涉公民个人基本人权保障与国家权力规范运作的重大理论与实践问题，它必然成为任何时代、任何国家政治法律制度的主要内容，而且已成为当代主权国家以及国际或地区组织密切关注的重要领域。〔2〕具体来说，一方面，刑事司法体制改革本身就是政治体制改革的重要内容。随着政治体制改革的不断深入，刑事司法体制改革必须根据政治体制改革进程作出相应的调整和部署。例如，在近年来我国不断推行机构改革的情况下，人民法院和人民检察院内部的机构设置也发生了较大变化。而在党和国家关于政治体制改革的重要部署中，也历来强调推进刑事司法体制改革的问题。另一方面，刑事司法体制改革是政治体制改革的重要突破口。政治体制改革事关大局且牵一发动全身，基于维护稳定和发展大局考虑应当谨慎决策。从近年来相对于经济体制改革而言比较缓慢的政治体制改革情况来看，我国政治体制改革的突破口选择得似乎并不理想。实际上，将刑事司法体制改革作为政治体制改革的突破口具有较大的优势。刑事司法体制改革由于司法系统的相对封闭性和改革内容的相对稳定性而具有较强的可操作性。有学者指出，将司法体制改革作为我国政治体制改革的突破口，不仅有利于加强社会主义法治建设，推动我国政治的发展和良好的社会主义风气的形成，而且有助于我国政治体制改革的平稳进行。〔3〕

---

〔1〕 徐静村："走向程序法治：中国刑事程序改革的宪政思考"，载徐静村主编：《21 世纪中国刑事程序改革研究》，法律出版社 2003 年版，第 213 页。

〔2〕 张能全：《刑事诉讼生态化研究》，中国人民公安大学出版社 2009 年版，第 113 页。

〔3〕 章武生："我国政治体制改革的突破口：司法体制改革"，载《复旦学报（社会科学版）》2009 年第 1 期。

（三）刑事司法制度弊端不利于司法公正与司法效率实现

我国现行司法体制是新中国成立后依照苏联模式并在1954年《宪法》中得到确立的，该《宪法》明确规定了法院、检察院和公安机关的性质和职权。同年公布的《人民法院组织法》和《人民检察院组织法》将分工负责、相互配合、相互制约原则进行了具体化和法律化。由此，分工负责、相互配合、相互制约的具有中国特色的社会主义司法体制得以形成。该体制适应了建国初期计划经济体制的需要，主要特征是司法机关地方化、司法人员大众化及司法运作行政化。[1]客观而论，新中国成立初期确立的配合制约司法体制在法律尚不完备、案件数量不多、司法人员经验不足、法律素质不高以及社会民众法律意识不强、权利观念较弱的情况下是没有太大问题的。尤其是在我国实行改革开放政策以前一直将司法机关视为专政机关的情况下，这种司法体制甚至具有较大的优越性。[2]然而，随着改革开放的逐渐深入和经济的快速增长，尤其是在1992年党的十四大提出建立社会主义市场经济体制的战略决策以及1997年党的十五大提出依法治国的治国方略以后，司法环境发生了较大变化，司法工作出现了许多新情况，司法的地方化、大众化与行政化暴露出越来越多的问题，并成为滋生司法腐败和司法不公的重要根源。而随着诉讼法学理论的逐渐深入和司法改革的持续推进，我们发现分工负责、相互配合、相互制约原则支配下的刑事司法体制越来越不利于为办案人员提供一个公正执法的刑事司法环境。首先，从其赖以存在的理论基础来看，分工负责、相互配合、相互制约原则坚持刑事诉讼活动是一种认识活动，必须遵循辩证唯物主义认识论；刑事诉讼活动的根本任务是惩罚犯罪、打击犯罪，而公检法三机关作为政法机关，性质任务相同，目的完全一致，只有遵循该原则才能完成惩罚犯罪的共同使命。正是存在这种认识，才导致“重实体、轻程序；重惩罚，轻保护”的思想观念得以形成，造成公检法三机关对案件事实真相的过分追求抑制了程序正义的实现。我们认为，刑事诉讼当然需要惩罚犯罪，但这不是其全部目的。相反刑事程序恰恰以约束侦控机关的惩罚犯罪为目的，法院的功能是裁判与解决纠纷，而不可能承担惩罚犯罪的诉讼任务。其次，从权力配置来看，分工负责、相互配合、相互制约的司法体制造

---

〔1〕谭世贵主编：《中国司法改革理论与制度创新》，法律出版社2003年版，第41页。

〔2〕朱立恒：《社会主义法治理念视野下的司法体制改革》，法律出版社2012年版，第82页。

就了追诉机关的司法化、检察官在刑事诉讼中的超强地位、法官成为第三追诉者，而犯罪嫌疑人、被告人则沦为诉讼客体的不合理格局。再次，从诉讼结构来看，在分工负责、相互配合、相互制约原则及其体制影响下，刑事诉讼程序没有真正形成三角诉讼的构造。“无论在审判前程序，还是审判程序，都不存在真正的控、辩、裁三方构造形态，而且侦查中心主义与流水作业式的诉讼构造相伴而生，法庭审判基本上流于形式，审判中心主义难以形成。更为严重的是流水作业式的诉讼构造不仅无法确保公检法三机关发挥集体优势，提高办案质量，而且导致刑事诉讼程序的自我纠错功能丧失。”〔1〕由此可见，为更好地实现刑事司法公正和提高诉讼效率，为更好地适应社会主义市场经济体制和中国特色的民主政治体制，为更好地配合建设社会主义法治国家的战略目标，必须改革这种三机关配合制约原则指导下的刑事司法体制及刑事诉讼运行机制。

二、社会转型中的刑事司法改革进程

我国刑事司法改革伴随着中国社会整体转型及司法改革大背景而逐步展开并取得了比较突出的成绩和进步。“建国近 60 年来特别是改革开放 30 年来，当代中国司法改革经历了一个波浪式前进、螺旋式上升的历史行程。”〔2〕从 20 世纪 80 年代末启动司法改革起，我国刑事司法改革大体经历了改革起步阶段、全面展开阶段及改革攻坚阶段，涉及以审判方式改革为主导的司法改革，依法治国方略所带来的全方位的司法改革，以及关于体制性问题的司法改革等重要内容。

（一）刑事司法改革的起步阶段

随着社会主义市场经济的不断发展和社会转型步伐的不断加快，我国刑事司法体制及运行机制开始暴露出越来越多的问题。例如，在地方管理司法机关的人财物体制下，司法的地方化现象越来越严重；随着经济的快速发展，诉讼案件迅速增多导致大量积压；刑事司法机制运行过程中存在职能混同、机构重叠、效率低下等问题，因为司法不独立导致的司法不公及司法腐败引起了社会各界的强烈不满。为解决这些问题，国家决心启动司法改革进程。起

---

〔1〕 刘广三等：《刑事司法环境研究》，北京师范大学出版社 2010 年版，第 140~157 页。

〔2〕 公丕祥：“中国特色社会主义司法改革道路概览”，载《法律科学》2008 年第 5 期。

初，刑事司法改革主要着眼于审判方式改革，希望通过逐步改变大陆法系职权主义审判方式的某些消极因素，吸收英美当事人主义审判方式中的合理因素，强化当事人的举证责任，增强法庭审判的对抗性。强化法庭质证和法庭辩论，增强法庭审判的中立性和公正性；扩大合议庭职权，提高依法独立审判的能力；强化简易程序适用，以减少诉讼消耗并力争最佳的审判效益；在此期间，刑事诉讼法经历了第一次修改，刑事司法改革的主要成果被吸收到刑事诉讼法的文本之中。在1996年的刑事诉讼法修改中，庭审方式改革尤其引人注目，我国庭审方式以控审分离、审判中心、控辩对抗为基本框架得以重新构建，被称为控辩式庭审方式。这种新的庭审方式的主要特征在于：①庭前审查由实体性审查改为程序性审查为主兼顾实体审查；②庭审贯彻控辩平等举证、质证与辩论原则，法官的主导性调查改为补充性调查；③在法庭审理过程中，法官原有的追诉式庭外自行调查改为核实性调查。新的庭审方式使得法庭审判更加具有抗辩性，从而有助于提升法庭查明案件事实的能力以及提高被告人权利的保护水平。在新的庭审模式下，法官虽保留了一定的职权，但以控方负担举证责任、辩方行使防御权利、法官居中裁判为基本要素的诉讼结构被确立起来。[1]审判方式改革逐步推动了庭审模式的深刻转变，从而提高了审判质量。在此期间，颁布了法官法和检察官法，法院、检察院人事制度改革也得以启动，从而开启了司法职业化建设进程。

（二）刑事司法改革的全面展开阶段

党的十五大报告制定了“依法治国，建设社会主义法治国家”的治国方略，提出了“推进司法改革，从制度上保证司法机关依法独立公正地行使审判权和检察权，建立冤案、错案责任追究制度”的明确要求。全国人大第二次会议将“依法治国，建设社会主义法治国家”载入了宪法，使得法治国家建设具有了宪法依据，也为刑事司法改革提供了方向。为了贯彻落实党的十五大精神，1999年10月，最高人民法院颁布《人民法院五年改革纲要（1999~2003）》，从继续推进审判方式改革、合理设置法院内部机构、深化人事管理制度改革、审判组织形式科学化四个方面，提出了诸如改革和完善法院管理制度与法官管理制度，推行审判长和独任审判员选任制，试行了对司法人员分类管理等未来五年内进行司法改革的基本任务。2000年2月，最高人民检

---

〔1〕 刘计划：《中国控辩式庭审方式研究》，中国方正出版社2005年版，第6页。

察院发布了《检察改革三年实施意见（2000~2004）》，明确了多项改革目标：推进检察业务工作机制改革以增强法律监督的效能；加强检察机关组织体系建设并强化上级检察院对下级检察院的领导；推进检察官办案机制改革，实行主诉、主办检察官办案责任制；推进干部人事制度改革，引入分类管理机制以建立充满生机与活力的用人机制；改革监督制约机制以维护检察公正廉洁；推进经费管理机制改革从而为检察工作提供强有力的后勤保障。最高人民法院出台的改革纲要与最高人民检察院出台的改革意见颁布后迅速得到实施，刑事司法改革由此在全国范围广泛开展起来。

党的十六大提出要“推进司法体制改革，按照公正司法和严格执法的要求。完善司法机关的机构设置、职权划分和管理制度”。这表明刑事司法改革方向将由工作机制改革向体制改革转变。社会主义司法制度的本质特征在于使全社会实现公平正义，为此，必须改革和健全司法体制，以司法公正作为改革的出发点和落脚点，进一步完善司法机关的机构设置、职权划分和管理体制，新的司法体制需要做到权责明确、相互配合、相互制约、高效运行；要从制度上保证司法机关依法独立公正地行使审判权和检察权；司法机关的工作机制改革和人财物管理体制改革的目标在于实现审判和检察同司法行政事务相分离。2003年4月，中央政法委员会向中央提出了《关于进一步推进司法体制改革的建议的请示》。党中央听取建议之后对司法体制改革的主要方面作了重要指示，为了全面领导司法体制改革工作作出了成立中央司法改革领导小组的决定。[1]中央司法体制改革领导小组于2004年底出台了《关于司法体制和工作机制改革的初步意见》，提出了多项改革任务。中央批准下发该改革意见之后，最高人民法院、最高人民检察院、公安部、司法部各自都成立了相应的司法改革领导小组，出台了更具体的司法改革实施意见以逐项落实中央司法改革任务。2005年9月，最高人民检察院发布了《关于进一步深化检察改革的三年实施意见（2005~2008）》，确立了2005年至2008年检察改革的六项任务。2005年10月，最高人民法院发布了《人民法院第二个五年改革纲要（2004~2008）》，提出了人民法院司法改革的50项基本任务。

（三）刑事司法改革的攻坚阶段

党的十七大作出了“深化司法体制改革”的战略部署，要求“优化司法

---

〔1〕 沈德咏主编：《中国特色社会主义司法制度论纲》，人民法院出版社2009年版，第136页。

职权配置，规范司法行为，建设公正高效权威的社会主义司法制度，保证审判机关、检察机关依法独立公正地行使审判权、检察权”。可以看出，党中央对于司法改革的内容和目标进行了新的调整，从推进司法改革到推进司法体制改革，从推进司法体制改革到深化司法体制改革。这标志着我国的司法改革逐步向纵深发展，反映出最高决策层对司法改革的坚定决心，也意味着我国司法改革进入了攻坚阶段。党的十七大后，中央司法改革领导小组组织有关部门进行了司法体制改革的深入调研、广泛讨论及全面论证，继而提出了〈中央政法委员会关于深化司法体制和工作机制改革若干问题的意见〉。中共中央在 2008 年 12 月转发了该意见。其紧紧围绕优化司法职权配置、落实宽严相济的刑事政策、加强政法队伍建设、加强政法经费保障等四个方面，提出了 60 项改革任务。2009 年 2 月，最高人民检察院发布了《关于贯彻落实（中央政法委员会关于深化司法体制和工作机制改革若干问题的意见）的实施意见——关于深化检察改革 2009~2012 年工作规划》，提出了深化检察改革的五个方面的任务。主要包括：优化检察职权配置，改革和完善法律监督的范围、程序和措施，加强对诉讼活动的法律监督，切实维护司法公正；改革和完善检察工作中贯彻落实宽严相济刑事政策的制度和措施，创新检察工作机制，增强惩治犯罪、保障人权、维护社会和谐稳定的能力；改革和完善人民检察院组织体系和检察干部管理制度，进一步提高工作效能，加强检察队伍建设；认真落实中央关于改革和完善政法经费保障体系的总体部署，为检察事业发展提供更加坚实有力的经费和物质保障。2009 年 3 月，最高人民法院颁布《人民法院第三个五年改革纲要（2009~2013）》，确立了深化人民法院司法体制和工作机制改革的目标：进一步优化人民法院的职权配置，落实宽严相济的刑事政策，加强队伍建设，改革经费保障体制，健全司法为民的工作机制，着力解决人民群众日益增长的司法需求与人民法院司法能力相对不足的矛盾，推进中国特色社会主义审判制度的不断发展与自我完善，建设公正高效权威的社会主义司法制度。“从司法改革的不同发展阶段来看，司法改革确实是透视中国改革开放三十多年来法治建设和司法发展状况的一个窗口。司法改革客观推动了司法制度和法律制度的发展，审判队伍的素质普遍提高，司法程序更为完善，社会法律意识明显增强，中国法律制度体系基本形成。司法改革不仅开启了当代中国司法现代化的崭新历程，也有效推动了社会主

义法治国家建设的发展步伐。”〔1〕

党的十八大报告提出了全面推进依法治国的总要求，报告指出：“法治是治国理政的基本方式。要推进科学立法、严格执法、公正司法、全民守法，坚持法律面前人人平等，保证有法必依、执法必严、违法必究。完善中国特色社会主义法律体系，加强重点领域立法，拓展人民有序参与立法途径。推进依法行政，切实做到严格规范公正文明执法。进一步深化司法体制改革，坚持和完善中国特色社会主义司法制度，确保审判机关、检察机关依法独立公正行使审判权、检察权。深入开展法治宣传教育，弘扬社会主义法治精神，树立社会主义法治理念，增强全社会学法、尊法、守法用法意识。提高领导干部运用法治思维和法治方式深化改革、推动发展、化解矛盾、维护稳定的能力。党领导人民制定宪法和法律，党必须在宪法和法律范围内活动。任何组织或者个人都不得有超越宪法和法律的特权，绝不允许以言代法、以权压法、徇私枉法。”党的十八届四中全会专门探索了依法治国，建设社会主义法治国家问题，并对司法改革提出了具体任务：“必须完善司法管理体制和司法权力运行机制，规范司法行为，加强对司法活动的监督，努力让人民群众在每一起司法案件中感受到公平正义。完善确保依法独立公正行使审判权和检察权的制度，建立领导干部干预司法活动、插手具体案件处理的记录、通报和责任追究制度，建立健全司法人员履行法定职责保护机制。优化司法职权配置，推动实行审判权和执行权相分离的体制改革试点，最高人民法院设立巡回法庭，探索设立跨行政区划的人民法院和人民检察院，探索建立检察机关提起公益诉讼制度。推进严格司法，坚持以事实为根据、以法律为准绳，推进以审判为中心的诉讼制度改革，实行办案质量终身负责制和错案责任倒查问责制。保障人民群众参与司法，在司法调解、司法听证、涉诉信访等司法活动中保障人民群众参与，完善人民陪审员制度，构建开放、动态、透明、便民的阳光司法机制。加强人权司法保障，加强对司法活动的监督，完善检察机关行使监督权的法律制度，加强对刑事诉讼、民事诉讼、行政诉讼的法律监督，完善人民监督员制度，绝不允许法外开恩，绝不允许办关系案、人情案、金钱案。”以“全会”形式专门讨论依法治国问题在我党历史上这是第一次，它昭示着党对依法治国、建设社会主义法治国家的极度重视与高度自

---

〔1〕 夏锦文：“当代中国的司法改革：成就、问题与出路”，载《中国法学》2010年第1期。

党。根据党的十八大、十八届三中、四中全会精神，最高人民法院在2015年2月4日发布了《关于全面深化人民法院改革的意见》，亦即《人民法院第四个五年改革纲要（2014~2018）》，提出了建立与行政区划相分离的司法管辖制度；建立以审判为中心的诉讼制度；优化人民法院内部的职权配置；健全审判权力运行机制；构建开放、动态、透明、便民的阳光司法机制；推进法院人员的正规化、专业化、职业化建设；确保人民法院依法独立行使审判权等七项主要改革任务。〔1〕最高人民检察院于2015年2月15日发布了《关于深化检察改革的意见》（2013~2017年工作规划），提出了完善保障依法独立行使检察权的体制机制；建立符合职业特点的检察人员管理制度；健全检察权运行机制；健全反腐败法律监督机制，提高查办和预防职务犯罪的法治水平；加强法律监督职能，完善检察机关行使监督权的法律制度，加强对刑事诉讼、民事诉讼和行政诉讼的法律监督；强化对检察权运行的监督制约等六个方面的重点任务。〔2〕

三、刑事司法改革中的制度转型

作为国家权力运行的基本环节，刑事司法在国家政治法律生活中占据着极其重要的地位，而且全面涉足于公民个人及其社会生活的重要领域。刑事司法公正程度决定并影响着社会公正的发展程度与刑事司法构造的理性程度，也反映着国家政治法律生活的健康程度、社会秩序的和谐程度与公民个人的安全幸福程度，并深刻反映着国家法治的具体发展程度。当今中国正处在持续深化改革与社会全面转型的重要时期，随着市场经济体制的全面建立，政治法律制度逐步走向完善，民主、宪政与法治等主流价值观念获得了越来越多的社会认同，平等、自由与幸福成了人们追求的价值目标与行动方向。作为整套的严重争端法律解决机制与社会控制机制的刑事司法制度必然受到宏观社会环境诸如市场经济体制的建构、民主政治格局的发展、宪政法治框架的形成、以公平正义及人权保障为核心的道德原则及社会意识形态变迁的深刻影响与现实制约。随着我国社会整体转型进程的逐步加快和现代社会诸多

〔1〕参见最高人民法院《关于全面深化人民法院改革的意见》［人民法院第四个五年改革纲要（2014~2018）］，法发［2015］3号。

〔2〕参见最高人民检察院《关于深化检察改革的意见》（2013~2017年工作规划）。

功能系统的逐步生成与日趋完善，刑事司法制度正在经历着整体转型，并由传统刑事司法类型逐渐向现代刑事司法类型发展变迁。

从1979年我国第一部刑事诉讼法颁布实施到1996年乃至2012年对刑事诉讼法律文本进行持续修改，刑事司法程序及诉讼制度进行了两次重大调整以适应新的社会需要。随着我国由传统计划经济体制向市场经济体制发展，集权政治体制向民主政治体制转变，刑事司法改革各项措施的逐步落实，刑事司法制度也正在经历着由超职权主义诉讼向控辩式诉讼继而向现代辩论式诉讼的转向。通过刑事司法系统要素变化以说明我国刑事司法转型的主要趋势，并对面临的制度挑战展开分析以提出具体的解决对策就成为刑事司法改革研究的重要内容。根据要素对于刑事司法系统的影响程度，我国刑事司法理论范畴研究的深入程度及刑事司法制度要素的合理化发展程度，笔者选择了几个主要的刑事司法要素变化展开分析，以概括中国传统刑事司法类型向现代刑事司法类型发展变迁的基本特征。

（一）刑事司法目的由并重论走向解决冲突与公正司法

刑事司法目的是指国家专门机关期望通过刑事司法程序运作来实现的诉讼总体目标，刑事诉讼目的的设定直接影响着刑事司法构造形成、刑事司法职权配置及刑事司法功能发挥等重大问题。我国刑事司法目的理论经历了两次重大变化，1996年《刑事诉讼法修正案》对我国刑事司法目的进行了调整，在强调惩罚犯罪的同时突出了人权保障，力争做到惩罚犯罪与保障人权并重。当然，刑事司法作为解决国家与个人之间严重冲突的法律机制，必然关涉公民个人的基本权利与自由，因为它是以发现犯罪、证实犯罪和惩罚犯罪为主要内容的刑事司法活动，是以限制和剥夺犯罪人的基本人权为直接目标的国家惩罚行为，它通过对罪犯进行必要惩戒消除来其再犯可能性，并警示社会潜在犯罪人以保障社会所有人的合法利益并维持正常的社会秩序。但是，社会是由所有公民个人组成的共同体，每个人的基本人权保障又构成社会利益和社会秩序的重要内涵，个人基本人权被侵犯将直接危害整个社会秩序的稳定和谐。同时，个人人权本身构成所有法律制度的最高目的和最终价值取向，惩罚犯罪以维护社会秩序是必要的，但不得随意剥夺公民个人的人权。因为，“国际公认的原则是不得以牺牲司法公正或威胁基本人权为代价来控制犯罪或建立秩序。”〔1〕日本学者团藤重光先生也指出：“刑事司法，也是人格上的人与人的关系。这首先意味着：法官自不待言，检察官、侦查工作人员及其他一切参与诉讼的人，都应当把被告人作为具有尊严性的一个人，作为人格主体看待。”〔2〕也即，公民与社会在价值序列中应当选择在维持社会基本团结的基础上最大限度地尊重和保护公民个人的基本权利和自由，而不是仅仅为追求社会秩序稳定就可以任意处置公民个人的基本人权。刑事司法必须以尊重和保护所有公民个人的基本人权为前提和基础，只有在以保障人权为核心价值取向的正当程序中实现惩罚犯罪，维护社会秩序的目标才具有道德正当性。〔3〕

经过近十年发展，刑事司法目的理论研究取得了显著进步，而且正在由原来的并重论逐渐转向解决冲突理论。并重理论强调在惩罚犯罪的同时必须保障人权，惩罚犯罪与保障人权具有同等的重要性。但是，诉讼目的并重论并没有解决刑事司法目的理论研究中的根本分歧。由于惩罚犯罪与保障人权本身存在着内在紧张乃至矛盾冲突，并重目的论在现实司法实践中往往陷入困境。全面实现惩罚犯罪的诉讼目的，就可能会损害保障人权的诉讼目的，最为典型的就是非法证据排除规则的具体适用面临着两难选择。如果排除通过非法手段获得的证据，就可能无法证明该犯罪嫌疑人有罪，也就无法实现惩罚犯罪之目标；惩罚犯罪目的要求允许通过非法手段获取证据，但这样的话人权保障目标就无法实现。有学者甚至认为，惩罚犯罪不应当作为刑事司法目的，继而指出，惩罚犯罪作为刑事司法目的存在重大缺陷。〔4〕这说明，并重目的论已经不能解释和说明我国刑事诉讼立法与司法的具体实践，需要使用新的诉讼目的学说加以阐释。新刑事诉讼法增加了“国家尊重和保障人权”的宪法规定，将非法证据排除规则纳入其中，这标志着我国已经将保障人权置于刑事司法目的的首要地位，从而不再将二者视为平行关系或并重关系。要真正处理好二者之间的关系，应当在最低限度保障人权的前提下惩罚犯罪，这样才具有道德合理性与法理正当性。亦即，国家必须在遵循最低限

---

〔1〕 陈光中等主编：《联合国刑事司法准则与中国刑事法制》，法律出版社 1998 年版，第 4 页。

〔2〕［日］团藤重光：“刑事诉讼中的主体性理论”，宋英辉译，载《外国法学译丛》1989 年第 2 期。

〔3〕 张能全：“生态学视阈中的刑事司法”，载《广西社会科学》2007 年第 8 期。

〔4〕 李长城：“刑事司法目的新论”，载《中国刑事法杂志》2006 年第 1 期。

度正当程序的基础上惩罚犯罪。

我们认为，刑事诉讼的具体目的应当定位于消解冲突，抽象目的应当定位于公正司法。刑事诉讼是专门机关严格依照法律规定所展开的刑事司法活动，在查明案件事实真相的基础上，适用法律以解决争端、恢复秩序。所以，消解冲突作为刑事诉讼目的具有最高的统率意义，所有司法的目的都在于解决冲突，刑事司法直接目的在于解决严重冲突。强调刑事司法目的在于解决冲突有利于回归诉讼本质，对于现实司法实践也具有较强的理论指导意义；刑事诉讼抽象目的表达为公正司法更显得加客观、中性，更能彰显法治国家刑事司法的制度理性。在刑事诉讼法中明确表述目的的主要法治国家中，美国联邦诉讼规则中有公正司法的内容，日本与俄罗斯刑事诉讼法目的中有公共福利与个人人权保障相兼顾的内容，其它法治国家也都十分强调遵循正当程序适用实体法的基本原则。我国新刑事诉讼法在总则中增加了“国家尊重和保障人权”的宪法内容，在基本制度与具体规则方面突出了保障人权与公正司法的主题思想。刑事辩护制度的修改完善反映了保障人权的观念和制度已深入人心，非法证据排除规则的确立反映了程序公正观念和制度建设已经达到新高度。这表明我国已经将保障人权置于刑事司法目的的优先地位，突出了公正司法这个刑事司法的最终目标。

（二）刑事司法构造由行政化走向对席化

刑事司法构造是指刑事司法运行的基本方式及控诉、辩护与裁判三方主体在行使各自不同的诉讼职能时所形成的相互关系模式。从诉讼发展史来看，刑事司法制度经历了从弹劾式诉讼到纠问式诉讼再到辩论式诉讼的变迁过程，现代法治国家刑事司法无论纵向构造还是横向构造都呈现出诉讼化的基本特征。我国刑事司法制度受制于古老的皇权专制传统，很早就形成了行政司法合一的高度纠问化的刑事司法制度。刑事司法运作表现为一种典型的行政化追诉犯罪机制，一方是代表国家无上权威且拥有生杀大权却不受任何约束的纠问官员；一方是被国家追诉且没有任何诉讼地位和辩护权利的犯罪嫌疑人与被告人。诉讼就在双方力量极不对称的程序架构中展开，缺乏独立而中立的真正意义上的第三者，这不是诉讼意义上的刑事司法构造而是典型的行政追诉构造。新中国成立后，高度集中的计划经济体制与高度集权的政治体制造就了高度行政化的刑事司法体制，1979 年刑事诉讼法是在结束十年动乱之后社会秩序比较混乱的时期颁布的，当时的立法强调了严厉惩治犯罪以有效维护社会秩序的首要目标。继而确立的超职权主义的刑事司法高调突出了惩罚犯罪的重要性与维护社会稳定的必要性，侦查、控诉与审判任务的相似性决定其权力分化的不彻底性，而犯罪嫌疑人、被告人主体地位的弱化与辩护权利的不完善显示出刑事司法结构的非理性及价值实现的非平衡性。[1]

1996年的刑事诉讼法提出了实行“控辩式”庭审程序改革，强调法官的消极中立与控辩双方的积极对抗，提升辩护主体地位及诉讼能力。由于诸多配套制度未能到位，刑事司法程序诉讼化改造实际上没有完成。公安机关与检察机关仍然享有广泛的国家职权，从而形成极为强大的追诉合力。裁判者还不具有完全独立的诉讼主体地位，客观中立性相对不足，整个刑事司法结构存在着一定程度的权力失衡现象。正如有学者指出：“我国刑事诉讼仍然存在程序结构不均衡，审判的中立性不足，诉讼平等理念缺失等问题。必须进一步推进程序结构和庭审方式的改革，通过调整、适应、再调整、再适应，建立起符合审判程序公正要求的庭审方式。”[2]“国家尊重和保障人权”的宪法精神不但要求包括刑事司法在内的一切权力审慎行使，而且需要强大而权威的司法裁判提供全面的权利救济。公安机关与检察机关作为国家控诉机关为了收集证据与查获犯罪人以追究其刑事责任需要行使侦查权与公诉权，但是必须遵循程序法定原则、司法审查原则与比例原则。一切刑事司法行为都应纳入诉讼框架，通过控辩双方提出诉求，法官居中裁判加以解决，法律运行机制进行诉讼化改造就成为必然。2012年的刑事诉讼法修正案在朝着刑事司法诉讼化改造方面迈出了可喜步伐，显示出传统的流水作业诉讼构造正在向现代司法的诉讼化构造转型。例如，法律规定在侦查终结前，侦查机关应当听取辩护律师的意见；在审查起诉时，检察机关应当听取辩护律师的意见，辩护律师提供书面意见的，必须附卷等。检察机关对于侦查阶段收集的证据合法性存疑时，可以要求侦查机关对证据合法性问题作出说明。辩护人、诉讼代理人认为专门机关及其工作人员阻碍其依法行使诉讼权利的，可以向同级人民检察院或其上一级人民检察院申诉控告。人民检察院应当进行调查，情况如实者通知有关机关纠正等，这些规定实际上体现了刑事司法强化程序

〔1〕 张能全：“我国刑事司法制度的系统论分析”，载《海南大学学报（人文社科版）》2006年第3期。

〔2〕 刘计划：《中国控辩式庭审方式研究》，中国方正出版社2005年版，第7页。

结构的“诉讼”特性，而改变了原来仅仅由职权机关单方面秘密决定的行政性做法。当然，2012年刑事诉讼法修正案主要在技术层面进行了较大改革，但在司法权力配置方面没有作出相应调整。刑事司法诉讼化目前才刚刚起步，国家权力强大、个人权利弱小的基本态势没有发生根本改变。因此，我国刑事司法程序诉讼化改造还有很长的路要走，其发展趋势是司法审查原则进入我国刑事审判前程序，赋予法官的司法审查职权，实现对控诉权的有效监管和对辩护权的及时救济，最终形成完整意义上刑事司法程序的诉讼化构造。〔1〕

（三）刑事司法主体职能由混同走向分化

刑事司法职能是指刑事司法主体在刑事司法活动中所承担的职责或功能，诉讼职能区分是现代刑事司法程序及诉讼制度的根本标志。根据刑事司法主体目标任务及利益机制不同，一般划分为三种诉讼职能，即控诉职能、辩护职能与裁判职能。受传统刑事司法观念的深刻影响，我国刑事诉讼制度在诉讼职能研究与具体职权配置方面经历了曲折的发展过程。新中国成立初期，苏联的法律关系理论被借鉴到我国用于对诉讼主体之间法律关系的分析说明。在20世纪80年代，刑事诉讼法律关系理论成了比较权威的诉讼理论，在此基础上形成了刑事诉讼法律主体的多职能学说。〔2〕该理论对于认识刑事司法活动的参与者有积极意义，却淡化了刑事司法目的，模糊了刑事司法结构，弱化了刑事司法主体的职能。通过总结法治发达国家的先进经验与世界各国的普遍做法，学界逐渐接受了能够准确反映刑事司法运行规律的三职能学说。“这种控辩裁三种职能相互分化的机制，符合宪法上的分权和制衡原理，有其深厚的认识论和心理学基础，并成为程序正义原则的重要制度保障。”〔3〕控诉职能是指控诉主体通过行使控诉权，实现追究和惩罚犯罪的刑事司法目的，辩护职能是指辩护主体通过行使辩护权，提出无罪、罪轻、减轻或免除处罚的材料和意见等实体辩护方式以及通过反驳指控的证据辩护方式和提出程序违法事由等程序辩护方式以实现保障人权的刑事司法目的，而裁判职能是指裁判主体通过行使裁判权，对控诉方提出的指控和证据以及辩护方提出的辩解和证据依法进行审理并作出权威裁判，诉讼主体通过三项职能的有效行使

---

〔1〕参见龙宗智：“强制侦查司法审查制度的完善”，载《中国法学》2011年第6期。

〔2〕樊崇义主编：《刑事诉讼法学》，中国政法大学出版社1996年版，第38~41页。

〔3〕陈瑞华：《刑事司法的前沿问题》，中国人民大学出版社2000年版，第163页。

以展开刑事司法全过程并实现刑事司法最终目的。其他诉讼参与者行使相应权利和履行相应义务始终是围绕着刑事司法三项基本职能的展开以及最终诉讼目的的实现而发挥相应作用。三职能学说的提出和普遍接受显示出中国刑事司法职能范畴的研究已经发展到新的阶段。当然，宪法与刑事诉讼法中关于人民检察院是国家的法律监督机关，代表国家行使检察权的规定颇有争议。法律规定模糊性导致法律监督权与检察权的关系没有完全理顺，检察部门学者直接将检察机关的职权定性为法律监督权，继而提出检察机关履行的是法律监督职能而非控诉职能，学界则认为检察机关履行的是国家公诉权而非法律监督权。[1]实际上，对于刑事司法职能的认识和研究直接关系到刑事司法构造的科学建构以及刑事司法功能的合理界定，继而关系到刑事司法目的的全面实现。刑事司法的本质和核心是解决被告人刑事责任的法律活动，刑事司法中最为重要的关系因子不外是控诉、辩护与裁判三方主体职权行使及其相互关系。虽然刑事司法实践证明，检察机关通过行使公诉权能够发挥法律监督的功能或效果，但是不宜直接将检察机关定性为法律监督机关，不宜将其职能行使定性为法律监督职能；[2]否则就会出现刑事司法职能混淆的情况，从而影响到刑事司法结构的科学建构与刑事司法职权的合理配置。新刑事诉讼法强调了刑事司法中控诉、辩护与裁判三种基本职能的发挥，进一步提升了检察权行使的空间。但是依然没有解决检察机关性质和地位问题，这有待研究的继续深入与新的立法作出科学合理的规定，从而为刑事司法职能归位奠定基础并提供条件。

四、刑事司法改革进程中的刑事诉讼法再修正

司法改革在全面走向深入的发展进程中，经历了刑事诉讼法律文本的第二次修正。刑事诉讼法的第二次修正有着深刻的历史原因与现实背景：一方面，由于1996年刑事诉讼法的修正案主要着眼于庭审方式改革，未能顾及其他方面的配套制度改革而显现出制度运行的协调性严重不足，需要通过立法予以再次修正；另一方面，我国经济改革从20世纪90年代中期以后迅速向社会主义市场经济体制方向推进，同时，政治体制改革与司法改革随后及时

---

〔1〕 郝银钟：《刑事公诉权原理》，人民法院出版社2004年版，第239页。
〔2〕 张能全："科学发展观视野中的检察权功能"，载《探索》2009年第4期。

跟进。再者，我国在1997年先后签署联合国《经济、社会和文化权利公约》《公民权利和政治权利国际公约》等重要国际条约，已经承担着或准备承担执行联合国刑事司法准则的义务。况且我国在2002年加入WTO，国际交往与国际合作的领域广泛扩展开来。在此背景下，1996年刑事诉讼法修正案显然不能适应我国经济政治及社会发展需要，急需再次修正。[1]2012年3月14日，第十一届全国人民代表大会第五次会议通过了对刑事诉讼法进行第二次修正的决议。2012年刑事诉讼法修正案规定了国家尊重和保障人权原则，在此基础上，调整改革了证据制度、辩护制度与强制措施制度等三大基本制度，对侦查程序、审查起诉程序与审判程序进行了较大幅度的调整，新增了四项特殊程序。本次刑事诉讼法修改的力度远远超过了1996年刑事诉讼法第一次修改。其目的在于通过新制度、新规则的制定和实施真正落实我国"控辩式诉讼"制度的改革初衷，持续增进刑事程序正当化水平以有效解决严重争端，实现惩罚犯罪与保障人权相统一的刑事诉讼价值目标。[2]诸多制度和程序改革调整所引发的刑事诉讼运行机制出现了可喜的新变化：保障人权原则突出了刑事诉讼立法的新精神；证据规则体系得到明显完善，控诉方的证明责任显著加大；辩护律师广泛介入刑事诉讼，使辩方能力得到显著提升并对侦查与控诉形成较大压力；证据制度调整与程序规则细化促进了法庭审判实质化；裁判者中立性得到了适度增强，审判的对抗性有所强化，司法公正理念与证据规则意识明显提升，表现在具体司法实践中无罪判决较以前明显增多。

（一）尊重和保障人权原则突出了刑事司法新精神

对于人权的认识，我国走过了一个十分曲折的路程，革命根据地时期乃至新中国成立初期我们党和政府高度重视公民人权的制度建设和司法保障。1957年后出现的"反右倾"政治运动逐渐占领我国政治舞台并充斥社会生活，从那以后，人权词语被认为属于资本主义国家政治法律制度的代表词汇而被清除。直到1990年《中国人权白皮书》的颁布，人权词汇、人权思想与人权观念逐渐在我国的理论研究、官方文件与法律文本中再次出现。改革开放以来，党中央高度重视人权理论研究和我国人权制度建设，2004年国家正式将"国家尊重和保障人权"纳入宪法文本，充分体现了我国执政党和政府通过实

---

〔1〕 参见徐静村主编：《21世纪中国刑事程序改革研究》，法律出版社2003年版，第3页。

〔2〕 参见汪建成："刑事审判程序的重大变革及其展开"，载《法学家》2012年第3期。

际行动尊重和保障公民人权的决心和态度。“我们观察历史不难发现，刑事被告人享受不到人权或享受不到充分的人权，总是与所有的公民享受不到人权或享受不到充分的人权联系在一起的。这种现象其实不难理解：在国家权力面前，任何一个公民都是潜在的被告人；如果国家权力不受限制，任何一个公民随时都会成为实际上的被告人；而在被告人不享有人权或充分的人权的情况下，这种权力就是不受限制的，这时，所有公民的人权也就得不到保障。”〔1〕刑事司法作为国家发动的、旨在追究涉罪公民刑事责任的法律活动，本身直接威胁乃至限制和剥夺了公民人权，必然会受到社会的普遍关注与法律的调整约束。但是，长期以来强调通过严厉惩罚犯罪维护社会秩序的主流观念占据着我国刑事司法领域的中心舞台，犯罪嫌疑人、被告人人权保障的思想观念与制度建设与他国相比一直处于比较落后的境况。原因之一是我国刑事诉讼法没有将保障人权直接规定为刑事诉讼目的，亦即，保障人权没有成为我国刑事司法的最高价值目标。刑事诉讼法目的表述为“为了保证刑法的正确实施，惩罚犯罪，保护人民，保障国家安全和社会公共安全，维护社会主义社会秩序”。该表述采用罗列方式表达了我国刑事诉讼法的立法宗旨和立法依据，特点是强调刑事诉讼法的工具性，对其内在价值尤其人权保障价值方面不为重视〔2〕：其一，刑事诉讼法除了工具作用之外，更重要的作用在于限制刑法的实施，只强调工具价值不强调内在价值，反映了我国存在较浓厚的“重实体、轻程序”的诉讼价值观念。其二，惩罚犯罪与保护人民意思表达不准确。由于“人民”词汇一般意指社会集合体及代言人政府，强调的是共同体利益而非指具体公民个人利益，那么，使用“保护人民”的语句表达难以真正体现国家尊重和保障公民个人的思想和意图。其三，国家安全、社会公共安全与社会秩序实际上可以用“公共利益”这一词汇全部包涵。公共利益与个人利益既能够做到有机统一，也存在着矛盾冲突。合理的选择是兼顾二者并保持平衡。2012 年我国刑事诉讼法再次修改时，将“尊重和保障人权”作为刑事诉讼法律文本的第 2 条加以明确规定，这是我国政府在刑事诉讼立法中全面落实“国家尊重和保障人权”宪法精神的重要举措，同时也是对刑事诉讼法律文本内容的重要补充以及对刑事诉讼法目的的重大调整。

---

〔1〕 锁正杰：《刑事程序的法哲学原理》，中国人民公安大学出版社 2002 年版，第 240 页。

〔2〕 参见汪海燕：《我国刑事诉讼模式的选择》，北京大学出版社 2008 年版，第 298~299 页。

由于“人民”属于政治词汇而不是法律词汇，“人民”与“敌人”的政治划分是在夺取政权过程中的政治策略，不能适用于和平时代的建设社会主义法治国家时期。如果将处理不同矛盾的政治策略运用于法治建设时期的刑事司法领域，将会违背宪法基本精神，因为在法治国家中，作为政治词汇的“人民”和“敌人”都是宪法和法律保护下的公民个人，都平等享有宪法权利。再者，刑事诉讼目的表达为“惩罚犯罪，保护人民”而且容易出现歧义，其逻辑思路往往变成了通过惩罚犯罪达到保护人民的最终目的，那么，越是要全心全意保护人民利益，就越是要千方百计惩罚犯罪。由此一来，犯罪嫌疑人、被告人的基本权利与合法利益就容易被忽略乃至被侵犯。德沃金曾经指出：“如果政府不给予法律获得尊重的权利，它就不能重建人们对于法律的尊重，如果政府忽视法律同野蛮命令的区别，它也不能重建人们对于法律的尊重。如果政府不认真对待权利，那么它也不能够认真地对待法律。”〔1〕建议今后刑事诉讼法直接修改为“惩罚犯罪，保障人权”。当然，2012 年刑事诉讼法修正案在切实保障人权的制度建设方面作出了卓有成效的努力，尤其是在肯定任何人不得证实自己有罪原则，对辩护制度进行大幅度的修改等方面，使得我国刑事诉讼法在成为“动态宪法”和“应用宪法”方面迈出了一大步。

（二）明确控诉方举证责任有力促进检警协作

2012 年刑事诉讼法修正案明确规定了检察机关对公诉案件被告人是否构成犯罪承担举证责任，被告人没有证明自己是否有罪的义务。与确立任何人不得强迫证实自己有罪原则相对应，刑事诉讼法规定了非法证据排除规则。强调必须依照法定程序收集能够证实犯罪嫌疑人、被告人有无罪行及犯罪情节轻重的各种证据。严禁刑讯逼供和以威胁、引诱、欺骗以及其他非法方法收集证据。明确控诉方的举证责任、非法证据排除、警察及证人（鉴定人）出庭作证等相关制度规定使得法庭审判的对抗性进一步增强，检察机关的控诉证明责任相应加重，为此，必然对侦查权行使提出新的要求，从而深刻影响到检察机关与公安机关的相互关系。在侦查过程中，及时收集证据，确保证据的程序合法性与真实可靠性是成功起诉的关键，检察机关必须严格把好审查起诉的证据关口。为提高侦查效率、确保案件质量，公安机关与检察机

〔1〕［美］罗纳德·德沃金：《认真对待权利》，信春鹰、吴玉章译，中国大百科全书出版社 1998 年版，第 270 页。

关开始探索创新检警协作机制：其一，部分地区人民检察院与公安机关进行协商，开始实行逮捕必要性说理制度和证明制度，即要求公安机关在提请批准逮捕时，要随案报送逮捕必要性说明材料及相关证明材料，根据案件审查情况并参考公安机关逮捕必要性说明材料出具审查意见。这在一定程度上保证了逮捕措施得到准确的法律适用，随着“非羁押诉讼”制度逐步推开，不少地区的逮捕率呈逐年下降态势。其二，实行全面的审查逮捕提讯制度。逮捕直接关系到公民基本权利与自由，新刑事诉讼法规定，人民检察院在审查逮捕时可以讯问，符合法律规定的案件应当讯问。有些地区的检察机关则先行一步，开始实行每案必提制度。亦即，对刑事案件中的每个在押犯罪嫌疑人均进行讯问，其目的是充分听取犯罪嫌疑人的有罪供述和无罪辩解，及时排除非法证据，对公安机关的违法取证行为进行监督纠正。通过每案必提制度，保证了案件质量，避免了“冤假错案”。其三，强化重大刑事案件提前介入制度。提前介入是检察机关不断探索总结侦查监督实践经验的产物，鉴于刑事司法实践中侦查质量不高以及侦查权力滥用比较普遍的现象，最高人民检察院与国家公安部在2001年联合下发通知中明确规定由检察院批准逮捕部门采取提前介入侦查措施。[1]2002年5月，最高人民检察院在全国刑事检察工作会议上提出巩固适时介入侦查、引导侦查取证、强化侦查监督的检察工作机制。至此，检察提前介入侦查作为一项工作机制正式进入实施阶段，它对提高诉讼效益与规范侦查发挥了重要作用。2012年刑事诉讼法修正案实施后，地方检察机关结合本地实际对检察提前介入侦查工作进行了大胆创新，例如山西提出命案同步介入，浙江强调依法介入引导侦查，广西则提出重大敏感案件提前介入等。实务部门通过持续强化重大刑事案件的提前介入工作机制，密切了公安机关与检察机关的内部关系，有助于确保侦查行为的合法性与证据的真实可靠性，有利于保证案件质量，也有利于提升侦查效率。

（三）刑事辩护权利扩展显著提升辩护权能

针对我国刑事辩护中“侦查阶段辩护人地位”“会见难”“阅卷难”“调查取证难”等主要问题，2012年刑事诉讼法修正案已经对侦查阶段的辩护人

---

〔1〕参见最高人民检察院、国家公安部：《关于公安部门刑侦部门、检察机关批捕部门、起诉部门加强工作联系的通知》，2001年8月。

地位予以明确，对会见、阅卷与调查取证进行了全面而具体的规定。刑事诉讼法明确规定，犯罪嫌疑人在第一次讯问或被采取强制措施之日起，有权聘请辩护人。同时规定了专门机关的告知义务：侦查机关在首次讯问犯罪嫌疑人或者对犯罪嫌疑人采取强制措施时，应当告知其有权委托辩护人的事项。检察机关在收到移送审查起诉的案件材料之日起 3 日以内，审判机关自受理案件之日起 3 日以内，均应当告知有权委托辩护人事项。犯罪嫌疑人、被告人在押期间提出委托辩护人的请求，专门机关应当及时转达。法律明确了侦查阶段辩护律师所享有的诉讼权利：可以为犯罪嫌疑人提供法律帮助；申请变更强制措施；了解犯罪嫌疑人涉嫌的罪名和案件有关情况，并可以提出意见；新刑事诉讼法明确了辩护律师的“无障碍”秘密会见制度，规定辩护律师在三证齐全的情况下要求会见在押的犯罪嫌疑人、被告人时，看守所应当及时安排，至迟不得超过 48 小时。只是危害国家安全犯罪、恐怖活动犯罪、特别重大贿赂犯罪案件这三类特殊案件会见需要征得侦查机关同意。辩护律师会见在押的犯罪嫌疑人、被告人时，有了解案件有关情况和提供法律咨询等诉讼权利；而案件进入移送审查起诉阶段后，辩护律师则享有向犯罪嫌疑人、被告人核实有关证据的诉讼权利。新刑事诉讼法也明确了“阅卷权”与“调查取证权”制度，规定辩护律师在审查起诉阶段享有查阅、摘抄、复制本案的案卷材料权利。非律师辩护人查阅、摘抄、复制本案的案卷材料则需要征得专门机关同意。辩护律师享有收集与本案有关人证的权利，但需要证人或者其他有关单位和个人同意；如果向被害方收集人证，则还需要被害人同意并征得专门机关许可。辩护律师当然也可以申请专门机关收集和调取证据，或者申请人民法院通知证人出庭作证。从新刑事诉讼法具体实行情况来看，专门机关都较好地执行了关于辩护律师权利行使的法律规定。从侦查阶段与审查起诉阶段的辩护权行使情况可以看出，辩护律师参与刑事诉讼程度较原来更为深入，辩护权能的有效提升对于全面保障犯罪嫌疑人、被告人的诉讼权利及其他合法权益发挥了积极作用。

（四）裁判中立性持续增强有助于彰显司法公正

2012 年刑事诉讼法修正案通过强化检察机关的举证责任，扩大强制辩护范围与扩展辩护律师权利，激发了控辩双方参与诉讼的积极性，从而进一步增强了诉讼的对抗性，进而提升了整个刑事程序的公正与透明程度，使得刑事审判的实质意义得以突显，这大大扭转了我国刑事审判“走过场”的局面。

具体来说，新刑事诉讼法明确规定检察机关必须对公诉案件被告人是否有罪承担举证责任，倘若举证不能，必将承担败诉后果；扩大强制辩护范围，辩护律师会见权、阅卷权得到法律的全面保障，这使得辩护职能得到较大扩展；在庭前会议乃至法庭审判中，辩护律师可以就控诉方的非法证据排除提出申请；辩护律师可以针对控诉证据要求证人、鉴定人或警察出庭作证；法庭质证规则的全面细化以及交叉询问规则的逐步实施大大提升了法庭审判的实质性与对抗性。在控诉与辩护对抗性大大增强的情况下，庭审法官的独立性与中立性必然相应增强，否则，将难以驾驭整个刑事审判过程。新刑事诉讼法实施不仅加重了控诉方的证明责任，增强了辩护方的辩护能力，同时也加重了庭审法官查明案件事实的客观义务。在此意义上，新刑事诉讼法的实施带动了刑事司法运行机制改革，促进了运行机制的更新和转型，尤其对于刑事审判来说，庭审法官更加关注案件实体真实的可靠性与刑事审判程序的公正性，这为刑事司法公正的实现提供了条件，奠定了基础。从刑事司法具体实践来看，近年的无罪判决逐渐增多就是新刑事诉讼法带来的刑事司法运行机制调整的结果。当庭审法官认为案件事实不清或证据不足，不能证明被告人的犯罪事实成立时，不再采用原来的频繁休庭的方式，私下与控诉方反复沟通协商，而是直接作出无罪判决。这显示出法庭维护刑事司法公正价值的司法理想与现实初衷，彰显了新刑事诉讼法所蕴含的法律价值与内在精神。法院的无罪判决实践必然会催生整个刑事程序理性化发展，通过刑事个案带动刑事司法公正的实现。

五、新刑事诉讼法实施表明深化刑事司法改革的必要性

尽管新刑事诉讼法实施对刑事司法具体运行机制产生了积极影响并促使其逐步改革，但由于刑事诉讼运行机制本身受制于现行刑事司法体制而致使改革力度十分受限。这是因为，从根本上说，刑事司法体制决定着刑事诉讼结构，而刑事诉讼结构又决定着刑事诉讼具体运行机制，在刑事司法体制没有改变的情况下，刑事诉讼运行机制自然不可能发生根本性转变。“无论是1996年刑事诉讼法的运行环境还是2012年刑事诉讼法的运行环境，其实质差别并不大，特别是刑事诉讼法运行所依赖的司法体制并没有太大的改变。司法体制不作出相应调整，无论规则制定得多么完美无瑕，可能都难逃相似的

命运。”〔1〕从刑事司法具体实践情况看，刑事诉讼法修正案的实施虽然促进了运行机制调整，但既定体制所带来的惯性和张力必将对新机制本身产生强大压力，导致改革回归旧机制的可能性正在不断增加。因此，要全面准确实施2012年的刑事诉讼法修正案，将刑事司法改革引向深入，在推进刑事司法运行机制改革的同时及时推进刑事司法体制改革，优化刑事司法职权配置，确保司法机关能够依法独立公正地行使职权以有效解决严重争端，实现刑事司法公正继而引领和促进整个社会公平正义的逐步实现。

（一）提前介入等检警协作机制法律依据不足

尽管在新刑事诉讼法及检察规则中规定了人民检察院在审查逮捕和审查起诉时可以讯问犯罪嫌疑人，必要时可以提前介入侦查，对证据进行调查核实时可以要求侦查人员参加；在提请逮捕时要求对其必要性加以证明，审查逮捕实行全面提讯等检警协作新机制。但是，“新刑事诉讼法不仅没有明确确立检察指导侦查的机制，使得侦查与起诉之间难以形成有效追控犯罪的合力，而且没有构建起审判对侦查活动的规范化倒逼机制。”〔2〕宪法和法律对于公检法三机关的职权配置及其配合制约关系作了明确规定，使得提前介入机制缺少正当的法律依据。在法律没有明确调整检察机关与公安机关相互关系的情况下，仅仅根据法律监督原则而延伸检察监督权的做法理由并不充分，而且检察介入侦查也存在诸多尴尬之处。《高检规则》尽管明确了由检察机关适时介入侦查的做法，但并未确立检察提前介入侦查应当遵循的基本原则，同时，检察提前介入侦查的具体操作也缺乏明确的法律指引。在启动方式上，《高检规则》并没有明确由侦查机关主动提请还是检察机关主动介入。在司法实践中，检察机关提前介入侦查机关的侦查活动，类似于“行政合同”〔3〕形式的开启和运作。这种方式强调两者之间的合意与默契，而在介入的具体操作上也可能仅以约定的内容为依据。实际上，提前介入程度往往取决于二者的相互关系，有的地方公安机关与检察机关关系比较融洽而且检察机关比较强势，介入就做得比较好，而有的地方公安机关与检察机关关系紧张而且公安机关比较强势，实际就很难实施提前介入。这是因为，机制调整必须服从

〔1〕 陈卫东：“司法机关依法独立行使职权研究”，载《中国法学》2014年第2期。

〔2〕 周长军：“语境与困境：侦查程序完善的未竟课题”，载《政法论坛》2012年第5期。

〔3〕 秦炯天、蔡永彤：“检察引导侦查机制的反思与展望”，载《中南大学学报（社会科学版）》2009年第3期。

我国三机关关系的刑事司法体制的宪法安排。由于宪法和法律规定公安机关行使侦查权，检察机关行使检察权，而人民法院行使审判权，三机关属于平等的相互制约关系而不是主从关系。那么，提前介入机制实际上面临检察权干预侦查权的违宪风险。

司法体制对于刑事司法运行机制的制约与影响可以通过新刑事诉讼法的诸多制度运行情况加以考察。例如：新《刑事诉讼法》第54条规定了非法证据排除规则："采用刑讯逼供等非法方法收集的犯罪嫌疑人、被告人供述和采用暴力、威胁等非法方法收集的证人证言、被害人陈述，应当予以排除。收集物证、书证，不符合法定程序，可能严重影响司法公正的，应当予以补正或者作出合理解释；不能补正或者作出合理解释的，对该证据应当予以排除。"但是该证据规则需要相应的程序规则相配套，尤其是需要完整系统的讯问规则才能有效实施，我国现行侦查讯问规则还很不完善。如犯罪嫌疑人、被告人没有保持沉默的权利，没有要求律师在场的权利，讯问地点、时间、方法与程序缺乏明确具体的规定，录音、录像由专门机关自主决定实施等，这些都使得非法的侦查讯问难以杜绝，而非法证据举证责任不明致使其难以被排除。通过对不同地区新刑事诉讼法实施情况的调研来看，各地几乎没有或者很少有非法证据排除的案件。[1]其原因之一就在于检警协作得不够好或者根本没有协作，有的检察机关对公安机关的侦查情况根本不了解，在审查逮捕或者审查起诉中很难发现存在非法证据，而到法庭审判阶段，被告人往往声称遭到刑讯逼供而提出排除非法证据的要求。当然，通过检察机关在审查逮捕与审查起诉中讯问犯罪嫌疑人、听取被害人及代理人、辩护人的意见能够发现侦查中存在的一些问题，通过重大刑事案件提前介入机制也能够在一定程度上发挥把关作用，但仅仅依靠现行机制通过在审查逮捕与起诉环节要全面把握侦查的具体情况既不可能也不现实。提前介入机制的不规范作业也难以保证所有重大刑事案件的侦查质量，何况大量的一般刑事案件还没有建立提前介入机制。实际上，新刑事诉讼法在加强侦查监督与强化检察机关举证责任的同时，司法实践中检警协作机制已经或正在遭遇体制的巨大障碍。

---

〔1〕 参见闫召华："'名禁实允'与'虽令不行'：非法证据排除难研究"，载《法制与社会发展》2014年第2期。

（二）控辩对抗机制的配套制度阙如

控辩平等原则包括两个方面的含义：其一，平等武装。它要求刑事诉讼法应当为控辩双方提供对等的攻防手段，但实际上控诉方拥有远超于辩护方的力量和优势，为此，刑事诉讼制度必须在权利义务的立法配置上适当向辩护方倾斜并提供特别的制度保障：一是全面贯彻无罪推定原则；二是规定控诉方在庭前单方面开示证据；三是规定并实施非法证据排除规则。通过三个方面的制度安排确保辩护方拥有最低限度的防御权利。其二，平等保护。它要求法官必须对控辩双方提供平等的保护。刑事诉讼法再次修改后，随着辩护权利的扩大，在辩护律师广泛参与刑事诉讼与其辩护能力显著提升的情况下，部分公安机关与检察机关往往缺少应对策略，只好再次退回到过去通过各种手段限制辩护权的老路上去。例如，侦查阶段规定辩护律师的无障碍会见制度在部分地区依然存在违法拒绝会见的情况，随意扩大特殊案件批准会见的范围致使律师会见犯罪嫌疑人的申请难以得到批准；对于律师提出的意见，专门机关往往不够重视，或者听取之后没有及时反馈；在审查起诉阶段，部分检察机关尽管为律师提供阅卷便利，但往往通过限制阅卷时间，提高复制成本甚至以泄露国家机密为由不予批准等方式限制辩护人行使权利。对于调查取证权由于法律规定辩护律师行使该权利存在诸多限制，辩护律师往往怠于行使转而申请检察机关取证，检察机关经过审查往往认为没有必要而拒绝辩护律师的申请。实际上，侦查阶段的律师辩护权依然受到较大限制，除了可以行使会见权，了解犯罪嫌疑人涉嫌的罪名，申请取保候审或提出意见之外，实质意义的阅卷权、调查取证权与核实证据权在该阶段都不能得到行驶。审查起诉阶段辩护律师可以行使诸多辩护权利，尤其是可以查阅案件材料并提出意见，但是检察机关依然拥有限制其权利行使的诸多手段。例如，我国没有建立证据开示制度，检察机关在向法院移送案卷材料的时候依然可以对移送内容进行选择甚至隐藏关键证据材料或者是对辩护方有利的证据材料；《刑事诉讼法》第 40 条规定："辩护人收集的有关犯罪嫌疑人不在犯罪现场、未达到刑事责任年龄、属于依法不负刑事责任的精神病人的证据，应当及时告知公安机关、人民检察院。"但没有规定如果违反将承担何种法律后果，部分辩护律师发现案卷中存在的问题既不提出异议，也不反映情况，直到法庭审判时才作为一项重大的辩护理由提出，往往造成法庭审判出现突袭现象，这些情况表明控辩平等对抗机制的相关配套制度还没有建立起来，从而直接影响到刑事诉讼的顺利进行。

（三）审判独立与裁判中立要求依然受制于配合原则

尽管新刑事诉讼法从多方面加强法庭审判的实质化，增强法庭审判的对抗性，法官的独立与中立性正在得到强化。但鉴于宪法和法律规定的三机关配合制约原则，刑事法官在程序与实体诸多方面实际上仍然倾向于控诉方。例如，在法院审判前的程序审查中，发现案卷存在程序问题或者是实体问题时常与检察机关沟通；发现非法证据需要排除时，案件承办人员多选择与检察人员进行协商；对证据看法不一致的时候往往在休庭后通过交换意见得以处理，甚至案件的定罪量刑也需要检察机关与法院的反复斟酌才能确定下来。产生这些问题的主要根源就在于配合制约原则生成的固有机制，再加上错案追究制度与国家赔偿制度形成的倒查机制，使得刑事案件的侦查官员、起诉官员与审判官员力争对案件的认识判断保持完全一致而避免错误发生。实践中，为了规避错案追究责任，每当遭遇公安机关的违法侦查与检察机关的违法起诉的刑事案件，法院的审判就会陷于极大的困境之中，如果作出无罪判决，公安机关与检察机关都要承担错案责任，法院就会得罪兄弟单位；如果作出有罪判决，则无异于枉法裁判。如此左右为难，就会出现案件久拖不决的情形，最后只能等待中央出台关于清理羁押决定的文件后再作处理。党的十八大提出要让每个人感受到司法的公平正义，中央也反复强调司法公正对于社会公正的重要意义。最高人民法院现任院长多次讲话强调了宁可错放、不可错判的基本原则，各级法院针对近年的积案也展开了全面清理，尤其对那些没有充分证据的案件作出了无罪判决或对被告人有利的判决。在此大背景下产生了一些无罪判决的典型判例，关押多年的被告人获得释放，极大彰显了刑事司法公正。不过，随之而来的错案追究程序启动给当地公安机关与检察机关将会带来巨大的办案压力。中央政法委出台的文件中强调办案人员必须对所办案件终身负责，也就是说，这些工作人员要承担终身的错案追究责任。在此情形下，刑事审判将对刑事侦查与审查起诉产生极大影响，倘若法庭作出无罪判决，那么公安机关与检察机关就必然承担相应的错案责任，刑事法官就必然会考虑自己是否会因此受到公安机关和检察机关的职业报复。可以预见，在现行体制下，法院的高调无罪判决运动不可避免地会遭到公安和检察的抵制和消解，甚至引发乃至加剧三机关之间的矛盾冲突。这些问题产生的根本原因就在于现行的司法体制的弊端，因为，相互平行的权力配置与相对封闭的办案机制要求法官独立行使审判权本身就存在着深刻的悖论并面临着严峻的现实困境。可见，刑事司法公正目标与新刑事诉讼法所带来的运行机制新变化已经提出了全面深化刑事司法体制改革的迫切要求。

第五章

社会转型中的刑事司法理性化困局及改革出路

马克斯·韦伯指出："从罗马法的形式主义原则中发展起来的现代西方的理性法律，其主要特征是法律程序的理性化。在此意义上，脱离法律规则和程序的行为都可被称为是非理性的。"〔1〕现代刑事司法程序属于高度形式理性的法律制度，它建立在权力规制与人权保障的民主宪政国家原则之上，从而理性和平地消解国家与个人之间的刑事争端，保障权利和恢复秩序。刑事司法理性化是指严格依照高度形式理性化的诉讼程序展开刑事司法全过程。"司法形式主义使法律制度可以像技术性的理性机器那样运行。因而，它能够保证个人或团体在相对宽泛的自由制度里活动，并使之可预料自己行为的法律后果。程序包含了特殊的和平竞争，被作为'游戏规则'而得到遵守。"〔2〕实际上，传统刑事司法向现代刑事司法转变的过程就是刑事司法理性化的发展过程。刑事司法诉讼化、刑事司法系统化与刑事司法民事化是近现代刑事司法理性化发展的三个基本特征，各国刑事司法理性化发展都可以通过这三个向度予以解析和说明。刑事司法诉讼化是刑事司法贯彻司法审查等原则所进行的诉讼结构调整的必然结果与制度运作呈现诉讼形态的高度概括；刑事司法系统化是刑事司法遵循系统规律下的刑事司法要素及系统明确区分的具体体现，刑事司法诉讼化与刑事司法系统化实际上是刑事正当程序的内部结构整合与外部环境优化的制度表达；刑事司法民事化则是随着人们对于国家观

〔1〕 转引自陈金钊：《法律解释的哲理》，山东人民出版社 1999 年版，第 150 页。

〔2〕［德］马克斯·韦伯：《论经济与社会中的法律》，张乃根译，中国大百科全书出版社 1998 年版，第 227 页。

念、犯罪观念及刑事司法理念的认识持续升华而进行的刑事司法目的价值重新定位的必然结果，也是对当代人本主义思潮与科学发展理念的法律回应。推进我国刑事司法理性化进程是建设社会主义法治国家的重要环节，我国刑事司法制度业尽管已形成体系并在逐步完善，但是，还不完全符合刑事司法理性化发展要求和社会转型期的制度需要，刑事司法理性化发展的三个向度在当代中国刑事司法改革和发展中显现出诸多困局。社会转型中所产生的大量利益冲突需要最大限度地发挥法律制度调整和稳定社会关系的基本功能，尤其是直接关涉公民个人基本人权保障的刑事司法必须进行重大的观念更新与深刻的制度变革，才能适应社会转型期及时有效解决严重冲突以维护和谐社会秩序的迫切需要。

一、刑事司法理性化发展趋势及我国刑事司法困局

（一）刑事司法诉讼化及我国刑事司法改革面临的诉讼结构困局

诉讼，从字义上说，“诉”是告诉、告发、控告之意；“讼”是争论、争辩，将纠纷情形言之于公。[1]刑事司法诉讼化是指作为解决严重争端的法律机制应当呈现出三方关系结构，具备决策主体的多元化、决策行为的合意化、决策程序的公开化、决策机制的理性化等基本特征。遵循裁判中立、控审分离、控辩平等诸原则而形成的通过提出诉求、倾听争辩而作出权威裁判并最终解决刑事争端的法律活动。人类早期弹劾式诉讼就是典型的诉讼化解决争端的司法模式。当社会发展到一定阶段，犯罪被视为直接威胁统治者利益与共同体秩序的严重违法行为时，统治阶级就会凭借手中的国家暴力以社会普遍利益代表身份着手制定大量异常严苛的刑法并对犯罪者实施严厉惩罚，刑事司法也就成了维护统治者利益及秩序的单纯暴力工具而演化为行政化的处罚机制。[2]

在西方，经过“罗马法运动”“文艺复兴运动”“宗教改革运动”“启蒙运动”“资产阶级大革命”，人民主权与公民人权思想深入人心，平等自由与社会契约观念广为流行。程序法定与无罪推定等新兴法律原则对传统刑事司法模式与制度理念进行了全面荡涤，以实现国家控诉与审判分离制衡并充分

---

〔1〕 徐静村主编：《刑事诉讼法学》（第2版），法律出版社2011年版，第3页。

〔2〕 谭光定、张能全：“刑事司法政法属性的生态学解析”，载《兰州学刊》2012年第2期。

肯定犯罪嫌疑人、被告人的主体资格与基本人权，全面保障其辩护权行使的现代辩论式诉讼开始登上历史舞台。在教会神权与世俗王权分庭抗礼的斗争中，检察官制度伴随着人民主权思想传播，并在市民社会革命胜利后形成的新型政治框架基础上得以发展成熟，从而对刑事诉讼结构分化与刑事司法理性化发展产生了重要影响。刑事司法程序更加关注作为普通公民代表者的犯罪嫌疑人与被告人在刑事诉讼中的具体状况并赋予其完整的辩护权以抗衡国家强权。刑事司法权力随之完成分化，审判与控诉进行诉讼职能上的全面分割，而律师职业的广为兴起为刑事辩护职能行使提供了条件，这极大促成了刑事诉讼理论的不断完善与刑事正当程序的渐次生成，当事人主义诉讼程序成了各国刑事司法改革争相学习仿效的范本。刑事诉讼中的控诉、辩护与裁判呈现出比较均衡的力量对比与相互制衡关系，并逐渐形成了科学合理的诉讼化形态的刑事司法构造。其主要特征在于：法官在刑事诉讼过程中对所有实体问题及程序问题行使终极意义上的裁判权，警察、检察官作为刑事诉讼中的控诉者行使侦查权和公诉权，但涉及公民基本权利的侦查行为和公诉行为，都要接受法官的司法审查，犯罪嫌疑人、被告人及其辩护人如果自身权利受到侵犯随时可以提请旨在实现其司法救济的诉讼活动。〔1〕应辩护方申请，法院应当组成合议庭对该项诉求通过开庭审判予以处理。在整个刑事诉讼过程中，所有司法行为都是通过三方主体积极参与，控诉方与辩护方展开对席辩论，最后由裁判者作出权威决定。亦即，刑事司法诉讼化就是将全部刑事司法活动置于独立而中立的法官视野之中，通过三方对话机制展开刑事诉讼的全部过程，从而解决各种程序争议以及实体争端，实现程序公正与实体公正的目标。

刑事司法诉讼化要求刑事争端的解决方式应当是三方构造而非两方构造，裁判者与原被告双方应保持着等同距离，形成居于其间，而踞于之上的三方诉讼格局。〔2〕中国刑事司法构造从很大程度上说还不具备完整意义上的三方结构，集中表现为一种流水作业式的诉讼构造，控诉、辩护与审判未能形成协调均衡的结构关系，往往呈现出比较弱势的三方关系乃至更多呈现为两方对峙关系，其行政治罪因素还十分突出。〔3〕具体表现在：在侦查阶段，诉讼

---

〔1〕 参见陈瑞华：《刑事诉讼的前沿问题》，中国人民大学出版社2000年版，第225页。

〔2〕 参见龙宗智：《刑事庭审制度研究》，中国政法大学出版社2001年版，第39页。

〔3〕 左卫民："司法化：中国刑事诉讼法修改的当下与未来走向"，载《四川大学学报（哲学社会科学版）》2012年第1期。

关系主要表现为侦查为主，辩护为从的双方关系。侦查被视为国家为追究犯罪而行使的一项官方调查权，其行为往往是单方面、秘密进行的职权行为，当事人及辩护人没有要求在场的权利；当辩护权利受到侵犯时只能申诉或者控告而不能提起诉讼。《刑事诉讼法》第47条规定：“辩护人、诉讼代理人认为公安机关、人民检察院、人民法院及其工作人员阻碍其依法行使诉讼权利的，有权向同级或者上一级人民检察院申诉或者控告。人民检察院对申诉或者控告应当及时进行审查，情况属实的，通知有关机关予以纠正。”这种中国特色的救济方式在多大程度上能够给予侵犯辩护权利的行为施与救济并无疑问，因为世界各国对于辩护权利的救济都是通过司法救济予以实现的，我国检察机关的行政性救济的及时有效性实际上没有任何机制保障，因为这种行政化的救济不具有诉讼的基本特征，也没有任何制裁措施。《刑事诉讼法》第159条规定：“在案件侦查终结前，辩护律师提出要求的，侦查机关应当听取辩护律师的意见，并记录在案。辩护律师提出书面意见的，应当附卷。”辩护律师对于侦查可以提出意见，但仅仅是向办案机关提出意见，提出之后是否还有下文不得而知，这种看似是一项权利实则没有任何保障的条文对于辩护权利的维护没有多大的实质意义。有学者就指出：“观察我国的刑事诉讼程序，在整个审判前阶段上，犯罪嫌疑人名为诉讼主体，实为诉讼义务的承担主体。犯罪嫌疑人除了履行配合控诉机关查明案件事实的诉讼义务之外，难以真正以一个诉讼主体的角色积极参与诉讼过程并通过自己的诉讼行为维护自己的合法权益。造成这一局面的原因在于我们的法律所设计的审前程序行政化色彩和神秘化色彩浓厚，诉讼化机制严重不足。”[1]在审查起诉阶段，诉讼关系表现为检察为主，辩护为从的双方关系。《刑事诉讼法》第170条规定：“人民检察院审查案件，应当讯问犯罪嫌疑人，听取辩护人、被害人及其诉讼代理人的意见，并记录在案。辩护人、被害人及其诉讼代理人提出书面意见的，应当附卷。”该条文尽管体现了当事人在审查起诉阶段的诉讼参与权利，但是，专门机关与诉讼当事人并非具有平等性，检察机关作为国家控诉机关，对于案件的发展和走向拥有绝对的控制权，辩护一方只能向其表达意见，没有向法院申请救济的权利，影响力也十分微弱。实际上，“在我国刑事

---

〔1〕 李建明：《刑事司法错误——以刑事错案为中心的研究》，人民出版社2013年版，第208页。

审前程序中，辩护律师与侦查人员、公诉人员所发生的任何诉讼争议，都无法被纳入司法裁判的范围，而只能由侦查机关、检察机关单方面作出有利于本方的决定。与此同时，整个侦查程序注定是高度封闭和垄断化的国家追诉活动，侦查机关为收集犯罪证据，可以运用一切司法资源，并任意剥夺嫌疑人的自由，迫使其放弃一切有效的防御行动，而不得不配合侦查机关的追诉行为。这样，所谓嫌疑人的‘辩护权’和‘诉讼主体地位’，都失去了最基本的制度基础。”〔1〕在法庭审判阶段，尽管诉讼关系表现为三方关系，由于控诉力量的强大影响，法官独立性较弱，法庭审判形式化现象严重，控辩平等的保障机制不足等最终造成三方关系畸形化。亦即，控诉方对法庭的影响远远超过辩护方对法庭的影响，从而形成非均衡的法庭三方关系，远离诉讼化构造的旨意和精神。

中国刑事司法的非诉讼化构造形成主要受到以下因素的深刻影响：其一，古老而悠久的专制传统造就了过分早熟的行政司法合一的纠问诉讼制度，该制度表现为一种恣意专断的犯罪处理机制。一方是代表国家无上权威且拥有生杀大权却鲜有任何约束的纠问官员，一方是被国家追诉且没有任何诉讼地位和辩护权利的犯罪嫌疑人与被告人。诉讼活动就在双方力量极不对称的程序架构中展开，不存在诉讼意义上的刑事司法三元构造而属于典型的行政二元构造，裁决机构缺乏独立和中立的身份与地位。有学者曾经批评指出：“以往的社会管理几乎没有中立因素，全部呈一边倒单向排列，故而整个结构呈刚性整体，十分强悍，也十分脆弱。”〔2〕其二，社会主义计划经济时代超职权主义刑事司法模式突出强调了惩罚犯罪的重要性与维护社会稳定的必要性，侦查、控诉与审判任务的一致性决定其权力分化的不彻底性，犯罪嫌疑人、被告人主体地位的弱化与辩护权利的不完善显现出刑事司法结构的非理性及价值追求的非平衡性。〔3〕其三，现阶段中国市场经济发展不均衡，政治体制改革进展较缓，国家权力集中化程度较高，社会规范治理还比较滞后，传统集权化治理惯性与现代社会治理手段缺乏导致行政化管理手段的全面泛化和

---

〔1〕陈瑞华：《刑事诉讼的中国模式》，法律出版社 2008 年版，第 262~263 页。

〔2〕朱学勤：《书斋里的革命》，长春出版社 1999 年版，第 425 页。

〔3〕张能全：“我国刑事诉讼制度的系统论分析”，载《海南大学学报（人文社科版）》2006 年第 3 期。

对压制型刑事司法模式的过分依赖。[1]由于刑事司法程序没有完成诉讼化改造，公安机关与检察机关都是互不隶属的追诉主体且各自享有广泛的程序处置权，审判机关只有定罪处刑的实体裁判权，而且不具有相对独立和实质中立的诉讼地位，裁判过程乃至裁判结果往往受到控诉权的极大影响，这种框架中的刑事诉讼结构关系必然发生倾斜甚至失衡。公正与效率作为刑事诉讼的价值目标要求刑事侦查力量集中统一行使，既能够迅速查明案件事实，收集犯罪证据；又能够对侦查权进行适度控制，防止侵害公民人权。大陆法国家的检警一体模式与英美法国家的检察引导侦查模式说明了刑事侦查中检主警辅配置与检警协作的必要性与合理性。如果说在审判阶段，两大法系还存在模式上的差异的话，那么在侦查阶段，这种差异已基本不存在，或者说已不太显著，当今世界各国在侦查程序构造方面呈现出共同性发展的趋势。[2]我国侦查力量由多种机关单独垄断行使容易导致侦查资源的高度分散，而分阶段介入的流水作业模式又导致侦查权缺乏必要的监督和控制，产生侦查效率低下，补充侦查频繁、违法行为普遍等问题。更为严重的在于侦查权违法行使与滥用致使公民人权受侵害的情况并不少见，刑讯逼供、超期羁押与律师辩护难成为当前刑事诉讼的三大顽症。[3]检察机关法律监督者地位与其检察职能的重叠致使刑事诉讼结构被扭曲，行使控诉权的检察官坚持其行使的诉讼监督权做法导致审判权受到了极大挑战。[4]刑事法官独立地位与中立角色缺乏制度保障，受刑事政策影响与刑事诉讼结构压力出现偏向惩罚犯罪方面较为突出。

（二）刑事司法系统化及我国刑事司法改革面临的司法体制困局

当代系统科学将一切事物都看作是内部具有诸多元素、外部具有一定环境、由诸元素间及其与相关环境间相互作用所构成的、一定有组织的整体，即系统。[5]根据一般系统理论，系统具有整体性、相关性、动态性及系统环

---

〔1〕 参见［美］诺内特、塞尔兹尼克：《转变中的法律与社会》，张志铭译，中国政法大学出版社1994年版，第37页。

〔2〕 陈永生：《侦查程序原理论》，中国人民公安大学出版社2003年版，第283页。

〔3〕 参见陈卫东：《刑事诉讼法实施问题调查报告》，中国方正出版社2001年版，第一部分和第四部分。

〔4〕 参见刘计划："检察机关刑事审判监督职能解构"，载《中国法学》2012年第5期。

〔5〕 张强："系统方法论与唯物辩证法"，载《系统辩证学学报》2004年第10期。

境互生共塑性等诸多特征。法律作为一种自治组织，属于自我关联的自创生体系，也是一个有机的社会生态系统。它通过自我关联与自我调整而维持其自身的稳定性，同时，它通过与外部环境的交流并进行不断调适而保持系统的开放性。作为一个行动闭合与认知开放的系统，它通过系统闭合完成其自身的运动和演化，通过系统开放完成信息和能量的交换。〔1〕德国著名的社会学家卢曼指出，法律是社会系统的一种结构，它的功能在于调节社会系统中的复杂问题。〔2〕后现代社会的法律如活的生命体一样，是“自我塑成的”，就像一个活的生物体通过内部的器官的互动存活一样，法律通过其组成部分的互动而维护着自身的统一性和独立自治。〔3〕刑事司法系统作为社会制度的重要组织与结构，同样构成完整独立的功能系统。其观念要素、规范要素与组织实施要素互相关联、互相作用和互相影响，共同作用于刑事司法制度系统。刑事司法制度的统一性表现在刑事司法系统的循环封闭性，其独立自治表现为通过三大要素的互动与整合完成自组织与自我再生产过程，构成完整的自我关联与自动循环，继而形成司法制度的自创生体系，最终实现刑事司法的消解冲突功能和社会控制功能。

法律的生命不在于逻辑，而在于经验。法律的理想、原则和规范只有作用于具体司法实践才能发挥调整社会关系的基本功能，因而需要专门的法律主体去有效组织和贯彻实施。“法治”一词所意味着的不只是单纯法律的存在，而是指法律机构取得足够独立的权威并能够对政府权力的行使进行规范约束。这也就意味着法治的诞生。国家刑事法治尽管需要先进的观念驱动与系统的规范约束，但关键还在于职能主体依法组织实施。法律组织实施系统的建构直接受到法律观念系统的影响，从而在实质上受到法律规范系统的制约。根据一般系统论、国家法治原则和主要国家的法治经验，国家刑事司法系统化最重要的变革领域在于组织实施体系的系统化，法治秩序决定了政治与法律的功能分化，由此决定了刑事司法系统的功能分化与角色分工，保持独立与自治成为刑事司法组织实施系统的基本要求。昂格尔曾指出：“法律秩序的产生是与现代欧洲自由主义社会的形成联系在一起的。一方面，政治与

---

〔1〕参见［德］贡塔·托依布纳：《法律：一个自创生系统》，张骐译，北京大学出版社2004年版，译者序言。

〔2〕王威：《法律社会学》，群众出版社2004年版，第405页。

〔3〕朱景文主编：《法社会学》，中国人民大学出版社2005年版，第55~56页。

行政的分离，另一方面，政治与审判的分离，不仅构成立宪的奠基石，而且还成为政治思想中的一个指导原则。自由主义国家中存在着一套独立的法律准则，一种专业化的法律机构体系，一种明确表述的法律理论传统及具有自己相对独特的观点、利益和理想的法律职业集团。”[1]西方成熟的法治经验与现代刑事司法独特品质表明刑事司法系统化是刑事司法理性化发展的重要表征。

刑事司法系统化对其实施而言，要求刑事司法活动的组织实施由具有法律专业知识的专门职业人员承担，由此组成的机构和团体将成为自组织，形成一个个相对独立、功能分化的子系统，并通过系统间的相互作用推进程序的自主运行。从事刑事侦查的司法警察、从事国家公诉的检察官、从事司法裁判的法官与从事刑事代理和辩护的律师各自归属不同的机构或团体组织，但都属于刑事司法组织实施系统的成员，受刑事司法规范体系的调整和约束。刑事司法组织实施系统正常运行取决于刑事司法规范系统严格的法律规定与科学的程序安排，对于刑事诉讼主体的权利义务、行为模式与作用方式作出具体而有操作性的规定。全面贯彻控审分离、控辩平等、裁判中立原则要求，将刑事诉讼主体根据职能不同严格划分为裁判主体、控诉主体与辩护主体，各个主体各司其职，各负其责。根据刑事诉讼系统中的国家权力与公民个人权利不成比例的情况，对刑事诉讼中的追诉权力进行严密的程序规制和司法控制，对较为弱小的辩护权利加以扶持和扩张，并由客观中立的裁判机关监督行政权力的运行和对公民个人提供充分的司法救济以保证诉讼活动的公正性。在整个刑事诉讼中形成裁判、控诉、辩护三方主体良性互动的诉讼格局，从而使系统要素功能得到充分发挥，通过主体间互相作用生成稳定有序的系统结构，推进刑事诉讼制度的有序运作。同时，刑事司法系统化要求将刑事司法与外部环境明确区分开来，通过正当程序形成隔离机制，从而避免外部环境因素对刑事司法造成影响乃至不当干预，确保刑事司法系统自主运行和功能自治。实际上，刑事司法制度实施系统的协调与整合是社会的需要与世界各国的共同做法，根据法律原则而不是政治原则来设计和建构刑事司法组织实施系统，本着法治原则和功能分化的社会学原理对权力根据其性质作出明确的划分。司法机构、司法人员完全独立于行政机构、行政人员，其设施装

---

〔1〕［美］R. M. 昂格尔：《现代社会中的法律》，吴玉章、周汉华译，译林出版社 2001 年版，第 51 页。

备、人员配备与经费划拨由国家权力机关来决定，从而实现刑事司法系统化。

刑事司法系统化是运用系统论与生态学方法论探索刑事司法制度的改革思路，刑事司法职业化则是运用社会学尤其是职业社会学理论探索刑事司法制度的改革思路。刑事司法职业化是司法职业化的重要方面，也是刑事司法系统化的具体体现。司法职业是一个以时间为变量的漫长过程，在历史发展的链条中，在社会分工的巨手下，司法职业从整个社会组织的巨大粗绳中分离出来，成为具有特殊徽征的社会控制之维。司法职业作为一种有共同目标和行为规范的行业组织体，其形成不仅具有外部的形式，还是特定条件下的一种自成体系的法律群体。另外，司法职业还具有一定内在价值文化或者精神，这样，司法职业以特定的结构形式展现和发展，从而体现其整体的功能，并以此区别于其他行业。〔1〕司法的职业化抑或法律的职业化发展结果是形成并造就法律职业共同体，而法律职业共同体是在制度上和观念上维护法治社会存在的中坚力量，对于捍卫法治秩序的重要作用表现在：其一，通过具体个案运作和监督整个法律制度。法律制度需要具体的法律职业者将法律运用于个案，没有法律职业者具体操作，没有法律职业共同体氛围的支撑，法律制度不可能自动产生作用。其二，通过法律职业者将法律运用于个案实现权利保障与社会公正。现代民主政治是多数人的政治，因而需要法治维护少数人的利益，使得二者得到公平对待。法律职业共同体对人权保护秉承坚定信念，远离多数主义政治运作场合，能够成为维护和加强那些不受重视的权利的坚强后盾，从而防止多数对少数的暴政，最终使所有人都得到相对的公平对待。其三，法律职业共同体通过坚定的信念和亲历的行为，捍卫法治并促进法治发展。法律是独立于道德、宗教和政治意识形态的专业化的知识体系，法律职业者通过独立地运用法律知识处理个案，从而维护着法律的自主性，并将其作为理想和信仰，从而树立法律的权威性。其四，法律职业共同体通过诉诸合法性努力追求公平正义与和谐秩序的协调统一从而型构和塑造法治社会。现代社会秩序属于网络框架体系，是各种政治、经济和社会制度以及各种活动之间相互作用的复杂网络化的结果；并不同于那种通过强化共同的价值体系，或强化国家权威，或是干脆诉诸赤裸裸的武力构建的传统社会秩序。现代社会通过各种制度和相关活动将权力划分为不同的中心，并且造成

---

〔1〕宋远升：《法官论》，法律出版社 2012 年版，第 40~41 页。

迫使人们遵从的各种压力，在这种权力之网与压力之网中，人们的分离和反叛意识也比传统社会更强，各种社会矛盾和冲突更多。法律职业共同体通过运用法律和规则有效解决矛盾和冲突，维持结构的平衡和秩序的稳定，最终实现正义与秩序的平衡，并促使法治社会的形成。[1]

我国现行司法体制及刑事诉讼运行机制还不能完全适应刑事司法系统化的运作要求。刑事司法系统化要求刑事司法活动必须由专门的职能主体独立担当，严格遵循司法自身内在规律和国际公认的各项司法准则，建构和实施真正意义上的刑事正当程序。近年来，我国刑事司法程序的正当性水平逐渐提高，但还未达到国际最低准则的要求。一方面，刑事司法主体权力属性不明确，所承担的诉讼职能存在交叉重叠现象，刑事司法未实现完整意义上的诉讼化改造，刑事司法体制中的公安机关、人民检察院与人民法院相互关系设置未能完全遵循刑事诉讼规律；另一方面，刑事司法职权主体与外部环境区分并不明显，外部因素时常影响乃至干扰刑事司法系统的自主运行。根据我国宪法的规定，公安机关是国家的治安行政机关，是人民政府所属的职能部门之一；人民检察院是国家的法律监督机关，监督国家法律的正确、统一实施；人民法院是国家的审判机关，行使国家审判权。在各级政权机构中，人民政府、人民检察院和人民法院都向本级人民代表大会负责并报告工作。[2]尽管公检法必须本着分工负责、互相配合、互相制约的原则在法律规定的范围内展开刑事司法活动，但它们有着相同的任务与职权，共同遵守的原则、要求以及极为相似的诉讼活动方式。实际上，刑事诉讼法中类似要求公检法三机关共同遵守的条文非常之多，而且主要集中在刑事诉讼法的总则部分。这些共同的规定与刑事司法实践说明我国刑事诉讼存在着一定程度的要素混同与系统混淆现象。政治法律系统混淆，法律过度政治化尤其是刑事司法政治化将产生高度的危险性，因为它直接助长恣意，排斥法治，压制人权，苏联的肃反运动和我国的反右斗争扩大化就是血的教训。我国刑事司法组织实施系统混淆不仅在于司法系统中的职能区分不明，职权配置明显背离现代司法理性，而且在于刑事司法系统存在党政不分、政司不分现象，三机关实际成为其上级机关和同级党委政府的具体办事机关，而且随时受到人大、政协

---

〔1〕参见卢学英：《法律职业共同体引论》，法律出版社 2010 年版，第 228~230 页。

〔2〕陈光中、徐静村主编：《刑事诉讼法学》，中国政法大学出版社 1999 年版，第 61 页。

等机关的监督乃至媒体舆论的影响，尤其是司法机关属地化造成刑事司法地方化，人事、财政的地方化使得司法沦为地方党委和政府的工具。[1]“我国现行制度正是把法院和检察院置于地方权力的控制之下，法官和检察官由地方任命，法院和检察院的经费由地方财政部门控制，司法机关的一切活动都逃不出地方如来佛的手心。”[2]由于司法组织实施系统的结构和功能都没有取得独立的地位，使得法律规范的适用缺乏强有力的组织保证。刑事司法系统化建构没有完成，造成刑事司法难以实现其解决严重争端的基本功能。

我国法律职业化进程较为缓慢，法律职业共同体还没有完全形成，从而直接影响到法治秩序的生成。从目前来看，我国虽然已经具备法官、检察官、律师、法学学者等共同体的基本结构要素，但法律职业群体的同质性尚未具备。有学者指出：“体制内司法官员嫉妒体制外的律师日进斗金，为利而私；体制外的律师羡慕体制内司法官员大权在握，罔顾正义。也正是因为中国在现阶段尚未形成较为成熟的法律职业共同体，所以不要说承担追诉职责的检察官，就是作为中立裁判者的法官，也常常将辩护律师当成自己职业成功的竞争对手。”[3]同质性是指法律职业群体拥有共同的伦理、知识结构、精神气质、行为模式、思维方式等，它是法律职业共同体的核心要素，因为共同体实际上是指具有共同性质，成员有归属感，并且维持着形成社会实体的社会联系和社会互动的群体。我国法官、检察官、律师及法学学者已经有明确的职责分工，不同的职业类型已经形成比较成熟的职业规范，而且在职业类型之间形成了基本的职业交流和互动机制。但是，在专业化方面仍然十分欠缺，由此影响到共同体的伦理、知识结构、精神气质、行为模式、思维方式等的形成，从而使得职业群体的同质性难以构成。我国法律职业专业化的缺失主要表现在两个方面：其一，法律职业者间参差不齐，法律学识的专业化达不到要求。其二，作为法律职业者独特的思维方式，法律思维在中国法律职业者中还没有得到真正确立，以非法律性和非专业性的技能处理法律事务的情况仍然广泛存在。“我国古代社会虽然存在着事务的分工但是不存在法律职业的分化，科举制度创造了知识对社会的统治，同时也在抑制专业知识对

[1] 参见谭世贵主编：《中国司法原理》，高等教育出版社2004年版，第130页。

[2] 贺卫方：《运送正义的方式》，上海三联书店2002年版，第6页。

[3] 李奋飞：“论‘表演性辩护’——中国律师法庭辩护功能的异化及其矫正”，载《政法论坛》2015年第3期。

社会的统治。”〔1〕“中国几千年来所形成的根深蒂固的伦理化的思维方式和革命战争时期所形成的政治化的思维方式往往在法律职业者身上不时显现，从而阻碍着法律职业思维的形成和普及。”〔2〕实际上，我国法律职业者的政治化、行政化与大众化等非专业化倾向仍然比较浓重，而法律学识、法律思维、法律技能、法律职业伦理等专业化要素未能形成统一。那么，法律职业群体的同质性就不具备，法律职业共同体就没有成就的条件。因为，“建立法治社会必然要求法律界成为一个更有力量的群体，而欲使法律界有力量，同质性是一个基本要求。反过来说，使一个职业力量削弱的最有效的方法便是设法让层次多样，品类不一的各色人等都进入其中，另外，成员们语言无法沟通，规则因人而异，标准难以认同，各吹各的号，各唱各的调，团体云呼哉!”〔3〕然而，“法律以及司法标准的稳定性并非来自于立法，而是来自于法律家们的推理方法，来自于表达意义所使用的语言，也来自于法律职业者的同质性所产生的对知识与行为两方面的制约。”〔4〕

（三）刑事司法民事化及我国刑事司法改革面临的刑事政策困局

20世纪70至80年代后，随着人权保障观念的深化与刑罚目的观的改变，恢复性司法运动在世界各地广泛兴起，被害人权利日益受到关注和重视，加之受美国刑事正当程序革命的深刻影响，世界各国相继掀起刑事程序的持续变革，刑事诉讼制度发生了很大变化。联合国预防犯罪和刑事司法委员会在《关于在刑事事项上采用恢复性司法方案的基本原则》的决议草案中专门阐释了恢复性司法的含义和内容——它是指采用恢复性程序实现恢复性结果的任何方案。恢复性程序是指通常在调解人的帮助下，受害人和罪犯及受犯罪影响的其他个人或社区成员共同积极参与解决由犯罪造成的问题的程序，恢复性结果包括旨在满足当事人的个别和共同需要及履行其责任并实现受害人和罪犯重新融入社会的补偿、归还、社区服务等对策和方案。〔5〕恢复性司法的基本特征在于：一是恢复性。在恢复性司法中，刑事司法活动着力于修复被

---

〔1〕陆而启：《法官角色论——从社会、组织和诉讼场域的审视》，法律出版社2009年版，第135页。

〔2〕卢学英：《法律职业共同体引论》，法律出版社2010年版，第110页。

〔3〕贺卫方主编：《中国法律教育之路》，中国政法大学出版社1997年版，第116页。

〔4〕贺卫方：“法律职业的方法基础”，载《人民法院报》2002年4月1日。

〔5〕李忠诚：“关于恢复性司法方案中的几个问题”，载《中国律师》2002年第9期。

犯罪损害的社会关系。二是国家社会性。恢复性司法是在完全或部分建构在国家责任学说基础上的社会总动员；三是前瞻性。作为一种对社会关系的妥协性或协商性维护，恢复性司法着眼于问题的解决及未来犯罪行为的一般预防，具有较强的前瞻性。〔1〕

在恢复性司法视野中，国家不再主要追求对犯罪行为人进行单纯片面的惩罚，而是将刑事案件主要看作被害人与被告人之间的私人纷争，国家站在第三者的立场上对纷争进行客观公正的评判。在被告人真诚悔过并以诚实行动弥补自己过错的前提下，国家可以变更、暂缓乃至放弃刑事惩罚，从而在一定程度上体现出刑事司法民事化的发展趋势。这种将刑事案件民事化处理的方式深刻地影响着刑事诉讼程序运行及其变革，反映了新时期人们对于国家观念、犯罪观念乃至刑事司法观念的重大变化。我国刑事政策的调整与刑事诉讼法的两度修改也较好地回应了当今刑事司法变革的发展趋势。进入社会转型时期后，日渐增多的社会越轨行为与居高不下的违法犯罪促使刑事司法范式转型以及刑事争端解决机制向多元发展。犯罪与人类社会相伴而生的事实告诉我们不可能将其加以消灭而只能最大限度地减少，而减少犯罪就应当更多地考虑公共事务决策机制的民主性与社会利益分配机制公平性方面的日渐改善，规范执法与公正司法，持续强化公民的法治观念并着力提升其道德文化素质，从而增强遵纪守法的自觉性，避免采取激烈甚至极端的不法举动而诉诸正式的法律渠道解决所有争端。国家通过将刑事冲突看作公民个人之间的争执，通过公正权威的司法裁判并以补偿救济为主，以处罚惩戒为辅的方式实现先在权利恢复与社会秩序维护的目的，从而使得这种冲突解决形式更显柔和与人性化。〔2〕国家司法机关以宽容体恤的人道精神、客观中立的态度立场，充分尊重控辩双方当事人的利益与诉求，在听取控辩双方意见的基础上认定案件事实，适用法律公平处置一切纷争。

现代刑事司法民事化的发展趋势不仅彰显了通过正当程序实现公正之意义，而且反映出刑事争端的当事人属性，体现了国家对于犯罪与刑事司法本质认识的进一步深化。刑事司法民事化对刑事司法诉讼化与刑事司法系统化方面提出了更高要求：其一，审判中立性得到更突出的强调。现代辩论式诉

〔1〕 张善燚：“现代宽容与我国刑事司法变革”，载《学术界》2009 年第 6 期。

〔2〕 参见何挺：“纠纷解决观在刑事司法中的引入”，载《现代法学》2011 年第 1 期。

讼认为法院和法官不是政府利益的代表者，而是社会公平正义的代表者，是独立于政府的客观中立的裁判。从司法活动的起源来看，司法机关与司法官员本来就不是高高在上的统治成员，而是由民众自己挑选出来的解决矛盾冲突的裁判者。在西方历史上，司法权的社会属性是常态，其政治工具化只发生在集权国家时期而非民主法治阶段；司法权的社会归属正是西方司法独立的真正原因。〔1〕实际上，司法是任何社会和平解决所有争端的关键因素，司法独立与客观中立的属性与消解冲突功能的协调统一决定其守护社会公正的最终目的和根本价值。其二，国家控诉呈现出谦抑态势。刑事司法民事化要求刑事司法程序展开应当最大限度地体现民事诉讼的风格与旨趣，主要不在于国家必须放弃惩罚犯罪目的，而在于强调国家必须理性对待犯罪与犯罪人。检察官一方面作为控方当事人应当与辩方当事人公平对等地展开诉讼攻防活动，真正体现“平等武装”的旨趣；另一方面作为国家与社会公共利益的代表必须恪守客观及诉讼关照义务，摒弃单方面决定和处分被指控者程序权利与实体权利的纠问做法。〔2〕应充分尊重犯罪嫌疑人与被告人的基本人权与人性尊严，适用各种强制性措施时必须遵循程序法定原则、司法审查原则和比例原则。其三，辩护主体地位得以充分肯定与全面落实。由于犯罪嫌疑人与被告人在法律地位与诉讼手段上处于天然的弱小态势，宪法与法律必须提供辩护所需之一切保障以平衡强大的控诉力量，这就需要通过全面落实其辩护主体地位，完善充实其辩护权利，实施普遍的法律援助制度及调控控辩平等的特殊规则以提供制度支撑；使其积极有效地参与到刑事诉讼中来，拥有足够的能力与控诉方进行平等的交涉与争辩，充分表达己方的意愿与诉求。纵观世界各国刑事司法运作，体现的正是刑罚轻缓化、刑事程序多元化和刑事司法民事化等发展趋势；强调法官的独立与中立、检察官的客观与理性、辩护律师参与刑事诉讼的全面性与维护当事人权利的至上性。

刑事司法民事化的发展趋势与中国将刑事诉讼视为维护统治的重要手段之传统思想存在天壤之别。在长期奉行严厉惩治犯罪的刑事政策思维定势下，人们很难认同刑事司法民事化的犯罪处理方式，在个案的刑事司法民事化实践中也出现了诸多反对声音。其主要原因在于长期形成的传统司法观念作祟，

---

〔1〕 周永坤：《规范权力——权力的法理研究》，法律出版社 2006 年版，第 43 页。

〔2〕 朱孝清：《检察官客观公正义务在中国的发展完善》，载《中国法学》2009 年第 2 期。

“民事诉讼被认为适用于解决人民内部矛盾，而刑事司法则适用于解决敌我矛盾，犯罪分子就等同于敌人”，这种观念和实践成就了惩罚主义与重刑主义的司法传统。〔1〕新中国成立以后，在对革命斗争及刑事司法经验总结提炼的基础上，提出并实施了惩办与宽大相结合的刑事政策。作为一项基本刑事政策，它在对敌斗争和同刑事犯罪作斗争的过程中逐步发展完善，其具体内容随着斗争形势的发展而不断变化，不同的历史时期有不同的表现形式。“从镇压与宽大相结合到惩办与宽大相结合，经历了一个从政治斗争到刑事政策的转变过程。”〔2〕惩罚与宽大相结合刑事政策的主要内容，包括以下几个方面的有机结合：首恶必办、胁从不问、坦白从宽、抗拒从严、立功折罪、立大功受奖，因而它又被称作“坦白从宽、抗拒从严”的刑事政策。20 世纪 80 年代初期，基于当时十分严峻的社会治安形势，及时制定出台了“严打”的刑事政策。上述两种刑事政策伴随改革开放三十多年的风雨历程不时交替甚至重叠出现，从而对中国刑事司法的具体运作产生了深刻影响。〔3〕我国刑事司法坚持严厉惩治犯罪的基本方针，强调专门机关协调运作，密切配合以有效打击犯罪，维护社会秩序，至于犯罪嫌疑人、被告人的权利保障，则往往不受重视。惩办与宽大相结合的刑事政策产生于对敌斗争的需要，适用于阶级斗争为纲的年代和高度集权的计划经济时期，必定打上阶级斗争的烙印，成为阶级斗争的工具，并显现出国家本位型的刑事政策模式的基本特征。该刑事政策作为计划经济时期国家本位型的刑事政策模式中的基本政策，其存在和发展有相对的合理性，但在市场经济条件下的国家与社会双本位型的刑事政策模式中应当进行调整。〔4〕

近年来，国家出台了宽严相济刑事政策，刑法、刑事诉讼法相继进行了重大修改，取消了部分罪名的死刑处罚条款，推行控辩式庭审改革、未成年犯罪案件实行暂缓起诉制度等。2012 年刑事诉讼法修正案对主要程序以及辩护、证据等多项制度进行了大刀阔斧的改革，落实并扩大了律师法规定的诸

---

〔1〕 参见武延平、刘根菊主编：《刑事诉讼法学参考资料汇编》（中），北京大学出版社 2005 年版，第 920 页。

〔2〕 陈兴良：“刑事法治视野中的刑事政策”，载陈兴良主编：《中国刑事政策检讨》，中国检察出版社 2004 年版，第 120 页。

〔3〕 曲新久：《刑事政策的权力分析》，中国政法大学出版社 2002 年版，第 265 页。

〔4〕 谢望原等：《中国刑事政策研究》，中国人民大学出版社 2006 年版，第 253 页。

多辩护权利，尤其是在总则部分规定了人权保障原则。与此相对应，丰富和完善了证据规则体系，规定了不得强迫任何人证实自己有罪的原则，颁布并实施了非法证据排除规则，这被视为刑事诉讼法再修改取得的重大成就。但是，由于“坦白从宽，抗拒从严”的刑事政策没有被彻底摒弃，周期性的“严打”“扫荡”等刑事司法运动不时出现，犯罪嫌疑人、被告人如实陈述的义务条款没有被废除。这些问题的存在可能架空修正案中的人权保障原则及不得强迫任何人证实自己有罪等基本原则，相关制度的实施也可能面临困境。2010年两院三部通过的两个证据规定实施以来，真正排除非法证据的案例在实践中少之又少。[1]这说明了刑事司法改革不是仅仅通过修改刑事诉讼法律中的几个条文就可以解决问题的，重要的是必须在政策层面乃至观念层面进行相应调整，再辅之以配套制度的系统改革。彻底摒弃“坦白从宽，抗拒从严”的刑事政策与“严打”的运动型司法模式，真正全面落实宽严相济的刑事政策与人本主义的刑事司法思想，辅之以慈悲为怀的司法哲学与宽容体恤的刑事司法价值观念。因为，宽容体现了刑事司法中以人为本的重要社会伦理。而以人为本就是要充分肯定人之为人的主体地位，那么，在控制犯罪的同时，就应当强调通过正当程序的制度安排保障人权，体现人的尊严和主体价值，通过相互交涉最终消解冲突，恢复社会安宁与和谐秩序。

二、走出社会转型期刑事司法理性化困局的改革出路

刑事司法的理性化进程取决于国家民主法治进程的持续推进。其核心就在于尊重法律的理性自治，国家与社会治理主要通过法治方式进行并确立宪法和法律的至高地位，从而保障公民权利与制约国家权力，这就必然要对国家权力进行科学划分与明确分工，并建构独立完整的司法体制与规范高效的程序运行机制。我国刑事司法制度经过多年建设已经形成了完整体系，但刑事司法诉讼化与系统化使命没有全面完成，刑事司法民事化理念与实践还在萌芽之中。刑事司法系统最突出的问题在于刑事司法权力之间没有明确的法律边界而且权力制约的制度设计欠合理，刑事司法系统与外部环境关系的界分并不明晰。当然这与我国权力相对集中的国家政治体制具有十分密切的内在联系，在革命时期乃至社会主义国家初创时期，保持权力的高度集中十分

---

〔1〕 李奋飞：《程序合法性研究——以刑事诉讼法为范例》，法律出版社2011年版，第164页。

必要，这有利于做到令行禁止与政令畅通。在改革开放走向纵深发展的新时期，在发展社会主义市场经济与建设社会主义法治国家的时代背景下，政治法律制度必须遵循权力运行普遍规律，按照宪法精神与法治原则加以具体建构。正如德国学者卢曼所指出的那样："从法律系统及其功能来看不允许存在没有法律的空间，不允许有法律不能涉及的行为方式，不允许有不能控制的独断专横和暴力活动的飞地。""从法律角度来看法治国家是法律（或者换一种说法：法律的自律性、法律系统的分立）具有普遍社会意义的结果。"〔1〕建设社会主义法治国家，就必须认真总结法治国家的普遍经验，落实法治的基本精神，逐步建立体现法治根本要求的刑事司法制度体系。置身于社会转型中的刑事司法改革与刑事司法的理性化发展，走出目前困局的出路关键在于以下方面的制度抉择：

（一）建设以审判为中心的诉讼制度以推进刑事司法诉讼化进程

刑事司法诉讼化构造的实现不但取决于刑事司法主体的角色定位、职能界分与结构关系的确立，而且必须坚持审判中心主义的思想理念和司法独立及司法审查等原则精神。完整意义上的诉讼结构应当在遵循裁判中立、控审分离、控辩平等与有效辩护等原则的基础上建构三方主体构造关系，控诉、辩护与裁判三方主体的法律地位平等，权利义务平衡，各自独立行使其诉讼职能以形成相互制约的关系。控诉主体与辩护主体公平对等地展开诉讼攻防活动，裁判主体超然独立与客观中立地进行居中裁判，控诉主体与辩护主体必须尊重与服从裁判主体的各项指令，自觉维护裁判权威，从而形成刑事司法活动中的审判中心主义格局。〔2〕就刑事司法的横向构造而言，控诉、辩护与审判之间呈现出以审判为中心的三角关系，控诉活动与辩护活动始终围绕刑事审判活动而有序展开，审判成为刑事司法过程的中心环节与最终裁决的真正源泉。这就要求在刑事司法横向构造中确立审判的终极权威与最高地位，所有程序问题与实体问题由裁判者通过庭审作出决定。我国完整意义上的刑事司法横向构造仅仅在审判阶段存在，而且控诉方力量过于强大，辩护方力量甚为弱小，难以与控诉方形成对等态势，而且裁判主体的独立性与中立性都不足以为公正的刑事审判提供制度支撑。必须通过强化审判权威、确立司

---

〔1〕［德］卢曼：《社会的法律》，郑伊倩译，人民出版社2009年版，第222页。

〔2〕樊崇义、张中："论刑事司法体制改革与诉讼结构调整"，载《环球法律评论》2006年第5期。

法审查职权和保障辩护权利来削弱控诉过度强势的横向构造。就刑事司法的纵向构造而言，公安机关、检察机关与审判机关通过行使侦查、起诉与审判职能而形成以法官为中心的纵向构造需要明确界定和细分专门机关职权性质与具体任务，侦查与起诉必须回归于审判前的准备程序，而不能成为决定案件最终命运的诉讼阶段，审判才是刑事诉讼的中心环节，必须坚持审判中心主义，树立法官应有的权威性。实现以审判为中心的刑事司法构造必须对我国刑事诉讼纵向结构进行以下方面的具体改造：

1. 理顺侦查与控诉之间的程序运行机制

在刑事审判前程序中，侦查服务于控诉，就应当受制于控诉，侦查权应当从属于控诉权，控诉权当然包含侦查权。从侦查的主要任务在于收集犯罪证据、采取强制措施等内容来看，侦查程序的高效运行取决于侦查资源的最佳整合以形成合力，侦查程序的规范运作则取决于侦查行为的法律规制与司法控制。我国现行的侦查体制既无法实现侦查的高效运行，也无法实现对于侦查行为的规范引导。因为侦查程序是相对独立而又封闭的诉讼环节，侦查职权配置采取的却是分散模式，从而造成侦查权力被不当分割。加之我国宏观层面为维护社会稳定而将公安机关视为最为重要的行政机关特别对待，自然使得刑事侦查在整个刑事诉讼中的地位得以突出，侦查职权持续扩张，造成刑事诉讼结构中的侦查中心格局得以形成和固化。侦查力量的高度分散必然带来侦查程序运行的低效益，而侦查职权的垄断行使则造成侦查权力的恣意和滥用，滋生侦查腐败乃至违法犯罪现象，更使得权利受到侵害的公民难以得到程序救济。故而，为确保侦查资源的合理利用与侦查职权的规范行使，需要重新配置侦查资源，打破侦查中心的程序格局，确立检察官在刑事审判前程序中终极意义上的追诉者地位，赋予其机动侦查职权和指挥侦查职权。亦即，检察官拥有全权指挥调控侦查行为的所有职权，刑事警察必须听取和服从检察官的指令展开侦查以有效整合侦查力量。[1]为此，建议强化检察机关的国家控诉职权以实现惩罚犯罪，维护社会秩序的诉讼目的，依照检警一体化原则处理检察机关与公安机关的关系，有效整合侦查力量，确保侦查真正服务于国家控诉之需要。[2]

---

〔1〕 陈卫东、郝银钟：“侦检一体化模式研究”，载《法学研究》1999 年第 1 期。

〔2〕 刘计划：“检警一体化模式再解读”，载《法学研究》2013 年第 6 期。

2. 建立侦查与审判之间的程序约束机制

必须明确，侦查的目的在于收集证据与准备审判，整个刑事审判前程序必须贯彻强制侦查行为服从司法审查的基本原则，将侦查纳入法律轨道以确保侦查行为受到有效约束，公民个人的基本权利得到司法救济。[1]因为侦查本身是运用国家强制力量通过限制或剥夺公民个人的基本人权为特征的职权行为，对于查明犯罪事实以惩罚犯罪具有必要性，但是侵犯公民人权又为宪法所不允许。合理赋予专门机关特定的侦查职权同时必须对此权力进行限制，就成了刑事诉讼制度安排的必然选择。尽管检察官在整个刑事审判前程序中能够通过指挥侦查而在一定程度上可以制约侦查权，但是由于控诉权与侦查权的同质性与一体性，期望行使控诉权的检察官从根本上完全制约侦查官员往往不太现实，必须引入司法审查机制。通过刑事审判前程序中的治安法官/预审法官监督侦查行为被证明是成功而有效的举措，我国应当予以借鉴并建立适合我国国情的司法审查制度。同时，既然侦查本身服务于审判，就应当赋予法官在整个刑事审判前程序中的实体意义与程序意义的判断权。法官作为整个刑事诉讼程序中的裁判者，通过行使审查权以确保侦查程序的有效性与规范性具有重要的制度意义。为此，建议赋予法官的司法审查职权以扩大审判职权范围，审判权不仅包括实体意义上的裁判权，而且包括程序意义上的裁判权，对于警察的所有强制侦查行为行使司法审查权以确保侦查行为的合理行使，对于违法行使侦查职权的行为予以程序制裁。

3. 强化控诉与审判之间的程序制约机制

审判中心主义不但要求法官对于侦查行为加强严密的司法控制，而且必须对于检察官员的控诉行为进行适度的节制。因为检察官员的控诉角色决定其坚守客观公正义务存在很大困难，一旦滥用起诉权将会给公民个人权利带来严重侵害。英美法国家的大陪审团起诉制就是专门为约束检察官权力而设置的，大陆法国家中的法国通过预审法官与上诉法院审查起诉庭行使对于检察官控诉权的制约被证明是非常成功的制度安排。我国现行法律规定的审判前的程序审查机制不但不足以防止起诉权的滥用而产生司法不公，而且导致大量本不应当起诉的刑事案件进入法庭审判致使诉讼效率低下，造成司法资源浪费。按照现行法律规定，法庭只对提起公诉的刑事案件行使程序审查而

〔1〕 龙宗智：“强制侦查司法审查制度的完善”，载《中国法学》2011年第6期。

不能进行实质审查。换言之，只要检察官决定起诉并提起公诉而且符合法律规定的形式要件，法庭就必须开庭审理而没有任何理由拒绝，由此可见，审判权不但无力制约公诉权，反受公诉权的制约，刑事司法实践中屡次出现的冤假错案与该制度安排不无关系。为此，通过建立预审程序，赋予预审法官对于公诉案件行使实质审查权是必要而可行的制度选择。再者，在确立检警一体的国家控诉模式之后，检察官的职权得到了很大程度上的扩张，为保障国家控诉职权合理行使，防止其权力滥用，必须对其进行有效节制。故而，需要剥离检察机关的逮捕审批权与羁押决定权交由中立的法官行使，检察官在决定公诉之后，由预审法官对其决定进行实质审查，只有在通过实质之后审判法庭才能予以审理。

（二）推进司法职业化进程以实现刑事司法系统化使命

“从我国的国情出发，我国的司法机关应当包括法院和检察院。”[1]根据宪法规定及现行司法体制，司法含义适宜采用广义概念。亦即，中国司法机关应当包括人民法院和人民检察院，其中最重要的司法机关乃是法院。“法院的完全独立在限权宪法中尤为重要”[2]，因为法院在现代社会刑事诉讼中主要是作为“权利的庇护者”[3]——公民权利和社会自由的捍卫者的面相出现的，法院成为公民寻求权利救济、评判追诉机关权力行使正当性的舞台。在全面深化刑事司法改革的进程中，必须尊重系统论原理与刑事司法客观规律，理顺公、检、法之间的相互关系。目前，我国三机关在刑事诉讼中的结构关系主要通过宪法中的分工负责、相互配合、相互制约原则予以调整。但是，该原则违背了刑事诉讼规律与国家法治基本原则，模糊了刑事司法中的合理职能分工，扭曲了刑事诉讼结构，从而形成了流水作业式的诉讼构造。[4]这种构造有利于惩罚犯罪而不利于人权保障，适合于权力高度集中的计划经济时代，与转型期及转型后社会的刑事司法制度需求不相符合，应当予以调整。通过调整三机关在刑事诉讼中的职权，明确并强化刑事司法体制中的法院中心地位。同时，改变目前由公安局长担任政法委书记或由党委副职及行政副职兼任的做法，公安机关首长不再适宜担任其它党内或行政机关内的任何职

---

〔1〕 陈光中、崔洁：“司法与司法机关的中国式解读”，载《中国法学》2008 年第 2 期。
〔2〕［美］汉密尔顿：《联邦党人文集》，程逢如等译，商务印书馆 2006 年版，第 392 页。
〔3〕［德］拉德布鲁赫：《法学导论》，米健译，法律出版社 2012 年版，第 100 页。
〔4〕 谢佑平、万毅：《刑事诉讼法原则——程序正义的基石》，法律出版社 2002 年版，第 413 页。

务，否则就会动摇三机关在国家宪法层面上形成的制度格局。

宪法和法律规定公安司法机关具有同等的法律地位与相同的任务和职权，但公安机关、检察机关与人民法院在具体的刑事司法活动中，在各自职能履行及职权行使方式上却存在着本质区别。就其担负解决争端、维护正义与秩序及促进国家法治的重要功能而言，法院承担着最主要的任务，那么在国家司法体制中应当占据核心地位，拥有最高权威；检察机关作为法律监督机关，通过国家公诉履行法律监督职责也需要进一步强化；公安机关在我国注重社会稳定的发展大局中长期享有极其优越的地位，拥有广泛的国家职权，对捍卫国家政权和维护社会秩序作出了积极贡献。但随着国家法治深化与社会制度持续性和稳定性的增强，适度削减公安机关的部分职权理所当然，调整其在整个政法机关中的地位以促成三机关回归宪法层面的平衡格局已成为大势所趋。司法是一项神圣的事业，从事此项事业的人们构成特有的职业。一般来说，英美法国家将法官、检察官与律师称作法律职业共同体，而大陆法国家除了法官、检察官、律师之外，法学教授与立法者也是法律职业共同体的成员。在我国，一般用政法干警来描述从事法律职业的公职人员，用公安司法机关描述我国的法律职业，实际上肯定了公安的司法机关性质。实施依法治国战略以来，我国法律职业共同体的概念正在形成之中，法律职业共同体队伍也在发展之中。刑事司法系统化要求加快中国刑事司法职业化的进程，法官、检察官与律师应当接受相同的法学教育与职业训练，树立共同的法治信仰，遵守共同的法律规范与职业伦理，形成共同的法律思维与法律习惯，实行松散的司法自治管理与行业管理而与严格的等级化行政管理加以明确区分。从事侦查的刑事警察虽然隶属于公安机关，但所从事的职业依然具有司法属性，非一般行政事务所能相提并论。因此，不能按照一般的行政管理原则要求刑事警察。应当强调刑事警察效忠于国家宪法与法律而不是上级领导，履行其客观及诉讼关照义务，禁止单方面推定犯罪嫌疑人与被告人有罪的思想，秉承客观理性原则行事而非情绪化行事。

司法独立与审判中立是实施国家法治的关键环节，宏观层面的国家权力架构应当强化人民法院与人民检察院与其他国家机构关系的相对独立性，通过强化司法相对独立与确立司法审查实现宏观层次上的法院应有的地位与关键角色。“从概念上和本质上来讲没有独立的法官就不存在法律判决。如果法院的独立性被取消或受到损害，法院的声誉，人民对法官和法律的信任都会遭到破坏。”〔1〕实践证明，相对独立的司法体制与合理健全的司法制度是国家法治的主要标志与战略支撑。实行依法治国，建设社会主义法治国家的战略目标必须将相对独立的司法制度建设作为重中之重。为此，不但需要解决公安机关与司法机关之间的关系，而且必须解决司法机关独立行使职权与接受党的领导，受人大监督，与行政机关相互制约的关系。实际上，我们已经具备了观念基础和制度条件，宪法和法律中早有人民法院、人民检察院独立行使职权的规定；但由于缺乏独立行使职权的身份保障、组织保障和物质保障，结果独立行使职权的状况令人担忧。如今，改革司法体制的关键在于调整和优化司法职权配置，使得不同性质的司法职权保持良性互动的平衡生态。这取决于国家政治体制改革是否取得重大进展，而政治体制改革的关键在于改进党的领导方式。既要加强党的领导，又能够使得党的领导保持在政治领导等宏观层面，而不至于对国家权力的具体运行形成干扰与压力，更要防止其直接介入刑事司法程序的具体运行。“宪政体制中，执政党对司法任命和司法过程的影响可以是间接实质的，但不能是直接形式的。执政党不能进行直接的司法人事安排，直接介入司法过程，而应当通过人大影响法官的任命，并通过人大监督法院独立行使职权，执政党对司法任命的影响是一种间接的政治影响，这应当构成中国特色的政党政治的重要原则。”〔2〕在我国，国家权力中行政机关职权占相对优势地位，立法机关与司法机关处于相对弱势地位，这说明权力结构还不合理，权力运行还不规范。因为规范有效的权力架构应当在权力之间形成比较均衡的张力，权力主体既能够真正独立有效地行使各自的职权，而且还能够对其它权力的行使构成一定的制约。我国政治体制改革、司法体制改革与国家权力体系科学建构，关键在于实现国家权力之间的合理划分和协调平衡，最终有序建立党政分开、政司分开的体制与制度。

（三）落实宽严相济的刑事政策以实现刑事司法民事化转向

“坦白从宽，抗拒从严”刑事政策与“严打”刑事政策不符合新时期以人为本的科学发展观要求，应当予以校正；宽严相济的刑事政策强调实事求是，尊重案件事实，区别对待具体的刑事案件，该宽则宽、该严则严、宽严

---

〔1〕［德］卢曼：《社会的法律》，郑伊倩译，人民出版社 2009 年版，第 41 页

〔2〕肖金明：“司法改革的目标与司法模式”载《山东大学学报（哲学社会科学版）》2009 年第 3 期。

互济，以准确实现定罪处罚的刑法目标，与社会转型阶段刑事司法需求较为契合，应当予以全面落实。

三十多年来的改革开放政策极大地改变了中国社会原来比较稳定的社会秩序与比较单纯的人际关系，随着改革的持续推进与社会进入全面转型的阶段，社会结构、社会制度正在发生急剧变动，社会分化加快，贫富差距拉大，社会紧张加剧，犯罪则处于高发时期。据统计，“2008 年刑事犯罪数是 1978 年的 8.77 倍，社会治安案件达到 741.2 万件，比 1978 年增长了 6 倍。群体性事件从 1994 年的 1 万起增加到 2008 年的 9 万起。”〔1〕如何最大限度地化解社会矛盾纠纷已经成为现阶段法律制度实施面临的重大课题。实际上，公正高效的社会纠纷解决机制与矛盾疏导机制是转型期社会最为重要的秩序维持和社会团结加固机制，其中以解决严重争端为己任的刑事司法承担着化解社会最尖锐矛盾冲突、维系社会稳定的重要使命。社会转型需要公正、快捷的刑事司法制度来化解此起彼伏的刑事争端，更需要多元化的刑事司法解决机制以实现程序分流。故而，转型社会需要人们深化对于犯罪动因的认识，加强对于刑事司法目的与功能的理解，确立纠纷解决的刑事司法目的观而摒弃严刑峻法的惩罚主义刑事司法目的观。扬弃革命时期起作用的“坦白从宽，抗拒从严”刑事政策，废止集权时期管用的“严打”刑事政策。现代社会出于对公民个人人格尊严的普遍尊重，需要法律明确规定自白的自愿性和任何人都不得被强迫自证其罪，因此，坦白应当从宽，但抗拒不能从严；“严打”政策有违法律平等原则，应当被废止。根据中国社会转型期政治经济文化环境已经发生根本性变化的具体现实，结合宏观层面提出的以人为本的科学发展观，准确理解与全面落实宽严相济的刑事政策十分必要。宽严相济的刑事政策内涵包括三个方面：其一，“宽”的方面体现为“该轻而轻”与“该重而轻”。“该轻而轻”是指如果行为人具有刑法规定的减轻、从轻处罚情节的，可以判处刑罚也可以不判处刑罚的不判处刑罚，应当判处较轻刑罚的严格依照法律规定判处较轻的刑罚；“该重而轻”是指对本应判处较重刑罚的行为人根据其社会危害性、犯罪人的悔罪态度等情况也可以判处较轻的刑罚。其二，“严”的方面体现为“该严而严”，即当罪则罪、当罚则罚和当重则重。对于

〔1〕 参见陆学艺：“当前中国社会生活的主要矛盾与和谐社会建设”，载《探索》2010 年第 5 期。

犯罪性质恶劣、社会危害性严重、主观恶性巨大的犯罪行为，例如危害国家安全犯罪、恐怖活动犯罪、贪污贿赂等腐败犯罪与黑社会性质的有组织犯罪等必须严格适用刑罚及时予以惩戒，以充分发挥刑法的威慑作用，为维护社会秩序提供坚实保障。其三，将“宽”“严”两者的作用有机地结合起来，实现宽严互动，最大限度地实现刑事政策的预期目标。龙宗智教授研究指出，理解宽严相济刑事政策的基本精神应当包括三个方面：亦宽亦严的区别对待，相济互补的协调平衡，宽字为先的谦抑原则。[1]不过，在官方法律文件中尚未看到对宽严相济刑事政策的解读中对“宽字为先”的肯认，只是强调宽严并用，不能偏废。例如，最高人民法院在2010年2月发布的《关于贯彻宽严相济刑事政策的若干意见》中，将政策的基本内容解读为依法从宽的政策要求、依法从严的政策要求以及宽严相济的政策要求。[2]我们认为，宽严相济的刑事政策应当包涵宽字为先的谦抑原则，其内容不仅仅包括“刑法宽和”与“整体从宽”的思想，而且包括刑事立法与刑事司法的人道性与谦抑性。谦抑原则作为现代国家刑事法立法和实施的基本原则，也是刑事政策必须遵循和体现的基本准则。宽字为先的宽严相济刑事政策既体现了刑事立法的谦抑原则和刑事法适用尤其是刑罚适用的谦抑性，又体现了刑事程序立法和实施的谦抑性要求，例如：无罪推定原则就是谦抑原则在刑事诉讼立法中的体现。“宽字为先”的宽严相济刑事政策是对我国多年来实施的“严字当头”的严打刑事政策的纠正，体现了刑事司法的人道主义思想精神，这意味着在与犯罪作斗争时，国家更多地考虑采用比较宽缓的方式解决问题，避免过分依赖严刑峻法，适应了刑罚人道、刑罚轻缓化的刑事司法民事化的发展趋势。

在全面落实宽严相济刑事政策的同时，必须强化和体现以宽容体恤为核心的刑事司法价值观。其一，国家对于犯罪问题应当秉承理性的态度而不是简单地用情绪化武力来解决，“现场击毙”与“就地枪决”的做法在现代社会中应当予以禁止；其二，国家对于犯罪人应当以宽容人道的精神对待，不应当将其视为人民的“敌人”，他们仅仅是涉嫌犯罪的普通公民，身穿黄马甲、教化式庭审乃至斗争式庭审应为现代法治所不容许；其三，国家对于刑事被害人应当以亲情抚慰和救济关照，积极实施被害人国家补偿制度，而不

---

〔1〕 龙宗智主编：《宽严相济刑事政策的程序保障机制研究》，法律出版社2011年版，第2页。

〔2〕 参见陈兴良主编：《宽严相济刑事政策研究》，中国人民大学出版社2007年版，第13页。

是仅仅关注惩罚而对陷入困境的被害人置之不理；其四，国家对于犯罪的刑罚解决应当遵循谦抑原则，最大限度地通过民事方式解决严重争端而不是动辄对犯罪人施以惩罚，盲目追求高逮捕率、高起诉率与高定罪率的做法与纠纷解决司法观不相协调。树立宽容体恤的刑事司法理念是基于：其一，转型期社会制度与规则的缺位导致一些社会不公现象产生，受到不公平对待的一方未得到及时救济的时候容易出现违法犯罪等社会越轨行为。实际上，刑事案件中大量刑事被告人来自社会底层，他们缺乏基本的生活技能与社会福利保障，容易陷入孤立无助的困境甚至被社会边缘化，因而容易走上极端。单纯依靠严打刑事政策很难使犯罪人回归社会，而且被告人因司法不公乃至司法错误容易滋生仇恨社会、报复社会的犯罪心理。其二，转型期社会矛盾十分复杂且具有高度诱发性，往往单个刑事案件容易演化为群体性事件，而群体性事件往往具有偶然性或骤然性。如果全部作为犯罪处理而通过刑法处罚，可能导致刑罚滥用，甚至激起更严重的社会动乱。[1]其三，国家倡导以人为本的科学发展观，就是要尊重所有人的权利、尊严与隐私，体现人本关怀，树立宽容体恤的刑事司法价值观就是在刑事司法领域践行科学发展观的具体体现。其四，宽容属于社会美德，国家理性对待犯罪，以宽容的态度对待犯罪人能够感化犯罪者本人，而且使得全社会感受到宽容与关怀的人情力量，从而消解日益严重的社会暴戾之气。其五，心理学证明，单纯的惩罚不可能形成完整意义上的反射机制，惩罚犯罪仅仅是不得已的手段，教育感化与幡然悔悟才是治疗越轨恶习与心灵伤痛的良药。宽容体恤的刑事司法价值观强调对于犯罪及犯罪人要有包容的态度，例如，充分尊重犯罪嫌疑人、被告人的实体权利与程序权利，尊重其人格尊严与个人隐私，将其作为真正的国家公民加以看待。在宽容体恤的刑事司法视野中，犯罪就是生病，国家需要如同医生看待病人那样对待犯罪人。为此，必须充分发挥宽严相济的刑事政策中宽容的政策内容，杜绝犯罪人受到严厉乃至粗暴对待的情况出现。宽容体恤的刑事司法价值观契合中国文化注重和谐的传统和当前社会整体转型的刑事司法需求，体现了国家对于刑事被害人与被告人等弱势群体关照救济的人道主义精神，应当予以弘扬。

---

〔1〕 吴传毅："非直接利益冲突的特点及根源"，载《浙江省委党校学报》2010 年第 3 期。

第六章
社会转型中的刑事司法改革反思及必须坚持的原则

我国刑事司法改革已经走过三十多年的发展历程，各项改革措施取得了诸多成果，刑事诉讼制度也得到了长足的发展进步，许多专题论文及专著对此已经进行了总结，在此不再赘述。不过，改革中也存在一些不容忽视的问题，有些问题还显得十分严重而普遍，如果不加以及时纠正并妥善解决，将给后续的刑事司法改革带来诸多负面影响甚至可能将改革引向歧途，对此不可不察。本章主要对我国刑事司法改革进行总结和反思，对其存在的主要误区及深层次原因展开剖析，并提出其首要工作是对刑事司法改革过程中存在的认识论与价值观误区加以校正。在此基础上，概括总结社会转型中的刑事司法改革需要坚持并加以切实遵循的基本原则。

一、社会转型中的刑事司法改革反思

（一）我国刑事司法改革存在的主要误区

1. 不顾现实国情的理想化思路

自从党的十四大提出“依法治国，建设社会主义法治国家”战略目标以来，国家法治已经上升为治国安邦的重大战略决策，而且政治、经济与文化等各项事业的迅速发展也积极推动了国家法治建设，继而为大规模刑事司法改革的顺利启动准备了条件。一时间，从法学理论界到司法实务界，从中央到地方，在全国各地范围内掀起了依法治国的建设高潮，司法改革理论探讨与实践探索也得以迅速启动和全面展开。学术界系统地梳理了西方法治的发展源流、国家法治的基本特征与具体内涵，中国法治建设的主要内容及阶段步骤等问题。但在如何将成熟的法治经验与中国具体实际情况相结合，既充分尊重司法的一般规律，参考借鉴法治国家的普遍做法，又顾及我国特定历史阶段的具体国情，从而制定出切实可行的改革方案方面还存在诸多不足。受地理阻隔及多种因素影响，东西方制度文化的交流对话一直存在诸多障碍，改革开放扩大了对外交流但受语言文字所限，我国理论界翻译介绍的大多是英美法国家的法典及著述，当然通过英语也转译编著了一些大陆法国家的法学著作。不过，学术界明显倾向于赞同借鉴英美法国家法律制度以改革我国法律制度的思路。在刑事诉讼法学研究中，部分学者对英美法国家刑事司法领域若干制度安排与程序设置趋之若鹜，一味主张引进英美法国家对抗式诉讼模式而对大陆法国家职权式诉讼制度研究重视不够。继而认为我国刑事司法制度与大陆法国家的职权式诉讼制度十分近似，提出应当借鉴英美法国家刑事司法制度来全面改造我国刑事司法程序的具体设想。有学者就指出，近年来，在我国法学界的确存在着一种"言必称英美"的现象——极力贬斥大陆法系国家的诉讼模式，盲目引进英美法系的诉讼程序和诉讼理念。〔1〕实际上，客观理性认识世界各国法治发展主流趋势，正确处理本土与域外的关系，确保移植后的法律制度在本土生根和成活才是司法改革必须优先考虑的重要问题。1996 年刑事诉讼法修正案通过后，在具体实践中一度存在较突出的"穿新鞋、走老路"现象，这证明当时一味强调引进英美法对抗式诉讼模式的做法并没有完全取得成功。实践证明，"只有内生于本国深厚土壤的司法改革，才能体现时代发展的要求，才能真正具有强大的生命力。我们必须立足国情条件，探索符合本国司法国情条件的司法发展道路。"〔2〕在积极推进继而全面深化刑事司法改革的过程中，应当摒弃那种不顾现实国情的过分理想化的改革思路，摒弃那种认为某些法治国家的做法好，就主张全面照搬，而不考虑该制度模式需要相应的政治、经济与文化环境条件，不考虑制度本土适应性的单纯"拿来主义"做法，否则，就会导致改革后制度运行不畅甚至出现梗阻现象。

2. 过分强调本土经验的关门主义情绪

与片面钟情于英美法制度的极端论调相比较，另一种更为极端的观点不

---

〔1〕 石少侠：《检察视野中的司法改革》，中国检察出版社 2011 年版，第 19 页。

〔2〕 公丕祥："当代中国的自主型司法改革道路"，载《法律科学》2010 年第 3 期。

仅在刑事诉讼法学界，而且在其他社会科学领域持续发酵和广泛蔓延，那就是认为中国有着五千多年悠久历史文化传统，制度文明程度一度远远超过世界上任何一个国家或地区，即使在当今时代也没有必要向其他地域文明学习而只需要总结历史经验就足以解决中国社会面临的各种问题。特别是随着中国经济改革取得巨大成功带来的整体国力迅速提升而产生的盲目自大情绪正在逐渐扩展，有关“中国模式与中国道路”的争论一度影响甚至冲淡早先确定的法治理想，国家法治的具体实践也曾经在一定程度上呈现出衰减态势。有人曾断言，世界不存在普遍的法律模式，中国法治必须从中国的本土资源中演化创造出来。〔1〕该论断尽管强调具体情况具体分析的实事求是的认识观点和方法，但其中包含着西方法治经验对于中国指导十分有限的理论预设，由此可知，社会主义法治的制度设计需要根据中国情况结合自身历史加以总结和创新。我们认为，制度创新固然需要从本国实际出发，具体问题具体分析，但更需要吸收和借鉴。唯有如此，制度创新与文化进步才有可能。英国哲学家罗素曾指出：“不同文化之间的交流过去已被多次证明是人类文明发展的里程碑。希腊学习埃及，罗马借鉴希腊，阿拉伯参照罗马帝国，中世纪欧洲又模仿阿拉伯，文艺复兴时期的欧洲则仿效拜占庭帝国。”〔2〕我们认为西方法治经验值得认真对待，应当谨慎借鉴，断然否定其不具有普遍意义既不符合历史事实，也不符合现实情况，因为世界大多数国家都已经或者正在朝着民主法治方向建构本国的社会制度体系。上述思维和观念投射在刑事诉讼法学研究领域中，便是过分强调中国本土经验的合理性而否认改革的必要性。诸如认为现行刑事司法权力配置与制度安排有充分的宪法依据而不需要深入探讨、理论争鸣，甚至不需要进行体制改革，只需要进行具体工作机制的改革完善即可；检察监督具有充分正当性，任何质疑都是错误的。随着司法大众化命题一度被热烈研讨并付诸具体实践，产生了一股否定“司法职业化道路”改革的思潮。而司法的职业化过程早已被西方法治国家证明是必须坚持的法治化之根本立场和基本路径。当然司法本身不可能远离民众，应当坚持二者的协调统一，反对人为割裂。近年来，刑事诉讼法学实证研究正全面取

---

〔1〕 苏力：“变法、法治及其本土资源”，载苏力：《法治及其本土资源》，中国政法大学出版社1996年版，第55页。

〔2〕 俞可平：《全球化：西方化还是中国化》，社会科学文献出版社2002年版，第271页。

代价值研究与比较研究而成为主流研究范式，这固然有特定背景，也符合时代需要，但其过分注重本土经验的思维方式与理论学说，反映出研究领域中存在相当程度的关门主义情绪。

3. 遍地开花与各行其是的改革进路

与学术研究中存在的两种极端倾向不同，司法实务部门不太关注学界中的理论争执。在党和国家还没有就司法改革进行总体布置和统筹安排的情况下，各级司法专门机关已经如火如荼在各自辖区展开了大规模的刑事司法改革探索行动。有学者就指出："若干年来，中国地方司法机关围绕刑事诉讼制度进行的试点改革异常活跃，各种试点举措层出不穷。"[1]有的地区和部门比较注重结合本地实际提出改革具体目标，如有效打击犯罪以维护治安，探索具体办案工作机制以及研究刑事司法如何尊重民意、关注民生、反映民情等问题；有的地区和部门则紧跟刑事诉讼法学前沿研究步伐，急切尝试引进陪审团、沉默权、辩诉交易、先例判决等英美法国家刑事司法的具体程序制度，而不考虑可能产生超越国家宪法和现行法律规定的违法后果。例如，2009年，河南省高级人民法院开展了"人民陪审团"制度的试点，2010年陕西省确定了在部分中级人民法院和基层人民法院试行"人民陪审团"制度。[2] 2002年牡丹江铁路运输法院试水"辩诉交易"，辽宁省抚顺市顺城区检察院在批捕工作改革中推行"零口供"，河北省石家庄市长安区检察院在不起诉改革中推行"社会服务令"，江苏省南京市人民检察院推行"暂缓不起诉"，河南省郑州市中原区法院仿效英美国家实行"先例判决制度"。[3]。这些做法显然与现行刑事诉讼法规定并不相符，改革的合法性与正当性严重不足。不仅如此，各个地区的司法改革与各个部门的司法改革甚至同一部门上下级之间的司法改革在目的、内容、阶段与具体步骤等方面都存在巨大差异，使得司法改革呈现出眼花缭乱的复杂景象。有学者就批评指出，我国司法改革的透明度不高，公民的主体参与性严重缺失，与人民当家作主的要求相差甚远。[4] 笔者认为，国家司法改革本身是一项制度建设系统工程，不仅需要理论论证，更需要对司法改革的目的、内容、阶段、实施步骤及相关配套措施作出全面

---

[1] 郭松："刑事诉讼制度的地方性试点改革"，载《法学研究》2014年第2期。

[2] 刘辉：《刑事司法改革试点研究》，中国检察出版社2013年版，第219~220页。

[3] 参见吴卫军：《刑事司法的理念与制度》，中国检察出版社2004年版，第267~270页。

[4] 谭世贵："中国司法改革的回顾与反思"，载《法治研究》2010年第9期。

系统的谋划和科学理性的设计。前述那些各行其是与遍地开花式的司法改革运动完全依靠实践展开摸索，不仅具有浓重的感性色彩与探索尝试性质，而且做法往往前后矛盾、上下抵触、左右冲突。这种改革本身是对国家法治建设的恣意破坏，严重损害了法律的权威性与司法公信力，将会带来普遍的法律信任危机。刑事司法改革理应是经过严密而充分的理论论证，并将改革举措作用于具体实践，然后再对实践经验进行系统总结并上升为制度规则，最后回到实践中加以验证和正式实施的过程。各行其是与遍地开花式的刑事司法改革，只能裹足不前与徘徊反复。不仅不可能取得成功，还可能使国家刑事司法运行机制陷入十分混乱的格局。

（二）我国刑事司法改革误区反映出的认识论与价值观谬误

深刻反思上述改革不良倾向，不难发现其中存在诸多认识论、价值观和方法论谬误，这些谬误如果得不到及时检讨和反思，就会对刑事司法改革进程带来严重危害，研究这些错误及其深层次原因并适时加以校正是保证刑事司法改革顺利进行的基本前提。因为任何改革实践既不能离开系统科学的理论指导，又不能违背认识论和价值论原则与基本方法论的正确指引。马克思主义认识论、价值观与方法论作为指导人们实践的理论体系与科学方法是展开司法改革实践探索的关键钥匙，刑事司法改革同样需要一般认识论、价值观和方法论的正确指导。只有掌握司法制度理论的普遍规律与基本的方法论工具并确立科学的世界观和理性的价值观，才能展开切实有效的刑事司法改革路径探索并取得预期成果。具体来说，刑事司法改革中的认识论、方法论与价值观谬误主要有以下表现：

1. 一蹴而就的速成论

全面引入对抗式诉讼制度与过分强调程序优先理念是刑事法治一蹴而就速成论的典型表现，其错误在于对法治产生和发展的复杂性作了简约的历史解读，低估了通过法治模式治理社会需要的各种条件，尤其是忽略了英美法刑事司法制度发展的独特背景，从而对法治观念的生成秉承过分乐观态度，忽视了观念文化转变必须经过较长的制度实践与文化沉淀。众所周知，现代法治文明发源于古老的希腊、罗马时代而成熟于西方资产阶级革命之后，而且经过了漫长的历史演进才发展到今天的成熟形态。早在希腊城邦时代人们就已经形成了崇尚正义与法律的文化传统，罗马时代更是将形成于希腊时代的法治思想在简单商品经济时代发展到极致。中世纪时代神灵崇拜取代了法治信仰，但是神学家对神法、自然法与人为法的注释和阐发使得神学思想成为孕育近代法治思想的母体，神权与王权的竞争和较量最终成就了法律至上的思想传统。正如伯尔曼所指出："法律的概念既得到盛行的宗教意识形态的支持；又得到统治者流行的政治经济缺陷以及多元的权威和管辖权的支持；最后还得到在12世纪、13世纪逐渐盛行于整个欧洲的高水平的法律意识和法律复杂性的支持。人们完全理解，维护法治不仅需要有关正义、公平、良心和理性的抽象准则，而且还需要诸如那些体现在1215年英格兰的《大宪章》中和1222年匈牙利的《金诏书》中的特定的原则和规则。"〔1〕启蒙运动、文艺复兴、罗马法运动与宗教改革运动，加之地理大发现与工业革命最终推动了影响世界的资产阶级大革命的总爆发。经过几百年新旧制度观念的猛烈冲撞与反复竞争，资本主义政治法律制度才最终趋于稳定，现代法治思想文化也才逐渐成形。西方文明之所以发展为高度发达的法治文明形态，与其开放的地理环境、发达的商品经济形态、松散的政治体制与多元思想文化持续而激烈的碰撞交锋密切相关。古老中国处于极其特殊的内陆地区，封闭的地理环境、自给自足的小农经济、较为发达的水利和农耕技术显示出高度集中的政治体制与十分浓厚的宗法思想文化，其文明形态自成一体，在缺乏与异质文明交流的特殊背景下独自形成了超稳定的专制集权体制，也最终成就了经久不衰的人治传统。中国近现代的法治追求及政治法律制度变革与社会转型的艰难历程证明在短时间内建成法治国家是不切实际的幻想，唯有坚持渐进而持续的制度改革与文化更新方可成就法治大业。但是，理想主义者们却一直做着一蹴而就的美梦。具体到刑事司法改革进程中，表现在一味强调对他国制度的全面引进甚至原样照搬，缺乏对西方法治尤其是英美法制度发展的历史考察，缺少对本土制度现状的深入分析与制度引进的可行性论证，加之观念培养与配套制度建设还未跟上改革的步伐，刑事司法改革可能遭遇重重困难。

2. 一叶障目的机械论

刑事司法过分强调"中国特色"和突显"中国模式"的做法是刑事司法改革形而上学机械论的典型表现，其错误就在于将中国法治建设与世界各国

---

〔1〕［美］伯尔曼：《法律与革命——西方法律传统的形成》，贺卫方等译，中国大百科全书出版社1993年版，第357页。

法治理论研究与实践完全割裂开来，无视世界各国法治发展的趋同化态势与国际社会共同遵行的刑事司法最低限度准则。有学者指出："中国在学习外国、吸收借鉴其他国家的文明成果时，总是有一些心理障碍，有一种思想疑虑。这种心理障碍和思想疑虑，影响到我们对西方法和法学的移植，对西方法律文化传统的借鉴、利用和吸收。"〔1〕实践中，将我国法治建设过程中的探索性或应急性举措视为社会主义法治的本质内涵，把诸多权宜性制度安排看作是永远不变的真理加以固守的做法使得社会整体转型背景中刑事司法领域所累积下来的问题越加复杂而严峻。例如：流行于人民法院和人民检察院内部的案件审批制度未能得到彻底改变；审判委员会定案模式未能得到根本扭转；法院行政化与法官等级化趋势未能得到有效遏制；检察机关法律监督着力区域未能匡正；现行权力制约机制对于比较强势的公安机关来说难以奏效；刑事审判受到地方党政干预及媒体影响越加严重；犯罪嫌疑人、被告人及其辩护人主体地位彰显欠充分，其程序权利保障未能完全到位；刑事司法中的法官、检察官及警察诉讼行为形成的诉讼构造与法治国家迥然不同，被称为流水作业式的诉讼结构。〔2〕这些现象显示出刑事程序浓郁的"本土思维"与"中国情结"。对此，有学者批评指出，"过分强调本国传统的某种特殊性，反而会压抑法律发展的可能空间。"〔3〕当然，人们对于刑事司法制度现状和未来发展的认识与当前对于中国经济政治社会总体认识和判断直接相关。当今中国无论在经济总量，还是整体国力方面都发生了巨大变化。在取得成就的时候人们容易忘记过去，有人认为现在中国的国力已远远超过了历代王朝乃至当今世界大多数国家，大国崛起与中华复兴成为当前主流之声。需要指出的是，国家强盛与民族复兴都是现代化建设的阶段性目标而非终极目的，人民生活的富足安康才是所有社会制度的出发点和落脚点，公民的幸福指数才是衡量制度先进的真正标准。众所周知，中国经历过异常久远的封建时期，在漫长的封建专制制度下，只有少数统治者过着骄奢淫逸的生活，绝大多数人民却被压迫得喘不过气来。即使在汉唐盛世，古老帝国的专制色彩依然没有丝毫减弱，对人民的残暴统治与重重压迫也没有丝毫放松。作为

---

〔1〕何勤华："新中国法学发展规律考"，载《中国法学》2013年第3期。

〔2〕参见陈瑞华：《刑事诉讼的前沿问题》，中国人民大学出版社2000年版，第231页。

〔3〕王莉君："全球化趋势下我国法律发展的自主性"，载《比较法研究》2013年第4期。

一个封建专制传统特别深厚，等级观念、宗法意识根深蒂固的人治国家，近代中国刑事司法生态依然呈现出高度纠问化、等级秩序化特征。尽管随着社会主义制度的建立、发展和完善，陈旧的制度体系被废除，落后的思想观念被改造，特别是改革开放之后奉行法治路线的当代中国政府极大推进了刑事司法现代化发展进程，但现行刑事司法运行机制仍然存在着结构失衡、权力恣意、权利救济渠道不畅以及一定程度的刑事司法政治化现象。〔1〕其根本原因在于中国传统宗法伦理文化的强势影响与传统政治权术化的思想遗留。在今天人们欢呼雀跃于中国崛起的同时，一些研究者仅仅专注于实证研究，并试图说明刑事司法本土制度安排具有现实合理性，进而认为其可以开拓出不同于法治国家的独特发展道路，这是一叶障目的机械论思维的典型表现。“中国模式”论者只看到中国经济建设取得的巨大成就，只看到国民生产总值的大幅度增长，却对经济建设的严重不平衡与环境的持续恶化视而不见；对我国长时期封建专制体制施加于法律制度上的巨大影响以及当前政治体制改革的重要性与紧迫性缺乏认识；对我国现阶段国家法治发展程度与法治国家存在的巨大差距缺乏认识；对刑事司法的普遍性规律与我国刑事司法的特殊性与权宜性制度安排存在的潜在冲突缺乏理性对待与辩证分析。如果任由这些形而上学思维发展蔓延，那么，尊重历史和现实的马克思主义法律观就可能被遮蔽，我国刑事司法现代化进程就可能被耽误。有学者就尖锐指出：“‘中国模式’的提法阻碍了中国政治与经济的协调发展，没有学术前景与政治前程。”〔2〕

3. 实践万能的试点论

辩证唯物主义认为，理论是行动的指南，没有科学的理论，就没有真正的实践；而实践又是检验真理的唯一标准，是检验理论是否科学可靠的试金石。因此，应该要提倡理论与实践的有机结合与协调统一。刑事司法改革本身是针对刑事司法制度运行中存在的具体问题而展开的改革探索，推进改革必须明确刑事司法中存在的具体问题并对这些问题进行系统分析之后，才能确定相应的改革目标和任务；而刑事司法改革目标又必须运用包括刑事诉讼法学与司法制度在内的法学理论对特定制度进行全面考察和实证分析之后才

---

〔1〕参见张能全：《刑事诉讼生态化研究》，中国人民公安大学出版社 2009 年版，第 149 页。

〔2〕童之伟：“‘中国模式’之法学批判”，载《法学》2012 年第 12 期。

能确定。故而，刑事司法改革不能离开诉讼法学与司法制度理论的一般指导，直接通过实践验证实践，继而指导实践的做法盲目而感性。在推进刑事司法改革进程中，两个方面的错误倾向曾经比较突出乃至对今日仍有影响：理论上，有人总认为诉讼法学与司法制度一般理论属于西方资本主义法治范畴，社会主义法治应当与其划清界限；实践中，正在进行的司法改革很大程度上并不是在达成改革普遍共识的基础上整体推进的，而是由中央高层作出指示，由主要司法部门主导并着力实施的，理论界参与十分有限，而社会其他部门乃至普通民众大都置身事外。由最高人民法院和最高人民检察院主持推行的刑事司法改革举措大多局限于工作机制层面，自然使得改革有些隔靴搔痒甚至不着边际。有学者就批评指出，目前的司法改革还限于法院、检察院自身工作机制的研讨，属内部协调性的改革，没有超出自我治病的逻辑。[1]实际上，刑事司法改革的根本点不在于对制度规则本身进行技术修正而在于对不合理的刑事司法权力配置进行调整。刑事司法权力作为国家权力组成部分，对于国家安全与社会秩序具有强大的维护功能，但也具有天生的侵犯性与攻击性，其扩张与滥用只能在触及边界的地方才可能休止。任凭刑事司法权力主体自己提出改革主张，规范甚至削弱自己权力的幼稚做法在实践中被证明是行不通的。权力主体自己改革自己的模式在理论上不能成立，在实践中具有极大误导性而且危害巨大。在国家宏观层面没有明确刑事司法改革总体目标与具体实施步骤的情况下，由各个司法机关自己进行，通过局部试点而展开的做法容易陷入严重的功利化误区，甚至可能将刑事司法改革带入歧途。有学者就指出，如果我们不站在政治建设和政治体制改革的高度来看待司法改革，不对司法改革进行全面规划、整体推进，注意协调方方面面的关系，仅在司法的范围内来进行司法改革，肯定会走进死胡同。[2]值得欣慰的是，党的十八届四中全会专门就依法治国作出决议并就全面深化刑事司法改革作出了部署，使得刑事司法改革的目标方向得到明确，任务得以分解落实，为刑事司法改革取得成功奠定了坚实的基础。

4. *危及稳定的唯心论*

政治法律制度作为公共权力运行的理论与实践，最终价值在于保障和增

---

〔1〕 刘松山："再论人民法院的'司法改革'之非"，载《法学》2006 年第 1 期。

〔2〕 王新清："论司法改革需要处理的几个关系"，载《南都学坛》2010 年第 2 期。

进人民利益。在中国政治体制与司法体制改革进程中，政治的民主化与法律化，司法的诉讼化与理性化进程还比较缓慢，社会稳定很大程度上被视为中国政治法律生活中最重要的问题甚至根本目标。维持稳定不但成为各级党委政府的主要任务，而且还为其配备了庞大的财政预算并辅之以相应的责任追究制度。在此背景下，产生了刑事诉讼维稳模式。“刑事诉讼维稳模式以维稳为行动导向，以命案必破、留有余地的判决、政法委协调为标志性话语，其在价值观念、思维方式及行动逻辑上存在的困境成为一些案件办案质量不高甚至引发错案的最为重要的结构性原因。”〔1〕各个地区不断出台和实施诸多旨在维护稳定的地方政策，但有的政策并没有与中央政策保持一致，有的措施甚至与国家法律直接抵触。需要认真思考的是，维护社会稳定是否应当成为压倒一切的最高治理目标。众所周知，安全是人类基本需要之一，稳定也是社会存在和发展的基础，人们正常的社会生活需要稳定和秩序，但稳定并不是人们的唯一需要。在稳定的社会秩序下人们还要追求个人幸福生活与自身价值实现。况且，社会稳定需要用辩证观点进行分析。社会稳定作为秩序价值的体现是价值体系中的一个子项，而秩序要素主要反映社会群体的利益与需要。但是，社会群体是由单独的个体组成的，个体利益与需要作为自由要素的体现同样需要得到尊重和保障。任何制度及其改革都应当考虑到群体利益与个体需要的协调平衡。如果单单顾及公共利益，仅仅为了维持“社会稳定”，而不考虑个体的自由、权利、平等、正义等价值需求，甚至随意限制、剥夺个人自由，让不平等现象与非正义行为大行其道，那么个体的背离倾向最终会使社会秩序的大厦崩塌。故而，社会秩序稳定与公平正义及个人自由应当协调兼顾。不能因为发生了民事纠纷或者刑事案件，就得出社会已经处于不稳定状态的结论，然后采取非常措施加以解决。改革本身涉及公民个人利益与地位的激剧变动，必然会引发社会矛盾冲突甚至影响社会秩序稳定，此时需要通过政治、经济与法律的手段加以调整，尤其需要通过司法手段来实现公平正义并辅之以权利救济。如今一些地方出现了不正常现象，例如禁止信访或上访，随便动用公安、检察与法院的力量进行强制拆迁，将民事问题刑事化甚至将法律问题政治化等。这样做不但化解不了矛盾，反而会

---

〔1〕 李麒：“刑事诉讼维稳模式的困境及出路”，载《山西大学学报（哲学社科版）》2016 年第 2 期。

激化矛盾，最终危及社会稳定。因此，在社会整体转型与社会矛盾冲突较多的情况下，只有充分发挥各种矛盾解决机制的基本功能，充分彰显公平正义价值，才可能真正有效地维护社会稳定。刑事司法作为严重争端的解决机制在化解矛盾方面发挥着根本性的作用，当然，前提在于该制度本身必须符合公平正义要求。我国刑事司法制度在彰显公平正义要素方面存在诸多不足，唯有持续推进刑事司法改革才能满足社会公平正义需要。[1]任何以危及社会稳定为理由来拖延改革甚至阻止改革的做法对于社会主义法治事业都是有害的。因为，“安全具有一张两面神似的面容，一种合理的稳定生活状况是必要的，否则杂乱无序会使社会四分五裂；然而稳定生活必须常常为调整留出空间。在个人生活和社会生活中，一味强调安全，只会导致停滞，最终还会导致衰败。从反论的立场来看也是这样，即有时只有经由变革才能维续安全，而拒绝推进变革和发展则会导致不安全和社会分裂。”[2]

5. 自生自发的无为论

刑事司法改革需要进行工作机制调整，但最根本的是体制改革。包括刑事司法在内的司法改革本身与国家政治体制密切相关，涉及政治民主化运作与国家权力调整配置等高风险性作业，进行审慎思考与全局考量是必要的而且是合性合理的。我国刑事司法改革已经进行多年，但涉及刑事司法体制方面的改革却没有大的进展，体制改革难度大并不等于可以无限期搁置改革进程。庞德教授认为：“司法的真正危险在于对合理改革的胆怯抵制，对法律陈规的顽固坚持。”[3]事实上，我国司法改革进行到现在，对学者所关注的司法改革主题即司法体制改革问题的重视度不够。司法体制改革长期搁置与无限期拖延，国家权力不合理配置所产生的严重负面效应就会逐渐显现，权力滥用与权力腐败就会越来越严重，就会逐渐腐蚀党和国家的健康机体，而司法信任与司法权威就会逐渐削减。近年来刑事司法领域中出现的冤假错案，如“佘祥林案件”“赵作海案件”“呼格吉勒图案件”反映出刑事司法权力对于公民权益可能带来严重损害，而全国各地发生的职务犯罪及黑社会组织犯

---

〔1〕 张能全、江涛：“伦理学视野中的刑事诉讼文本及再修改”，载《广西大学学报（哲学社科版）》2009 年第 4 期。

〔2〕［美］博登海默：《法理学：法律哲学与法律方法》，邓正来译，中国政法大学出版社 2004 年版，第 321 页。

〔3〕［美］罗斯科·庞德：《普通法的精神》，唐前宏等译，法律出版社 2001 年版，第 8 页。

罪等案件反映出司法腐败的严重性与复杂性已经或正在对刑事司法公正乃至社会公正带来冲击，这种局面如果长期得不到改变就可能动摇国家法治的根基。尽管这些现象与中国社会转型时期存在的利益调整与制度缺失息息相关，但最重要的问题在于国家权力配置的不合理与监督制约机制的缺失。尽管听取民意，关注和改善民生重要，但遏制腐败却是紧要工作。而遏制腐败不仅仅要对官员进行良心的说教与信仰的塑造，更要从制度上防止权力滥用；不仅仅要事后惩戒，更要事前防范。刑事司法作为国家权力运作的核心枢纽事关每个人的生命、自由与财产保障。要保障社会良好秩序的切实维护与国家权力的规范行使，必须不失时机地进行的体制改革和机制创新，从而为其它领域提供强有力的制度保障与社会公平正义的关键支撑。制度改革不仅需要全社会成员的献计献策，各个执法部门的身体力行，还需要领导者与决策者的高瞻远瞩与临机决断，因为政治家与最高决策者更具有得天独厚的条件、优势和能力，而且他们还担负着保障国家安全与民众幸福的神圣使命与无比巨大的历史责任，只有他们的有所作为才可能真正推进国家制度的持续完善与社会文明的快速进步。如果让社会制度自生自发地缓慢演进或者消极无为地等待一切条件和时机完全成熟之后再来改革，恐怕历史永远不会给我们机会。纵观人类社会制度发展历程，那些雄才大略的政治家与领导者作出开拓性的创举，使得国家制度发展取得突破性的成就，从而推动社会迅速发展进步的先例举不胜举。[1]中国包括刑事司法在内的司法改革要想取得突破性的进展，最根本的环节在于国家最高决策者能够以无畏的勇气与超人的智慧全面开启促进中国发展为强大的现代法治国家的刑事司法体制改革之门。

（三）我国刑事司法改革价值观与方法论匡正

在整个人类社会发展的历史进程中，平衡与协调的价值观与方法论一直伴随着人类文明的持续进步而逐步深化。从古代中国提出的中庸思想到现代社会的和谐理论；从古代西方的均衡政治到当代的民主宪政无不渗透着丰富而深邃的平衡协调价值观和方法论的思想浸润，可以说平衡协调的理论思维是贯通古今，汇聚中外的哲学智慧。将平衡理论深度挖掘并结合现代系统科学与生态科学的最新成就对其加以全面阐释，再将其作为世界观、价值观和

〔1〕 参见杨利敏：“亨利二世司法改革的国家构建意义”，载《比较法研究》2012年第4期。

方法论工具以指导当今中国的刑事司法改革具有重要的理论价值与实践意义。我国刑事司法改革既不能一蹴而就，也不能画地为牢；既不能全面照搬，更不能消极无为。而应当以高屋建瓴的宏大视野与高瞻远瞩的超越眼界进行全面规划与总体设计，坚持普遍经验与本国国情的有机结合，坚持分阶段、有步骤地进行，通过从上而下和逐步推进的方式渐次展开。亦即，我国刑事司法改革应当坚持的价值取向与核心原则在于本土制度与域外经验的兼容与平衡，强调遵循司法规律与尊重本国国情的协调兼顾。这是因为：

1. 刑事司法制度与外部环境保持着生态平衡规律

刑事司法制度作为解决严重争端的法律机制构成整个人类社会生活的重要部分，必然与整个社会结构及其制度产生密切的交互作用，并使得刑事司法系统与环境保持生态平衡、互动整合与有机协调的状态。刑事司法改革研究需要揭示蕴含于制度系统内部的生态平衡规律性，并用于指导我国刑事司法大系统的要素与环境及其作用方式的具体改造，促使系统生成并保持生态平衡特性。具体来说，刑事司法作为法律制度系统领域的重要子系统必然受制于特定社会政治制度、经济制度、伦理道德体系、文化传统与社会结构等系统环境的深刻制约。当然，特定的刑事司法系统同时也作用于其外部环境，使得系统与环境产生互动整合，最终促使其共同演化更新。中国刑事诉讼法律制度的生成及运行构成了中国社会结构和制度整体中的有机组成部分。在中国社会全面转型与整体变迁的宏观背景下，刑事司法制度应当主动调整其要素及要素作用方式从而生成合理结构；并与外部环境相适应，促成刑事司法系统与外部环境保持稳定而协调的生态平衡。为此，刑事司法改革必须与社会整体环境变化联系起来加以考察分析，制定出符合时代要求的，并与中国社会整体环境变迁相适应的改革具体举措。既不能将西方法治国家的制度直接原样照搬，也不应采取简单而片面的孤立主义与关门主义行动，就事论事地为技术性的刑事司法规则谁是谁非而争执不休。故而，一蹴而就的速成论、一叶障目的机械论、实践万能的试点论等改革思想与行动都是极其错误的，必须深刻反思与着力校正。

2. 刑事司法改革必须尊重和遵循系统环境生态平衡的基本原理

既然刑事司法制度不能离开赖以生存和运行的特定社会环境，那么刑事司法改革不仅需要考虑本国政治、经济、文化环境特征及其变化趋势，而且需要关注世界各国政治、经济、文化的总体特征及其变化趋势，准确把握刑事司法制度运行的基本规律及其发展趋势，努力吸收和积极借鉴他国刑事程序法治的优秀成果以及刑事司法改革的成功经验。事实上，世界范围内的刑事司法现代化改革与生态化发展的伟大进程赋予了中国刑事司法改革诸多重大启示。〔1〕随着市场经济全球化进程的快速发展，民主政治全球化浪潮正深刻地影响着各个国家的政治运作，全球范围内的文化趋同与多元化特别是以平等正义为核心的道德原则，以尊重人权和保障人权为终极目标的价值体系在世界范围内广泛扩展，促进了人权保护价值标准的趋同化与人权保护机制的一体化发展，从而直接影响并指导着涉及公民人权保护的刑事诉讼法学理论研究与刑事诉讼制度的立法及司法实践。〔2〕执行改革开放路线使得中国融入国际社会的深度和广度都以前所未有的速度发展，这势必要求中国法律制度与世界各国法律制度进行广泛而深入的相互交流并取得更多共识，同时也给中国法律制度的现代化带来了巨大的动力和压力。如何在发扬优秀传统文化的同时，借鉴其他优秀文明成果以促进文化的自我更新在当前的国际背景下具有重要的现实意义，这本身就体现着文明的和谐共存、协调发展与携手共进。有学者为此指出，国际规则本土化应当为当代中国法制变革的范式选择。〔3〕尤其是刑事司法制度作为解决严重争端的程序法律制度体系更多地体现为普遍的共识与公认的规则，民族性或地区性的差异应当逐渐减少，国际刑事司法准则的践行与实施实际上已经体现出程序正义理念的普遍意义与对最低限度人权保障尺度的切实坚守。对此，我们应当牢记中央提出的加强顶层制度设计的战略方针，善于从大处与高处着眼，审慎分析与牢牢抓住当今世界政治法律制度文化发展的时代脉搏，准确把握刑事司法制度变革的契机与节奏，及时提出切实可行的刑事司法改革实施方略，努力推进国家刑事程序法治化建设进程。危及稳定的唯心论与自生自发的无为论都是不符合马克思主义唯物辩证法的错误思想观念，必须予以彻底肃清。

3. 刑事司法改革核心价值观在于协调和平衡

庞德教授指出："价值问题虽然是一个困难的问题，但它是法律科学所不

---

〔1〕 张能全："现代刑事诉讼生态化论纲"，载《兰州学刊》2010 年第 6 期。

〔2〕 张能全、谭光定："现代刑事司法趋同态势的制度背景与发展基础"，载《广西社会科学》2010 年第 12 期。

〔3〕 公丕祥：《法制现代化的挑战》，武汉大学出版社 2006 年版，第 445 页。

能回避的。”[1]法律价值是法律的灵魂，从一个国家制定的法律中，从一个国家的司法过程中，可以看出一个国家所追求的价值倾向。“纵观英、俄、日的司法体制改革，都是以控制犯罪和保护人权的平衡、程序正义和实体正义的平衡作为追求目标。”[2]同样，我国刑事司法改革所应秉承的价值观也在于平衡与协调。当然，强调刑事司法改革的核心价值取向在于本土制度与域外经验的兼容与平衡并不是要置特定国家的历史传统与文化背景而不顾，一味追求某种特定的价值准则与制度规则，而在于强调刑事司法改革必须遵循刑事司法系统与外部环境生态平衡的客观规律性。刑事程序设置与刑事司法制度建构必须与政治体制、经济结构、道德体系、文化背景及社会整体发展相适应。“一个国家的法律制度，作为一种上层建筑，总是应这个国家的政治制度和经济制度的需要而产生，并应这两种制度的变化而发展的。”[3]如今，世界各国刑事司法生态化发展趋势深刻体现了刑事司法蕴含的生态平衡规律，而中国社会整体转型也已经向刑事司法系统生态优化提出了更高要求。社会分化进程加快与社会利益主体多元导致冲突增多，势必要求法律的定纷止争功能的最大化，必然要求法律的形式理性得到充分体现。犯罪作为严重争端的表现形式通过刑事司法路径得到理性解决是维持社会和谐秩序的基本保证，也是社会公平正义实现的重要方式。

现代刑事司法作为一种严重争端解决机制，正是立基于以发达的市场经济秩序为核心的市民社会基础上，人权、契约、自由、理性成为其核心精神，要求国家公共权力有限行使，职能分离并相互制衡以确保公民个人自由与权利的充分实现。但是，由于饱受封建专制传统与宗法伦理意识浸润，中国刑事司法带有更多的暴力工具色彩与惩罚犯罪意味，这种与传统社会相协调的高度职权化的刑事司法模式显然不能适应正在发生深刻变化的当代中国社会现实。过分强调中国刑事司法制度的优越性与特殊性是不符合马克思主义的唯物辩证法基本观点的，当然不加区分地盲从国外刑事司法制度实事求是的认识论原则。真正需要做的是本着理论与实践相结合，本国制度与域外经验

---

〔1〕［美］罗·庞德：《通过法律的社会控制》，沈宗灵、董世忠译，商务印书馆1984年版，第55页。

〔2〕陈光中、郑旭：“追求刑事诉讼价值的平衡——英俄近年刑事司法改革述评”，载《中国刑事法杂志》2003年第1期。

〔3〕李义冠：《美国刑事审判制度》，法律出版社1999年版，第3页。

相兼顾的原则展开刑事司法改革。实际上，随着中国市场经济体制的建立和完善，民主政治的逐步推进，以公平正义为核心的新型伦理道德的重塑，以契约、人权、理性为特征的市民社会文化的培育及市民社会与政治国家的逐步分离，刑事司法需要更多的理性要素；包括国家权力的限度行使与分立运作，公民个人权利保护机制的日臻完善，诉讼程序正当性的逐步增强等。通过调整现行刑事司法系统各要素，完善刑事司法结构，并与外部环境保持有机协调就能够更好地改进刑事司法系统的结构和功能。从当代英美法国家与大陆法国家刑事诉讼法律制度改革的两种不同趋势也可以体察出生态平衡规律对于刑事司法系统的指导作用，我国司法体制改革与刑事程序改革也体现了这一思路，即发扬自身传统优势，借鉴他域成功经验，实现本土化与全球化，民族性与世界性的兼顾、协调，以达到并保持系统与环境的生态平衡。

二、全面深化刑事司法改革必须坚持的原则

刑事司法改革作为法制建设系统工程已经成为推进国家法治的关键环节；置身于中国社会转型环境中的刑事司法改革已经走过三十多年的发展历程，需要全面总结已经取得的成功经验，认真吸取改革过程中发生的教训。在此基础上，根据刑事司法普遍规律及他国刑事司法实践经验及改革成果，结合我国建设社会主义法治国家的根本任务与中国特色社会主义法律制度体系的基本特征，抽象概括出刑事司法改革应当遵循的基本理念与原则对规范指导今后的刑事司法改革具有十分重要的意义。因为只有根据原则精神对刑事司法改革进行全面规划、统筹安排并加以有序推进才可能最终实现我国刑事司法现代化的阶段目标与国家法治的总体目标。

（一）刑事司法改革必须坚持党的领导

"中国共产党在整个国家事务方面的领导地位已经得到宪法肯定，这种领导不只是理论的或观念形态的指引，更包括设置在各个组织和机构中的分支委员会的有形管理。"〔1〕故而，"中国共产党的组织事实上已经成了国家政权组织的一部分，而且是核心部分。"〔2〕中国共产党既是中国特色社会主义现代化建设事业的领导核心，更是推进依法治国，建设社会主义法治国家的领

〔1〕贺卫方：《司法的理念与制度》，中国政法大学出版社 1998 年版，第 44 页。

〔2〕胡伟：《政府过程》，浙江人民出版社 1998 年版，第 24 页。

导核心，也是推进和深化司法体制改革，建设公正高效的社会主义司法制度的领导核心，社会转型中的刑事司法改革必须坚持党的领导。其理由在于：其一，坚持党的领导是社会转型中的刑事司法改革能够有序推进和持续展开的根本前提。坚持党的领导、人民当家作主、依法治国的有机统一，是中国特色社会主义民主政治建设的基本原则和核心要求。中国共产党作为中国特色社会主义现代化事业的领导核心，理所当然是推进和深化刑事司法改革伟大事业的坚强领导核心。其二，坚持党的领导是确保刑事司法改革始终沿着社会主义方向推进的政治保证。我国是人民当家作主的社会主义国家。刑事司法体制及运行机制存在各种问题需要改革，但是改革是对我国刑事司法制度的自身完善，并不能因此否定乃至改变我国刑事司法制度的社会主义性质。刑事司法改革只有坚持党的领导，才能切实增强司法机关和司法人员的政治意识、大局意识、责任意识，自觉地与党中央保持高度一致，确保党中央的重大战略决策与路线方针政策能够在刑事司法工作与刑事司法改革中得到不折不扣的贯彻落实，从而确保刑事司法改革始终坚持社会主义方向。其三，坚持党的领导是确保刑事司法改革持续展开的组织保证。刑事司法改革是司法改革的枢纽和核心，又是整个司法改革的难点和关键。然而，刑事司法改革涉及各个政法部门之间的职权分配和利益调整，涉及诸多法律法规的修改完善，涉及专门机关的人事与物资的合理配备，需要高屋建瓴、总揽全局、协调各方。只有坚持党的领导，才能从组织上保证刑事司法改革的顺利进行。其四，坚持党的领导是确保刑事司法改革终极目标最终实现的思想和观念基础。只有坚持党的领导，才能对我国刑事司法制度体系进行客观而准确的评估，从而确立科学合理的刑事司法改革目标与切实可行的改革步骤，始终如一、坚持不懈地推进和深化刑事司法改革，直至公正高效权威的社会主义刑事司法制度体系成功建立。从党的十五大以来，无论是推进刑事司法改革，还是深化刑事司法改革，都是党中央所作出的重大战略部署。党的十六大和十七大之后由中央司法体制改革领导小组推出的两轮司法体制改革方案，也都是在党的领导下进行的。党的十八大提出全面推进依法治国、进一步深化司法体制改革，十八届三中全会通过《全面深化改革若干重大问题的决定》，四中全会通过《全面推进依法治国若干重大问题的决定》，也都是在党中央的领导下顺利进行的。事实已经证明而且必将继续证明，只有坚持党的领导，刑事司法改革才能得到顺利展开和有序推进。

（二）刑事司法改革必须坚持循序渐进

任何事物的发展都是由初级向高级方向运动而不是相反，人们对于事物的认识通常也是由简单到复杂，由个别到一般，由感性到理性，由表象到本质。刑事司法改革是对现行刑事司法制度存在的问题和缺陷进行调整修改，必然触及现行刑事司法体制与其运行机制的各个方面，必然涉及刑事司法主体的权力义务配置调整与刑事司法程序规范的增减删改。可以说刑事司法改革是一项系统工程，如何选择改革的突破口以及改革的具体路径就成为刑事司法改革首先考虑的问题。同时，包括刑事司法制度在内的任何制度一旦形成固定的运行模式，都会形成制度惯性，从而生成改革的巨大阻力。为减少改革阻力与改革本身带来的制度变革阵痛，改革必须遵循循序渐进原则，从最容易改革的技术化规则和制度开始，然后再延伸到比较复杂的制度层面与价值层面。再者，刑事司法改革本身是一项内容复杂、任务艰巨的改革，既涉及司法制度层面的一般问题，也涉及刑事司法层面的特殊问题，在改革过程中可能会遇到各种难以想象的困难，这决定了我国刑事司法改革不可能一蹴而就。正是基于此，刑事司法改革应当遵循事物发展的基本规律，坚持从量变到质变、循序渐进的改革进路。〔1〕另外，社会转型期是各种矛盾的聚集期和突发期，容易因为微小的事件而引发社会矛盾乃至冲突。刑事司法改革处于政治法律制度的核心领域，涉及我国司法制度、司法体制乃至政治体制中的深层次问题甚至比较敏感的问题，如法官与检察官的角色和地位、检法关系、法律监督、法院的性质与功能、司法独立、司法的地方化、行政化、官僚化甚至司法腐败等。诸如此类的改革必然对整个司法制度产生根本性的影响，更应当谨慎行事。因此，刑事司法改革必须秉承循序渐进的改革理念和思维进路。具体来说，根据司法改革在不同层次进行的特点，应当从微观、中观和宏观三个不同视角审视司法改革，根据改革的难易程度、与其他配套改革措施的相关性、改革及其成功后资源的耗费需求等，确定司法改革的近期、中期和远期目标，制定出司法改革方案。〔2〕

纵观已经走过的刑事司法改革历程，法院和检察院所进行的司法改革大

---

〔1〕 朱立恒：《社会主义法治理念视野下的司法体制改革》，法律出版社 2012 年版，第 146 页。

〔2〕 周伟：“司法改革的价值目标与实施步骤”，载陈卫东主编：《司法公正与司法改革》，中国检察出版社 2002 年版，第 316 页。

致经历了由机制改革逐渐向体制改革方向过渡，由司法机关自发改革向中央统一部署下的由上到下展开司法改革的发展趋势。以法院的司法改革为例：人民法院“一五”改革纲要从深化审判方式改革、建立符合审判工作规律的审判组织形式、科学设置人民法院内设机构、深化法院人事管理制度，健全监督机制方面制定了总共50项改革任务，这些改革主要集中于法院工作机制方面，涉及的改革层面较窄，成本较低，阻力较小。人民法院“二五”改革纲要进一步深化了改革内容，拓展了改革领域，但仍然属于法院工作机制完善方面的改革，如改革和完善诉讼程序、法律统一适用机制、执行体制与工作机制、审判组织与审判机构、司法审判管理与政务管理、司法人事管理、内部监督制约机制以及探索法院体制改革等方面。人民法院“三五”改革纲要确定了五项重点工作：一是优化司法职权配置；二是落实宽严相济刑事政策；三是加强政法队伍建设；四是加强政法经费保障；五是健全司法为民工作机制。可以看出，“三五”改革纲要的改革内容已经比“一五”和“二五”改革纲要内容宽泛得多，涉及的层面不仅仅是法院，而且覆盖了整个政法机关。因为“三五”改革纲要更侧重于落实中央要求，加强对权力的监督制约。通过法院的司法改革历程可以窥视我国刑事司法改革总体上坚持了循序渐进的改革思路。〔1〕

当然，实践中也存在违背刑事司法改革渐进性原则的若干做法。例如，实务界有人搞起来了陪审团制度与沉默权制度的试验，其结果均以失败告终。那是因为陪审团制度是生长于英美法国家的制度而不是我国本土固有的制度，其生存和发展需要配套的制度支持与相应的法律文化土壤。在程序观念与权利意识还没有完全形成之际，突然将英美法制度引进到我国，必然与现有的刑事司法制度发生冲突。沉默权制度同样如此，我国长期坚持“坦白从宽，拒绝从严”的刑事政策，通过刑事司法严厉惩罚犯罪以维护社会稳定成为各级党委政府的重要任务而不单纯是司法机关自身的事情，社会民众对于犯罪的痛恨远远超过国家权力滥用行为。因此，突然引进沉默权制度必然会遭遇传统文化心理的顽强抵抗，而且容易遭遇各级侦查官员的强烈抵制，因此只能采取渐进的改革进路。刑事诉讼法第二次修正时在确立任何人不得强迫证实自己有罪原则的同时，保留原来的犯罪嫌疑人、被告人应当如实陈述的规

〔1〕 参见孙万胜：《司法改革的实践之悟》，人民法院出版社2013年版，第171~172页。

定就是不得已的制度选择。当然，禁止强迫自证其罪原则与如实陈述做法本身存在着矛盾，强调如实陈述就难以全面落实任何人不自证己罪原则的有效实施；反之，不自证其罪权利必然要求废除如实陈述的相关规定。在不久的将来，我国刑事诉讼法修改应当将如实陈述规定废除代之以自白自愿规则，以全面落实禁止强迫自证己罪的国际准则，充分尊重犯罪嫌疑人、被告人的自主自愿选择，并辅之以如实陈述一律从宽处理的刑事司法政策。如此，既保持了禁止强迫自证其罪原则与沉默权制度的连接，顺应刑事司法国际准则的要求，同时也体现了我国本土制度文化变迁的渐进性。

（三）刑事司法改革必须体现人民性

刑事司法改革必须体现人民性不仅在于刑事司法需要反映人民群众的司法需求和倾听人民的呼声与愿望，而且在于应当广泛动员民众参与到刑事司法改革的进程中并且积极为制度改革完善献计献策。为此，刑事司法改革必须广泛征求广大民众的意见，各项刑事司法改革的决策应当主动邀请民众参与讨论。在提倡“建立符合国民期望的司法制度”的日本，司法改革中听取民众意见方面就值得学习和借鉴。日本司法制度改革审议会不仅将每次司法改革研讨会的内容对社会公开，将其全部上传网络以供国民讨论，而且设置专门的热线电话征求民众对司法改革的意见和建议；司法改革意见书公布之后，该审议会还派出委员专门在收视率极高的晚间新闻节目中进行宣传解释。[1]我国台湾地区的司法改革同样广泛听取了民众意见，“司法院”定期邀请各界精英及意见领袖参与“司法改革座谈会”。为了让广大民众了解司法改革内容，还将讨论有关内容公开出版发行。此外，“司法院”还举办认识司法活动，邀请各界民众到“司法院”及各级法院参观访问，从而近距离直观了解司法改革状况。[2]英国的司法改革则将推动民众的社会参与作为刑事司法改革的目标之一。《所有人的正义——英国司法改革报告》指出：“刑事司法制度的宗旨是为公众服务。因此，公众对该制度的了解、信任与参与是极为重要的。在刑事司法制度改革的同时，我们想继续发扬英国积极参与保持司法公正的优良传统。”“要想让公众致力于维护司法公正并且相信刑事司法制度有能力为

〔1〕 转引自吴卫军：《刑事司法的理念与制度》，中国检察出版社 2004 年版，第 273~274 页。

〔2〕 我国台湾地区“司法院”编：《司法改革全貌》，2002 年版，第 98 页。

社区提供有效服务，保持公众与刑事司法机构间良好沟通是非常重要的。”〔1〕我国刑事司法改革在吸引民众参与方面做得还不够，各项刑事司法改革大政方针、具体内容都是由专门机关自己确定的或者通过召开联席会议确定的。例如：法院制度的改革是由最高人民法院自己制定实施的，检察制度改革是由最高人民检察院自己制定实施的。1996 年刑事诉讼法修正案与 2012 年刑事诉讼法修正案的讨论修改实际上主要是由各个专门机关参与进行的，尽管广泛征求了社会各界的意见，但真正发挥关键作用的还是上述专门机关。由于部门保护主义作祟，各个机关参与法律的制定和修改时必然会考虑本部门的利益。两次刑事诉讼法的修改中都出现了相似的情形，学者关于刑事诉讼法修改的许多建议遭到专门机关以脱离现实国情为由的拒绝，而专门机关各自提出的建议却最终被接纳，法律修改的结果可想而知。而在贯彻刑事诉讼法而制作的关于刑事诉讼的解释中，尽管有许多内容是为了全面准确理解立法意图而作出的具体解释，但也存在为了本部门的利益甚至为了本地方的利益而作出的解释。徐静村教授曾批评指出：“从公检法三机关关于刑事诉讼实施的《规定》《规则》《解释》的内容不难看出，其共同特征是三机关都尽量在各自解释中扩充本机关的权力，甚至不惜突破刑事诉讼法的立法本意进行解释，大胆地‘创造’法律。每个机关在各自的诉讼阶段就作出了数百条的解释，或许更多的是争权夺利的一种表现。”〔2〕

“法律所面临的任务是适用法律，而此举的终极目的则在于针对其顾客——诉讼当事人的需求而提供其所需的服务。法院若忽视其向当事人提供合乎需求的服务而自我从形式上去限定案件处理，则不免有本末倒置之嫌。”〔3〕我国刑事司法改革存在的误区之一就在于将刑事司法改革看作是刑事司法机关自己的事情，刑事司法改革的大多数方案都是由刑事司法机关自己决定，自我行动的，难免有自说自话的嫌疑。本来，广大民众应当成为刑事司法改革的主体与决策者，但实际上成了看客和旁观者，甚至在某种程度上成为单纯被改革的对象和客体，而刑事司法机关却不知不觉成为刑事司法改革的核

〔1〕《所有人的正义——英国司法改革报告》，最高人民检察院法律政策研究室组织译，中国检察出版社 2003 年版。

〔2〕徐静村：《徐静村法学文集》，中国检察出版社 2010 年版，第 187 页。

〔3〕［日］小岛武司：《诉讼制度的改革与法理实证》，陈刚译，法律出版社 2001 年版，第 156 页。

心主体和决策者。我们认为，刑事司法改革应当直面广大社会民众，改革方案的决策者、评判者属于民众。事实上，凡是与刑事司法职权行使有关的机关或个人都不应当参与到刑事司法职权配置的决策中以防止其滥用职权、谋取私利或取得自身优势。亦即，刑事司法改革内容的制定、讨论不能由刑事司法机关自身来进行而只能由其他机关与民众来进行。一般来说，由国家立法机关牵头组织，并吸收不同层次的民众代表广泛参与。刑事司法机关作为刑事司法职权的行使者，利益规避原则要求其应当回避参与和决策刑事司法改革的全部活动，防止其对刑事司法改革带来影响和干扰，只有如此才能保证刑事司法改革决策内容的全面性、客观性、公正性。当然，专门机关针对刑事司法改革内容可以发表自己的意见或提出建议，但不能影响乃至左右刑事司法改革具体内容。由于刑事司法改革主要涉及国家刑事司法权力配置，与各个专门机关的职权行使存在很大利益关系，故而必须坚持回避制度。具体来说，我国刑事司法改革与诉讼制度的再修改应当由全国人大带头，充分吸收学术界、律师界等专业人士与社会各界人士组成专门的委员会专门负责进行，当然需要广泛征求包括专门机关在内的各方面意见，但应当更多听取专家学者和社会民众对于刑事司法改革的意见和建议。

（四）刑事司法改革必须强调系统性

任何事物都是要素组成的系统，因而具有系统特征。当代系统科学将一切事物都看作是内部具有诸多元素、外部具有一定环境、由诸元素间及其与相关环境间相互作用所构成的、有一定组织的整体，即系统。[1]根据一般系统理论，系统具有整体性、相关性、动态性及系统环境互生共塑性等基本特征。作为一种整体性的存在，任何系统不是要素和部分的机械组合，而是由要素构成的有机整体。系统具有整体生发的基本特性，它是整体性生存与个体性共存的有机统一；系统的功能取决于构成系统的各个要素的组织方式即结构。系统结构合理就会增强系统整体的功能，使整体的功能大于各个要素的功能总和；系统结构不合理将会削弱和破坏整体的功能，使整体功能小于各个要素的功能总和。刑事司法系统也是由多个子系统（要素）组成的，每个子系统又包含着若干子子系统，整个刑事司法系统就是由多重系统构成的法律生命有机体。刑事司法系统特征体现于刑事司法的整体性、结构性、开

---

〔1〕 张强："系统方法论与唯物辩证法"，载《系统辩证学学报》2004年第4期。

放性及系统要素相关性等方面。刑事司法的整体性是指刑事司法系统不是由各种刑事司法原则、制度和规则杂乱无章地随机组合，各种诉讼制度和程序安排不是毫无规律的偶然堆积，它是由许多子系统（要素）、子子系统按照特定目的或功能组合起来的有机整体。刑事司法的结构性是指刑事司法系统要素都是按照一定的组织形式或结合方式联系在一起并且彼此相互发生作用和影响。根据特定的刑事司法目的，刑事司法系统要素按照特定的组织形式发生作用，从而形成稳定的刑事司法结构（或称模式、构造）。一个国家特定时期的刑事司法目的与结构有其内在的一致性，它们都受到当时占主导地位的关于刑事司法的法律价值观的深刻影响。〔1〕在刑事司法系统中，特定的诉讼结构体现了诉讼制度的特定功能。刑事司法的开放性是指刑事司法系统具有能够与外部环境进行物质、能量和信息交换的特性，特别是允许外部环境因子对刑事司法系统进行影响和改造，使得司法系统能够依据与外部环境的相互作用而不断调整，并与外部环境保持着平衡和协调的发展态势。刑事司法系统的开放性是保持该系统生命力持续的重要条件，也是系统有序化运作的重要保证。刑事司法要素的相关性是指刑事司法系统由多种系统要素构成，这些系统要素相互之间存在内在的有机关联性，它们相互作用、相互结合又相互制约，从而构成了系统各要素个体与整体的共生、竞生与整生关系。任何一个要素或系统的结构变革，又会通过要素和系统相互作用的功能关系而影响到参与相互作用的系统的结构变革，即任何系统要素的改变，将引起其他要素及整个系统的改变。〔2〕刑事司法系统是在特定的政治、经济、文化和社会大背景下运作的，受到特定的政治体制、经济模式、文化传统、社会价值观、道德伦理以及民族特性等外部社会生态环境因素的深刻影响。尤其受国家政治体制和社会意识形态的浸染，因为“刑事司法程序规则更紧密地触及一个国家的政治组织”。〔3〕研究刑事司法制度应当运用系统科学方法论，将其作为一个有机系统进行全面考察，不但分析刑事司法系统本身运作的特性，还要分析刑事司法与外部社会系统存在的千丝万缕的具体联系，更要深入刑事司法系统内部，把握刑事司法系统内部诸要素的特性及相互之间的作

---

〔1〕 宋英辉：《刑事诉讼目的论》，中国人民公安大学出版社1995年版，第12~13页。

〔2〕 邹珊刚：《系统科学》，上海人民出版社1987年版，第三、四章。

〔3〕 ［法］卡斯东·斯特法尼等：《法国刑事诉讼法精义》（上），罗结珍译，中国政法大学出版社1999年版，第66页。

用关系。我国刑事司法改革存在一定程度的盲目性与随机性，系统性方面做得不够，整体性考虑不周，正如有学者指出的那样，我国司法改革没有在系统理论的指导下确立全面的改革内容，而是过于随机的点击，其表现为以哪里暴露的问题多就改哪里的“头痛医头脚痛医脚”现象。[1]

刑事司法改革强调系统性就是要遵循系统规律，而且运用系统方法论指导刑事司法改革，既要充分尊重与切实把握刑事司法制度的系统结构特性，又要熟练运用系统理论和方法改革完善刑事司法制度。具体而言，在刑事司法改革的制度设计方案中，要充分考虑到刑事司法制度的整体性、结构性、开放性与要素相关性等系统特征。刑事司法制度的整体性要求刑事司法改革必须从全局出发，树立改革的全局观念与大局意识，将刑事司法改革视为系统工程。刑事司法制度的结构性要求刑事司法改革需要注意制度要素之间形成的稳定关系，系统要素的组合方式不同决定着不同的系统性质与系统功能，刑事司法改革需要考虑各种刑事司法要素之间固定的结合方式，充分尊重司法规律进行制度设计。刑事司法制度的开放性决定刑事司法改革不仅要考虑刑事司法制度内部的要素调整，还必须全面分析与深入研究其外部因素对刑事司法制度的影响，改革不利于刑事司法正常运行的外部因素，促进系统与环境的相互适应性与平衡性。刑事司法制度要素的相关性要求刑事司法改革必须充分考虑制度要素之间的关联性与匹配性，注意要素之间的协调，避免制度要素之间发生矛盾或冲突。美国学者昂格尔教授在谈及中国司法改革问题时，亦提醒我们“改革应当有整体的大的规划，而不应当局部地调整、小修小补”。[2]实际上这就是要求改革需要遵循系统性原则，充分尊重刑事司法制度的系统特性，充分考虑要素、系统与外部环境的匹配性与适应性，审慎改革调整刑事司法制度的要素、系统与环境的相互关系。而且，改革必须遵循司法的基本规律，必须在全局上确定改革内容并全面推进。[3]

（五）刑事司法改革必须突出前瞻性

前瞻性原则是指人们在认识世界和改造世界的过程中，应当充分发挥人

---

〔1〕蒋剑鸣等：《转型社会的司法：方法、制度与技术》，中国人民公安大学出版社2008年版，第12页。

〔2〕［美］昂格尔、孙笑侠：“传统中国与现代法治”，载徐显明主编：《法治与社会公平》，山东人民出版社2007年版，第400页。

〔3〕王超：“中国司法改革的整体推进之路”，载《政治与法律》2004年第2期。

的主观能动性与理论预测性，对事物的发展态势进行全面的分析评估与前景预测，并主动改善条件以谋求事物的健康发展与系统的正常运行。刑事司法改革的前瞻性原则要求刑事司法改革应当全面总结世界各国关于刑事司法制度安排的共同做法，概括出刑事司法制度运行的基本规律及发展的一般趋势，结合本国刑事司法制度运行及其改革的具体情况，对刑事司法改革发展方向作出客观而科学的估计，对刑事司法改革内容作出系统而完善的规划，并积极推进刑事司法体制及其运行机制改革所秉承的理性思维和正确态度。任何事物的发展都具有内在规律性，把握这种客观规律性并积极改变事物发展的某些条件从而促进事物的健康发展就成为人们发挥其主观能动性的重要体现。坚持刑事司法改革的前瞻性原则能够为刑事司法改革提供重要的方法论工具，从而确保正确的改革方向，规划出合理可行的改革步骤。

鉴于刑事司法改革具有整体性、系统性和长期性，改革中贯彻前瞻性原则具体应当注意三个方面：首先，必须明确刑事司法改革的目标定位。美国大法官卡多佐指出："如果根本不知道道路会导向何方，我们就不可能智慧地选择路径。"〔1〕只有明确刑事司法改革的目标，坚定信心，审慎选择前进道路，勇敢前行，并将改革的长期性与过程的渐进性、理想的崇高性与手段的适宜性予以有机结合，避免在重大问题上摇摆不定和踯躅不前，才能在纷繁的现象面前认清事物本质、把握主要矛盾，从长远着眼设计具有前瞻性的改革举措。〔2〕其次，必须注意刑事司法改革过程中的计划性与系统性，保证各项改革措施互不冲突，而且做到协调和配套。在过去的刑事司法改革实践中，司法机关多从某个具体问题出发，从而将改革局限在比较狭小的范围；而且多从自身角度出发，从而对改革涉及的目标步骤、主体客体、上下层级、前后衔接、系统内外等要素缺少必要的逻辑分析和制度照应。倘若改革措施不能对相关因素作出周密安排，就必然受到系统其他要素和条件的限制。在司法实践中突出表现为保障措施、配套制度跟不上，制度衔接和部门配合经常出问题，部门割据、地方割据现象严重，从而严重影响司法改革的效果。〔3〕最后，必须充分重视改革中的协调性与持续性问题，确保各项改革措施具备

〔1〕［美］本杰明·卡多佐：《司法过程的性质》，苏力译，商务印书馆1998年版，第63页。

〔2〕吴卫军："法理与建构：中国司法改革的宏观思考"，中国政法大学2003年博士学位论文。

〔3〕夏锦文："当代中国的司法改革：成就、问题与出路——以人民法院为中心的分析"，载《中国法学》2010年第1期。

超前性和预见性。反之，推行的改革措施就容易与国家刑事司法改革的长远目标、整体目标发生冲突，结果劳而无功。在起步阶段由于司法实践中的案件压力和某些具体问题，我国刑事司法改革措施不可避免地带有较强的功利性与应对性，而长远性、系统性、整体性考虑不周。随着改革的全面深入，应当对当初的改革内容进行调整，从而有效避免其成为改革的制约因素甚至成为再次改革的对象。总之，刑事司法改革的前瞻性原则要求我们必须审时度势，根据刑事司法制度的一般规律、发展趋势与世界各国刑事改革的普遍做法和经验，在客观评估我国刑事司法制度优势与局限的基础上，全面规划刑事司法改革的目标、方向与主要内容，为进一步推进改革提供准确指南与现实路径。在刑事司法改革中，应当具有高瞻远瞩的世界眼光，高屋建瓴的宏大气魄，审慎思考并大胆评估未来法治发展的大方向，从而为我国国家法治进行合乎理性的顶层规划。在此基础上，对未来刑事司法制度发展作出客观评估与前景预测，同时积极推进刑事司法的各项制度改革，方能实现国家刑事司法的理性化与现代化。

下 篇

社会转型中的刑事司法改革与制度创新研究分论

第七章
社会转型中的刑事司法职权配置与调整

刑事司法作为解决被告人刑事责任问题的诉讼活动属于社会冲突法律解决机制的重要组成部分，其活动时空范围跨越整个人类社会生活领域及历史发展进程。可以说，只要有人类活动就必然存在冲突乃至严重冲突，严重冲突法律解决机制经历了从私力救济向公力救济发展的漫长过程，其制度变迁彰显着人类社会逐渐向更高级阶段迈进的发展趋势。在人类早期社会中，冲突解决往往通过血亲复仇、同态复仇等私力救济方式进行。由于私力救济往往不能有效解决冲突反而致使冲突扩大化，人们逐渐认识到通过公力救济更加公平和有效。诚如人类学家霍贝尔教授所言："在原始法的发展过程中，真正重大的转变并不是人与人之间的关系中实体法上的从身份到契约——尽管这是欧洲法在其后来发展过程中的一个显著的特征，而是在程序法上所发生的重心的重大转移，维护法律规范的责任和权利从个人及其亲属团体的手中转由作为一个社会整体的政治机构的代表所掌管。"〔1〕随着阶级和国家的产生，国家致力于解决冲突的刑事司法权力得到迅速扩展，弹劾式诉讼逐渐被纠问式诉讼所取代，而纠问式诉讼中侦查、控诉与审判职能合一助长了国家权力的恣意滥用继而造成大量的司法不公现象，最终引发了国家刑事司法权力的合理划分与诉讼职能的明确区分。"法律永远是部分原则加部分权力。如果法律要完成其目标便必须以权力为支持，但是不受制约的权力却极易由于其反复无常而漠视正义与安全的要求，这种反复无常使得法律无法衡量不同

〔1〕［美］E. A. 霍贝尔：《初民的法律》，周勇译，中国社会科学出版社 1993 年版，第 369 页。

人的行为的法律后果。”[1]资产阶级革命后西方各国的刑事司法制度安排坚持奉行控审分离、审判中立、控辩平等与有效辩护等诉讼原则，并根据国家刑事司法权力的不同属性划分为审判权、检察权与侦查权。实际上，这里的刑事司法权是从广义层面而言的，就狭义层面来讲，刑事司法权实际就是刑事审判权，而检察权与侦查权尽管是广义层面的刑事司法权，但常常被视为行政权。有学者指出，司法权（司法审判权）是司法体制的核心。无论是近代还是现代司法体制，均涉及司法权与立法权、行政权的关系如何处理，司法权应该如何配置，司法机关如何设立及外部相互关系如何处理，各项司法制度如何建立等问题，这些问题都必须围绕司法权展开。[2]基于此，社会转型中的刑事司法改革的核心问题应归结于刑事司法职权的配置与调整问题。

一、刑事司法权力的性质与功能

（一）审判权的性质与功能

审判权又称为裁判权，是指狭义上的司法权。一般来说，“审判”倾向于强调冲突解决机制的具体方式与冲突解决的具体过程；而“司法”倾向于强调冲突解决机制的国家主体身份与职权性质。“审判”与“司法”实际上属于“一体两面”的同一事物或行为。如果说审判权与司法权存在差异的话，主要表现在两个方面：一是范围方面，司法权除了包括审判权之外，还包括法律解释权、司法审查权；二是层次方面，司法权可能更多着眼于政治体制层面，审判权更多地对应诉讼结构层面。[3]如果对司法权或审判权从国家权力行使层面加以理解和阐释的话，通常使用司法权概念；如果单从具体案件的诉讼程序运行加以理解和阐释的话，则常常使用审判权概念。当然，在语境方面也存在重要差异。所谓“语境”，是指意义确定的某种特定的语言环境。[4]实际上，语境已经成为一种多向度的思维方式，它是指一种构成某种

---

〔1〕［美］埃尔曼：《比较法律文化》，贺卫方、高鸿钧译，清华大学出版社 2002 年版，第 75～76 页。

〔2〕谭世贵等：《中国司法体制改革研究》，中国人民公安大学出版社 2013 年版，第 90 页。

〔3〕谢佑平等：《刑事司法权力的配置与运行研究》，中国人民公安大学出版社 2006 年版，第 337 页。

〔4〕转引自卞建林、栗峥：“中国司法的当下语境与制度回应”，载《河南社会科学》2013 年第 3 期。

事物特质的文化台面（包括社会政治、意识形态、价值观念、时代精神）和知识背景；它是设置和深藏于该事物后面的根据和意义；它同时也意味着一种我们观察事物所持的角度、立场和文化视线，是附属于观察者身上的一种无形的文化积淀物或者是人们分析事物时所能调动的一切文化资源和复杂材料。[1]在我国社会主义司法理论体系及制度实践中，司法权概念和内容远大于审判权概念和内容；而在现代法治国家视野中，司法权就是审判权。“通常的观点认为，司法是一个与立法、行政相对应的概念，是指国家司法机关根据法定职权和法定程序，具体应用法律，审判刑事、民商事、行政案件及违宪案件的专门活动。”[2]

在现代民主法治理论和宪政框架下，司法权与立法权、行政权属于并列平行的三类国家权力。行使司法权的主体往往是法院，而其他政府部门一般不享有司法权。例如，《美国宪法》规定：“合众国的司法权属于最高法院和国会不时规定和设立的下级法院。”《日本1946年宪法》规定：“一切司法权属于最高法院及有关法律设置的下级法院。”《德国基本法》规定：“司法权赋予法官，由联邦宪法法院，本基本法规定的联邦法院和各州法院行使。”《关于司法机关独立的基本原则》规定：“司法机关应不偏不倚、以事实为根据并依法律规定来裁决其所受理的案件，而不应有任何约束，也不应为任何直接间接不当影响、怂恿、威胁、干涉所左右，不论其来自何方或出于何种理由。”[3]可以看出，通常意义上的司法权实际就等于审判权，因此，人们在研究西方国家司法机关的职权配置时通常就是考察法院或者法官的权力配置；在我国理论界，关于司法权范围的话题则众说纷纭。有观点认为，司法权由公安机关、检察院、法院、司法行政机关分别行使，公安机关、检察院、法院和司法行政机关都属于司法机关；[4]有观点则认为，司法权是指侦查机关、检察机关和审判机关等国家司法机关在司法活动中代表国家行使的权力，

---

〔1〕田成有：“歧义与沟通：法律语境论”，载《法律科学》2001年第2期。

〔2〕何勤华等：《法治的追求——理念、路径和模式的比较》，北京大学出版社2005年版，第142页。

〔3〕程味秋等主编：《联合国人权公约和刑事司法文献汇编》，中国法制出版社2000年版，第212页。

〔4〕参见钟玉瑜主编：《中国特色司法制度》，中国政法大学出版社2000年版；章武生、左卫民主编：《中国司法制度导论》，法律出版社1994年版，第2页。

它包括侦查权、检察权和审判权三个组成部分；[1]还有观点认为，司法权是国家行使审判和法律监督的权力，它包括审判权和检察权两个组成部分。[2]从有关法律规定和党中央的文件来看，我国司法权实际上仅指审判权和检察权，人民法院和人民检察院均属司法机关。我国宪法规定，全国人民代表大会是我国的最高权力机关；国务院、最高人民法院、最高人民检察院都由全国人民代表大会选举产生，对它负责，受它监督。从历次召开的全国人民代表大会审议通过两院工作报告的决议来看，我国最高权力机关已经从官方用语上肯定了最高人民法院和最高人民检察院作为最高司法机关行使司法权的定位。党中央的重要文件也肯定了我国司法权包括审判权和检察权。例如，党的十五大报告指出："推进司法改革，从制度上保证司法机关依法独立公正地行使审判权和检察权。"党的十七大报告指出："深化司法体制改革，优化司法职权配置，规范司法行为，建设公正、高效、权威的社会主义司法制度，保证审判机关、检察机关依法独立公正地行使审判权、检察权。"党的十八大报告则指出："进一步深化司法体制改革，坚持和完善中国特色社会主义司法制度，确保审判机关、检察机关依法独立公正行使审判权、检察权。"总之，在我国，制度层面上的司法权不仅包括审判权，还包括检察权；观念层面上的司法权则指审判机关、检察机关、侦查机关、公证机关等行使的与司法相关的国家职权。

在社会转型时期，全面深化刑事司法改革必须深入研究刑事司法制度的基本理论，探索总结刑事司法运行的内在规律，研究司法权与立法权、行政权的相互关系，其目的在于更好地解决刑事司法权力的合理分工与规范运行，实现刑事司法权力的科学合理配置，防范刑事司法权力滥用。今天，"尽管不同国家的政治体制和司法机制千差万别，但世界上各种宪法和法律体制中关于司法独立的原则和基本标准却基本上和实质上是一致的。"[3]亦即，世界各国司法权内涵及权力大小存在一定差异，但在本质属性方面却是相同的，司法的本质含义及属性定位应是判断权而不是执行权。"行政部门不仅具有资源、地位的分配权，而且执掌社会的武力。立法机关不仅掌握财权，且制定

---

〔1〕 参见吴磊主编：《中国司法制度》（第2版），中国人民大学出版社1997年版，第88~90页。

〔2〕 参见张文显主编：《法理学》，法律出版社2007年版，第237页。

〔3〕 张建伟：《刑事司法体制原理》，中国人民公安大学出版社2002年版，第190页。

公民权利义务的准则。与此相反，司法部门既无军权、又无财权，不能支配社会的力量与财富，不能采取任何主动的行动。故正确断言：司法部门既无强制，又无意志，而只有判断；而且为了实施其判断亦需借助于行政部门的力量。”〔1〕有学者指出，司法权与行政权相比较，具有完全不同的属性：一是司法权比较被动，而行政权比较主动；二是司法权比较中立，而行政权有较强的倾向性；三是司法权强调权力过程的形式性，行政权则强调权力结果的实质性；四是司法权比较稳定，而行政权突出应变；五是司法权具有专属性，而行政权具有可转授性；司法主体职业突出法律性，而行政主体职业突出行政性；六是司法权效力具有终极性，而行政权效力具有先定性；七是司法权运行具有交涉性，而行政权运行具有主导性；八是司法权的机构系统内具有审级分工性，而行政权的机构系统内具有官僚层级性；九是司法权的价值取向具有公平优先性，而行政权的价值取向具有效率优先性。〔2〕司法权作为一种判断权力，必然具有中立、被动、终局和权威的秉性，否则，难以实现公正地解决一切纠纷的诉讼目标。根据“当事人不能作为自己案件的法官”的古老法则，中立性是指裁判主体应当在对立和冲突的诉讼各方之间采取不偏向任何一方的立场、态度和行为；被动性是指裁判者不能主动积极地介入社会生活，而只能在出现争端后由当事人或公诉机关的请求被动介入，同时在诉讼过程中只能根据当事人的申请进行裁判；终局性是指裁判主体作出的裁决一旦生效就会产生确定的法律效力，具有形式上的公信力和内容上的拘束力；其他任何机关、组织或个人均不得变更或撤销，除非经司法机关依法改判；权威性是指司法机关享有与争端相关事务的绝对管辖权，所作出的判决应当受到绝对的尊重和普遍的遵行，从而形成至高无上的司法权威进而引领人们信赖法律和信仰法律。“正如心理学家研究现在已经证明的那样，在确保遵从规则方面，其他因素如信任、公正、信实性和归属感远较强制力为重要。正是在受到信任因素而不要求强力制裁的时候，法律才是有效率的；依法统治者无须处处仰赖警察。”〔3〕

在社会科学中，功能的基本含义是指一定组织或体系发挥的作用，以及

---

〔1〕［美］汉密尔顿等：《联邦党人文集》，程逢如等译，商务印书馆 1980 年版，第 391 页。
〔2〕参见孙笑侠：“司法权的本质是判断权”，载《法学》1998 年第 8 期。
〔3〕［美］伯尔曼：《法律与宗教》，梁治平译，中国政法大学出版社 2003 年版，第 17 页。

为发挥作用而完成的一整套任务、活动与职责。〔1〕功能是指事物或方法所发挥的功效与作用，司法权作为判断性质的国家权力，旨在通过一系列司法程序查明案件事实，适用法律采取一项权威判决方式最终解决各种争端。故而，司法权的基本功能在于解决争端，实现司法公正。“解决争端是法院最为重要的职能，并始终为其他功能的实施创造条件。”〔2〕实际上，争端的解决功能是司法制度赖以存在的、基本的功能支撑，是其他功能得以衍化并发挥功效的先决条件；争端解决功能的丧失就意味着司法功能的异化，而使司法机构沦为一般的社会管理机构。刑事司法权的基本功能在于解决严重冲突，实现刑事司法公正。当然，除了解决严重冲突之外，刑事司法权还有惩罚犯罪与保障人权功能、权力制约功能以及社会控制的政治功能。回顾人类社会最初的弹劾式诉讼，通过消极中立的裁判者居中判断达到解决严重冲突的诉讼目标，随着国家权力的成长，维护统治与既定社会秩序的诉讼目的使得弹劾式诉讼逐步向纠问式诉讼发展，此时，严厉惩治犯罪成为刑事诉讼的主要目的，而经过资产阶级革命的近代刑事司法则强调惩罚犯罪与保障人权之间的平衡与兼顾。随着世界范围内人权保障运动的兴起与恢复性司法模式的畅行，刑事诉讼被视为一种严重争端的法律解决机制，刑事审判的目的与功能开始回归诉讼本质。解决严重争端作为刑事司法的最高目标具有十分突出的本体论价值和方法论意义，它有助于跳出将刑事司法视为国家严厉惩治犯罪以维护统治秩序诉讼目的的传统窠臼，从而树立以人为本的理性司法观与正当程序观。当然，刑事司法权在最大限度地消解严重冲突的同时，能够通过司法审查完成对刑事立法权与刑事控诉权的有效制衡以防止权力滥用，保障公民程序权利与实体权利。有学者指出：“国家独立司法系统的特别政治意义在于，通过审查权力、赋予公民以国家层面中立而权威的最终救济渠道，使政治分歧和社会矛盾获得确定而合理的消解形式，实现民主活动与法律制度、政治机构与国家公民的有机整合，从而使国家因之具有据以长期平稳发展的整体性。”〔3〕

---

〔1〕［法］莫里斯·迪韦尔热：《政法社会学——政治学要素》，杨祖功、王大东译，华夏出版社1987年版，第180页。

〔2〕［英］罗杰·科特威尔：《法律社会学导论》，彭小龙译，华夏出版社1989年版，第89~91页。

〔3〕胡水君：“迈向现代司法国家”，载《法制与社会发展》2014年第6期。

刑事审判权的性质与功能决定了该项刑事司法权力设置的基本原则，为确保刑事审判权的客观公正行使，世界各国宪法规定了司法独立原则与审判中立原则以确认其性质，维护其功能实现。“按照各国通行的关于司法独立的界定，司法独立包括三层含义：首先是司法权的独立，其次是法院的独立，再次是法官的独立。”〔1〕具体来说：其一，司法权的独立。在国家宪政层面上，司法权与立法权和行政权关系上处于独立地位。有学者指出，司法权独立首先是司法权地位独立，其次表现为功能独立，最后表现为运作规律独立。〔2〕现代法治国家普遍实行分权制衡的权力结构原则，立法权、行政权与司法权被分给不同的国家机构行使，以确保相互监督制约。在国家权力体系中，司法权作为“第三种国家权力”，虽然是一种相对独立的权力，但与立法权和行政权相比，却处于明显的弱势地位。这种弱势地位使得其在权力行使过程中，容易遭受其他权力的侵犯，故而必须通过该原则加以维护。其二，司法机构的独立。“在现代法治国家中，作为国家司法机构的法院一般都与行政机关在机构设置上保持分立，以确保司法审判职能得以公正、独立的实施。”〔3〕司法机构的独立要求法院必须独立设置，法院既要独立于同级或上级司法机关，也要独立于所属地域的行政机关，而且，司法机关的司法行政事务以及维持正常运转的经费、人员及设施配备应不受行政机关操纵和控制。因为，“如果司法过程不能以某种方式避开社会中行政机构或其他当权者的摆布，一切现代的法律制度都不能实现它的法定职能，也无法促成所期望的必要的安全与稳定。”〔4〕其三，司法官员的独立。法官独立是司法独立的核心与最终落脚点。这是因为司法过程的本质特征决定了它是一种个性化的活动，只能依赖法官个人独立判断，公正才可能实现。〔5〕法官个体独立是指每个法官都有根据对事实的判断和对法律的理解，自由地对案件作出不偏不倚的裁决，不受来自

---

〔1〕谭世贵、饶晓红：“论司法改革的价值取向与基本架构”，载谭世贵：《司法改革理论的理论探索》，法律出版社 2003 年版，第 23 页。

〔2〕何勤华等：《法治的追求——理念、路径和模式的比较》，北京大学出版社 2005 年版，第 149 页。

〔3〕陈瑞华：《刑事审判原理论》，北京大学出版社 1997 年版，第 172 页。

〔4〕［美］埃尔曼：《比较法律文化》，贺卫方、高鸿钧译，清华大学出版社 2002 年版，第 113 页。

〔5〕参见章武生、吴泽勇：“司法独立与法院组织机构的调整”（上），载《中国法学》2000 年第 2 期。

任何方面、基于任何理由的直接或间接的不当影响、引诱或压力，对未决事项作出裁决的自由。〔1〕作为现代民主法治国家共同遵守的基本准则，司法独立原则不但在各国的宪法和法律以及法律实践中得到一致确认，而且已经成为国际公认的刑事司法准则。《世界人权宣言》第10条规定，“人人完全平等地有权由一个独立而无偏倚的法庭进行公正的和公开的审讯，以确定他的权利和义务并判定对他提出的任何刑事指控。”《公民权利和政治权利国际公约》第14条第1款规定，“在确定对其提出的任何刑事指控或者其在法律诉讼中的权利义务时，人人有权受到依法设立的、合格、独立、中立的法庭的公正公开的审理。”司法独立原则在其他国际公约或条约中均有相同或相似的规定。

通过国家宪法、法律以及国际公约规定司法独立原则还远远不够，实际上，司法独立需要一整套的保障制度体系。对法院和法官受理案件的管辖权加以尊重并确保其不受任何干预仅仅是对司法独立的消极保障措施，还不足以实现司法独立原则的要求。为此，国际公约还规定了对司法独立的积极保障措施：其一，保证司法机关具有充足的司法资源。《关于司法机关独立的基本原则》第7条规定：“向司法机关提供充足的司法资源，以使之得以适当地履行其职责，是每一会员国的义务。”其二，确保法官具有足够的能力和资质。应当是受过法律训练的、正直的、有能力的人才能任职法官职务。除了规定必须是本国国民外，所有人员在成为法官候选人方面一律平等，反对任何形式的歧视。在法官选任和晋升方面，强调法官对法官选任的参与，并强调选任和晋升的因素只能是客观因素。其三，对于法官的任期和待遇给予充分保障。在法官的薪俸和任职保障方面，公约明确规定，应当保障法官获得合理的报酬，不得减少法官的工资，法官的转调应当征得法官本人的同意，法官的任期应当获得保障，法官的惩戒和免职应当由专门机构依照法定程序进行，任职期间法官享有司法豁免的特权。

作为各国公认并为国际司法准则所规定的重要原则，司法独立原则体现了刑事司法的内在规律，反映了国家权力制衡的基本精神理念，是刑事诉讼结构保持诉讼格局与刑事正当程序的核心元素和根本标志，是实现诉讼公正

---

〔1〕 李昌林：《从制度上保证审判独立——以刑事裁判权的归属为视角》，法律出版社2006年版，第20页。

的最重要的制度保障。司法独立原则作为宪法原则，在宏观层面上调整着国家司法权与立法权、行政权之间的法律关系。司法权的专属主体地位和独立行使特性，构成了现代法院制度的基础和国家法治的基石；司法独立原则作为诉讼原则，在制度层面上调整着审判职能与控诉职能、辩护职能之间的相互关系，同时调整着法院或者法官与外部环境之间的相互关系。就审判中立原则而言，既体现着刑事审判权的基本立场和根本性质，又体现出刑事司法运作中的结构关系。“根据审判中心主义的要求，法官作为纠纷的权威解决者，处于控、辩、审三角结构的中心位置，在控辩两造平等对抗的基础上，作为审判者，法官居于其间，踞于其上，中立听证，消极裁判。法官作为审判者在诉讼中一直是以一个中立的纠纷仲裁者的形象出现的，可以说，法官在诉讼结构中的中心地位部分来自于法官在诉讼中恪守中立。”〔1〕当事人不能作为自己案件的法官，应当听取双方当事人的陈述的古老自然正义原则表明裁判中立是确保审判公正的首要原则，因为只有裁判者与案件不存在任何利益关系，站在客观公正的立场上居中裁决，才可能实现司法公正。而确保裁判中立的必要条件就是裁判独立，裁判不独立就不可能中立。因此，司法独立与审判中立具有十分密切的内在联系，共同构成规范审判权的基本准则。

（二）检察权的性质与功能

各国在检察权的含义、内容及职权配置方面有所不同。检察权的含义及内容出现较大差异不仅与各国政治法律制度发展历史差异有关，而且与民主法治发展程度不同有关。我国检察制度来源于对社会主义苏联检察制度的学习和借鉴，而苏联检察制度又是在特殊背景下形成和发展起来的，要正确认识检察制度需要厘清国家法治发展的基本脉络。在西方分权制衡的政治框架中，检察权作为一项刑事司法权力属于行政权范畴而不属于司法权范畴，考察世界各国检察机关的设置可知，其一般都被划为行政机关。根据宪法和人民检察院组织法的相关规定，我国检察机关属于法律监督机关，行使侦查、控诉和诉讼监督职能，与西方任何国家的检察职能都不相同。〔2〕实际上，从检察权的形成、发展以及各个国家对检察机关的机构设置、职权分配等情况

---

〔1〕谢佑平、万毅：《刑事诉讼法原则——程序正义的基石》，法律出版社 2002 年版，第 189 页。

〔2〕陈光中、徐静村主编：《刑事诉讼法学》，中国政法大学出版社 1999 年版，第 61 页。

来看，检察机关肩负行政与准司法双重职能，二者很难严格区分。这种双重属性使得检察机关在我国法律体系中，不能单纯地被当作行政机关，也不能简单地被视为司法机关。[1]由此，对于检察权的不同认识将导致其不同的职权配置及功能确认。

1. 国家权力发展中的检察权

有学者指出，检察权的产生主要取决于法律制度、法律文化和司法活动的变化。其一，公诉制度确立是检察权产生的直接原因；其二，分权制衡需要是检察权产生的基本动因；其三，统一法制要求是检察权产生的法治要因。[2]换言之，检察制度就是严重争端解决机制由私力救济向公力救济发展的最终结果，国家权力分化的必然产物，国家法治进程与刑事诉讼制度更新的主要标志。从法国检察制度的发展历史可以看出控诉权逐渐脱离审判权而独立发展的清晰脉络，在纠问式诉讼下与审判权绞扰在一起的控诉权由于检察官这个可独立承担控诉权的角色的介入，审判权与控诉权正式分离了。[3]纵观刑事诉讼发展史，实际上就是一部国家权力成长、扩张和细分的发展历史。国家权力发展进程取决于多种因素，受自然条件与社会环境影响，东西方国家权力成长历程存在着较大差异。古希腊、古罗马过早成熟的商品经济环境与血缘家族的迅速分裂为个体权利伸张提供了发展空间，也为权力分立准备了条件，并成功阻止了权力快速集中和垄断，最终为权力多极化发展提供了前提和基础[4]；对于古代东方亚细亚生产方式的代表国家中国而言，封闭的灌溉农业自然经济环境与过于浓厚的家庭血缘关系却造就了大一统的金字塔型国家权力体系[5]。前者因教会势力兴起而被迫走向权力二元结构，而后者受到东方礼教文化影响权力反被加速强化，最终走向高度集中统一的专制政治体制。检察制度是在西方国家教会权力与世俗王权势力分庭抗礼的斗争过程中，伴随着人民主权思想传播并在市民社会革命胜利后形成的三权分立与司法独立的新型政治框架基础上得以发展成熟的。作为重要的国家制

---

[1] 检察权与检察官具有双重属性的观点已经得到多数国家和学者的认可。参见［日］法务省刑事局编：《日本检察讲义》，杨磊等译，中国检察出版社 1990 年版，第 7 页；［美］琼·雅各比：《美国检察官研究》，周叶谦等译，中国检察出版社 1990 年版。

[2] 石少侠：《检察权要论》，中国检察出版社 2006 年版，第 11~24 页。

[3] 李蓉：《刑事诉讼分权制衡基本理论研究》，中国法制出版社 2006 年版，第 58 页。

[4] 何勤华、张海斌主编：《西方宪法史》，北京大学出版社 2006 年版，第 163 页。

[5] 张能全：《刑事诉讼生态化研究》，中国人民公安大学出版社 2009 年版，第 223、307 页。

度要素充分体现了权力制衡与国家法治的原则和精神。正如林钰雄教授指出:“创设检察官制度的主要目的,乃废除当时的纠问制度,确立诉讼上的权力分立原则。”“检察官之职责不单单在于刑事被告之追诉,并且也在于‘国家权力之双重控制’:作为法律之守护人,检察官既要保护被告免于法官之擅断,亦要保护其免于警察之恣意。”〔1〕亦即,检察制度是人类社会政治治理模式转向和国家法治进步的重要产物。

我国古代没有检察制度而只有御史制度,该制度尽管在集权专制政治体制中发挥了重要的惩治腐败与整肃吏治的基本功能,但终归是皇帝监察百官的工具,与现代检察制度没有直接的继承关系。〔2〕清朝末年开启的中国法治近代化运动,使得诸法合体的中华法系逐步向近现代法治转向。我国现行检察制度来自于对苏联检察制度的学习和借鉴,而苏联的检察制度则源自对沙皇俄国检察制度的继承。追根溯源,沙俄检察官制度最初是在沙皇时期由彼得大帝创建,而且检察官被赋予了极大的权力,以至于总检察长被称为“朕的眼睛”。尽管通过1864年的司法改革,俄国的检察官制度开始接近于西欧的检察官制度,但此后为了对抗日益高涨的革命运动,检察机关发展为世界上独一无二的权力机构,以致当检察官成为担任司法部门要职的捷径。〔3〕十月革命后,沙俄检察制度一度被废除,但新经济政策的施行促进了法的复活,从而使尊重法律和对私有企业的监督重新成为必要,随后不得不恢复了检察官制度。不过,苏联建国后确立的政治体制不是建立在三权分立基础之上,而是建立在共产党领导下的苏维埃代表大会制度基础上的。〔4〕检察制度尽管深受大陆法国家影响,但赋予检察机关的一般法律监督权设计则体现了其制度创新的努力。“检察署作为社会主义法制的守护者,又行使着一般监督权,有权撤销国家官员的非法决定,包括撤销司法判决。检察署甚至可以通过诉诸苏联最高苏维埃主席团的办法而对苏联最高法院的判决予以否决。”〔5〕不过,不受限制的权力最终将会滥用的真理在苏联并没有例外。苏联当时并没

---

〔1〕 林钰雄:《检察官论》,法律出版社2008年版,第8、9页。

〔2〕 孙谦主编:《中国检察制度论纲》,人民出版社2004年版,第2~5页。

〔3〕 转引自[日]大木雅夫:《比较法》,范愉译,法律出版社2006年版,第347页。

〔4〕 [德]K. 茨威格特、H. 克茨:《比较法总论》,潘汉典等译,法律出版社2003年版,第338页。

〔5〕 [美]埃尔曼:《比较法律文化》,贺卫方、高鸿钧译,清华大学出版社2002年版,第98页。

有确立国家法治的基本国策，而是强调法律对政治的依附。在高度集中统一的政治体制中，过分强调了检察官的法律监督权甚至将其一度升格为最高监督权而没有权力制衡机制，从而助长了权力集中倾向乃至走向极权模式，最终带来了政治灾难和社会动乱，这已经被后来的历史所验证。[1]故而，对于检察机关性质与功能的界定不能离开对国家权力发展的历史考察与制度演变脉络的梳理分析。苏联正是因为将检察机关定位于法律监督机关却没有建立国家权力分立制衡与司法独立运行的理论基础和制度前提，才使得检察权沦为执政党和国家政权的眼睛与政府权力运行的纯粹工具，从而导致国家政治走向高度集权，司法也走向政治化和工具化。

中国共产党坚持马克思主义国家与法的学说，摒弃三权分立与司法独立的资产阶级政治体制和法律制度，借鉴苏联做法，参照中华民国政府法律制度，在各革命根据地进行了新型法律制度实验并取得了诸多成果。这些成果在革命胜利后得以系统化和制度化，并在 20 世纪 50 年代得以全面发展。后受"左倾"政治思想与阶级法制观影响，国家法律制度建设几经曲折，直至中断，检察制度也一度被取消。学者指出："1957 年到 1976 年，是中华人民共和国历史上由曲折走向挫折的 20 年，是由于党的领导严重失误而导致国家发生一系列严重错误的 20 年。在法制建设方面，党和国家由开始轻视法制到彻底抛弃法制。新中国在彻底摧毁旧法基础上刚刚建立起来的新法制，又被自己摧毁。"[2]党的十一届三中全会后，随着改革开放不断深入与社会主义法治国家进程的持续推进，检察制度得以恢复发展并取得了长足的进步。但总体来说，我国法治文化根基还有些薄弱，专制思想与人治文化还没有彻底根除，这些都会影响到国家法治建设与检察制度的发展完善。因此，对于检察制度与权力结构及国家治理模式关系的研究具有重要的理论指导意义。当然，强调现代检察制度伴随着国家法治与权力细分过程，并不是有意忽略我国现行检察制度的特殊性，而是要理清检察制度发展的历史渊源、社会背景

---

〔1〕 1936 年苏联宪法将检察监督升格为最高司法监督，将法院独立行使审判权，审判员独立且只服从法律作为宪法原则。但由于苏联没有实行国家法治，权力高度集中并最终凌驾于法律之上，结果产生了大量残酷的镇压事件。参见张寿民：《俄罗斯法律发达史》，法律出版社 2000 年版，第 158 页；张彩凤主编：《比较司法制度》，中国人民公安大学出版社 2007 年版，第 334 页。

〔2〕 蔡定剑：《历史与变革——新中国法制建设的历程》，中国政法大学出版社 1999 年版，第 79 页。

与发展脉络。况且，我国检察制度作为世界各国检察制度的重要组成部分也同样立足于国家法治发展的宏大社会背景之中，并深受法治文化与制度的影响而发展完善。

2. 检察权的基本功能在于行使国家控诉职权

检察权诞生就在于反对严重争端的私人解决而主张将其纳入国家公力救济范围之内。但是国家权力一旦全面渗透于严重争端的解决机制中，又会出现司法权过度膨胀而被滥用的局面，可能导致国家司法的野蛮专横现象发生。纠问式诉讼中司法官员集侦查、控诉、裁判权于一身，而犯罪嫌疑人与被告人则处于诉讼客体与处罚对象的悲惨境地，往往沦为国家严厉惩治犯罪的纯粹牺牲品。“为了迫使罪犯交代罪行，为了对付陷于矛盾的罪犯，为了使罪犯揭发同伙，为了洗涤耻辱……而在诉讼中对犯人进行刑讯，由于为多数国家采用，已经成为一种合法的暴行。”〔1〕纠问式诉讼模式的不合理性就在于无视国家权力的野蛮专横和恣意妄为，漠视人的主体资格、人性尊严和基本权利，处理争端的诉讼程序极不平等。结果不但消解不了冲突，反而加剧了矛盾冲突。达玛什卡教授曾对纠问式诉讼中的检察官评价道：“在不同国家被冠以不同名称的检控官职务也为世俗司法系统所接受并被组织为一个科层式机构，其职责常常超越刑事执法的范围。例如，法国的王室检察官和政府律师都在涉及广泛利益的民事案件中获得了重要的权力；而在极权主义的普鲁士，王室检察官更肩负着成为统治者的各项规制之总‘护法’——他的眼睛和耳朵——的使命。”〔2〕正是随着国家权力的逐步分化与对纠问式诉讼的深刻反思，后来的刑事司法职权分化与新型职权主义诉讼模式才得以诞生。“国家权力内部的科学分工，特别是司法权从国家权力体系中独立出来，并与立法权、行政权分立制衡，是公诉权得以产生和发展的制度基础。”〔3〕检察官从王室代言人转而成为国家及社会公共利益的代表，行使控诉职能而追诉犯罪，法官则由承担全部国家治安责任的司法官员逐步回归中立裁判者角色。在完成了控诉与审判的分离后，司法权的分化和制衡格局为检察权与审判权各自功能的实现奠定了牢固基础。

---

〔1〕［意］贝卡利亚：《论犯罪与刑罚》，黄风译，中国法制出版社2002年版，第35页。

〔2〕［美］米尔伊安·达玛什卡：《司法和国家权力的多种面孔》，郑戈译，中国政法大学出社2004年版，第279页。

〔3〕郝银钟：《刑事公诉权原理》，人民法院出版社2004年版，第62页。

检察权诞生于国家权力逐步分化的过程中，检察独立是国家司法权力分化的当然结果和必然选择。反之，没有检察独立，也谈不上国家司法权力的真正分化。国家权力分化是社会发展到一定历史阶段的必然产物，市民社会与政治国家分离格局和人民主权观念决定着一切国家权力属于人民，人民通过普遍选举来参与国家事务管理，而人权理论强调了人民利益的至上性与国家权力对公民人权的服从性。达尔指出："市民社会的多元权力中心结构，必将直接地影响国家权力公共选择的政治过程，使宪法成为设置不同群体的政治优势或障碍得以实现权力制衡的充分表达。"〔1〕权力未能形成有效制约就必然出现滥用的真理充分表达了国家权力分立的历史必然性与逻辑自洽性。权力分立是权力独立的前提，而权力独立是权力分立的必然结果和最终归宿。"分权学说显然信奉的是这样一种政治自由观，这种自由观的关键是限制政府权力，而这种限制可以最好通过在政府内进行划分、防止权力集中于一群人手中来取得。"〔2〕国家司法权主体分解为刑事侦查权主体、刑事公诉权主体与刑事审判权主体，这三种司法权力主体的相对独立是司法权分立的典型标志。如果其中任何一项权力不具有相对独立性，本身就表明国家司法权没有完成分化或者分化得不彻底。从国家司法发展来看，最早的刑事司法权实际上是一种民间性质的居中裁判行为，后来逐步发展为以官吏（法官）行使审判权为中心，包括侦查权、起诉权和执行权在内的所有国家权能。〔3〕检察制度的产生使得刑事控诉权从刑事司法权中分离出来，而警察制度则催生了刑事侦查从刑事司法权中的剥离，最终演化成三权鼎立的均衡态势。故而，现代刑事诉讼程序与司法制度的成熟就是以独立的侦查权、检察权与审判权的形成作为标志。随着国家控诉制度的不断发展，侦查与控诉目的与任务的重合性决定了二者之间的亲和性，权力运行的同质性决定了一体化态势的形成。不过，侦查权与检察权的一体化仍然是以二者独立运行为主，在当代世界各国的具体司法实践中也可以看出相对独立行使的制度安排和发展态势。

---

〔1〕［美］达尔：《民主理论的前言》，顾昕等译，生活·读书·新知三联书店 1999 年版，第 186~198 页。

〔2〕［英］M. J. C. 维尔：《宪政与分权》，苏力译，生活·读书·新知三联书店 1997 年版，第 14 页。

〔3〕 See A. Esmein, *A History of Continental Criminal* (Trans. By John Simpson), Little Brown and Company, 1913, p. 3

"透过公诉及其相应法律制度形成和发展的历史进程，我们不难发现，在刑事诉讼中承担控诉职能的公诉制度，是人类社会摒弃专制主义的人治而厉行法治的产物。民主法治及自由主义思想注入刑事诉讼程序改革，是公诉权赖以产生和存在的价值基础。"[1]检察权的目标与价值在于通过国家指控犯罪以惩罚真正的犯罪者，它属于国家控诉职权。不过，检察权作为国家控诉职权，仅限于为公共利益且必须的情况下行使，国家解决严重争端的正当性也就在于能够置身事外，站在客观公正的立场上对犯罪嫌疑人和被告人进行指控并通过独立裁判确认其是否构成犯罪、是否课以刑事责任及责任大小。"在每一个案件中，在具有足以定罪的证据时必须考虑公共利益。对于严重的案件，除非公共利益的因素趋向于反对控诉，并且远远胜过那些趋向于支持控诉的公共利益，否则通常应当提起诉讼。"[2]由此看来，检察权应当具有客观中立的基本品质，检察官作为国家司法官员因须对国家利益和社会公共利益负责而对犯罪行使控诉职能，但这并不标志他可以单方面谋求惩罚刑事被告人，进而要求其承担本不应担当的刑事罪责。这不但对犯罪嫌疑人与被告人不公平，而且与公共权力的目的与价值背道而驰。"检察官在刑事诉讼法上，与法官同为客观法律准则及实体真实正义的忠实公仆，'毋纵'之外还要'毋冤'，'除暴'之外还要'安良'，并非也不该是片面追求攻击被告的狂热分子。"[3]故而，强调检察官的客观中立对于确保国家刑事司法权力的规范行使和公民个人人权不受侵犯具有特别重要的意义。正因为如此，才要求检察官员具备良好的道德修养与职业操守，必须经过长期的法律专业知识研习与较长的法律实务训练，以保证其足以胜任国家刑事控诉职责。但是，由于检察官代表国家行使追究犯罪的控诉角色决定其必然存在着天然的心理偏向，为防止其过分热衷于将被告人置于有罪境地，法律规定其应当坚守客观及诉讼关照的基本义务，要求其在收集、审查犯罪证据与指控犯罪事实时应当保持高度理性，本着客观原则，克服主观片面意识与单向思维。独立和中立的法庭严格遵照正当法律程序最终作出公正判决，是被告人的司法保护屏障。"咸认为检察官任务在于实践国家法意志，负有客观性义务，因此学者将检察

---

〔1〕 郝银钟：《刑事公诉权原理》，人民法院出版社2004年版，第69页。

〔2〕 中国政法大学刑事法律研究中心组织编译：《英国刑事诉讼法》（选编），中国政法大学出版社2001年版，第543~544页。

〔3〕 林钰雄：《检察官论》，法律出版社2008年版，第21页。

官称为法律之守护者，其职权行使必须具有一定之独立性，不能以国家之权力意志强加其上。”〔1〕可以说，客观中立是检察权公正行使的底线要求，也是国家权力服务于公众的价值目标所在。

3. 检察权法律监督功能是检察权运行的必然结果与当然归宿

检察权的法律监督功能在现代司法制度与诉讼格局中已经逐步得到彰显，这是由检察权在整个司法权领域所处地位与该公共权力运行目的的当然指向决定的。作为国家司法权力的行使者，检察官员与审判官员的任职资格与职务待遇等同决定了二者的平等地位。检察官员承担犯罪控诉职责，在倾向于保护整体利益的情势下有可能对犯罪嫌疑人与被告人保护不周甚至可能完全不利，所以需要独立而中立的裁判者主持司法审判并诉诸司法救济。当然，司法裁判者的强大审判权同样需要制约以防止权力滥用，因而检察官可通过行使上诉权来予以节制。倘若检察权滥用还有审判权作为最后屏障以提供最终司法保护和权利救济的话，那么审判权的滥用就具有高度的危险性，这显现出检察权对审判权制约与监督的重要性与迫切性。实际上，欧陆各国十分强调检察机关在诉讼中的监督制约作用，如德国检察机关就有法律监督和保证国家法律统一实施的职能，如“对律师执法活动的合法性，也负有一定的监督职责”；〔2〕法国法律规定最高检察长的主要职责是“对国家整体执法活动进行监督”〔3〕。同时，自从刑事诉讼由私诉向公诉转变以后，国家司法权主体承担了收集犯罪证据、查获犯罪嫌疑人以及指控犯罪等刑事侦查控诉权能。由于刑事侦查行为涉及对公民个人基本自由和权利的广泛干预甚至限制或剥夺，除了严密的法律规制外，还必须实行常规和动态的司法控制，尤其在现代社会中，随着犯罪愈加智能化、复杂化，刑事侦查技术也日益发达，对公民个人利益的侵害危险也大大加重。对刑事侦查的控制与监督乃公民人权保障与国家司法利益所必需，而且刑事侦查服务于公诉的目的也使得检察权对侦查权的动态控制具有必然性与程序正当性。故而，“作为法律之守护人，检察官既要保护被告免于法官之擅断，亦要保护其免于警察之恣意”。〔4〕检察权就是通过履行国家公诉职能，而发挥着对刑事侦查和法庭审判两个重要

〔1〕 林丽莹：“检察一体与检察官独立性之分际”，载《月旦法学杂志》2005 年第 9 期。

〔2〕 中国检察考察团：“法国的检察制度”，载《人民检察》1994 年第 11 期。

〔3〕 中国检察考察团：“法国的检察制度”，载《人民检察》1994 年第 12 期。

〔4〕 林钰雄：《刑事诉讼法》（上），中国人民大学出版社 2005 年版，第 103 页。

环节的司法监督与权力制约基本功能，从而确保司法职权的规范行使与国家法治的持续推进。

将检察权功能放在刑事司法运行的具体程序环节中，其监督制约作用是十分明显的，运行机制也是畅通的。如果在国家权力层面或社会整体层面来主张检察机关的法律监督而忽视其基本权能则是不科学的。“检察机关法律监督权的有效行使不能脱离具体的诉讼职能，法律监督是内容、是目的，公诉权等具体诉讼职能是形式、是载体。监督必须以公诉职能为基础、为条件，必须与公诉等诉讼活动有机结合，才能充分发挥法律监督的宪政职责。”〔1〕检察权法律监督功能应当得到制度层面的必要关注与价值层面的高度重视，当然，也不宜过分夸大此功能而形成司法权力唯检察权马首是瞻的局面。“法律监督实际上是一个功能性概念，它指的是检察机关通过法定职权的行使来发挥其对公安机关和人民法院的法律监督功能，而不是指这些法定的职权本身在属性上就是法律监督权。”〔2〕在西方法治发展过程中，一个突出但又容易被忽略的事实就是权力分立与制衡的政治法律实践伴随着整个政治文明进步的发展过程。任何权力都不能被单独地强化，否则将发展为极权，并最终酿成新的专制政治形态。制定法律、实施法律乃至运用法律裁决纠纷的权力不能由同一主体行使的自然法准则为，人类社会发展与国家治理优化提供了科学的理论指导与可操作的基本准则，东西方诸国的文明发展史也走过权力集中与分化的不同历程，对社会发展产生了不同的作用和影响。刑事司法领域中的国家权力同样不能集中于一个主体手中，检察权自然不能超越其它权力而形成最高意义上的司法权。有学者甚至指出：“社会越是趋向专制，检察机构的地位便会越高，他们的对手所受到的限制便会越多。在一个极权甚或独裁主义的国家，有时蓄意使抗辩虚弱无力，尤其是那些被认为犯有攻击国家基本原则的重罪案件。”〔3〕因此，检察权法律监督功能应当在司法权运行中来理解才有说服力与针对性，如果超脱于诉讼机制，将其上升到国家宏观权力层面就会过分拔高其地位。“回溯检察官生成与发展的法历史来看，检察官发展到扮演着对法院制衡法官的审判，于侦查程序中控制警察的侦查活动，

---

〔1〕王戬：《论宪政与权利维度的刑事诉讼》，法律出版社 2012 年版，第 252 页。

〔2〕万毅：“法律监督的内涵”，载《人民检察》2008 年第 11 期。

〔3〕［美］埃尔曼：《比较法律文化》，贺卫方、高鸿钧译，清华大学出版社 2002 年版，第 151～152 页。

显见检察官在刑事程序中应该是扮演着法律程序正义的监督者。但是如果刑事诉讼程序对检察官的权力的分权制衡的机制，不具有或有不足的话，这个积极追诉犯罪的‘法正义’者就可能成为‘法正义’的消极破坏者。”〔1〕实际上，政治学理论教导我们多元权力分化与制衡是确保权力规范行使以发挥应有功能而不致越界滥用的根本对策，忽视甚至无视权力制衡的观点是错误而不足取的。刑事司法领域中的警察权、检察权与审判权同样需要保持一种制衡状态。尽管三种权力的地位、属性存在差异，但这并不影响运用权力制约思维来分析界定检察权的法律监督功能。

（三）侦查权的性质与功能

侦查权作为现代法治国家刑事司法权力配置中的基本职权之一对于确保整个刑事司法有效运作，最终实现国家有效解决严重争端，保障公民权利与维护社会秩序，实现刑事司法公正继而实现社会公平正义具有十分重要的作用。通常意义上的侦查是指国家法定机关在办理刑事案件过程中，为收集犯罪证据和查获犯罪人而依法进行的专门调查工作和有关强制性措施。〔2〕侦查在本来意义上是指调查，诉讼法意义上的侦查是指有权机关按照法律规定所进行的专门性调查工作，其目的在于收集犯罪证据并查找和保全犯罪人以准备审判。侦查权则是指“实施侦查行为的权力”〔3〕，具体来说，侦查权是指侦查主体为实现侦查目的，依照法定程序，运用特定手段进行侦查的各种权力。〔4〕从刑事诉讼发展史的角度来看，在早期的弹劾式诉讼中，控诉与辩护处于平等的法律地位，权利受到侵犯的一方提出控诉的同时必须向法庭提交控诉证据，否则就要承担败诉的后果；被告人一般不承担举证责任，只有在自己提出明确具体的主张情况下需要向法庭提交证据。纠问式诉讼的产生标志着国家权力的成长壮大，专门机关开始取代刑事诉讼中的被害人负责收集证据、提出指控并主持审判。纠问式诉讼需要严厉惩治犯罪以维护统治秩序，因此必须赋予专门机关强大的刑事司法职权，于是，裁判官员集侦查、控诉与裁判诸多诉讼权能于一身。此时，侦查权已成为国家权力的重要组成部分，

---

〔1〕 陈宏毅：《追诉犯罪与法本质研究》，鼎茂图书出版股份有限公司 2003 年版，第 216 页。

〔2〕 陈永生：《侦查程序原理论》，中国人民公安大学出版社 2003 年版，第 21 页。

〔3〕 汪建成：《冲突与平衡——刑事程序理论的新视角》，北京大学出版社 2006 年版，第 226 页。

〔4〕 周欣：《侦查权配置问题研究》，中国人民公安大学出版社 2010 年版，第 11 页。

服务于追诉与惩罚犯罪。弹劾式诉讼中的当事人自己举证模式开始被纠问式诉讼中的国家专门机关负责收集证据模式所取代，同时，被告人诉讼客体化必然导致其承担如实陈述义务。权力集中必然腐败的经验教训迫使人们思考规制权力的有效路径。资产阶级革命成功之后，大陆法国家开始设立检察官制度，通过检察官行使控诉权来制约侦查权与裁判权；英美法国家则一直坚持司法审查原则与令状原则以约束侦查权。尽管各国法治发展的历史差异较大，但最终都走上了通过司法权控制侦查权、控诉权的法治国家道路。

关于侦查权的性质，有学者认为侦查权属于行政权，有学者则认为侦查权属于司法权。对此，我们认为侦查权的属性之争从应然和实然等不同角度加以解读都有一定的道理，但都存在一定的片面性。侦查权的本质属性必须放在历史发展的长河中加以考察才能准确认识和界定。任何法律制度的发展都经历了复杂而漫长的过程，侦查权是伴随着国家解决犯罪问题而产生的一项国家职权，具有国家权力的一般特征，受权力运行普遍规律的支配和调整。权力的分立与制衡作为人类政治法律文明的重要内容所产生的时间十分久远，侦查权的具体配置及发展变化反映了刑事司法权力遵循权力制衡的基本规律。侦查权属于行政权还是司法权必须在权力分立制衡的制度框架中进行分析才能说明问题，有学者认为侦查权属于司法权正是按照我国现有法律规定进行论证判断并得出结论的，但是我国到目前法治建设还不完善，某些制度安排与价值观念还有提升空间。“实际上，西方法治国家的侦查程序都不是单纯的行政程序或司法程序，其共同特点是建立在自由主义的民主宪政基础之上，都要求对政府的侦查权力加以限制，侦查手段必须保持在必要限度以内。”〔1〕从法治国家的一般认识来看，将侦查权划归行政权比较恰当，当然，这并不意味着全面否认侦查权作为刑事司法权能的基本特征。陈光中教授指出：“从刑事诉讼各个阶段来说，不仅起诉和审判活动具有司法性，同时侦查也具有司法性，这里的司法性是从其属于诉讼活动范畴的意义上说的，也就是说，诉讼活动受诉讼规则的规范，与行政机关的行政活动具有质的区别。”“公安机关总体而言属于行政机关，其在刑事诉讼中所进行的侦查活动属于司法活动，在这个意义上说，警察是一种重要的刑事司法力量，但不能因此把负责侦查

〔1〕 孙长永：《侦查程序与人权——比较法考察》，中国方正出版社 2000 年版，第 3 页。

任务的警察机关升格为司法机关。”[1]侦查权是国家刑事司法权力行使的重要环节，必然会体现司法权力的一些特质，但就此将其划归司法权力，又显得机械僵化。严重的是，这会与审判权等同于司法权的一般理论相冲突。因此，不能将侦查权划归司法权而应归于行政权，同时又区别于普通意义上的行政权。实际上，经历了长期的纷争，我国学术界基本取得了共识，接受了国外关于侦查权有行政权属性的通说。[2]

侦查作为法律赋予国家专门机关针对犯罪所进行的专门性调查工作及采取相关强制性措施的司法活动，对于确保刑事审判顺利进行，继而实现刑事诉讼目的具有十分重要的意义。可以说，侦查权作为现代法治国家刑事司法权力的重要组成部分，已成为审判权功能实现的必要制度前提。其一，侦查阶段是实现惩罚犯罪目的的关键阶段。自从国家介入刑事争端解决机制以来，惩罚犯罪就成了刑事诉讼的重要价值目标，尽管现代社会高度重视和强调刑事诉讼的人权保障价值，但惩罚犯罪的必要性却一直受到肯定。侦查对于实现惩罚犯罪的目的和价值主要体现在以下方面：一是通过及时全面收集犯罪证据，确保刑事审判顺利进行并作出公正的司法判决，继而实现国家刑罚权；二是为防止犯罪人逃避侦查、起诉、审判甚至继续犯罪或者自杀等情况出现，授权侦查机关对其采取强制措施以保证刑事诉讼顺利展开。只有在侦查机关收集完证据，确保查清案件事实，查获并控制犯罪人的情况下，检察机关才能予以起诉，从而为人民法院的审判提供充分的事实根据。有学者就指出：“整个刑事诉讼程序犹如一座大厦，而侦查阶段则如同这座大厦的地基。如果地基的构造不合理、不坚固，整个大厦就有可能发生倾覆。同样，如果侦查程序的构造不合理、不坚固，那么，整个刑事诉讼程序就有可能发生偏差，甚至导致出入人罪。”[3]其二，侦查阶段是实现人权保障的重要阶段。保障人权是刑事诉讼的价值目标之一，当然保障人权既包括保障犯罪嫌疑人、被告人的人权，也包括被害人的人权及社会普通民众的人权，但由于刑事诉讼是国家发动的追究和惩罚犯罪的刑事司法活动，国家权力的强大与公民权利的弱小态势必然要求在刑事诉讼进程中需要特别关注被追诉者的人权保障情

---

〔1〕 陈光中：“刑事诉讼中公安机关定位问题之探讨——对《刑事诉讼法修正案（草案）》规定司法机关包括公安机关之质疑”，载《政法论坛》2012 年第 1 期。

〔2〕 门金玲：《侦审关系研究》，中国社会科学出版社 2011 年版，第 32 页。

〔3〕 李心鉴：《刑事诉讼构造论》，中国政法大学出版社 1992 年版，第 179 页。

况。“当国家滥用任何公权力或刑事司法权时，每一个国民都有权利得以利用‘正当的法律程序’的保障机能，以取回宪法给予人民的基本权利，以贯彻宪法对于人民基本权利之保障，这并不仅限于被告的基本人权，对于一般人民也保有的基本权。”“回到法本质来观察，与其说国家为发现犯罪真实以回应人民基本权利的保障，以巩固政权之保有，还不如说人民基本权利的保障是源自法正义的要求，国家为了人民基本权利的保障在发现犯罪同时当然负有此法义务。”〔1〕基于犯罪的严重危害性，需要国家专门机关采取强制侦查措施全面、及时地收集犯罪证据。为防止犯罪危害的继续扩大，防止犯罪嫌疑人、被告人逃避侦查乃至干扰证人作证、隐匿乃至毁灭证据等情况出现，需要对犯罪嫌疑人、被告人采取强制措施，这些都会干预乃至限制公民个人的基本人权。实际上，侦查阶段已经成为现代刑事诉讼中被追诉者人权最容易受到非法侵犯的诉讼阶段。世界各国乃至国际组织都高度关注并十分重视对于侦查行为进行严格规制以实现刑事诉讼中惩罚犯罪与保障人权的平衡。我国宪法、刑事诉讼法规定三机关分工负责、相互配合、相互制约的原则以及强调检察机关履行侦查监督职责体现了同样的法律精神。

二、刑事司法权力相互关系及调整相互关系的主要原则

刑事司法权力相互关系涉及审判权、公诉权及侦查权之间的相互关系〔2〕，亦即：诉审关系、侦诉关系及侦审关系。三种不同性质的刑事司法权力之间的相互关系设定和维护不仅涉及刑事司法权力的外部关系是否科学合理，而且涉及这些刑事司法权力内部结构是否稳定及其功能是否能够正常发挥，同时关系到刑事司法职权的配置是否科学合理，刑事诉讼程序是否能正常运作以及刑事司法最终目的是否能有效实现。全面分析与深入研究刑事司法权力之间的相互关系有利于确立调整其相互关系的基本原则，对于积极推进和全面深化刑事司法改革具有特别重要的启发意义。

（一）诉审关系及调整相互关系的主要原则

审判权是司法官员对于特定案件进行审理并作出权威判决的一项司法职

---

〔1〕 陈宏毅：《追诉犯罪与法本质研究》，鼎茂图书出版股份有限公司2003年版，第9~10页。

〔2〕 鉴于我国检察权性质争议较大，笔者坚持检察权的核心是公诉权，此处探讨审判权、公诉权与侦查权之间关系实际上就是探讨审判权、检察权与侦查权之间的关系。

权，刑事审判权运作的典型特征在于被动、独立、中立、客观、消极、理性。陈瑞华教授曾经专门分析了刑事审判存在以下几个方面的基本特征：和平性和非自助性、启动方面的被动性或应答性、审判的多方参与性、审判的集中性、确定被告人刑事责任的最终性和权威性、法官制作裁判的非合意性。〔1〕公诉权是国家检察官员对于特定刑事案件的刑事被告人发动追诉，请求法院就刑事被告人是否构成犯罪进行审理并作出权威判决的一项司法请求权，公诉权运作的典型特征在于主动、积极、整体化地行使国家赋予的刑事控诉权力。"作为一项国家公权力，公诉权自确立之日起，就历史性地被赋予了依照刑事诉讼程序而主动请求法院进行司法裁判的诉讼职能，也集中体现为国家主动追究犯罪者刑事责任的专门活动，这表明公诉权具有主动特质。"〔2〕在刑事司法领域，审判权与公诉权是平行而对等的两项刑事司法职权，调整审判权与公诉权之间相互关系的基本原则主要有控审分离原则与无罪推定原则。

控审分离原则作为调整审判权与公诉权关系的基本原则，可以从结构方面和程序两方面来进行理解。控审分离原则在结构方面的含义是指作为刑事诉讼中的两种截然不同的诉讼职能，控诉职能与审判职能只能由不同的国家机构分别履行。"凡是旨在限制与剥夺公民基本人权包括自由权、财产权与隐私权的强制处分与秘密侦查措施都属于裁判权范畴，应当由法官审查决定。"〔3〕具体而言，控审分离要求机构设置上和人员组织上的审检分离。亦即，检察院作为专门的国家控诉机关与作为审判机关的法院必须完全分离，检察官与法官不能相互兼任。控审分离原则在程序方面的含义是指刑事程序在启动上必须遵循不告不理原则，程序运作必须遵循诉审同一原则。不告不理原则要求启动刑事审判程序必须以承担控诉职能的检察院提起控诉为前提条件，没有控诉，就没有审判；诉审同一原则要求在刑事审判过程中，审判的对象必须与控诉对象保持同一，法院的审判对象仅限于检察院起诉指控的对象，无权进行审理和判决检察院没有指控的被告人及其罪行。〔4〕控审分离原则的主要目的与重要作用在于通过控诉主体职能与审判主体职能的分离与制衡来划定

---

〔1〕 陈瑞华：《刑事审判原理论》，北京大学出版社 1997 年版，第 8~16 页。

〔2〕 郝银钟：《刑事公诉权原理》，人民法院出版社 2004 年版，第 85 页。

〔3〕 刘计划：《控审分离论》，法律出版社 2013 年版，第 4 页。

〔4〕 谢佑平、万毅：《刑事诉讼法原则——程序正义的基石》，法律出版社 2002 年版，第 160~161 页。

公诉权与审判权的运作空间以维护审判职能的充分行使，确保其中立性和消极性，防止刑事司法权力过分集中而发生损害司法公正的现象；此处，通过界分两种不同的诉讼职能达到权力制衡的目的，尤其是通过审判权节制公诉权的目的。面对检察机关的指控，中立的法院不仅通过预审环节将不符合起诉条件的案件挡在法院审判大门之外，而且通过正式的法庭审理，由法庭作出权威判决以确认被追诉者的犯罪事实并判处刑罚或者裁决被追诉者的行为不构成犯罪以最终解决刑事争端。

无罪推定原则是指在刑事诉讼中，任何受到刑事追诉的人在未经司法程序最终判决为有罪之前，都应当被推定为无罪之人。该原则具体包括三个方面的内容：其一，国家控诉机关必须将被追诉者的罪行证明到法律规定的标准，而在此之前，推定被追诉者为无罪人；其二，对于任何受到刑事指控的被追诉者，都必须经过合格法庭依照正当程序审判之后才能作出有罪判决，而在此之前，推定被追诉者为无罪人；其三，为确保刑事审判的公正性，国家必须为被追诉者提供辩护所需之一切保障。“无罪推定在证据法上的含义在于将证明责任分配于控诉方，其诉讼法上的含义在于保障被告人的程序性权利，约束政府权力，体现司法公正。”〔1〕无罪推定原则的核心要义是要求国家给予被追诉者以“国民待遇”，亦即，给予被追诉者犹如“无辜者”的对待和礼遇。无罪推定原则既是一项证据规则，即国家控诉机关必须承担证明被追诉者构成犯罪的证明责任，被追诉者不承担证明自己是否有罪的责任，而且要求控诉机关不能采取非法方法收集证据。无罪推定也是一项裁判规则，即没有经过公正司法程序对被追诉者进行审判，而且国家控诉机关在没有将被追诉者刑事责任证明到法律规定标准的情况下，不得对被追诉者作出有罪判决，相反，只能作出有利于被追诉者的无罪判决。“无罪推定原则是刑事诉讼法的铁则，也是落实人权的最根本原则。在无罪推定的原则下，法官才可能细心推敲案情，特别是对于被告有利的事实加以注意。”〔2〕同时，无罪推定原则更是一项宪法原则，充分肯定了政治国家与公民个人的平等关系，要求国家必须公平地对待包括被追诉者在内的所有公民，承认他们都享有无任何差别的宪法权利并给予他们平等的法律保护。“无罪推定原则的最重要的作

〔1〕易延友：“论无罪推定的涵义与刑事诉讼法的完善”，载《政法论坛》2012年第1期。

〔2〕张丽卿：《刑事诉讼制度与刑事证据》，元照出版有限公司2000年版，第7页。

用，就是将原来仅仅作为国家机关进行诉讼的客体地位的被告人，上升为与国家机关平等的主体地位。所以，要求公民与国家保持平等地位，在刑事程序中必然要确立无罪推定原则。”[1]为此，无罪推定原则划定了国家公诉权合法行使的范围，肯定了被追诉者的辩护主体地位，明确了裁判者进行裁判的法律标准。故而，该原则对于调整公诉权与审判权关系具有十分关键的意义。

（二）侦诉关系及调整相互关系的主要原则

公诉权作为检察机关认为被追诉者已经构成犯罪，依法向法院提起控诉以追究其刑事责任的一项国家职权，它与侦查职权的关系在于：侦查权是公诉权的基础和前提，没有对刑事案件进行充分侦查以收集证据，国家控诉职能的实现就可能落空；反之，公诉权是侦查权的归属与目标，专门机关通过行使侦查权查找犯罪人、收集犯罪证据，目的就是追究被追诉者的刑事责任，检察官正是通过公诉权的行使以实现国家控诉，达到惩罚犯罪之目的。故而，公诉权与侦查权在目标方面具有同向性，在权力运行方面具有同质性，在权力性质方面都具有主动性。同时，因为侦查权服务于公诉权，公诉权包含侦查权。那么，侦查权与公诉权之间并非平行关系，而具有职权行使中的主从关系。如果侦查权与公诉权并列，会具有极大弊端甚至存在潜在的危害性，这不仅无法进行权力的相互制约而导致权力滥用，而且会浪费国家司法资源，减损国家控诉力量，从而降低控诉效率。当然，“在各国，公诉案件的追诉权主体一般包括检察官和警察，在多数国家还设有其他机构承担追诉职能。”[2]总体来说，调整公诉权与侦查权之间相互关系的主要原则有检警协同原则与国家公诉原则。

检警协同原则是指作为控诉机关的检察机关与作为侦查机关的警察在刑事审判前程序中密切协作，共同履行追究被追诉者刑事责任以实现惩罚犯罪的司法目的。该原则所形成的检警关系结构大体表现为两种类型，即大陆法国家的检警一体构造和英美法国家的检警协作构造。大陆法国家普遍实行检警一体化原则，检察官统一对犯罪承担终极追诉之责任。检察官是法定的侦查主体，警察机关是辅助检察机关行使侦查权的机构，由此形成“检主警辅”

---

〔1〕 锁正杰：《刑事程序的法哲学原理》，中国人民公安大学出版社 2002 年版，第 228~229 页。

〔2〕 宋英辉、吴宏耀：《刑事审判前程序研究》，中国政法大学出版社 2002 年版，第 54 页。

的追诉权力格局。在大陆法国家，无论是侦查程序的发动还是终结，决定权都掌握在检察官手中。刑事案件是否启动并展开侦查，完全由检察官决定，警察在发现案件线索后，必须立即报请检察官，由检察官决定是否展开正式侦查。检察官可以亲自侦查，也可以命令警察予以配合，享有一般指挥权、具体指挥权以及对警察的指令权和处分权，由此，形成检警一体化的侦查构造。在英美法国家，传统上认为侦查是警察的事，公诉是检察官的事，但随着两大法系刑事司法制度相互借鉴并逐步融合，检警协作的趋势越来越明显。在美国，联邦检察官虽然不能指挥警察侦查，但是通过审查警察起草的令状申请、收集到的证据材料以及行使起诉裁量权，实际上充当了警察侦查活动的“法律顾问”，因而其“指挥”作用是显而易见的。“美国各州的地方检察官一般被称为当地执法系统的首长，他们不仅负责刑事案件的起诉工作，而且可以指导甚至直接指挥警方的侦查活动。”〔1〕在英国，皇家检察官虽然没有侦查权，但是通过解答警察的法律疑问、审查警察的起诉决定以及逐步取得对部分案件最初的起诉决定权，在事实上对警察的侦查活动起着“指导”作用。严重诈骗案件侦查局实行的侦诉一体化体制进一步显示了在重大、疑难案件中加强检察权力的重要性。〔2〕由此可见，世界各国在处理侦查权与公诉权的关系时，都十分强调二者的高度协同、密切协作而不是强调二者的分离平行与分庭抗礼，因为只有侦查权与公诉权进行充分整合形成了追诉合力，才能最大限度地追诉犯罪。因此，在侦查权与公诉权职权的配置上必须根据其性质、任务与特征进行协同安排，才能充分发挥最大追诉效益。

国家公诉原则是指履行追究被追诉者刑事责任的主体只能由承担控诉职责的检察机关行使，除此以外，任何机关不得履行该职责。“在现代世界各国有关刑事追诉权的理论和立法中，居于支配地位的观念，就是对犯罪的追诉权，应当由国家控制。据此，无论从广义或狭义上讲，现代世界各国对犯罪一般均以国家追诉为原则，即对于刑事案件，以国家追诉为主，或者由国家垄断追诉权。”〔3〕因此，公诉权具有国家公权力属性，检察机关是国家的公诉执行机关。在刑事诉讼中，检察官等只是依法代表国家履行公诉权，因而

---

〔1〕参见何家弘：“构建和谐社会中的检警关系”，载《人民检察》2007年第23期。

〔2〕孙长永：《探索正当程序——比较刑事诉讼法专论》，中国法制出版社2005年版，第50~51页。

〔3〕宋英辉、吴宏耀：《刑事审判前程序研究》，中国政法大学出版社2002年版，第43页。

应当时刻关注国家和社会公共利益，努力维护法律的权威性与严肃性。在多数国家，一般由检察机关作为专门机关代表国家承担公诉职能，并通过检察官实际履行公诉职能使公诉权在刑事诉讼中得到实现。检察官员作为经过法律专门训练的法律职业共同体成员，依法行使公诉权，“不仅能够在公诉方面实现最大程序的公正性，避免陷入私人起诉可能产生的报复和滥诉的弊端，而且还可以在最大程度上保证起诉标准的统一”〔1〕。在起诉决定主体上，有的国家坚持起诉分享主义，例如美国的大陪审团审查起诉制，英国的治安法官审查起诉制，法国的预审法官及上诉法院审查起诉制，德国取消预审制度后所建立的“中间程序”（功能仍类似于英美国家的“预审程序”〔2〕）；有的国家坚持起诉独占主义，例如日本规定只能由检察机关决定并执行起诉。但是，所有国家的公诉执行主体都是检察官。任何刑事案件，非经检察机关提起公诉，审判机关都不得行使审判权，即公诉是检察官代表国家追诉一切犯罪的唯一的、合法的方式和手段。〔3〕国家公诉原则不仅是调整公诉权的基本原则，而且也是调整公诉权与侦查权关系的基本原则。它不仅要求检察官审慎客观地行使公诉权，而且要求侦查权不得“侵蚀”和“染指”公诉权。因为侦查权属于公诉权的下位权力，服务于公诉权，因而它必须听命和服从于公诉权。当然，鉴于侦查权对于公民人权侵犯的高度危险性，不仅需要公诉权对其进行控制，而且需要审判权对其进行节制。

（三）侦审关系及调整相互关系的主要原则

侦查权作为刑事审判前程序中收集证据、查找犯罪人乃至采取强制措施等活动的职权不仅服务于公诉权，而且与公诉权一道最终服务于刑事审判权——通过客观中立的裁判解决严重争端以实现刑事司法公正。故而，侦查权与审判权的关系是服务与被服务的关系，此外，由于侦查权对于公民人权侵犯的高度危险性与权力滥用的可能性决定了法律对于侦查行为进行严格规制的必然性，同时，需要赋予审判权对于侦查权进行严密司法控制的权能。因此，调整审判权与侦查权关系的主要原则有比例原则与司法审查原则。如果说比例原则是通过立法对于侦查权行使予以严密规制的话，那么，司法审查原则

〔1〕宋英辉：《日本刑事诉讼法》，中国政法大学出版社2000年版，第12页。

〔2〕刘计划：《中国控辩式庭审方式研究》，中国方正出版社2005年版，第173页。

〔3〕郝银钟：《刑事公诉权原理》，人民法院出版社2004年版，第77页。

则是通过立法授权裁判机关对于侦查权的行使予以严密的司法监督和程序控制，通过撤销案件、非法证据排除等程序性制裁及其他制裁手段达到规范侦查权行使的目的。因此，比例原则与司法审查原则体现了相同的法律目的，都是针对国家侦查职权行使进行规制的手段，由此，成了调整侦查权与审判权相互关系的重要原则。

比例原则被视为公法领域的帝王规则。“比例原则乃具有宪法位阶地位的原则，实质上拘束所有干预人民基本权利的国家行为。亦即，国家所采取的强制处分‘手段’，与其所欲达成之‘目的’间，必须实质上合乎比例，亦即具备相当性关系。”〔1〕这一原则对于确保国家权力规范行使，防止权力滥用和保护公民个人权利具有特别重要的意义，诸多国家和地区都在立法、行政和司法领域对其加以贯彻，而且已经成了一项刑事司法国际准则。比例原则是指国家在保护公民个人权利与保护国家和社会公益之间应保持一种合理的比例和平衡关系。具体来说，比例原则要求国家专门机关在履行其法定职责过程中，如果为了保护国家和社会公益而需要对公民个人权利加以限制或剥夺的话，要尽可能选择对公民个人权利损害最小的手段，而且其行为对公民个人权利造成的损害不得大于该行为所能保护的国家和社会公益。〔2〕比例原则包括适合性原则、必要性原则与相称性原则三项子原则。适合性原则是指国家专门机关所采取的每项措施都只能限于实现宪法或法律所规定的职能，并且每项措施都服务于法定职能和目标的有效实现；必要性原则是指国家专门机关在实现其职能目标过程中，只能选择对公民权利损害最小的手段对公民权利加以限制；相称性原则是指在国家专门机关实施任何职权行为的过程中，就算不得不损害公民个人权利，对公民个人权利造成的损害与所保护的国家和社会公益之间也应当保持适当的比例关系。刑事诉讼直接关系到公民基本人权的限制或剥夺，在刑事诉讼过程中，国家权力更容易遭到滥用，公民个人权利也更容易遭到侵犯，国家权力一旦被滥用就可能对公民个人造成比其他领域更为严重的损害。正是基于对刑事诉讼这一基本特性的认识，许多国家和地区都对刑事诉讼中比例原则的适用作出了更加严格的要求。具体来说，适合性原则在刑事诉讼中要求侦查机关采取的每项侦查行为都必须服

---

〔1〕 许泽天编著：《刑事诉讼法论》（二），神州图书出版有限公司 2003 年版，第 16 页。

〔2〕 陈永生：《刑事侦查程序原理论》，中国人民公安大学出版社 2003 年版，第 132~133 页。

务于实现所追求的诉讼目标。采取刑事强制措施的前提必须是有证据显示被追诉者有可能实施毁灭、伪造证据，威胁、引诱证人改变证言等妨害刑事诉讼的行为，如果没有证据显示这些行为存在，则不得随意采取刑事强制措施。必要性原则在刑事诉讼中要求侦查机关在为实现每一诉讼目标而采取的行动应当选择对于公民权利损害最小的手段。侦查过程中应当尽可能采取非强制性手段，在必须采取强制性手段时，应当尽可能采用强制力度较低的诉讼手段，审前羁押以及使用武力作为刑事诉讼中对公民权利损害最大的强制手段，应当在万不得已的情况下使用。相称性原则要求侦查机关在刑事诉讼中采取任何手段所造成的对公民权利的损害都不得大于该手段所能保护的国家和社会公益。强制力度较大的诉讼手段如强制采样、监听、逮捕乃至羁押手段只能适用于较严重的犯罪行为。〔1〕

司法审查原则又称法官保留原则，是指将特定的公法上的事项保留由法官行使，并且也只有法官始能行使的原则。〔2〕作为现代法治国家共同遵守的基本原则，司法审查原则体现了“法律至上”的基本观念。“法律至上”的观念最早可追溯到日耳曼法思想中的司法权优越思想，后为英国法律所继承和发展，最终成为普通法的特有原则。司法审查原则的核心理念乃是强调由法院对国家和社会的强制权的合法性进行审查以保障权力规范行使与救济公民权利。从政治制度架构层面来理解，司法审查原则在于强调分权制衡理念和机制，它要求通过法院行使司法审查权来对议会的立法权和政府的行政权进行制约与平衡，以防止立法权和行政权的膨胀和滥用。从人权保障方面来理解，司法审查原则在于强调权利救济的观念和机制，它要求公民权利如果受到国家权力的侵犯可以向法院寻求司法保护，由法院对国家权力行使的合法性进行审查，并向公民提供有效的法律救济。〔3〕就刑事司法领域而言，其一，司法审查原则要求对所有的已然犯罪行为的刑事制裁与对未然犯罪行为的保安处分必须由法院根据刑法等相关法律进行公正审判之后才能作出，从而确保刑罚及保安处分的客观公正性；其二，司法审查原则要求包括人身保

---

〔1〕 参见陈永生：《刑事侦查程序原理论》，中国人民公安大学出版社 2003 年版，第 149～154 页。

〔2〕 林钰雄：《刑事诉讼法》（上册 · 总论编），自版 2003 年版，第 87 页。

〔3〕 谢佑平、万毅：《刑事诉讼法原则——程序正义的基石》，法律出版社 2002 年版，第 134～135 页。

全和证据保全的所有强制侦查措施必须由法院进行司法审查后授权进行，或者在紧急情况下采取强制侦查措施后应当立即移送法院进行司法审查。中立的裁判机构根据法律的授权或公民个人提出的请求，对这些强制侦查措施的合规性进行审查，采取撤销违反法律规定的强制侦查行为，排除非法证据乃至撤销案件等程序性制裁方式监督和制约侦查职权，从而确保侦查职权的规范行使，通过为公民个人提供及时的司法救济以保障公民基本人权。正因为司法审查原则对于人权保障与权力规制的重要性，世界各主要国家已经将其作为一项重要的程序法治原则规定于宪法或法律中，而且它已成为重要的刑事司法国际准则。《世界人权宣言》《公民权利和政治权利国际公约》《联合国人权委员会关于公正审查和补救权利的宣言》等条约都有涉及该原则的系列规定。

三、宪政法治国家分权制衡视野中的刑事司法权力配置

置身于现代宪政法治国家分权制衡框架下的刑事司法权力配置必然体现尊重和保障人权的宪政精神，遵循并贯彻权力规范行使与相互制衡原则，尊重权力分立与司法独立的制度安排及价值理念。事实上，近代资产阶级革命胜利之后所建立的民主宪政体制都将国家刑事司法权力自觉地予以分散配置。弹劾式诉讼受英美法国家陪审团制度、令状制度、巡回审判制度与职业法官制度的共同作用，逐渐演化为对抗式诉讼。受其深刻影响，大陆法国家的纠问式诉讼在大革命之后经过彻底改造也逐步走向职权式诉讼，两大法系刑事诉讼模式在二战后逐步融合并共同铸造了现代刑事司法构造与风格。[1]随着司法独立、控审分离、控辩平等与有效辩护等现代刑事司法原则的正式确立，刑事司法权力中的控诉权与审判权得以明确界分，犯罪嫌疑人、被告人的辩护权利得到了立法确认与司法保障，刑事程序理性化与正当化水平得到了迅速提升。现代宪政法治国家刑事司法权力配置主要有以下特点：其一，将国家刑事司法权力进行严格区分，并赋予不同的诉讼职能。根据司法独立原则和控审分离原则，由独立而中立的法官行使审判权，由检察官及警察行使控诉权。当然，司法权的独立不能一蹴而就，而是分层次逐步展开并实现的。

---

〔1〕 张能全、谭光定：“现代刑事司法趋同态势的制度背景与发展基础”，载《广西社会科学》2010年第12期。

功能意义上司法权独立在弹劾式诉讼下就已开始，结构意义上的司法权独立则形成于近代，主要表现在：司法机构独立；法官身份独立；行使职权的独立。〔1〕英国是最早从制度上完成司法权独立的国家，1689年的《权利法案》明确规定：国王不得擅自行使法律赦免权，不得中止法律的实施；1701年的《王位继承法》明确规定了法官任职终身制与法定薪金制，对法官的地位予以规定，确认法官在职期间要品行良好，而不是求得君主满意，除两院弹劾外不得对法官进行免职。〔2〕这意味着司法权与代表行政权的王权已经完成分立，司法权独立行使的条件已经成熟。其二，根据不同刑事司法权力的特性建构相应组织体系。为确保刑事司法公平公正，各国均建立分散而独立的法院组织体系，为确保审判前程序运行的规范高效性，各国均建立密切协作的刑事侦诉组织体系。大陆法国家一直坚持检警一体的法律传统，英美法国家尽管采用检警分离模式，但检察官对警察行为的引导和规制力度正在加强。其三，为防止国家追诉权力滥用，各国均赋予法官司法审查权并对检察官及警察的刑事司法行为予以严密的司法监控以实现权力制衡，为涉讼当事人提供及时充分的程序救济。可以说，司法审查权是现代司法权的核心和精华所在，该权力旨在通过司法程序审查和裁定某一立法或行政行为是否违反宪法或法律。司法审查权是防止立法权和行政权滥用的重要手段，也是以权力制约权力的重要表现形式。“作为现代民主法治国家普遍设立的一项重要的法律制度，司法审查制度的基本理念在于保护人民的权利、自由和幸福不受行政权力的非法侵害，是抑制行政权消极作用的最后的、也是最坚固的一道防线。”〔3〕

现代法治国家刑事司法权力分散配置有着深刻的社会背景与深厚的宪政基础。经过对封建专制时期专横野蛮司法的尖锐批判与深刻反思，资产阶级革命后的西方各国逐渐认识到民主政治与分权制衡体制对于实现“平等”和“人权”的极度重要性，主权在民原则和分权制衡原则由此成为西方资产阶级民主政治制度的两项重要表征。主权在民是民主政治和分权政体的逻辑基础，而代议制民主则成为人民主权的实现形式，分权制衡成为最好的政权构架。

〔1〕李蓉：《刑事诉讼分权制衡基本理论研究》，中国法制出版社2006年版，第71~72页。

〔2〕何勤华等：《法治的追求——理念、路径和模式的比较》，北京大学出版社2005年版，第140页。

〔3〕傅思明：《中国司法审查制度》，中国民主法制出版社2002年版，第1~2页。

"分权在原则上是为了确保法律创制的一般性；而且大量经过深思熟虑的、内在一致的和公开的规则发挥着宪法壁垒的作用，以保护公民免受激情的、草率的或歧视性的行政行为的侵害。"〔1〕维尔认为："为了政治自由的建立和维护，关键是要将政府分为立法、行政和司法三部门或三部分。三个部门中的每个部门都有相应的、可确定的政府职能，即立法、行政和司法的职能。政府的每个部门都一定要限于行使自己的职能，不允许侵蚀其他部门的职能。进而，组成这三个政府机构的人员一定要保持分离和不同，不允许任何个人同时是一个以上部门的成员。这样一来，每个部门将对其他部门都是一个制约，没有任何一群人将能够控制国家的全部机器。"〔2〕三权分立体制架构下的司法独立制度设计由此成为西方法律传统中的精髓：它经历一个从无到有的过程，至今已成为西方国家引以为自豪的一项政治成就、一个法治学说、一种制度文明，并以其独特的观念和制度而成为西方法律传统中的一道亮丽的风景，具有非凡的魅力。〔3〕那是因为，司法独立是确保权力有限行使和权利保障与救济的关键环节，从系统论与社会学角度来分析，它则真正体现了要素相生相克与相竞相长的活态共生的系统生态规律。"法院的完全独立在限权宪法中尤为重要。在实际执行中，此类限制须通过法院执行，因而法院必须有宣布违反宪法明文规定的立法机关的无效之权。如无此项规定，则一定保留特定权利与特权的条款将形同虚设。"〔4〕哈耶克对此评论道："一个自由国家的首要原则乃是，法律应当由一部分人制定，并由另一部分人实施；换言之，立法与司法的性质必须加以严格区分。当此类职责集于同一个人或同一个机构时，他或它就往往会因为徇私情而制定出规定特定情形的特定的法律，旨在实现一己的目的；如果立法机构与司法机构分立，那么立法机构就会制定出一般的法律，因为立法者在立法之时毋须亦无从预见这些法律将对谁产生影响；而在法律被制定出来以后，它们则必须由另一部分人亦即司法

---

〔1〕［英］T. R. S. 艾伦：《法律、自由与正义——英国宪政的法律基础》，成协中、江菁译，法律出版社 2006 年版，第 66 页。

〔2〕［英］M. J. C. 维尔：《宪政与分权》，苏力译，生活·读书·新知三联书店 1997 年版，第 12~13 页。

〔3〕李艳华：《司法独立学说在西方的轨迹和魅力》，载中南财经政法大学法律史研究所：《中西法律传统》（第 1 卷），中国政法大学出版社 2001 年版，第 292 页。

〔4〕［美］汉密尔顿等：《联邦党人文集》，程逢如等译，商务印书馆 1980 年版，第 391~392 页。

机构来实施，即让这些法律去影响它们将影响的人——如果法律将要影响的当事人和利益群体先就为立法者所知，那么立法者就必然会倾向于一方或另一方；如果不仅没有既定的规则来调整立法者的决定，而且也没有超乎于其上的力量去控制立法者的程序，那么立法者的偏向就将严重侵损公共正义的完整性。”〔1〕由于立法涉及公民重要与根本性的个人利益，现代行政权力广泛渗透于社会生活之中并无时无处不在影响着公民个人生活，对于立法与行政权力的适当限制就成为独立的司法权力的重要使命。相对立法权力与行政权力而言，司法权力对于公民个人的侵害的可能性最小，由司法权来监督立法与行政就成为权力制衡的理想模式。于是，司法最终解决原则与司法审查原则得到宪法的确认并在世界范围内建立起不同模式的司法审查制度。“事实上，司法权独立在分权制衡机制中具有举足轻重的地位，人民可以借助它达到与政府专制相抗衡，从而保障宪法允诺的个人自由与权利。”〔2〕当然，权力分立与司法独立都不是目的，而是保障公民自由与权利的手段。“宪法是为了更好地保护自由而分散权力，与此同时，其也思忖着实践能够将这些权力整合，形成一个能够运转的政府，其告诫各个部门分离但相互依赖，自治但互惠。”〔3〕现代分权原则并不要求权力的分立行使，在确保各职能明确属于不同主体的同时，各个职能机构存在着密切的互动与联系，其核心精神在于确保权力制衡以防止滥用，但又要保证权力的合作以发挥功能。

在现代宪政法治国家视野中，刑事司法被理解为将国家与公民之间的刑事纷争放置于特定的程序空间，并通过平等对话与理性争辩的三方互动机制加以解决的诉讼活动。法官确保公正审判的职责使他必须尊重被告人权优先于惩罚犯罪，在控诉中警察或追诉者的行为是在进行责难，被告的禁止自证其罪的特权为其提供了辩护：无论是在审判之前还是在审判过程中他都享有沉默权。尽管富有争议，但这一特权有助于确保刑事审判的敌对性质不会对被告造成过多的不利影响，而且这可以通过为权力滥用提供有效救济而维护

〔1〕［英］弗里德利希·冯·哈耶克：《自由秩序原理》（上），生活·读书·新知三联书店 1997 年版，第 218 页。

〔2〕张建伟：《刑事司法体制原理》，中国人民公安大学出版社 2002 年版，第 92 页。

〔3〕［英］T. R. S. 艾伦：《法律、自由与正义——英国宪政的法律基础》，成协中、江菁译，法律出版社 2006 年版，第 72 页。

审判的完整性。[1]“法院的完全独立在限权宪法中尤为重要”，[2]因为法院在现代社会刑事诉讼中主要是作为“权利的庇护者”[3]——公民权利和社会自由的捍卫者的面相而出现的，法院成了公民寻求权利救济、评判追诉机关权力行使正当性的舞台。“法院的职能在于决定双方的法律权利，对于公共利益的宽泛考虑恰恰是政府和立法机关关注的事项。如果个体权利完全受制于功利考量或多数人的偏好，其价值将荡然无存；因此对个体权利的保护不能留给通常的政治秩序。”[4]基于刑事诉讼中国家权力与公民个人权利的非平衡性与二者地位的非对等性，人权保障宗旨与法治内在精神必然要求刑事诉讼程序严格规制国家权力运作并切实保障公民个人基本权利。国家控诉机关必须有合理依据并严格依照法律规定的程序进行侦查与控诉犯罪，而且必须接受司法官员的授权与审查；赋予犯罪嫌疑人与被告人广泛的辩护权利，使其能够与国家控诉机关进行平等对话与理性交涉；司法官员本着中立和客观的立场不偏不倚地进行刑事审判，监管国家追诉权力是否合理运作并为犯罪嫌疑人与被告人提供及时有效的司法救济。于是，体现民主、人权、平等的刑事正当程序得到了宪法确认和司法实践中的进一步发展。体现审判中立、控审分离、控辩平等与有效辩护的“等腰三角形”诉讼构造由此形成，这种诉讼构造实质上就是现代民主分权政体的本质要求，是以保障人权为最高价值取向的宪政法治理念的深刻体现。

四、我国宪法安排下的刑事司法权力配置存在的主要问题

（一）配合制约原则中的刑事司法职权不合理配置

作为法律规范体系中的核心范畴，法律原则对于统领整个法律规范体系具有十分重要的规范价值和指导意义。“刑事诉讼原则，是指反映刑事诉讼理念与目的之要求，而作为刑事诉讼具体制度、规则、程序之基础和依据并对刑事诉讼具有指导或者规范作用的，在刑事诉讼立法和司法中应当遵循的准

---

〔1〕 See generally T. R. S. Allan, “The Criminal Trial and the Judge's Exclusionary Discretion”, in Hyman Gross and Ross Harrison (eds.), *Jurisprudence*: *Cambridge Essays*, Oxford, 1992.

〔2〕 ［美］汉密尔顿等：《联邦党人文集》，程逢如等译，商务印书馆2006年版，第392页。

〔3〕 ［德］拉德布鲁赫：《法学导论》，米健译，中国大百科全书出版社1997年版，第100页。

〔4〕 ［英］T. R. S. 艾伦：《法律、自由与正义——英国宪政的法律基础》，成协中、江菁译，法律出版社2006年版，第74页。

则。"[1]刑事诉讼原则是人们通过对刑事诉讼客观规律的概括总结，将其作为客观真理上升为刑事诉讼基本原理并通过立法规定予以遵循的刚性规范，对于刑事司法活动具有强制约束力及普遍性的指导意义。正是原则应有规律性、客观性、概括性、抽象性，因此不是随便什么判断及认识都能够上升为原则；通过长期而普遍性的刑事司法实践加以概括总结出来的认知或判断，经过检验被证明属于科学真理并转换为法律规范才能成为原则，在实践中被人们自觉遵循和贯彻的东西才能在制度运行中迸发出旺盛持久的生命力。

新中国成立后较长时期内实行的计划经济体制与比较集中的政治体制促成了我国高度行政化的司法体制，这种体制被学者称为"配合制约"的刑事司法体制。[2]根据我国宪法和刑事诉讼法的规定：公检法三机关办理刑事案件，应当分工负责、互相配合、互相制约，以保证准确有效地执行法律。由此，分工负责、相互配合、相互制约原则既是我国宪法规定的调整公检法关系的基本准则，同时也是我国刑事诉讼法确定的关于刑事司法职权配置的基本原则。该原则是新中国成立初期乃至计划经济时期形成的一项调整刑事司法专门机关相互关系的宪法准则及刑事诉讼法原则，计划经济时期更多依靠行政命令组织管理社会生活而较少适用法律，甚至根本就不需要法律予以调整。[3]况且，配合制约原则是在特定的历史条件下形成的，无论是对敌斗争，还是打击犯罪，都体现出国家政法机关维护社会秩序的"刀把子"效能。"从历史来看，分工负责、互相配合、互相制约原则本来就是在新中国政权并不十分稳固、犯罪非常猖獗、稳定压倒一切、法制建设刚刚起步、立法技术很不成熟、人治思想严重、理论研究极度匮乏、刑事诉讼是实现国家刑罚权的工具，公、检、法三机关是无产阶级专政工具的主流思想等诸多特定历史条件下才逐步形成的。"[4]可以说，该原则的政治意蕴远大于法律意蕴，政策功能大于规范功能。因为高度集中的经济体制及政治体制需要国家各个政法机关保持高度协调一致，最大限度地形成合力共同惩罚犯罪以确保社会秩序和平稳定。此刻，政策成了法律的灵魂和指挥棒，而法律更多是实现政策

---

〔1〕 宋英辉主编：《刑事诉讼原理》，法律出版社 2003 年版，第 57 页。

〔2〕 参见刘广三等：《刑事司法环境研究》，北京师范大学出版社 2010 年版，第四章。

〔3〕 曾新华：《当代刑事司法制度史》，中国检察出版社 2012 年版，第 79~80 页。

〔4〕 王超："分工负责、互相配合、互相制约原则之反思——以程序正义为视角"，载《法商研究》2005 年第 2 期。

的工具。然而，在市场经济体制与国家法治建设背景下，调整社会生活的主要准则不再是政策而是具有独立地位的法律，政策必须通过立法环节转换为法律，同时必须服从于法律的价值和要求。配合制约原则在新中国成立初期和计划经济时期对于配置三机关各自职权及调整其相互关系，通过惩治犯罪以维护社会秩序等方面发挥了应有的作用，但是，在我国社会发生根本转型的时代背景下，配合制约原则的不适应性及其弊端逐步显现。[1]因为，配合制约原则与其说是一项法律原则，还不如说是一项政策原则。它是对国家政法机关工作关系的感性描述而非规范表达。该原则具有极大的模糊性、随意性而缺少原则应当具备的规范性、准确性。具体来说，该原则形成的刑事司法运行机制障碍表现在：

（1）分工负责的制度安排不合理。“分工负责”是指三机关在刑事诉讼中各司其职，各负其责。我国《刑事诉讼法》第3条规定：“对刑事案件的侦查、拘留、执行逮捕、预审，由公安机关负责。检察、批准逮捕、检察机关直接受理案件的侦查、提起公诉，由人民检察院负责。审判由人民法院负责……”三机关平起平坐、各自负责、分段包干的刑事司法职权分工模式与公安侦查、检察起诉、法院审判的工序流程联系在一起，非常容易陷入“公安定案、检察照办、法院宣判”的这种流水作业式的纠问司法陷阱。正如学者指出：“在刑事司法程序中，公安机关负责拘留和侦查，检察机关负责审查起诉和提起公诉，法院负责审判，三机关流水作业，依法‘从重从快’惩办刑事犯罪分子，体现出工具主义和功利主义的强烈色彩。”[2]由于侦查权和公诉权的主动性、扩张性，本着公民人权保障的宪法精神，现代民主法治国家坚持奉行程序法定原则、无罪推定原则、控审分离原则、司法审查原则、比例原则等法治原则，通过宪法、刑事诉讼法及法院组织法等法律规范形成严密系统的刑事司法程序以确保刑事司法权力在法治轨道上合理运行。由于我国法治建设时间过于短暂，法治观念乃至法治文化还未完全形成，制度建设还在进行之中，基于对敌专政的传统思想观念，政法机关统统被视为“刀把子”；强调政法部门形成合力以打击各种犯罪的观念文化自然对制度建构发挥着重要的

〔1〕参见谢佑平、万毅：《刑事诉讼法原则——程序正义的基石》，法律出版社2002年版，第250页。

〔2〕韩大元、于文豪：“法院、检察院和公安机关的宪法关系”，载《法学研究》2011年第3期。

指导作用。实际上，在我国刑事司法制度具体安排中，分工负责原则仅仅强调了三机关在职权分工基础上各自负责，而对于三机关的职权分工本身是否合理以及各权力之间是否保持均衡态势则思考不多，关注不够。从三机关内部职权分工内容及形成的刑事司法运行机制来看，公安机关拥有完整而封闭的侦查职权，既包括任意侦查权和各种强制侦查权，也包括程序意义上的侦查权和实体意义上的侦查权；检察机关拥有职务犯罪的侦查权、全部公诉权与法律监督权；法院则只能行使实体意义上的审判权。如果对三项职权进行内涵和外延上的比较，则侦查权限最为广泛，力度、强度、幅度、频度最大，居中的是检察权，审判权属于范围最窄、强度最低、消极被动性最大的权力。“与强力的侦查相比较，司法往往处于‘弱势’地位，其权力和权威难以得到应有的尊重，这显然不符合其作为‘社会公平正义的最后一道防线’的镇守者的要求。”〔1〕公检法三机关看起来都属于平行平等之国家政法机关，但它们地位与职权悬殊，职权分工不合理导致其配合制约在具体制度运行中常常遭到扭曲。〔2〕刑事司法实践中一些案件反映出三机关的关系偶尔存在着侦查权主导并驱动着公诉权，而公诉权主导并驱动着审判权的不正常现象，在这种情况下，审判权实际承受着侦查权和公诉权双重压力甚至被扭曲成为第三追诉者，难以坚守客观中立的裁判者特质。

（2）相互配合的制度安排背离法治要求。“相互配合”是指三机关在行使职权的过程中，应当相互协调一致，共同惩罚犯罪以维护社会秩序。实际上，刑事司法机关在职权性质、职权内容与职权价值取向方面都存在根本性的差异，要求其实现共同的目的和任务无异于改变其性质，扭曲其职能，泯灭其个性，最终将不同性质的机关变成性质、目标、任务完全相同的机关，审判机关也就不再是一个为司法公正担任裁判这一中立角色的机关，而演变为一个实现惩罚犯罪目标的追诉机关。公安机关作为行政机关在刑事诉讼中的主要工作是收集证据和查找犯罪嫌疑人，从而为检察机关履行控诉职能提供条件；检察机关作为国家专门的控诉机关在对刑事案件进行审查的基础上决定并提起公诉，公安机关和检察机关都属于广义的国家控诉主体。它们主要站

---

〔1〕 王敏远：“司法改革背景下的三机关相互关系问题探讨”，载《法制与社会发展》2016年第2期。

〔2〕 张能全：“论以审判为中心的刑事司法改革”，载《社会科学战线》2015年第10期。

在追究犯罪者刑事责任的控诉立场上采取行动，这决定了其对于犯罪嫌疑人、被告人的人权保障往往不会重视。但是，刑事司法目的要求既要惩罚犯罪，又要保障人权，在控诉机关保障人权不力的时候则需要独立而中立的裁判机关履行保障人权的职责并力促司法公正实现。但是，在相互配合原则下，要求三机关协调一致，形成合力共同致力于惩罚犯罪就必然迫使审判机关难以维持独立和中立的立场，放弃保障人权的裁判职责而追随控诉机关完成国家惩罚犯罪的任务。有学者指出："要求法院与追诉机关讲'配合'，损害了审判机关的中立性。"〔1〕刑事司法实践中，在审判机关与控诉机关对于刑事案件认识不一致的时候以及追诉机关通过非法手段获取证据的时候，审判机关是坚守公正审判职责以捍卫人权，还是坚持三机关相互配合原则以惩罚犯罪，往往面临着两难选择。其结果是制约让位于配合，监督让位于协作。"司法实践中法检公三机关将'互相配合'异化为无原则配合的现象屡见不鲜。"〔2〕实际上，相互配合原则违背了刑事诉讼主体理论与职能区分理论，继而从根本上违背了国家法治与保障人权的价值目标。而且，相互配合的内容既不明确，更不合理，是严重违背司法活动规律的错误做法。相互配合词语表达带有极大的模糊性和不确定性，具体是指公安机关主要配合检察机关，检察机关主要配合审判机关，还是审判机关主要配合检察机关，检察机关主要配合侦查机关不清楚，具体刑事司法实践证明"相互配合"的结果往往是后者而不是前者，其典型表征就是我国年年高企的逮捕率、起诉率和定罪率，以至于检察工作和审判工作被刑事侦查牵着鼻子跟着走。"近年来纠正的重大冤假错案，几乎都与庭审不能正常发挥作用直接相关。"〔3〕由此看来，"相互配合"并不能准确反映专门机关之间的应然关系，其理论基础与实践逻辑十分混乱，无法发挥作为司法准则应有的规范指导作用。

（3）相互制约的立法目的难以实现。"相互制约"是指三机关在行使职权过程中，应当按照职责分工分别把关，相互检验、相互制衡，以便及时发现问题或错误并加以纠正。首先，我们认为相互制约规定内容十分模糊。相互制约是平行双向制约还是制约需要作出主次之分且难以把握；是公安机关制

〔1〕陈光中、龙宗智："关于深化司法改革若干问题的思考"，载《中国法学》2013年第4期。

〔2〕陈光中："如何理顺刑事司法中的法检公关系"，载《环球法律评论》2014年第1期。

〔3〕蒋惠岭："重提'庭审中心主义'"，载《人民法院报》2014年4月18日。

约检察机关，检察机关制约审判机关为制约的主要方面，还是审判机关制约检察机关，检察机关制约公安机关为制约的主要方面没有明确。而在具体的司法实践中，公安机关对于检察机关，检察机关对于审判机关的制约呈现出刚性制约关系；反之，审判机关对于检察机关，检察机关对于公安机关的制约则呈现出软性制约关系，二者并非平行对称。例如：检察机关在审查逮捕和审查起诉的过程中，对于其作出的不逮捕决定和不起诉决定，公安机关认为错误的，可以要求复议并提请复核。在片面强调惩罚犯罪的刑事政策下，在公安机关首长由党委副职或行政副职兼任的背景下，检察机关往往顺从公安机关的要求而批准不符合条件的逮捕与作出不符合条件的起诉决定。反之，检察机关对于公安机关应当立案而没有立案或者不应当立案而违法立案的，有权要求公安机关说明理由，如果理由不成立，则通知其立案或撤案，公安机关应当立案或撤案。现实司法实践中，公安机关往往对通知消极应付。检察机关对于公安机关的刑事侦查有权监督，但现实实践中监督因为信息不对称而难以有效展开，且通过审查逮捕和起诉环节进行又明显滞后，结果使得监督往往流于形式。审判机关对于检察机关的起诉只要符合条件，必须开庭审判而不能拒绝，反之，检察机关认为审判过程中存在程序违法或判决错误的，有权发动抗诉。根据刑事诉讼流程进行分析可以发现，制约的主要方面呈现出顺向特征。亦即，公安机关与检察机关之间的制约关系而不是双向平行制约关系，其结果必然造成“侦查定案、检察照办、法院宣判”的流水作业式诉讼构造的形成和固化。[1]如此一来，相互制约就演变为公安机关制约检察机关，检察机关制约审判机关的单向制约关系。三机关的畸形制约关系恶化了审判机关本就弱势的处境，从而导致控诉权力失控，辩护职能萎缩，法庭审判“走过场”的局面难以纠正。故而，我们认为，“相互制约”的词语表达难以反映应然意义上的公检法关系，具体运行机制已经远离制约初衷，反映出相互制约原则的非理性本质。

（二）刑事司法职权不合理配置构成体制扭曲的根本症结

配合制约原则是对三机关相互关系的感性表达，随着国家法治进程的持续推进，该原则本身存在的问题逐渐暴露出来。那是因为，该原则的背后隐藏着我国刑事司法职权非理性配置的一些弊端，这种畸形化的职权配置模式

---

〔1〕 参见陈瑞华：《刑事诉讼的前沿问题》，中国人民大学出版社2000年版，第231~242页。

已经成为我国刑事司法机制不畅乃至体制扭曲的根本症结，构成了实施以审判为中心的刑事程序改革的体制难题。“实际上，现行刑事司法职权配置弊端已经影响甚至阻碍到刑事司法的正常运行，乃至危及刑事审判权威与司法公信力的持续塑造。”[1]实践是检验真理的唯一标准，刑事司法职权配置理性与否应当根据特定环境、特定条件与具体效果加以认识判断。如果说配合制约体制下的刑事司法职权配置在计划经济时代和法治不健全时期能够发挥积极作用甚至社会治理效果甚佳的话，那么，这种类型的刑事司法职权配置在市场经济条件下和国家法治建设时期必然是畸形的，权力的消极因素在法治不健全时期不易显现，但在法治时期必然会集中爆发出来。这是因为，以侦查权与公诉权为代表的国家控诉权具有天生的扩张性与腐蚀性，必须建立以权利制约权力和以权力制约权力的双重制约机制，方能既确保公共权力的功能发挥，又能防止权力滥用。但是，我国刑事司法体制与运行机制深受传统专制集权政治体制的影响，刑事司法职权配置偏重行政化集权治理模式；加之传统中国人性本善的思想使人们对于手握权柄的行政司法官员往往比较信任，认为通过内心自我节制与提升自身修养足以防止权力滥用与权力腐败。于是，权力运行与权力监督更多通过上下级行政管理、内部监察、同体监督实现而不是通过将不同性质的权力予以分开设置并通过异体监督制衡实现以权力制约权力的目的；同时，对于运用普遍意义上的民主选举、罢免和弹劾形式实现以权利制约权力目的方面的制度建设也做得还不够。由于在刑事司法职权配置上秉承了上述认识和思维进路，可以说，我国刑事司法职权畸形化配置，加之配合制约原则的叠加效应，再辅之以我国早期实施的“坦白从宽、抗拒从严”刑事政策及后继的“严打”刑事政策的持续实践，生成和固化了我国高效顺畅打击犯罪的刑事司法运行机制，生成和固化了“流水作业”的刑事诉讼结构及“配合制约”类型的刑事司法体制。尽管配合制约原则在新中国成立初期乃至计划经济时期对于调整我国公检法相互关系发挥了一定的积极作用，但在市场经济框架与国家法治格局中却弊病重重。不但无法为市场经济体制提供强大的制度供给，不能为国家法治发展注入源头活水，反而构成以审判为中心的诉讼程序改革的巨大体制难题。现行体制下，刑事司

---

〔1〕 张能全：“国家法治视野中的刑事司法权力配置调整”，载《内蒙古社会科学》2014 年第 4 期。

法权力配置的不合理性已经在具体实践及刑事司法改革进程中充分显现。公安机关、检察机关与审判机关三驾马车并驾齐驱，侦查权、检察权与审判权平行行使的结果造就了我国绝对高企的起诉率与定罪率〔1〕，刑事强制措施的滥用以及冤假错案的发生，从而影响人们对刑事司法公正寄予的信赖和信心。故而，我国将不同性质的刑事司法职权进行对等平行安排的刑事司法体制存在制度性的缺陷，不仅违背刑事司法普遍规律与国际公认的刑事司法准则，而且在具体的刑事司法实践中也难以实现权力的有效制约和权利的全面保障。〔2〕

我国现行刑事司法体制及运行机制除了侦查权、检察权与审判权三项职权平行配置之外，还存在其他特殊的制度安排对于权力运行施加特殊影响：其一，关于人民检察院是国家的法律监督机关的规定加重了本就强势的检察权天平砝码，但法律监督属性本身不仅与其控诉职能相冲突，而且监督实践面临着诸多尴尬；其二，公安机关负责人由党委或行政副职兼任的做法事实上已经改变了三机关平行关系，而使其成为各专门机关职权行使的领导者、指挥者与具体刑事司法行动的协调者。可以说，在公安机关拥有广泛职权且处于优势地位的情况下，在检察机关努力扩大法律监督范围的制度格局中，法院作为独立行使审判权的具体职权行使正面临难以承受的压力。童之伟教授曾批评道："在刑事诉讼法历来的安排中，侦查权体量和覆盖范围超大，审判权地位太低、覆盖范围过小，检察权体量不大，但在特定领域也比审判权更为强势。"〔3〕可以说，在法院、法庭与法官独立性和中立性受到影响的情况下，在片面强化惩罚犯罪以维护社会秩序的司法环境中，要推进以审判为中心的诉讼制度改革是比较困难的。事实上，我国配合制约下的刑事司法体制促成了行政化的刑事司法运行机制高效流畅运作。如此一来，惩罚犯罪作为刑事诉讼的目标之一很好地得到实现，但是却可能牺牲另一个更为重要的价值目标。然而，在分权制衡的宪制视野中，司法公正要求作为司法权的刑

---

〔1〕据学者统计，从 1997 年到 2007 年的十余年来，我国的不起诉率不超过 3.5%，无罪判决率基本维持在 1%以下。参见徐美君："我国刑事诉讼运行状况实证分析"，载《法学研究》2010 年第 2 期。

〔2〕聂洪勇："分工负责、相互配合、相互制约原则的检讨与重构"，载《法律适用》2007 年第 1 期。

〔3〕转引自孙煜华：《侦查权的宪法控制》，法律出版社 2014 年版，第 90 页。

事审判权本身应当具有独立的宪法地位，完整的独立行使职权的条件和对于行政性质的侦查权与公诉权进行监督制约的强大能力。侦查权与检察权必须围绕审判权展开并受其审查监督，使得刑事司法配置格局彰显出以审判为中心的特质。不难看出，我国刑事诉讼运行机制遭遇困境的根本症结就在于现行刑事司法职权配置不合理，加之配合制约原则、片面刑事政策及传统重刑观念的多重因素强化和叠加，从而形成了强大的刑事惩罚动能与势能，最终形成高效快速打击犯罪的体制和机制。如今，践行惩罚犯罪与保障人权并重目标，统筹兼顾实体真实与正当程序价值，建立以审判为中心的刑事司法体制及诉讼化的刑事司法运行机制，就必须调整优化现行司法体制并理顺司法权运行机制，而其中最为优先的工作无疑是改革调整刑事司法职权配置，从而理顺刑事诉讼中的公检法等职权机关的相互关系。

五、社会转型中我国刑事司法权力配置调整

党的十八届四中全会提出了以审判为中心的司法制度改革方向，这为全面深化刑事程序改革确立了战略目标，如何构建以审判为中心的刑事程序制度体系已经成为刑事司法改革的重中之重。根据全会精神，我国刑事司法改革新的阶段性目标应当确定为建立健全以审判为中心的刑事司法体制及司法权运行机制。“以审判为中心的诉讼制度改革虽然是对我国现行三机关关系的完善和发展，但绝不是技术层面的小修小补，而是要对我国现行刑事诉讼制度作一系列的重大改革。”〔1〕也就是说，实施以审判为中心的刑事程序改革将是一项重大系统工程。这是因为，“‘以审判为中心’的诉讼制度改革，并不单单只是一项审判制度改革，而是涉及整个司法体制、牵一发而动全身的系统改革。”〔2〕“对以审判为中心的改革要求，必须结合改革的背景进行。当前，制约刑事司法公正的核心要素在于公检法三机关之间关系的失调，无法树立司法权威。司法实践中暴露出的部分冤假错案大都与公检法三机关之间的关系失衡存在密切联系。由此可见，以审判为中心作为对三机关现状的反思，实际上是要摆正公检法三机关之间的关系，其核心在于构建一个以审判为中

〔1〕 王敏远：“以审判为中心的诉讼制度改革初步研究”，载《法律适用》2015年第6期。

〔2〕 万毅、赵亮：“论以审判为中心的诉讼制度改革——以C市法院‘庭审实质化改革’为样本”，载《江苏行政学院学报》2015年第6期。

心的科学、合理的诉讼构造。”〔1〕这就意味着，以审判为中心的刑事程序改革必须对公检法三机关性质进行重新定位，对其职权进行重新配置，从而形成科学的诉讼结构与合理的司法体制。龙宗智教授指出，司法改革的三个基本方面，即司法体制改革的“去地方化”，司法权运行机制改革的“去行政化”，以及司法程序改革的“以审判为中心”，均为回归司法规律，包含相同的司法逻辑，而且相互支持，互为条件。“以审判为中心”，由司法体制改革间接支撑，由司法权运行机制改革直接支持。因为“以审判为中心”，尤其是以庭审为中心，如果没有“审理者裁判，裁判者负责”的司法权运行机制予以支持，全部制度设计都可能落空——审理与裁判的分离，使庭审在很大程度上丧失了意义，庭审的虚化不可避免。因此，三个方面的改革，尤其是司法权运行机制改革与推动建立以审判为中心的诉讼制度相辅相成，需要同时推动。〔2〕我们认为，刑事司法作为严重争端的法律解决机制，是通过国家专门机关严格按照刑事诉讼法规定展开的系列诉讼活动，国家权力滥用的可能性及刑事司法公正的重要性决定了刑事司法职权分散配置与相互制衡的必要性。权力制约观念是合理的且必要的，但权力制约必须与权力运行规律相一致，与刑事司法目标相统一。我国需要顺应法治发展潮流，遵循法治精神及其原则，结合实际深入分析以对症下药，从而全面推进我国刑事程序改革。

（一）根据刑事司法权力不同性质进行职权配置调整

“不同性质的职权有不同的运行规律，如把不同性质的职权搅在一起，就会违反权力运行规律，还会造成不同权力间的相互干扰。”〔3〕从世界各国来看，警察机关都属于行政机关，具有较强的行政属性；而且主要是法律执行机关而非法律决策机关。〔4〕鉴于刑事诉讼解决争端的严重性及涉及价值判断的复杂性与法律适用的技术性，刑事司法程序的开启、运行与终结都只能由

〔1〕 陈卫东：“以审判为中心推动诉讼制度改革”，载《中国社会科学报》2014年10月31日。

〔2〕 龙宗智：“‘以审判为中心’的改革及其限度”，载《中外法学》2015年第4期。

〔3〕 朱孝清：《司法职权配置的目标与原则》，载《法制与社会发展》2016年第2期。

〔4〕 此处的法律决策主要指诉讼程序推进意义上的决策而非一般侦查行为的具体决策，各国诉讼程序的推进与否实际上掌握在法官和检察官手中而不在警察手中，侦查构造普遍遵循侦查与裁判职能分离、正当程序与司法最终裁决等原则，在检警关系、控辩关系、控审关系等诸多方面呈现出一些共同之处。参见孙长永：《探索正当程序——比较刑事诉讼法专论》，中国法制出版社2005年版，第47页。

接受法律训练的司法官员进行而非行政官员为之。“一般认为，刑事诉讼中的侦查权完全隶属于公诉权。”[1]因为侦查权是公诉权的基础和前提，没有对刑事案件进行充分侦查以收集证据，国家控诉职能实现就可能落空；反之，公诉权是侦查权的归属与目标。世界各国在处理侦查与公诉问题上十分强调二者的高度协同，密切协作而不是强调二者的完全分离与分庭抗礼，只有侦查权与公诉权进行充分整合从而形成追诉合力，才能最大限度地追诉犯罪。据此，有学者认为，检察机关理所应当成为刑事侦查的决策机关和指挥机关，拥有全部侦查职权，包括亲自侦查权与指挥侦查权，公安机关的刑事侦查部门必须无条件服从检察机关的指挥和命令。[2]为此，公诉权与侦查权的相互关系得以明确：侦查权必须是而且只能是公诉权的组成部分，公诉权应当包涵全部侦查权，外延远大于侦查权，位阶高于侦查权。亦即，公诉权是侦查权的上位权力，侦查权则是公诉权的下位权力。侦查权必须服务并服从于公诉权，而公诉权应当指挥命令侦查权。检察机关对所有公诉案件有权进行审查并作出起诉与不起诉决定，对于该决定，公安机关的刑事侦查部门必须执行。基于人权保障原则与司法审查原则，审判机关对于强制侦查及公诉决定享有司法审查的职权。亦即，对于检察机关决定起诉的案件，必须提交审判机关进行审查，只有审判机关同意起诉的案件，才能由检察机关发动公诉。审判机关作为裁判机关，不仅享有所有刑事案件的实体裁判权，而且享有刑事程序运行与否的程序裁决权，对于程序违法行为通过预备审判乃至正式审判，并作出权威判决以维护程序公正并确保实体公正。

（二）根据刑事司法职权的特性与职能理顺其相互关系

刑事司法专门机关的相互关系不应再使用“相互配合”与“相互制约”等模糊表述，而应当根据其不同性质、内容与任务作出相应调整：本着控审分离原则与司法审查原则，公安机关刑事侦查部门的侦查职权行使由检察机关予以指挥和监督，而检察机关的全部控诉职权行使则需要接受中立的裁判机关的审查和监督，裁判机关的程序裁判与实体性裁判则根据诉讼审级制度予以救济和监督。同时，对于法官的职务违法犯罪行为需要接受人大设立的专门委员会进行调查、弹劾乃至惩戒。由此，刑事诉讼中专门机关职权行使

---

〔1〕 郝银钟：《刑事公诉权原理》，人民法院出版社2004年版，第110页。

〔2〕 参见刘计划：“检警一体化模式再解读”，载《法学研究》2013年第6期。

通过单向度的法律监督制度体系予以改造。因为单向度的权力监督机制与双向度的权力制约机制是根据权力运行的基本规律而采取的合理举措，符合以权力制约权力的分权制衡原则和以权利制约权力的人民主权原则。通过理顺权力监督与制约关系，实现上位权力监督下位权力及平行权力相互制约的目的。为此，通过修改宪法废除配合制约原则，调整刑事司法职权配置已经成为实施以审判为中心的刑事司法体制改革的先决条件。因为体制决定机制，无论多么完善的刑事诉讼运行机制，如果没有科学合理的刑事司法体制作为支撑和保障也难以运行。故而，我们认为，实施以审判为中心的刑事程序改革关键在于：合理界定三机关不同的性质与功能，明确其职权范围，确保其各负其责、各司其职，通过建立并实施单向度的法律监督制度体系才能真正理顺三机关的相互关系，通过不同层级的监督制约机制达到规制权力的目的。

第八章
社会转型中的刑事审判体制改革与制度创新

党的十八届四中全会提出了以审判为中心的司法制度改革方向，这为全面深化刑事司法改革确立了战略目标，如何构建以审判为中心的刑事司法制度体系已经成为刑事司法改革的重中之重。基于审判中心主义的基本观念，刑事审判程序位居整个刑事诉讼程序的中心位置，刑事审判改革自然成为整个刑事程序改革的核心和关键，社会转型中的刑事司法改革与制度创新取决于刑事审判体制改革与制度创新能否取得实质性的突破。我国刑事审判体制及运行机制在新中国成立初期形成之后，一直没有进行大的改革调整，审判机关的外部关系及内部结构根据宪法、刑事诉讼法及人民法院组织法对于人民法院性质、地位、职权行使、领导体制及运行机制的具体规定而依法设定。受司法行政化与司法地方化因素影响，我国刑事审判体制及运行机制中的案件审批制度与请示汇报制度充分显示出刑事审判带有行政化运作的典型特征。

一、我国刑事审判体制与运行机制存在的主要问题

当代系统科学将一切事物都看作是内部具有诸多元素、外部具有一定环境、由诸元素间及其与相关环境间相互作用所构成的，有一定组织的整体，即系统。〔1〕根据系统论原理，我们可以从审判机关的外部关系、内部结构、诉讼阶段与程序回转四个方面总结和反思我国现行刑事审判体制与运行机制所存在的主要问题：其一，刑事审判体制中的外部关系是指法院在我国公检

〔1〕 张强："系统方法论与唯物辩证法"，载《系统辩证学学报》2004年第4期。

法三机关中的法律地位和它们之间的相互关系，现行体制所形成的法院外部关系表现为三机关关系中的法院附属主义倾向；其二，刑事审判内部结构是指法院的机构设置及内部职权细分，我国法院内部结构及职权行使呈现出法官行政权威主义倾向；其三，从刑事诉讼程序展开及侦查、起诉与审判之间的关系来看，我国侦查中心主义倾向比较突出，法庭审理形式化现象严重；其四，从程序回转角度来看，我国现行刑事诉讼运行机制中存在着程序回转随意化倾向，暴露出浓厚的绝对真实探知主义思想观念。

（一）审判体制外部关系中的法院附属主义

审判体制中的外部关系是指我国公安机关、检察机关、审判机关的相互关系及法院在三机关关系中的法律地位。我国宪法及刑事诉讼法均明确规定了三机关的职权及相互关系，亦即：人民法院是国家的审判机关，代表国家行使审判权；人民检察院是国家的法律监督机关，代表国家行使检察权；公安机关、人民检察院、人民法院分工负责、相互配合、相互制约，保证准确有效地实施法律。由此形成了我国公检法三机关并驾齐驱的配合制约关系。国家的制度安排决定了人民法院与人民检察院作为国家司法机关现实中并不与公安机关属于同一层次，由于宪法规定带有原则性与抽象性而不可避免会产生一定模糊性，在片面强调惩罚犯罪的刑事政策与传统诉讼文化等因素的综合作用下，人们在观念上和制度中已经不自觉地将公安机关、人民检察院与人民法院视为具有平等地位，履行相同任务的国家政法机关。但是，由于历史原因与现实因素却造就了我国公安机关的超强态势与检察机关的特殊地位，而审判机关在审判体制外部关系中的地位职权呈现出附属化权力结构特征。童之伟教授曾批评指出："在刑事诉讼法历来的安排中，侦查权体量和覆盖范围超大，审判权地位太低、覆盖范围过小，检察权体量不大，但在特定领域也比审判权更为强势。"[1]陈瑞华教授以非法证据排除规则无法得到实施的情况为例，深刻指出我国刑事司法制度失灵的根本症结在于刑事司法体制问题。从根本上说，检察机关在法律监督方面的强势地位，决定了法院无法将其仅仅视为一种单纯的"公诉机关"；公安机关在现行政法体制下所具有的政治地位，也决定了法院无法将其仅仅当作一种普通的"侦查机关"。在法院不具有基本的权威性的制度框架下，非法证据排除规则的有效实施，受

---

〔1〕 转引自孙煜华：《侦查权的宪法控制》，法律出版社 2014 年版，第 90 页。

到了一定的阻碍。[1]

公安机关作为十分重要的政府部门对于维护国家安全与社会秩序具有十分重要的意义，法院作为国家的审判机关对于维护司法公正乃至社会公平正义却具有特别关键的作用，基于此，任何国家部门都不比法院更为重要。[2]在我国比较重视社会秩序维护的传统观念影响下，公安机关实际成了政府最为倚重的机关和部门。检察机关作为国家的法律监督机关在强化国家权力监督的制度安排中同样举足轻重。相比较而言法院应当发挥的作用与所承担的社会角色在我国立法规定方面着力不够，实践方面作用发挥不足，在三机关关系中实际处于相对附属地位。龙宗智教授撰文指出，现阶段“法院在维护法律秩序、解决社会纠纷以及促进依法行政方面的责任越来越重，民众对法院的要求也是越来越高，但法院的权力资源配置不足、实现其职能的保障条件亦明显不够，因此有‘内外交困’之感”[3]。具体表现为：首先，公安机关在政治地位上占有优势，检察机关与审判机关处于相对劣势。本着加强党的领导的基本原则，凡是重要的部门一般都会将其首脑升格为党委常委。新中国成立之初，我国公安机关首长仅仅是部门领导而非常委。20 世纪 90 年代，为了强化公安机关维护社会稳定的重要作用，其首长被升格为同级党委委员，从而成为党政领导成员。因而，公安机关、检察机关与人民法院的相互关系逐渐发生了微妙变化。2003 年全国第二十次公安工作会议决定加强公安机关的正规化建设，由此进入公安机关领导的大升格时代，到 2009 年全国基本完成了公安机关的升格工作。升格后的公安机关领导职务一般由党委或行政的主要领导出任，也就是说公安机关领导实际上就是所在地区的党政主要领导。由此，公安机关、检察机关与人民法院已经不再处于平等地位，公安机关首长实际上行使着对人民检察院与人民法院的领导权。其次，在三机关职权配置中，公安机关与检察机关处于强势，法院居于弱势。根据宪法与刑事诉讼法的规定，公安机关是国家的治安保卫机关，履行治安保卫职能与刑事侦查职能。因此，公安机关拥有全部治安管理及行政处罚职权以及除了逮捕之外的所有刑事侦查职权与强制措施职权。检察机关作为法律监督机关

---

〔1〕 陈瑞华：“司法审查的乌托邦”，载《中国法律评论》2014 年第 2 期。

〔2〕 ［美］德沃金：《法律帝国》，李常青译，中国大百科全书出版社 1996 年版，第 10 页。

〔3〕 龙宗智：“影响司法公正及司法公信力的现实因素及其对策”，载《当代法学》2015 年第 3 期。

行使检察权，具体包括职务犯罪的侦查权、批准或决定逮捕权、审查起诉权、提起公诉权、法律监督权。如果将三机关的职权予以比较，公安机关权限最为广泛，检察权次之，审判权的范围最为狭窄。根据权力属性理论，行政权力具有天生的主动性与进攻性，而司法权力具有消极性与被动性，伴随着作为行政性刑事司法权力的侦查权与检察权的持续扩张态势，作为司法性刑事司法权力的审判权必然被削弱。德国学者赫尔曼曾批评指出："中国的公安机关在刑诉中扮演一个更强有力的领导者角色，而不管警察是否受到足够的法律教育，能否胜任这一工作。"〔1〕再次，在三机关制约关系中，公安机关与检察机关对于审判机关处于攻势，法院对于公安机关和检察机关则处于守势。尽管法律规定三机关需要遵循分工负责、相互配合、相互制约原则，并辅之以相关制度安排，但在具体运行机制中，审判机关制约检察机关和检察机关制约公安机关属于软性制约关系，而公安机关制约检察机关和检察机关制约审判机关则属于刚性制约关系。软性制约大致表现为：在审判过程中，对于案件证据的采纳及最终的定性，法官往往与检察官进行私下协商，对于重大、疑难和复杂案件，需要通过审判委员会讨论定案的，同级人民检察院检察长可以列席，检察长参加案件讨论其结果可想而知；在侦查过程中，检察机关对于公安机关的制约体现在审查逮捕和审查起诉环节，在公安机关首长同时担任政法委书记或党委及行政副职的时候，案件协调的结果往往以倾向公安机关要求，作出批准逮捕和提起公诉而结束。刚性制约则大致表现为：对于检察机关的起诉，只要符合形式条件，法院就必须开庭审判，因而缺少任何实质性的审查权。"根据中国刑事诉讼法有关规定，如果检察院发现法院在审理案件中有违反法定程序情形，即有权提出纠正，而法院应立即改正。一定程度上，这相当于赋予了检察院指挥法院的权力，为检察院干预甚至控制法院审判提供了可能。"〔2〕对于违反法定程序甚至侵害当事人诉讼权利的行为，只要不影响实体公正，法庭不会作出任何处理；对于案件证据明显不足的案件，考虑到三机关的关系，要么发回重审，要么作出与羁押期限相同的判决；再如，公安机关对于检察机关的不批准逮捕和不起诉决定，不仅有要求复议的权力，而且有要求其上一级机关进行复核的权力。由此，三机关看起来属

〔1〕［德］赫尔曼：《德国刑事司法制度》，赫尔曼教授在中国政法大学的讲座录音整理稿。

〔2〕卢荣荣：《中国法院功能研究》，法律出版社 2014 年版，第 167 页。

于平行制约关系，实际上，侦查权主导着公诉权，而公诉权主导着审判权，审判权实际承受着侦查权和公诉权双重压力。三机关由于地位与职权差异且非真正平行而平等之国家机关，导致相互制约在具体制度运行中常常遭到扭曲。[1]

（二）审判体制内部结构中的行政权威主义

在我国审判体制中，始终存在着行政化、地方化与非专业化等问题，尤其是法院行政化问题较为突出，法院行政化加重了审判体制内部结构中的行政权威主义观念和文化，是司法行政化的典型表现。法院行政化现象主要表现在三个方面：其一，法院管理的行政化。我国的法院制度构建于新中国成立初期，而且从一开始就是按照党政机关模式来设置的。1949 年《中央人民政府最高人民法院试行组织条例》规定，中央人民政府最高人民法院为全国最高审判机关，并负责领导及监督全国各级审判机关之审判工作。可以看出，政府与法院属于上下级关系，上下级法院属于领导和监督关系。随后颁布的《人民法院暂行组织条例》明确规定上下级人民法院为双重领导体制，规定各级人民法院院长、副院长由同级政府任免，工作受同级人民政府委员会的领导和监督，由此可见当时法院被视为政府机关的组成部分。[2]1954 年《宪法》和《人民法院组织法》规定，最高人民法院和地方各级人民法院分别由全国人民代表大会和地方各级人民代表大会产生，向它负责并报告工作。同时，宪法明确规定“人民法院独立行使审判权，只服从法律”，而且规定了人民检察院的一般监督职权以及上下级检察院之间的垂直领导关系。可以看出，新确立的司法体制大大提升了人民法院和人民检察院在国家机关中的地位。1982 年《宪法》从三个方面对公检法地位及其相互关系进行了重新界定：一是人民法院依照法律规定独立行使审判权，不受行政机关、社会团体和个人的干涉；二是人民检察院是国家的法律监督机关，依照法律规定独立行使检察权；三是三机关办理刑事案件应当分工负责，相互配合，相互制约，以保证准确有效地执行法律。虽然人民检察院和人民法院获得了与行政机关平等的法律地位，但由于我国较长时期内实行高度统一的计划经济体制，必然形

---

〔1〕 谢佑平、万毅：《刑事诉讼法原则——程序正义的基石》，法律出版社 2002 年版，第 413 页。

〔2〕 曾新华：《当代刑事司法制度史》，中国检察出版社 2012 年版，第 11 页。

成高度集中的政治体制与司法体制，司法机关设置及职权配置必然带有浓厚的行政色彩，具体体现为司法区划行政化与法院级别行政化特征，法院管理自然存在严重的行政化现象。[1]其二，法官管理的行政化。在法院管理行政化的大背景下，法院领导体制与管理体制必然倾向于甚至从属于行政化管理体制。在各级法院内部，正副院长、正副庭长、审判员、书记员、法警以及其他工作人员都被一一纳入相应行政级别的管理之中，与政府公务员完全一样，他们都有相应的行政级别。1995 年通过的《法官法》标志着我国法院制度的重大进步。法院依然沿用行政部门的人事管理制度，人员管理也参照政府公务员管理进行，这使得法官之间存在明确的级别之分，上下级之间的地位不平等。不同的级别意味着不同的权限、待遇甚至地位，显示出法院内部级别服从的位阶和责任的分布与安排，而且往往被视为法官能力大小与素质高低的标志。不同级别的法官注定了在法院内部处于不平等的地位，这种不平等性直接影响其在审判中的权威性与在判决意见中的重要性。近年来，在学历和知识层次上法官的门槛已经提高很多，但是法官的选拔、调任与晋升却没有多大改变，依然与公务员以及其他行政领导干部一样需要经过地方政府人事部门或党的组织部门的研究、审批。由此，法官制度存在着十分浓厚的行政色彩。其三，审判业务的行政化。我国宪法法律只规定了法院的独立而非法官的独立，强调集体行使审判权。再加上在人们的意识中一直把法院当“政府”，把法官当“干部”，使得各级法院在审判业务方面形成了行政化很强的案件审批制度与审判委员会制度。案件审批程序为：独任庭法官或合议庭法官在对案件进行审理之后，只能提出初步意见，接着应当逐级向副庭长、庭长及主管领导请示汇报，只有在法院领导批示对处理意见表示同意后，审判人员才能制作判决文书并结案。可以看出，法官只有审理案件事实的职权，法律适用则属于审批范畴。审判委员会由 1954 年《人民法院组织法》设立，是我国特有的一种审判组织形式，它并不直接审判案件，而是人民法院内部对审判工作实行集体领导的组织。[2]实事求是地讲，审判委员会在我国法官队伍水平参差不齐的情况下对于提高案件审判质量发挥了相当作用，但

---

〔1〕 刘安荣：“我国法院体制的行政化及改革对策”，载《陕西师范大学学报（哲学社科版）》2004 年第 6 期。

〔2〕 何兰阶、鲁明健主编：《当代中国的审判工作》，当代中国出版社 1993 年版，第 57 页。

是由其讨论决定案件的制度安排却违背了刑事审判基本规律，违反了公正审判的刑事诉讼原则。审判委员会成员一般通过听取主审法官汇报和查阅相关案卷等途径了解案情而不是通过庭审。况且，由法院领导和庭室领导的综合体组成的审判委员会带有明显的行政性质，是司法业务行政化的典型表现。

（三）诉讼阶段中的侦查中心主义

我国刑事诉讼程序无论在理论上还是在立法及实践中都分为五大诉讼阶段，即立案、侦查、审查起诉、法庭审判与执行。侦查阶段对于查明案件事实以实现惩罚犯罪的诉讼目的的具有十分重要的作用，世界各国对其无不重视。不过，侦查程序侵犯公民人权的高度危险性决定了对其进行严密的法律规制与严格的司法控制的必要性，各国侦查程序立法与实践也都充分体现出对程序法定原则与司法审查原则的严格遵循。我国刑事诉讼法赋予了侦查机关极其广泛的专门职权，充分肯定了侦查程序在整个诉讼程序中的特殊地位，但法律规制不足与司法控制阙如却促成了程序运行机制中的侦查中心主义的观念和做法：其一，公安机关享有完全独立的侦查职权，既包括实体意义上的侦查权即独立决定实施各种侦查行为，也包括程序意义上的侦查权即侦查的启动、实施和终结职权，而且该项职权的行使具有完全的程序封闭性与自由裁量性。其二，侦查机关作出的呈请批准逮捕和移送起诉意见在实践中绝大多数情况下都会得到同意，对于检察机关的不批准逮捕决定和不起诉决定，它们还有权要求复议甚至要求上一级检察机关复核。尽管检察机关对于侦查机关有案不立或违法立案的情形有权要求其说明理由，理由不成立可以通知其立案或撤案，公安机关则应当立案或撤案，但在公安机关拥有广泛侦查职权且处于强势地位的情势下，专门机关平行制约的制度模式必然导致检察机关的监督无力，而公安机关对检察机关的反向制约却可以对刑事程序产生实质影响。尽管最高人民检察院力主推行重大刑事案件检察引导侦查制度，但是该制度既缺乏明确法律依据，又缺乏实践操作程序。其三，侦查机关成功侦破案件与检察机关提起公诉之后，法院对于检察机关提起公诉的案件只要有明确指控犯罪事实的，就必须开庭审判而没有任何实质审查权限。“我国这种有诉必审的审查方式实质上造成了庭前审查的虚无化，它排除了国家司法权对追诉权的程序性监督和制约，难以防止公诉机关的错诉、滥诉，而且也无法保障被追诉人的基本人身自由的权利。"〔1〕在审判过程中，法院既不能对侦查行为是否合法进行审查，也不会对案卷笔录证据提出质疑，如果发现证据不足往往会根据检察机关的建议作出退回补充侦查的决定。为此，有学者指出："我国刑事诉讼事实上是侦查中心主义。公、检、法三机关在侦查、起诉、审判三阶段各自独立地实施诉讼行为，审判与侦查、起诉平起平坐；由于检察机关享有对法院的法律监督权，审判权一定意义上地位低于起诉权，无法在刑事诉讼中居于中心地位。"〔2〕亦即，我国刑事程序存在着侦查权主导检察权，而检察权主导审判权的刑事诉讼构造，继而生成了侦查中心主义的诉讼格局。在整个刑事诉讼过程中，裁判者处于程序环节的最后阶段，本应当建立起同步制约机制并通过行使司法审查权以发挥把关者的权力制约功能，但根据我国刑事诉讼法的规定，法院对于公安机关的刑事侦查行为与检察机关的审查起诉行为不享有司法审查职权，那么在配合制约原则的指导下，法院就只能发挥形式上的定罪宣告功能，有时甚至充当第三追诉者以满足惩罚犯罪的需要。

受侦查中心主义观念影响以及在法官管理及审判业务行政化的背景下，我国刑事庭审呈现出书面化、形式化与职权化等明显特征，有学者形象地将这种庭审模式描述为"案卷笔录中心主义"审判形式。〔3〕具体来说：其一，证据收集和固定大量采用书面形式。首先，在侦查程序中，侦查机关往往将侦查中的各种证据通过笔录加以固定，由此形成数量众多的各种证据笔录，这些笔录在我国刑事诉讼中具有当然的证据效力，它们将会在侦查程序终结之后被移送至下一程序阶段。其次，检察机关在审查起诉过程中根据不同情形决定是否讯问犯罪嫌疑人，各地检察机关在贯彻新刑事诉讼法过程中强调实行一律讯问的制度，该阶段的讯问也会形成笔录；当然，检察机关需要听取辩护人、被害人及诉讼代理人的意见，甚至需要重新勘验、鉴定、检查，这些行为都会以笔录形式进入证据案卷。检察机关审查起诉后制作的案卷笔录最后与侦查案卷一样全部进入审判程序。最后，在审判过程中，同样存在

---

〔1〕 汪建成、杨雄："比较法视野下的刑事庭前审查程序之改造"，载《中国刑事法杂志》2002年第6期。

〔2〕 葛同山："刑事诉讼中的国家权力配置规律研究"，载《新疆社会科学》2008年第1期。

〔3〕 参见陈瑞华："案卷笔录中心主义——对中国刑事审判方式的重新考察"，载《法学研究》2006年第4期。

着上述补充证据的情形，而形成的证据案卷都将成为法庭审理的对象。其二，法庭质证通常采用书面形式。法庭审理主要环节在于法庭调查与法庭辩论，在法庭调查中，围绕被告人是否有罪的证据调查往往通过书面方式进行。通常情况下，法庭不会对侦查机关制作的案卷笔录进行质疑和审查，而是直接由公诉人在法庭上宣读，当然，更不会质疑侦查行为的合法性。司法实践中，侦查人员通常不会出庭作证。如果被告人及辩护人在法庭审理中对控诉方证据提出质疑并指出存在违法侦查行为时，法庭不是采取被告人与侦查人员进行当庭对质的方法，而是由控诉方出示并宣读侦查机关提供的“情况说明”材料。有时候，公诉方会通过宣读侦查案卷中所附具的书面笔录材料来反驳辩护方对侦查行为合法性的质疑。这样看来，我国的法庭审判实际上仅仅存在围绕被告人是否构成犯罪以及处于何种刑罚而展开的实体裁判活动，几乎不存在专门针对侦查机关收集证据是否合法而展开的程序意义上的裁判活动。结果是，我国刑事司法不仅表现出纵向结构上的侦查中心主义，而且表现出程序运行中的案卷笔录中心主义，继而加重刑事审判过程的形式化。

（四）程序回转机制中的绝对真实探知主义

程序回转是指在刑事诉讼过程中出现某些特殊原因，使诉讼程序返回到先前诉讼阶段重新进行的活动。我国刑事诉讼法律及司法解释存在比较多的程序回转规定，司法实践中的程序回转则更为普遍和随意。从法律规定来看，程序回转主要有：一是在审查起诉阶段，检察机关可以将案件退回公安机关补充侦查或退回公安机关进行相应处理；在审判阶段，检察机关可以退回补充侦查或者撤回起诉。二是二审法院在一审裁判事实不清、证据不足或者违反法定程序的情况下作出发回重审裁定。三是再审阶段存在的发回重审和死刑复核阶段存在的发回重审等。从原则上讲，诉讼程序不应当回转，因为程序本身具有“作茧自缚”效应。“程序开始之际，事实已经发生，但决定胜负的结局是未定的——随着程序的展开，人们的操作越来越受到限制。具体的言行一旦成为程序上的过去，即使可以重新解释，但却不能推翻撤回。经过程序认定的事实关系和法律关系，都被一一贴上封条，成为无可动摇的真正的过去。而起初和预期不确定性也逐步被吸收消化。一切程序参加者都受自己的陈述和判断的约束。事后的抗辩和反悔一般都无济于事。”“经过程序而作出的决策被赋予既定力，只有通过高阶的程序才能被修改。而且，先例机制迫使决策机关在今后的活动中保持立场的一贯性，碰到同类问题必须按照同样方式解决，造成同样结果。法院的判决最典型地体现了由程序产生出来的既定力和自缚性。因而，程序又是过去与未来的纽带。”[1]具体来说：其一，程序进程具有单向性。诉讼程序展开意味着诉讼行为的持续向前推进过程，一旦启动，各项行动就要依照法律规定的次序进行而不允许随便回转，因而具有特定的时空连续性和前后次序性。诉讼程序的有序性为诉讼行为及其结果的可预期性提供了有效保障，因而刑事程序不能回转作为原则有着程序既判力的意味。其二，程序运行必须体现效益原则。在资源有限的情况下，刑事程序安排既要体现公正又要兼顾效率，做到价值协调兼顾，最终实现诉讼效益的最大化。程序回转意味着已经进行的程序进程重新来过，诉讼主体需要重新投入时间和精力履行诉讼行为，司法资源耗费自然倍增。故而，除非具有十分特殊的例外情况及特别正当的事由，程序原则上都不应当回转。

我国刑事审判受实质正义价值观影响，在具体程序运行机制中存在着程序回转普遍化和随意化现象，其深层次原因在于绝对的实体真实探知主义观念作祟。具体表现为：其一，除了退回补充侦查之外，我国现行刑事诉讼法不允许审判机关在庭前审查过程中或法庭审理过程中直接将案件退回检察机关，不过，检察机关主动提出补充侦查建议时，法庭都会休庭并作出延期审理决定。其二，根据法律规定，二审法院对于事实不清、证据不足的案件有两种选择：要么在查清事实后改判；要么裁定撤销原判，发回原审人民法院重新审判。司法实践中绝大多数案件都适用了发回重审而不是改判，具体情况包括：一是二审法院为了查清事实而发回重审，二是因为检察机关提出抗诉而被发回重审，三是二审法院为照顾下级院的情面而将本属于改判的案件发回重审，四是二审法院为规避审限而发回重审，五是为规避上诉不加刑原则而发回重审等。[2]其三，在死刑复核程序中，拥有复核权的法官在死刑复核过程中，如果不同意判处死刑，在提审和发回重审之间往往选择后者。其四，在审判监督程序中，刑事诉讼法规定依照第二审程序审理的案件，如果事实不清或者证据不足，要么查清后改判，要么撤销原判，发回原审人民法院重新审判。但在实践中，再审法院一般选择发回重审而不会选择改判。

---

〔1〕 季卫东：“法律程序的意义”，载季卫东：《法治秩序的建构》，中国政法大学出版社 1999 年版，第 19 页。

〔2〕 参见葛琳：“刑事诉讼程序回转现象之反思”，载《西部法学评论》2010 年第 6 期。

可以看出，发回重审普遍化与随意化适用现象在我国刑事司法实践中比较突出。

二、我国现行刑事审判体制与运行机制存在的主要弊端

（一）法院附属化导致刑事司法体制不畅与机制扭曲

“司法权独立首先应体现为司法权地位独立。人类社会权力史表明，归属于某一政治或社会力量或者隶属于某一权力的司法权因其地位受制于他人而难以使司法走向独立，或者成为某一政治或社会力量的工具，或者成为其他权力的附庸，从而走向权力文明的反面，根本不可能成为维护社会公正的独立力量。”〔1〕刑事司法作为国家专门机关遵照程序规定查明案件事实并适用法律以解决严重争端，维护社会秩序的诉讼活动，刑事程序本身的公正程度决定着刑事司法公正的最终实现程度，而刑事程序的公正性主要通过立法进行合理的职权配置与科学的程序安排加以体现。“在法治国家的刑事诉讼程序中，对司法程序之合法与否，被视为与对有罪之被告、有罪之判决及法和平之恢复，具有同等之重要性。”〔2〕但在我国刑事司法体制及程序运行机制中，无论是赋予专门机关的具体职权方面，还是专门机关的法律地位及相互关系方面都充分肯定了公安机关的龙头地位及强大职权乃至拥有制约法院和检察院的权力和能力；检察机关集公诉权与法律监督权于一体同样对审判构成强大的影响力；本来应当拥有最高权威与最终裁决权的审判机关在我国刑事程序中却显得受制于公安机关与检察机关，从而导致法院地位附属化与刑事审判形式化现象，这种刑事司法体制必然使刑事程序结构和刑事诉讼运行机制产生一些不合理问题。本来，作为刑事侦查主体的公安机关所行使的职权主要在于收集犯罪证据、查获犯罪嫌疑人等前期工作，其目的是为审查起诉与刑事审判作好准备，检察机关作为国家专门机关行使程序意义上的诉权，所有决定不具有最终效力，其功能在于开启刑事审判权。基于最终裁判权的享有，法院对检察院的制约是实体性制约，法院处于制约关系的上位；而检察院因不具有最终的实体性决定权，对法院的制约只能表现为一种控诉请求权

---

〔1〕何勤华等：《法治的追求——理念、路径和模式的比较》，北京大学出版社 2005 年版，第 149 页。

〔2〕［德］克劳思·罗科信：《刑事诉讼法》，吴丽琪译，法律出版社 2003 年版，第 5 页。

的程序性制约。[1]法治国家坚持由中立的法院通过正式审判来认定案件事实以定罪处罚，不允许公安机关与检察机关单方面处置公民权利。如果警察或检察官都可以随意处置公民基本权利，那么法院制度安排就纯属多余。野蛮专横的封建纠问式诉讼制度就会卷土重来，司法公正与公民权利就难以保障，民主法治也会荡然无存。

在我国具体刑事司法实践中，因违反诉讼程序而侵害公民权利的现象比较突出，其主要原因就在于我国刑事司法体制及运行机制还存在诸多问题。在刑事侦查阶段，公安机关享有处置公民权利的绝大部分职权，包括拥有对公民进行行政处分的全部处罚权，拥有除了逮捕以外的全部刑事侦查权与强制措施职权。在行使这些职权时不需要接受法院的司法审查，只受到检察机关的监督。"我国的侦查监督制度，在传统上主要围绕检察机关这一国家专门的法律监督机关，行使审查批准逮捕权、立案监督权、侦查活动监督权等权力构筑起来。"[2]但是检察机关的法律监督仅仅体现在审查逮捕与审查起诉环节，监督往往都是在侦查工作全部结束之后才能进行，其滞后性往往导致侦查权力失控，继而产生违法行为而无从补救。根据我国刑事诉讼法规定，公安机关拥有独立的立案权、侦查权与撤案权，检察机关拥有审查起诉权与法律监督权，法院拥有刑事审判权，三机关在刑事诉讼过程中，各自行使职权但又相互制约，制约措施却显得较为无力。由于公安机关有独立的立案权，在推进市场经济发展过程中，部分地区公安机关出于地方保护主义观念，有时将一些民事经济纠纷案件转化为刑事案件进行侦查，而有时又将刑事案件进行治安化处理，通过罚款、行政拘留等方式结案了事。由于侦查权过于强大而难以制约，专门机关随意使用搜查、查封、扣押甚至随便拘留公民的现象比较突出。每当办案机关在对案件认识不一致的时候就容易出现"扯皮"现象：当检察机关审查批捕后，公安机关却认为该案件不构成犯罪，直接撤销案件并将犯罪嫌疑人释放；当检察机关不批准逮捕时，公安机关却认为该犯罪嫌疑人犯罪，要求检察机关对于自己作出的决定进行复议甚至要求其上一级机关进行复核。检察机关全面垄断公诉权行使难以避免公诉权滥用，当

---

〔1〕 卢荣荣:《中国法院功能研究》，法律出版社 2014 年版，第 167 页。

〔2〕 但伟、姜涛:"侦查监督制度研究——兼论检察引导侦查的基本理论问题"，载《中国法学》2003 年第 1 期。

检察机关移送审查起诉之后，法院并不拥有对于检察机关的移送起诉进行实体审查的职权，而是进行形式审查之后必须开庭审理。在刑事审判过程中，即使法官不同意检察机关的意见，也只能庭后交换意见，达成共识之后才能在法庭上进行判决。对于重大、疑难、复杂的刑事案件检察长可以列席审判委员会，此时检察机关首长的意见往往决定着案件的发展走向。可以说在整个刑事诉讼程序中，法官对于刑事程序实质上的影响力和控制力较小，相反，公安机关和检察机关的决定往往对刑事审判结果产生决定性影响。实际上，法院和法官仅仅是形式上的定罪宣告机关而不是实质意义上的裁判机关。对此，学者尖锐指出："如果司法过程不能以某种方式避开社会中行政机构或其他当权者的摆布，一切现代的法律制度都不能实现它的法定职能，也无法促成所期望的必要的安全与稳定。"〔1〕

（二）法官行政化损害刑事程序公正

法院与法官的行政化制度安排背离了司法独立与审判中立的基本原则，由于法院的行政化倾向催生了法官的职务行政化与人身依附性，从而直接影响到法官的独立地位与中立形象；法院的地方化背离了利益规避原则，在条块管理体制下，由于法院经费多少与地方经济能力关系密切，当法院审理的案件与地方经济利益息息相关的时候，外部干预和影响就会随之而来，从而可能导致司法的不公正现象产生；法院的非专业化违背司法职业化发展趋势，加重了法院管理的行政化态势。法院的"三化"现象造成了审判体制中行政权威主义的制度、观念与文化。基于历史和现实因素的复杂交互作用，我国司法区划与行政区划完全重合，使得司法体制行政管理色彩较为浓厚，各级法院不仅在机构设置和人员构成上依附于当地行政机关，其人、财、物供应仰仗于地方行政，其管理体制也与行政机关相似，从而形成金字塔般的权力体系，法院院长就是该级法院的首脑和最高长官，接下来是作为中层干部的庭长、副庭长，级别最低的当然是普通的审判人员与一般工作人员。我国刑事审判体制的内部结构实际形成了从审判人员到庭长，再到副院长、院长的由低到高的权力等级配置序列，由此形成阶梯化的权力层级结构。这种由低到高的职权序列造就了法院的行政化格局，刑事审判的公正性往往也通过由

---

〔1〕［美］埃尔曼：《比较法律文化》，贺卫方、高鸿钧译，清华大学出版社 2002 年版，第 113 页。

低到高的职位系列加以保证。但事实证明，职位较高的审判人员不一定就能够保证个案的公正得以实现。这种状况的出现与审判制度和内部管理制度的交错和混合息息相关。“内部行政管理从制度逻辑上看应当是为了支撑实现其审判职能的，并因而应当是辅助性的。实践中，审判制度融入内部行政管理制度，反而成为法院行政管理制度的一个有机组成部分。”〔1〕刑事司法行政化使得刑事审判程序一些制度规则被架空，各项刑事审判原则发挥程序规制功能受限。审判委员会制度使得刑事诉讼中的审理与裁决分离，判决结果也往往不是由审判人员本人通过自由心证作出，这明显违背程序正义的要求。从结构功能视角来看，审判委员会仅仅是司法中的集体领导形式，是党的民主集中制原则在审判活动中的体现，但是规定合议庭法官必须执行审判委员会的决定，使得审判脱离司法本性而落入“上命下从”的行政化陷阱。根据我国宪法规定，上、下审级法院之间属于审判监督关系，但我国法院内部的案件请示制度却将上、下审级法院之间关系演变成了上下级关系。下级法院法官在审判案件时，上级法院的法官有权对该案件定性和处理作出批示或直接指示，而下级法院为维持上下级良好关系与规避审判责任，也乐于接受指示或主动请示。这种刑事审判行政化运作方式导致法院审判活动的公正性自然备受质疑。

（三）程序阶段侦查中心化违背刑事司法目的

程序阶段侦查中心主义的观念和做法背离了刑事司法的根本价值目标与诉讼基本原理，违反了刑事程序价值论、刑事诉讼主体理论、刑事诉讼职能区分等诉讼理论和刑事诉讼诸多原则，也不符合认识规律。刑事司法旨在查明犯罪事实并适用法律以解决刑事争端，恢复先在权利并维护社会秩序，实现该目的既需要侦查机关通过专门性调查工作以收集犯罪证据，采取必要的强制措施以保证犯罪嫌疑人、被告人到案及刑事诉讼顺利进行，更需要检察机关通过审查起诉后决定提起公诉或决定不起诉以履行其控诉职能，审判机关通过法庭审判以查明案件事实，通过权威判决方式最终解决争端。“公正的程序才是事实发现的通道和公正审判的载体，司法审判赖以存在的理由是程

〔1〕 苏力：“法院的审判职能与行政管理”，载信春鹰、李林主编：《依法治国与司法改革》，中国法制出版社 1999 年版，第 461 页。

序过滤下的理智博弈，法官亲历下的多方交涉。”〔1〕刑事司法正是多方主体共同参与进行的诉讼活动，以每个主体独立行使特定的职能为基础才能实现其整体目标，本着认识论原则与正当程序理论，刑事司法需要强化法庭审判的关键作用与权威效力，自然需要以审判为中心。反之，刑事司法以侦查为中心，就必然要求公诉权与审判权围绕侦查展开工作，就会形成“只要案件得到侦破，提出公诉与开庭审判就成为必然”的错误认识。近年来的“佘祥林案件”“赵作海案件”“呼格吉勒图案件”等用铁的事实说明了这种思想和做法的荒谬性和危害性。从认识规律上来说，侦查仅仅是认识案件的开始而不是终结，如果“侦查定案，检察照办，法院宣判”，一旦侦查结论错误，后续程序就不可能再有纠正错误的机会；而从诉讼规律来看，本着权力分立制衡理论与诉讼职能区分理论，控诉权、审判权与辩护权只能由不同的诉讼主体来承担，通过特定诉讼职能的行使实现权力（权利）的相互制约，实现各自的诉讼目的继而使刑事诉讼整体目的得以实现。同时，刑事正当程序理论要求刑事诉讼中的认识活动与法律活动必须遵循法律程序的各项规定以确保最低限度的程序正当性。侦查中心主义强调一切以侦查为中心，强调侦查权只能由侦查机关独立垄断行使，以至于只要得出侦查结论，就不容检察机关与审判机关进行质疑和审查。事实上，从世界各国刑事诉讼制度安排来看，侦查作为刑事诉讼的最初阶段，对于收集犯罪证据，查获犯罪人以保证诉讼顺利进行具有关键意义而占据重要地位；但是，本着保障人权的宪法精神与正当程序价值理念，侦查程序务必遵循司法审查原则、权力制约原则、比例原则等若干诉讼原则，因而立法必须颁布详细而严密的侦查程序行为规范以防其不当行使。正是在此意义上，刑事侦查向来有“精密司法”〔2〕之说。反观我国，片面强调惩罚犯罪的刑事政策促成了权力放任的思想观念继而形成侦查中心主义的超职权主义的诉讼模式，造成整个刑事诉讼制度中的侦查权过分强大，辩护权过分弱小的态势，而且形成了侦查权主导检察权继而绑架审判权的不合理格局，其典型表现就是在侦查中心观念影响下的法庭审判形式化现象。

如果说侦查中心主义必然带来法庭审判形式化是刑事审判所承受的巨大

---

〔1〕 陈卫东：“‘佘祥林案’的程序法分析”，载《中外法学》2005 年第 5 期。

〔2〕 ［日］田口守一：《刑事诉讼法》，刘迪等译，法律出版社 2000 版，前言。

外部压力表现的话，那么，我国刑事审判长期存在着书面作业化、例行公事化和过度职权化的运行方式则是内部结构行政化的客观反映，内外因素促成了刑事审判运行机制中的形式主义现象。在具体司法实践中，法院在刑事审判过程中即便发现审前程序存在瑕疵或者有违法取证行为，或者案件事实无法查清楚，但仍然不愿、不能或者不敢作出排除非法证据决定或者作出无罪判决。一般做法是在退回补充侦查或者在亲自调查取证的基础上确认控方主张，结果造成高达99.7%以上的定罪比率。[1]当然，法院地位附属化、审判业务行政化、法官作用虚置化必然导致刑事审判形式化。我国刑事审判制度历经多年改革完善已经取得了明显的进步，却始终没有摆脱行政化的运作格局。以案卷笔录为中心的法庭审理方式使得法院无法通过法庭审理当庭产生裁判结论。当然，这种案卷笔录中心主义的法庭审理方式与法院外部独立和内部独立机制未能改革完善息息相关。在推进法庭审理程序现代化的过程中，如果不解决法庭审理形式化问题，改革完善刑事审判制度的理想就不太现实。如果法院不改变以案卷笔录为中心的审判方式，不改变证人不出庭作证的陋习，不改变直接肯定案卷笔录的证据能力继而全面采纳为定案证据的不合理做法，即使全面规定了无罪推定原则、审判公开原则、直接言词和辩论原则等审判原则，努力完善了传闻证据规则、意见证据规则、品格证据规则、交叉询问规则、拒绝作证规则、强制作证规则等体现当事人主义诉讼模式的证据规则体系，我国的刑事庭审模式改革也很难取得成功。故而，我国刑事审判体制及运行机制改革既要关注刑事审判方式改革，又要着眼于调整刑事司法职权配置，完善刑事审判原则制度体系。只有真正以人们“眼见为实”的方式充分展示法庭审理全貌并通过法庭审理最终产生合理裁判结论时，法庭审判才具有起码的公正性和说服力，也才具有应有的权威性。

（四）程序回转随意化冲击司法权威

“如果人们说一条法律规范是有效的，这就意味着这条法律规范对于它所指向的那些人具有约束力。”[2]由于现行刑事诉讼法对程序回转没有作出明

---

〔1〕 参见陈瑞华：“论量刑建议”，载《政法论坛》2011年第2期。

〔2〕［美］博登海默：《法理学：法律哲学与法律方法》，邓正来译，中国政法大学出版社2004年版，第347页。

确界定，在退回处理与发回重审的具体规则如时间、次数、[1]处理等上也没有进行严格的法律规制，其结果是程序回转在司法实践中被滥用的情形比较突出，案件诉讼程序往往陷入无限循环的怪圈之中。当公安机关侦查终结移送案件后，检察机关在审查起诉过程中发现证据不足等问题便会作出退回处理决定，公安机关接到检察机关退回处理的案件材料时往往会消极应付，拖延处理。当检察机关接到公安机关重新移送的案件材料再次发现证据问题时，又会作出退回处理的决定，实践中如此反复动作频繁出现的案件并不少见。发回重审也陷入同样的怪圈：当一审法院作出判决引发上诉或抗诉之后，二审法院在审理过程中一旦发现该案件事实不清，证据不足，就会作出发回重审的裁定，一审法院经过重新审理又会引发上诉或抗诉，二审法院经审理仍然认为事实不清，证据不足，还会作出发回重审的裁定。此时，案件又会回到一审法院，当然又会经历上述循环。由此可见，程序回转随意化必定浪费司法资源，纵容司法不作为，而且严重损害当事人实体权利与程序权利，恶化当事人诉讼处境，破坏公众对司法正义的信任。尤其不合理的是，程序回转机制没有任何权利救济路径。事实上，侦查机关作出的撤销案件决定以及检察机关作出的不起诉决定，犯罪嫌疑人、被害人如果不服有向专门机关申诉的权利，但是，退回处理和发回重审完全被视为职权机关自己的事，却极少征求当事人的意见。由此可以看出，退回处理和发回重审具有程序随意性。

程序回转本身是对程序安定性的直接否定，因而只能在极其特殊的情况下作为非常措施在程序中针对特别事项适用，而且必须明确当事人的权利救济渠道。程序回转常规化、随意化将会严重损害程序的安定性，继而摧毁程序的权威性，最终损害程序的公正性。实际上，法律程序的权威性取决于程序决定的稳定性。“无论其形成是以合意抑或强制为方式，都要求在公布之时具有强制力、既判力和自我约束力。”那是因为，“程序结果的确定性是法律形式化的重要标志之一”。[2]本着程序法定原则，无论司法机关还是当事人，作为程序主体通过参与诉讼程序并实施特定诉讼行为从而形成的合意决定应当具有法律效力，正是如此，才不允许将已经进行的诉讼行为随便加以否定

---

〔1〕 2012年刑事诉讼法对于补充侦查的次数规定为两次，时间每次不超过一个月，但实践中并未得到严格执行；二审中的发回重审规定为一次原则，但对于再审程序与死刑复核程序中的发回重审没有任何限定。

〔2〕 孙笑侠：《程序的法理》，商务印书馆2005年版，第34页。

甚至随便修改既定诉讼程序。如果可以随便否定已经进行的诉讼行为或随便修改法定诉讼程序，那么，程序本身就不具有起码的确定性，没有确定性就不可能产生对程序结果的合理预期，也就谈不上程序的权威性。没有确定性、安定性与权威性的程序更不可能体现程序起码的公正性。其次，程序回转常规化、随意化严重侵犯人权。程序回转使得当事人面临更加不确定的命运，等待他们的可能是更加恶化的处境。退回处理与发回重审多数情形属于事实不清、证据不足，本着疑罪从无原则，如果没有足够的证据，人民检察院应当作出不起诉决定，人民法院应当作出有利于被告人的判决。程序回转加重了被告人的定罪风险，使得当事人的诉讼权利遭到侵犯，而且使得诉讼期间得以延长，将会极大增加当事人讼累。例如，羁押时间拉长，迅速审判权受到侵犯，必须重新准备辩护等。最后，程序回转常规化、随意化严重浪费司法资源，减损司法效益。程序回转常规化、随意化现象足以表明了我国刑事司法存在着浓厚的追求案件绝对真实的实体探知主义的价值观，这种过分强调绝对真实的认识论而否定正当程序价值论的做法最终结果可能导致程序价值和功能的实现不理想。

三、社会转型中的刑事审判改革与制度创新

（一）外部体制应当以法院为中心

在刑事审判体制的外部关系中，尽管侦查、起诉处于审判的前置顺序，但主要任务在于推进诉讼程序进行而并不具有实质性的评判功能与处分性质，审判机关作为解决刑事争端的主体机关，处于刑事司法最为核心的程序环节与最为重要的诉讼地位。确立审判中心主义的基本理念与诉讼构造，就必须强化外部体制中的法院中心地位。这是因为："在现代司法理念中，法院的裁判对于案件的实体处理具有终局意义，能够最终决定案件的命运，此乃司法至上的实体意义；同时，法院在刑事诉讼中处于权威地位，对案件处理的整个过程能够发挥决定性作用，此即司法至上的程序意义。在此观念下，法院的裁判活动居于刑事诉讼的中心，审前程序的诉讼活动自然成为法庭审判的准备活动，整个刑事诉讼程序也只能围绕审判程序设计。"〔1〕具体而言：其一，从刑事司法的价值目标与基本功能着眼，应当充分肯定审判在程序中的

〔1〕 樊崇义、张中："论刑事司法体制改革与诉讼结构之调整"，载《环球法律评论》2006年第5期。

关键作用，继而肯定法院在专门机关中的核心地位。实际上，作为行使国家刑事司法权的机关，公安机关、人民检察院和人民法院在理论上处于平等的法律地位，但在解决严重冲突中发挥不同的作用，这是由这些专门机关各自的职能分工不同所决定的。其二，从职能角度来看，本着职能区分原则，侦查机关与检察机关共同行使控诉职能，审判机关行使裁判职能，刑事被告人和辩护人共同行使辩护职能。倘若外部体制以侦查为中心或者以检察为中心，整个刑事诉讼结构就会发生倾覆，裁判者职能就会被架空，控诉者就会主导整个诉讼程序，辩护职能难以得到有效发挥，行政化的定罪机制就会产生，刑事审判形式化现象就难以避免。刑事诉讼外部体制只有以法院为中心才能恰当处理控诉、辩护与裁判之间的关系，诉讼主体权能才可能得到正常发挥，从而推动刑事诉讼程序有序展开并最终完成目标。其三，从职权配置来看，侦查程序是刑事诉讼的准备程序，通过收集犯罪证据与查找犯罪嫌疑人为审查起诉提供对象。犯罪对于公民个人权利侵害的严重性决定其启动的及时性与高效性，因此必须贯彻侦查高效原则以有效整合侦查资源；由于侦查可能侵害公民个人的基本人权，需要全面贯彻司法审查原则与令状原则而保证侦查行为的正当性；为提升侦查效益确保侦查质量，需要贯彻检警一体化原则，赋予检察机关指挥命令侦查机关的全部职权。倘若侦查程序与审查起诉程序成为中心环节，侦查机关与审查起诉机关成为核心机关，刑事诉讼职权配置就会乱套，司法审查原则与检警一体原则也就无从贯彻实施，就会出现法庭审判服务于审查起诉，而审查起诉服务于刑事侦查的程序倒置现象。如此一来，检察机关与审判机关的职权最终都会被侦查机关所侵蚀、同化甚至取代。其四，从诉讼目的来看，刑事司法活动就是通过查明案件事实，适用法律定罪处罚，实现惩罚犯罪与保障人权的目的的。侦查主要任务在于收集证据与查找及保全犯罪嫌疑人，审查起诉的主要任务在于对侦查机关收集的证据进行审查，法庭审判则通过对控辩双方提出的主张及证据进行审理，在查明事实的基础上作出判决。只有以法院为中心，侦查机关与检察机关行使各自的职权，各自归位，为审判贡献自己的力量，刑事诉讼最终目的才可能实现。

（二）内部体制以法官为中心

德沃金教授曾经指出："法院是法律帝国的首都，法官是帝国的王侯。"[1]

---

〔1〕［美］德沃金：《法律帝国》，李常青译，中国大百科全书出版社1996年版，第361页。

司法独立原则的核心和精髓是法官独立，没有法官的独立审判，法院的独立与司法权的独立就不能实现。实际上，世界各国对于司法独立强调的重心是法官的个体独立非不是法院独立。这是因为，“司法的理性在本质上是个体性的，全部司法程序是为保证审判法官的客观判断和公正判决而设置的，司法责任应当上个体化的”。〔1〕司法职能的真正价值就在于提供独立、公正、个案化和终局化的争议解决方式，在司法权运行过程中，法官只能依据法律规定、自身良知以及司法经验和技艺对案件作出正确判断，而不应受制于任何外部压力。〔2〕法治发达国家的经验表明，法官的法律地位及职业保障、职权保障构成司法制度设置的重要内容与核心中枢。为了解除法官的后顾之忧，确保其无惧于政治压力、社会舆论压力与非专业意见的干扰，世界绝大多数国家都对法官的职业保障通过立法予以明文规定。这是因为司法公正是社会公平正义的核心，而司法是社会公平正义的最后保障线。司法者本人是高度理性的法律人，是正义和智慧的化身。他们通过长期的法律专业理论的研习，再经过长时间的法律实践，具备了精深的法律素养与深厚的理论修养，心怀追求正义的法学家秉性与不为权势名利金钱所诱惑的浩然正气。实际上，“法官职业化和精英化是法治对现代司法体制的必然要求。先行的法治发达国家均有高度自治的、权威的职业化、精英化的法官群体来支撑，并对本国的法治建设起着举足轻重的作用。”〔3〕倘若法院内部体制不是以法官为中心而是单纯强调以法院为中心，法院本身又是由院级领导、各庭庭长等中层领导及普通法官和其他工作人员组成，按照行政权力下级服从上级的原则进行调整，法院中心就会变成院长中心，继而陷入法院行政化的泥潭。

法院内部体制以法官为中心，必须确立以下基本制度：其一，建立专门的法官选拔制度。司法公正的终极目标对审判人员的专业能力和人格品质提出了较高的要求。在专业能力方面，法官必须受过专门的法律训练并且精通法律，熟悉审判业务；在人格品质方面，法官应当正直无私，恪守中立。为此，要求初任法官必须通过国家司法考试并经过实习合格后方能上任，上诉法院的法官应当从基层法院的优秀法官队伍中选拔，尤其是应当向律师和法

〔1〕龙宗智、李常青：“论司法独立与司法受制”，载龙宗智：《相对合理主义》，中国政法大学出版社1999年版，第172~173页。

〔2〕韩大元：“论审判独立原则的宪法功能”，载《苏州大学学报（法学版）》2014年第1期。

〔3〕章武生：“法官职业化、精英化与司法权威”，载《政治与法律》2004年第5期。

学学者开放，将业务熟练的优秀律师和学问深厚的正直学者选拔到法官队伍中来。其二，建立专门的法官任职保障制度。为保障法官正直而审慎地履行职务而无经济方面的后顾之忧，应当具体建立以下职业保障制度：一是法官的任期固定，二是法官实行高额薪金，三是法官晋升以能力和操守为根据，四是对法官的惩戒由较高的专门司法委员会进行。其三，为保障法官独立客观行使职权，应当建立法官的责任豁免制度。法官在执业过程中，保障其言行不受刑事惩罚和民事追究。其四，建立确保法官独立行使职权的程序保障制度。一是建立区别于行政区划的审判管辖制度；二是完善法官回避制度；三是严格实行合议制度和陪审制度，取消审判委员会制度；四是建立预审法官制度，实行预审法官与庭审法官在程序中的相对隔离。

（三）诉讼阶段以庭审为中心

刑事诉讼阶段划分是将目的任务差异较大的程序环节进行归类从而作出诉讼阶段的明确区分、立案阶段、侦查阶段与审查起诉阶段都是为了法庭审判所进行的准备工作，工作任务相同，职权性质相近，没有必要进行单独划分。我国刑事诉讼阶段进行的五层次平行划分使得五个程序阶段在刑事诉讼法中处于同等地位，不分主次的程序安排模糊乃至淡化了法庭审判在刑事诉讼中的中心地位与关键作用。在五个阶段的具体制度安排中。立案成为独立的诉讼阶段，也是侦查启动的前置程序，立案的条件是有犯罪事实并需要追究刑事责任。一般来说，犯罪事实发生容易判断，但是，追究刑事责任往往需要借助于侦查工作才能判断。立案程序与侦查程序所存在的内在矛盾给司法实践带来了诸多困惑，使得侦查程序中出现有案不立、不破不立的现象。侦查阶段与审查起诉阶段前后设置而非同步展开，侦查工作的不到位会使得审查起诉工作无法展开，证据达不到起诉标准的结果只能是退回补充侦查，造成侦查效率低下。更为严重的是无法对侦查进行有效的规制会造成侦查违法现象。应当将我国实际存在的侦查中心主义诉讼程序改造为审判中心主义的诉讼程序，坚持诉讼阶段以庭审为中心。[1]实际上，为确保有效惩罚犯罪，就需要整合国家控诉职权，将立案、侦查与审查起诉合并构建为高效一体化的刑事审判前程序，取消独立的立案程序，改为案件信息登记制度，强化检察官对警察侦查行为的指挥与调控。在对刑事审判前程序进行调整的同

---

〔1〕 孙长永："审判中心主义及其对刑事程序的影响"，载《现代法学》1999 年第 4 期。

时，应当突出法庭审判的事实认定与法律适用功能，明确其司法审查职能。“无论是以德国、法国为代表的大陆法系国家还是英国、美国为代表的英美法系国家，均在其庭前程序中设置了独立的公诉审查程序。其主要功能定位于审查检察机关公诉的合法性，防止滥用公诉的现象发生。”“公诉审查程序是刑事诉讼程序的必然组成部分，任何一个国家的刑事诉讼制度如果缺失公诉审查程序，必然会带来庭前预断进而出现侵犯人权、诉讼效率低下的问题。”〔1〕为此，我国有必要借鉴他国经验，建立预审法官制度，赋予预审法官在刑事审判前程序中对于侦查与审查起诉的审查职责，并为辩护方提供及时的司法救济，从而将审判权能延伸至审判前阶段，最终建立并实施控诉主体、辩护主体与裁判主体的主体行为同步运作的机制。同时，强化法庭审判的对抗化与实质化，废除案卷笔录中心主义的做法，强化法庭质证的公开性与对席性，所有证人必须在法庭上接受质证后才能采信证词，所有的实物证据必须当庭出示，并对证据收集情况进行质询。改革目前的案卷移送方式与法官庭前程序审查的不合理做法，由法官进行庭前实质审查并建立独立的阅卷法官制度，庭审法官只有在经过阅卷法官的庭前审查并下达开庭通知之后才能进行法庭审理。阅卷法官不能参与法庭审判活动，也不能将案卷交与庭审法官以保证庭审严格按照直接言词原则的要求予以展开。

（四）事实发现机制以一审为中心

刑事诉讼活动包括认识活动与法律活动两个重要部分，法庭只有在查明案件事实真相的前提下才能正确适用法律以解决严重冲突。查明案件事实需要遵循辩证唯物主义认识论的基本原则，尊重实事求是的认识路线。但是，认识的相对性原理告诉我们，在特定的时空范围内要全面认识具体的某个案件事实不是绝对可能的，只存在相对可能性。刑事司法活动是在特定时空范围内所展开的诉讼活动，对于案件的认识只能最大限度地接近客观真实，不可能达到绝对真实的程度。某个具体的刑事案件通过相当时间的侦查并经过审查起诉，检察机关决定向法院移送起诉而且法院审查后决定开庭时，所有的追诉活动应当停止，由法庭严格贯彻证据裁判原则审判。对于案件事实的查明和认定应当以审判阶段控辩双方提交的证据为准，通过证据生成事实，

---

〔1〕刘晶：“卷证并送主义下的公诉审查程序之构建——兼评《刑事诉讼法》第172条、第181条”，载《河北法学》2014年第6期。

从而完成认识活动。故而，法庭审判对于案件事实认定的权威性直接关系着能否及时有效地解决严重冲突以定纷息争，救济公民先在权利并维护社会秩序。但在我国刑事司法中，由于过分夸大认识论的事实发现功能，强调认识的绝对性而否认其相对性，坚持“犯罪事实清楚，证据确实充分”的客观真实证明标准，一旦发现案件事实不清，证据不足时就会启动程序回转机制，从而导致程序逆向运行。最为突出的制度安排就是前面论及的退回处理机制与发回重审制度，结果造成刑事案件始终无法结束的恶果，反复在诉讼程序中打圈子。

根据案件事实发现的就近原则，第一审程序作为案件的初审环节，相对于二审来说更加容易查明案件事实。经过证据调查、法庭质证和法庭辩论，一审法庭形成确定的合理心证，最终在查明案件事实的基础上适用法律作出判决。[1]上诉审程序属于救济程序，主要功能在于对被告人进行程序救济与维护国家法律的统一适用，因此事实问题不再成为庭审的主要内容，法律问题才成为庭审的重心。事实上，上诉审与初审程序相比较，在查明案件事实方面没有任何优越条件。他们仅仅在法律适用方面具有先天优势，因为法官的逐级晋升制度确保了上诉法院的法官具有更加深厚的法学理论素养与精深准确地理解和适用法律的能力和技艺，从而真正体现上诉审的救济功能与法律统一适用功能。“综观西方发达国家的审级制度，可以发现一个明显的趋势：在法律适用问题上是上行的权威结构，即审级越高，权威越大；但在事实认定问题上，则是相反的趋势，权威总体上趋于下沉。”[2]但在我国的上诉审中，过度强调了法院的事实发现义务与全面纠正错误职责。上诉审需要遵循全面审查与全案审理原则，即对于一审案件的事实认定进行全面的审查，倘若事实不清，证据不足，将会作出发回重审的裁定；刑事再审案件则需要遵循不枉不纵，有错必纠的原则，若发现生效判决赖以存在的事实不清楚，证据不充分，同样会作出发回重审的裁定，于是，案件程序又回到了初始状态。我们无法保证发回重新审判的案件是否能够真正查明案件事实，但更为严重的弊病在于这极大浪费了国家司法资源，使得被告人遭受更长时间的羁

---

〔1〕 参见龙宗智：“论建立以一审庭审为中心的事实认定机制”，载《中国法学》2010年第2期。

〔2〕 魏晓娜：“以审判为中心的刑事诉讼制度改革”，载《法学研究》2015年第4期。

押与身心煎熬，既无力彰显程序的公正性，也难以实现实体公正。为此，必须对我国刑事审判程序进行明确的功能区分，将查明案件事实的职责主要赋予一审程序，上诉审程序与刑事再审程序主要体现对于被告人的程序救济与对于违反法律适用的案件进行纠正，从而维护法律的统一适用。此外，还应明确在一审程序对于案件作出裁判之后，根据当事人的上诉或检察院的抗诉才能启动二审程序。而且审理过程必须本着不告不理原则与有限审查原则，就上诉内容或抗诉内容进行审查，原则上不再对一审事实问题进行全面调查，但可以接受新的事实主张及证据，再审程序原则上不对所有的事实问题进行调查，仅仅就法律适用问题或违反程序问题进行审查，从而真正体现上诉审与再审维护法律统一适用的基本功能。当然，上诉审与再审都应当遵循禁止不利变更原则，一般情况下不再加重被告人刑罚。

第九章

社会转型中的检察体制改革与制度创新

受我国政治体制和具体国情的深刻影响，我国检察体制及其运行机制存在一定的特殊性。有学者就指出："中国当代检察体制与社会主义政治制度、中国转型时期特殊的文化传统和社会环境密切相关，是检察制度适应中国国情的历史性选择结果。"〔1〕全面认识我国具体国情，深入理解并准确把握我国检察制度的特殊个性，正确处理我国检察制度特殊个性与世界各国检察制度普遍共性之间的关系是全面理解我国检察制度特征和功能，积极推进与全面深化检察体制改革与制度创新的前提条件和认识论基础。

一、我国检察制度蕴涵检察权的普遍共性与特殊个性

在我国一元分立政治体制下，立法权被界定为人民主权的代表和象征，必然置于最高的法律地位。执政党通过立法将党的主张上升为法律，通过对党员干部的纪律监督，实现对行政机关与司法机关贯彻党的政策与执行国家法律的监督与制约。行政机关和司法机关根据立法机关颁布的法律法规开展执法和司法专门活动。因而，我国人民代表大会制度下的权力格局不同于三权分立制度下的政治架构。〔2〕在这种权力比较集中但并不均衡的制度架构中要做到司法权力的规范行使与相互制约，除了执政党的监督、人民群众的监督和人民代表大会的监督之外还需要在司法体制内设计对法律实施进行常规

〔1〕 宋英辉主编：《中国司法现代化研究》，知识产权出版社 2011 年版，第 199 页。

〔2〕 刘方：《检察制度史纲要》，法律出版社 2007 年版，第 282 页。

的、动态的法律监督专门机关。行政机关作为执行法律的机关不适合担当这一角色，而司法权的实施主体审判机关要对各种案件依法裁判，因此更不适合担当监督者，唯有检察机关作为国家利益和社会公共利益的代表行使国家控诉职能，又不具体承担司法裁判事项，能够置身事外，担当起对所有执法主体进行监督的重要责任。故而，检察机关行使法律监督职权在社会主义法治建设中具有不同于资本主义国家体制的特殊个性。新中国成立后，直接继承了苏联的检察制度，当然不是全面照搬，而是在借鉴的基础上结合我国国情进行了相当程度上的变通和改进。苏联确立的是上下一体的检察体系，并规定检察机关为法律监督机关对所有执法主体行使一般法律监督权。我国则实行双重领导体制，没有赋予检察机关一般法律监督权而只规定其具有诉讼监督权。但总体上来说，我国与苏联检察制度的相似性是主要的，不同点是次要的。而且两国检察制度有着相同的社会结构、政治体制与意识形态背景。[1]苏联与我国在理解、阐述和运用马克思主义国家与法的学说时犯过错误，片面认为法律仅仅是阶级统治的工具，在处理政治与法律的关系时，过度强调法律服从于政治而且服务于政治。由于后继的马克思主义实践者对于经典作家的理论在理解上过分机械甚至片面，并将其运用于具体政治法律实践，结果一度酿成社会生活全面政治化乃至普遍阶级斗争化等极度混乱局面，刑事司法也就成了政治运动、路线斗争和阶级专政的主要工具和手段。[2]受苏联政治法律理论与实践全面影响，我国检察制度的功能定位突出强调了其法律监督功能方面，而对其诉讼角色担当者关注不够以至于出现诸多制度缺口，过分强调检察制度来自于对苏联的继受，忽略了苏联检察制度本身借鉴于大陆国家检察制度。亦即，过分强调了社会主义国家检察制度的特殊性而忽略了其继承性和普遍性。实际上，大陆法国家，英美法国家与苏联检察制度都具有共同的属性和功能，那就是检察权作为国家公共权力履行控诉职能以代表国家及社会公共利益与犯罪行为进行斗争，通过刑事控诉启动法庭审判并促使法庭作出权威判决，最终达到恢复先在权利与社会秩序的司法功能。检察制度是随着政治权力细分与国家法治进程而逐渐发展起来的专门法律制

〔1〕 参见张培田：《中国检察制度考论》，中国检察出版社 1997 年版，第 127~131 页。

〔2〕 蔡定剑：《历史与变革——新中国法制建设的历程》，中国政法大学出版社 1999 年版，第 259~270 页。

度，如果割裂制度发展的历史脉络而片面地断章取义就会陷入形而上学的困境而不能自拔。资本主义法治发展中，司法权分离后的检察制度秉承了权力分立制衡精神，通过控诉职能的展开而实现其法律监督的功能是客观存在的普遍经验而不是苏联检察制度所特有的理论和实践。[1]故而，不能仅仅强调我国检察制度对苏联国家检察制度的继承性而忽视所有检察制度的普遍共性。

我国一元分立政治体制下的检察制度在蕴含检察权普遍共性的同时，还具有与该体制相契合的特殊个性。亦即，宪法和法律明确规定检察机关是国家的法律监督机关。那么，检察权的法律监督功能应当更加突出和强势，制约能力和效果应该更加强大。在"一府两院"政治格局下，行政权的迅速扩张所引发的权力恣意和滥用仅仅依靠其内部监督制约机制已经无能为力，必须依托于外部权力制衡机制对其进行有效的法律监督与制约。同时，审判权关系到司法公正与国家法治的重大战略问题，必须确保其正确审慎行使。但由于我国法治建设起步较晚，司法官员的专业知识与法律修养都还参差不齐，其职务晋升、工资待遇与职业保障还存在着一些问题，司法体制及司法运行机制还不完善。目前，司法腐败现象多出现在司法权力行使比较集中的刑事侦查环节和法庭审判环节，正是如此，加强刑事侦查与法庭审判两个环节的监督乃是重点。在我国监督制度安排中，人民群众监督和舆论监督由于信息的不对称而存在一些困难，而人大监督又往往难以落实，因为人大实行会议制，开会期间短，长期闭会期间人大代表对具体司法个案的监督也不规范。况且人大代表不是专职，任职也没有法律能力方面的专门要求，从客观上来说，其监督能力相对有限。检察机关作为宪法规定的法律监督机关，接受人大的授权和委托对刑事司法过程行使法律监督权具有完全而充分的监督条件、司法能力和自身优势。从这个意义上讲，检察权功能具有其他国家检察权通过公诉环节对刑事侦查和法庭审判的把关作用，但是检察机关的法律监督职能在中国特色的政治体制中还需要得到进一步彰显和加强。有学者建议，当前应当立足检察机关现有职权，准确定位和解释宪法赋予检察机关的法律监督职能，努力转变监督的模式，改外在式、事后型监督为参与式监督以更好地实现检察机关的法律监督职能。[2]

---

[1] 张能全："科学发展观视野中的检察权功能"，载《探索》2009年第4期。

[2] 谭世贵等：《中国司法体制改革研究》，中国人民公安大学出版社2013年版，第191页。

检察机关在宪法定位上属于法律监督机关，主要通过诉讼途经实现刑事司法的客观公正，但由于检察机关本身在刑事诉讼中承担控诉犯罪的诉讼职能，如何进行法律监督权主体与公诉权主体价值目标的有机协调，如何在加强法律监督的同时又不至于违反刑事诉讼程序对公正的最低要求是值得思考的问题。[1]我们认为，将法律监督主体与公诉主体予以分离，由法律监督主体接受人大授权或委托从事专门的法律监督事务，而公诉主体根据法律规定专门负责公诉事务是可以研究的制度选择；同时，努力提高检察机关的法律理论水平与加强检察业务能力建设，增强检察机关的自身免疫力，恪守客观中立义务，高度理性而客观全面履行国家赋予的司法职责是实现其法律监督功能的基本前提和先决条件。公诉权是检察机关的基本职能，必须得到进一步的全面强化。[2]强大的公诉权足以构成对刑事侦查权和刑事审判权的有力制约，反之，审判权当然也会对公诉权构成制约，从而形成相互监督与制约的权力运行格局。法律监督功能主要是通过诉讼程序运行得以实现而不是单单论证检察机关应不应当是国家宪法规定的法律监督机关。检察机关法律监督在现行体制下运行十分乏力恰好就证明其公诉职能还没有强大到足以有效约束侦查权和审判权的应有能力，更不用说对于地方党委和政府权力行使进行及时有效的法律监督。故而，法律监督不应当看作是检察机关的固有属性而是诉讼角色担当的结果，通过全面有效发挥公诉职能就能够达到法律监督的目的。因此，应当着重通过诉讼制度的构建来强化刑事诉讼中权力的相互监督而不是专门突出检察机关超越其他职能主体的特殊地位。具体来说，应当加强刑事侦查中检察机关对警察侦查权的全面控制和指挥，强调检察机关的社会公共利益角色而不是仅仅代表政府一方的利益，明确其对犯罪行为行使控诉职能并通过国家公诉实现刑罚权的职能定位，最终实现社会公平正义。因此，检察机关应当着力监督行政机关的不当行政行为和刑事侦查中的各种职权违法行为，适度弱化对审判权的监督，通过诉权行使体现对审判权监督具有实际意义。[3]

---

〔1〕 参见郝银钟：《刑事公诉权原理》，人民法院出版社 2004 年版，第 241 页。

〔2〕 参见徐静村主编：《21 世纪中国刑事程序改革研究》，法律出版社 2003 年版，第 381 页。

〔3〕 参见刘计划："检察机关刑事审判监督职能解构"，载《中国法学》2012 年第 5 期。

二、我国检察体制及检察运行机制具有的基本特征

（一）我国检察机关外部领导体制的基本特征

我国《宪法》规定，人民检察院是国家的法律监督机关，代表国家行使检察权。检察机关首长的任免程序是：全国人民代表大会选举和罢免最高人民检察院检察长，本级人民代表大会选举和罢免地方各级人民检察院检察长。检察机关的领导体制是：最高人民检察院领导地方各级人民检察院和专门人民检察院的工作，上级人民检察院领导下级人民检察院的工作。各级检察机关与人民代表大会的关系在于：最高人民检察院对全国人民代表大会和全国人民代表大会常务委员会负责，地方各级人民检察院对产生它的国家权力机关和上级人民检察院负责。由此，我国确立了检察机关的双重领导体制。有观点认为人大及其常委会和检察机关的关系只能是监督与被监督关系，不是领导与被领导的关系。因此，各级检察机关与同级人大及其常委会之间是“一重领导、一重监督”，或者说“以垂直领导为核心、以同级人大监督为保证的领导体制”。[1]实际上，尽管《宪法》在规定检察机关与同级人大及其常委会的关系时使用的是“监督”而非“领导”，但这并不能否定检察机关与同级人大及其常委会之间的领导关系。因为，其一，检察人事任免本身就是领导的具体方式；其二，监督本身也是领导方式之一；其三，同级人大常委会对重大检察业务问题享有指挥决策权。[2]《人民检察院组织法》规定：各级人民检察院应当设立检察委员会。在检察长的主持下，检委会根据民主集中制原则讨论决定重大案件和其他重大问题。如果检察长在重大问题上与多数委员意见发生分歧，则报请本级人民代表大会常务委员会决定。由此可以看出，检察机关与同级人大常委会之间属于领导与被领导的关系。尽管我国地方检察机关与地方党政机关在法律文本上没有领导与被领导的关系，但按照我国现行司法体制，地方各级检察机关的人、财、物的分配和安排都掌握在地方党政机关手中。地方各级检察机关与其党政机关形成了事实上的领导与被领导关系，具体而言：其一，地方各级人民检察院的财政经费完全依

---

〔1〕章剑生：“检察机关领导体制新探”，载《现代法学》1994年第2期。

〔2〕参见谭世贵等：《中国司法体制改革研究》，中国人民公安大学出版社2013年版，第208页。

赖于同级地方党委政府供给，其财政预算列入地方财政预算，尤其是检察机关的“人头费”主要依靠地方财政供给，不仅供给的额度标准不明且保障并不到位。如果地方财政状况较差，当地检察人员的工资都难以保证，更不用说检察机关的办案经费和办公经费。其二，虽然检察院组织法规定地方各级人民检察院检察首长均由地方同级人大选举、任命和罢免，但本级党委对于本级检察机关的人事安排具有提名权。它不仅包括可以提出选举、罢免和任免的检察人员名单，而且有权力调动检察人员工作岗位。这样看来，同级党委和人大拥有检察机关人事任命的实际控制权力，导致检察机关履行职责时难以将地方领导的决定和意见排除在外。其三，地方党政机关掌握着检察机关的人事大权和财政大权，不仅可能在很大程度上影响检察机关行使检察权的活动，而且可以干预检察机关的内部管理。[1]

（二）我国检察机关内部领导体制的基本特征

国家宪法确立了我国上下级人民检察院的领导与被领导的关系。具体实践中，检察机关上下级领导与被领导的关系体现于：上级检察院可以直接参加并领导下级检察院对自侦案件的侦查工作；上级检察院可以指导或指示下级检察院的审查批捕和起诉工作；上级检察机关所作出的指示或决定下级检察机关应当执行；上级检察机关可以决定撤销下级检察机关不正确的不起诉决定，可以向同级人民法院撤回下级人民检察院对同级人民法院提起的不正确的抗诉。1999 年 2 月，最高人民检察院在《检察工作五年发展规划》中提出了检察工作加强领导的明确要求：健全上级检察院对下级检察院的领导体制，加大领导力度，形成上下一体、政令畅通、指挥有力的领导体制，确保依法独立高效地行使检察权。2007 年最高人民检察院制定发布了《关于加强上级人民检察院对下级人民检察院工作领导的意见》，从七个方面就加强上级人民检察院对下级人民检察院工作的领导提出了要求，包括认真贯彻执行上级人民检察院的决定和部署，坚持和完善请示报告制度，坚持和完善报请备案、审批制度，加强检察工作一体化机制建设，加强对检察队伍特别是领导班子、领导干部的管理和监督，进一步完善考评机制和责任追究机制，上级人民检察院应当不断提高领导能力和决策水平、切实担负起领导责任等，这些措施对于推动我国上下级检察机关之间检察一体化的机制建设发挥了重要

[1] 张智辉主编：《检察权优化配置研究》，中国检察出版社 2014 年版，第 10 页。

作用。

根据《人民检察院组织法》的规定，人民检察院内部设立检察委员会，其成员由同级人民代表大会常务委员会任免，检察长、副检察长、各主要业务部门负责人一般都是检察委员会成员。在检察长主持下，检察委员会遵循民主集中制原则讨论、决定重大案件及其他重大问题。办案检察官对于检察委员会的决定必须执行。检察委员会议事原则与审判委员会相似，实行少数服从多数原则，主要区别在于检察长如果不同意多数人的意见，可以报请本级人民代表大会常务委员会决定。实际上，检察系统在长期的办案实践中逐渐形成了一套办案模式，即“检察人员承办，办案负责人审核，检察长或者检察委员会决定”。该办案模式体现了“检察长统一领导检察院的工作”的基本原则，有利于保障对检察权规范行使和防止检察权滥用。“该办案模式区分承办、审核与决定三个环节，依上命下从的管理体制，将决定权集中于检察长，因此具有典型的行政化特征。”〔1〕

三、我国检察体制及运行机制存在的主要问题

（一）检察机关双重领导体制过分偏重于横向领导

我国检察机关领导体制经历了多次调整，新中国成立之初学习苏联建立了独立的检察制度，虽然最高检察机关向全国人大常委会负责并报告工作，但地方检察机关坚持实行垂直领导体制。1949 年实施的《中央人民政府最高人民检察署试行组织条例》明确规定了检察署实行垂直领导，“全国各级检察署均独立行使职权，不受地方机关干涉，只服从最高人民检察署之指挥”。1951 年通过的《各级人民检察署组织通则》将检察机关的领导体制由垂直领导修改为双重领导，即各级地方人民检察署受上级人民检察署的领导，同时接受同级人民政府委员会的领导。由于当时我国还没有成立人大机关，此时，检察机关的“双重领导”是指接受同级政府和上级检察机关的领导。1954 年《中华人民共和国宪法》规定：地方各级人民检察院和专门人民检察院在上级人民检察院的领导下，并且一律在最高人民检察院的统一领导下，进行工作；地方各级人民检察院独立行使职权，不受地方国家机关的干涉。实际上这是对检察机关垂直领导体制的恢复。1978 年《宪法》修改规定为：“最高人民

〔1〕 龙宗智：“检察机关办案方式的适度司法化改革”，载《法学研究》2013 年第 1 期。

检察院监督地方各级人民检察院和专门人民检察院的检察工作，上级人民检察院监督下级人民检察院的检察工作。最高人民检察院对全国人民代表大会和全国人民代表大会常务委员会负责并报告工作。地方各级人民检察院对本级人民代表大会负责并报告工作。”为了“保证检察院对全国实行统一的法律监督”，1979 年修改《宪法》时在维持 1978 年《宪法》第 43 条的基础上，将上下级检察机关的关系从监督关系修正为领导关系，从而恢复了检察机关的双重领导体制。此后，我国检察机关的领导体制没有再发生过变化。检察机关双重领导体制是指检察机关与其上一级检察机关及同级党委、人大及政府之间的领导与被领导关系，一般将上下级检察机关领导关系称为纵向领导关系，将检察机关与同级党委、人大及政府的关系称为横向领导关系。我国检察机关尽管实行双重领导体制，但其实还是以地方横向领导为主。因为除了检察首长的任免属于纵向领导以外，检察院的其他人事任命由地方党委提名，交地方人大决定，财政经费也主要由地方财政负担，这都体现了横向领导。在人事和经费都由地方控制的情况下，检察机关更倾向于向地方横向领导负责，导致我国检察权的制约主要表现在地方权力对检察院的单向度制约。制约的地方性和单向性导致我国公诉权的行使在各地相差悬殊，地方保护主义较为突出，因地方力量干预而滥用公诉权造成司法不公的现象也时有出现。

包括检察在内的刑事司法活动都需要加强党的领导，而党对司法的领导主要是通过各级党委设立的政法专门委员会予以实现。党对司法的领导应当是路线、方针、政策和组织保障等宏观层面的领导，而不是直接下达指示、具体插手乃至直接干预个案的处理。实际上，早在 1979 年我国《刑法》《刑事诉讼法》即将实施时，党中央就专门下发了文件，对于司法工作加强党的领导作出了明确指示：“加强党对司法工作的领导，最重要的一条，就是切实保障法律的实施，充分发挥司法机关的作用，切实保证人民检察院独立行使检察权，人民法院独立行使审判权，使之不受其他行政机关、团体和个人的干涉。国家法律是党领导制定的，司法机关是党领导建立的，任何人不尊重法律和司法机关的职权，这首先就是损害党的领导和党的威信。党委和司法机关各有专责，不能互相代替，不应互相混淆。为此，中央决定取消各级党委审批案件的制度。”[1]但是，中央的“64 号”文件精神在我国长期以来的

---

〔1〕 转引自肖扬主编：《中国刑事政策和策略问题》，法律出版社 1996 年版，第 423 页。

刑事司法实践中没有得到很好的贯彻，尤其是在遇到重大、疑难、敏感案件时，一些地方党的政法委通过召开协调会对案子定调子、拿意见、做指示的现象并不鲜见。“由于公检法三机关负责人同时参与案件讨论，因而侦查、起诉、审判三种权力实际上混为一体；同时，由于政法委书记的地位高于法院院长、检察院检察长以及公安机关负责人，因而政法委协调讨论时通常实际上都是政法委书记一人说了算。”〔1〕从近年来出现的冤假错案来看，有一些本是证据不足、疑点重重，不该逮捕、起诉的案件，经过政法委的协调和指示，检察机关作出了逮捕、起诉的决定，结果酿成错案。这是因为，有时政法委介入具体案件的讨论并发号施令，以政治判断代替了检察官员的专业法律判断。政法委作为党委的政法专门委员会更多地从社会政治大局的角度考虑问题，强调的是维护社会稳定与服务大局，而检察官员办案更多强调证据、事实和法律的正确适用。一旦两者出现意见不一致的情况，检察官员就必须服务于大局。实际上，地方党委与政府十分重视社会秩序的稳定，往往将检察机关与起诉制度作为实现社会治理目标的基本手段之一，其结果可能是党委与政府的意志隐性地弥漫在审查起诉制度之中，检察机关会尽量向党委与政府的意志靠拢。〔2〕此外，在办案指导方针上，检察机关多年来一直倡导检察官要克服就案办案、孤立办案的倾向，要坚持办案的政治效果、法律效果与社会效果的统一。这实际上就是要求检察官在办案中除了要考虑法律规定之外，还要考虑政治和社会思想因素，这就意味着在办案中可以进行变通处理甚至灵活办案。但实际上，社会效果的要求与法律本身的要求并不矛盾，在多数情况下，依法办案本身就是对社会效果的尊重。社会危害性的有无和大小，是确定犯罪是否成立的、刑法处理轻重的关键。讲法律效果，本身也是讲社会效果；不能用讲社会效果冲击依法办案。

（二）纵向体制过分强化“领导”而对下级院自主权尊重不足

过分偏重检察体制中的“双重领导”中横向领导，造成检察机关难以摆脱地方保护主义的影响，有鉴于此最高人民检察院在出台的检察改革规划及纲要中十分强调推进检察一体化制度建设。从目前进行的检察一体化改革情

---

〔1〕陈永生：“冤案的成因与制度防范——以赵作海案件为样本的分析”，载《政法论坛》2011年第6期。

〔2〕王昕：《公诉运行机制实证研究》，中国检察出版社2010年版，第208页。

况来看，尽管取得了不少成果，但存在着绝对化和极端化的不良倾向。改革片面强调下级检察院对上级检察院的服从，将检察机关之间的领导关系完全等同于纯粹行政意义上的上命下从关系，没有考虑到检察机关自身所拥有的司法属性。2006年最高人民检察院在《关于进一步加强公诉工作强化法律监督的意见》中提出，下级人民检察院对上级人民检察院的决定，必须坚决执行。2007年最高人民检察院又在《关于加强上级人民检察院对下级人民检察院工作领导的意见》中强调，下级检察院必须执行上级检察院作出的决定，不得擅自改变、故意拖延或者拒不执行。上级检察院发现下级检察院相关决定、活动、文件有违反相关法律规定的，应及时向下级检察院提出纠正意见或指令撤销，下级检察院如认为上级检察院的决定有错误，应在执行的同时向上级检察院报告。2012年最高人民检察院《刑事诉讼规则（试行）》第7条，再次简单地将上下级检察机关界定为“上命下从”的绝对关系。如此极端化地理解检察一体原则，强调绝对意义上的上命下从并不能真正地防止和杜绝地方保护主义，因为在没有对检察机关的人事和财政体制进行改革的背景下，是不可能使检察机关完全摆脱地方党委、人大及政府对检察业务的影响乃至干预的。再者，检察一体与检察独立本身处于对立统一的关系，过分强调检察一体，必然损害检察独立。有学者就指出：“如果完全任由检察首长在见解不同时，即刻剥夺原检察官对个案的承办权，则个案检察依其法律确信自主办案的空间几乎无存，而上级也处于一种几近不受节制的权力位置。”〔1〕实际上，世界各国都是在肯定检察独立原则的前提下强调检察一体原则，都在试图通过限制上级检察官的指令权，赋予下级检察官相对独立性，以平衡检察一体带来的弊端，维持上级检察官制约与下级检察官相对独立性之间的平衡。〔2〕

我国现行检察体制过分强调“检察一体”和“上命下从”的高度行政化管理模式已经对检察权的独立行使构成了严重威胁，使得检察官员在处理案件时更多考虑的是上级的命令、决定和指示而不是自己的内心确信和客观法意志。实际上，检察权本身具有“准司法权”的性质，作为检察权核心权力的公诉权，其行使方式更体现了司法所具有的“判断性”“终局性”等特质，

〔1〕 林钰雄：《刑事诉讼法》（上），中国人民大学出版社2005年版，第112页。

〔2〕 谢小剑：《检察制度的中国图景》，中国政法大学出版社2014年版，第153页。

例如对是否提出公诉，检察官需要根据自己的内心信念作出判断，不起诉决定能够产生程序终止的效力是“基于检察权的特殊性质，检察机关在内部关系上并不像行政机关那样要求绝对的上命下从。如公诉权是基于对特定事实的审查所作出的判断，是代表国家对涉嫌犯罪的行为进行追诉。检察机关参加诉讼活动，在办案中采取措施，作出决定，这本身就是对个案具体事实适用法律并对案件进行某种实体意义处理的司法行为。因此，检察机关的一体化不是绝对的，而是与检察官的独立性相结合的一体化”。〔1〕既然承认检察权具有不同于行政权的司法属性，那么检察权的行使就应当遵循司法运行的一般规律和基本原则。在对具体案件证据的把握和事实的认定上，上级检察官员未必比下级更有优势。长期从事检察工作的检察官员对于自己所从事的法律事务有着更深入的研究和把握，有着更为丰富的经验和体会，其在判断证据、认定案件事实和适用法律方面，完全有可能比他的上级“技高一筹”。这足以说明上级检察官的命令未必更加客观准确，现实司法实践中一些冤案的发生往往由于错误的指令所致。更为担心的是，如果上级检察官员存在个人偏私或者为了达到其他非正当目的，那么“上命下从”体制下的权力滥用概率将会大大提升。正如有学者指出：“上命下从倡导绝对的服从，使得上级干预下级有了正当性，无论这种干预出于正当目的还是出于非正当目的，下级难以抵抗上级不当命令的正当理由，使得上级可以通过正当的途径来侵分下级应有的权力，通过合法的手段达到非法的目的。”〔2〕

（三）内部体制过分强调“上命下从”而对检察官独立性尊重不够

从《人民检察院刑事诉讼规则（试行）》规定可以看出，“上命下从”包括两个方面的内容：上级检察院与下级检察院之间的“上命下从”和检察院内部领导体制中检察长对下属检察官的“上命下从”。检察长领导下的“上命下从”既体现在检察院的工作由检察长统一领导规定中，也体现在《人民检察院刑事诉讼规则（试行）》规定的“人民检察院办理刑事案件，由检察人员承办，办案部门负责人审核，检察长或者检察委员会决定”之中，由此形成了检察业务的“三级审批”运行机制。该运行机制表明，我国承办案件

〔1〕陈文兴：“检察一体化制度设计中的两个难题”，载《中国司法》2008年第11期。
〔2〕陈卫东、李训虎：“检察一体与检察独立”，载《法学研究》2006年第1期。

的检察官没有独立行使检察权的权力，在行使公诉权时必须接受部门负责人、检察长或者检察委员会的指示或命令。“这不仅难以体现检察官在办案中的主体地位，影响检察官主观能动性的发挥，影响诉讼效率，而且不太符合诉讼规律。”〔1〕2000年，我国开始在全国推行主诉检察官办案责任制，继而在制度上扩大了案件承办主诉检察官的办案职权：其一，取消了公诉部门负责人对案件的审核权；其二，将案件最终处理决定权限比如不起诉、变更起诉，决定抗诉、撤回抗诉等权利仍然保留由检察长或者检察委员会行使。这虽然是强化检察官办案责任制的改革举措，但主诉检察官办案的相对独立性并没有得到明确，其权力依然受到检察长和检察委员会的支配性制约。由于主诉检察官并不具有独立的法律地位，其职权任何时候都可以由检察长取代行使。主诉检察官对于检察长和检察委员会的决定应当执行，如对检察长的决定有异议，则由检察长提请检察委员会讨论决定。而对于检察委员会的决定，主诉检察官应当执行。“主管检察长、检察长、检察委员会认为主诉检察官对案件事实、证据的认定、法律适用或者所作的决定不正确，有权予以变更或者撤销，主诉检察官必须执行。”“监督检查部门负责人及主诉检察官行使职权及承办案件情况，必要时主管检察长有权更换承办案件的主诉检察官。”〔2〕可见，尽管主诉检察官制度扩大了检察官的职权范围，使案件审查模式有所弱化。但由于主诉检察官没有取得办案的相对独立性，不是公诉权行使的真正主体，该制度在实践中也会大打折扣。

“现行的办案模式，可以说是过分突出了检察一体化，过多地强调上级检察院和检察长的领导，在一定程度上忽视了一线办案主体在检察权行使过程中的主体地位。”〔3〕其缺陷主要在于：首先，三级审批的办案模式不符合司法规律，有违检察权的司法属性。司法活动有着自身的内在规律性，司法活动是指对已经发生过的案件事实，通过对证据的收集、审查、判断来查明案件的客观真实情况。司法活动要求办案人员直接接触案件的当事人和证人，当面听取他们对案件事实的表述，以便亲身感受案件的事实真相；要求其客观中立，即在审查案件证据过程中超越与案件的利害关系，保持客观公正的

〔1〕朱孝清：“检察官相对独立论”，载《法学研究》2015年第1期。

〔2〕谢小剑：《检察制度的中国图景》，中国政法大学出版社2014年版，第188页。

〔3〕张智辉主编：《检察权优化配置研究》，中国检察出版社2014年版，第97页。

立场，力求获得对案件情况的真实认识；要求其公开透明，审查判断证据的过程应当公开进行，并且接受诉讼参与人与社会公众的监督；要求其独立判断，即在听取陈述及意见的基础上，通过自己对案件证据的准确把握，根据已有的知识经验，对案件作出独立判断并对自己的决定承担责任。在现行办案模式下，承办案件的人员无论多么了解案件的事实和证据，都不能对案件作出决定，这在相当程度上影响了承办案件的人员查明案件事实真相的积极性，因为始终都有领导对案件质量进行把关，努力与不努力都是同样的结果，这就严重挫伤了检察人员的办案积极性。其次，三级办案模式不利于提高诉讼效率和明确办案责任。三级办案模式要求所有的案件都要由承办人员承办，部门负责人审核，再由主管检察长审批，甚至报检察长决定。这必然会增加办案的中间环节，拖延办案时间。三级办案模式的初衷是为了确保案件质量，但实际上，案件环节增加越多，每个环节的审查就可能越流于形式，离办案要求的亲历性就越远，因为大家都认为反正有下个环节把关，结果案件质量难以保证；同时，办案环节越多，刑事错案的责任追究越困难，因为案件经历了多个环节，每个环节都由不同层级的人员审查把关，一旦发生错案，很难发现究竟是哪个环节出的问题，最后办案责任就无法落实。

检察机关内部管理体制过分强调“上命下从”必然导致检察官放弃自己的法律信念和应有的客观立场，从而造就检察业务运行机制的官僚化与行政化。检察官个人的升迁都掌握在检察长、副检察长乃至本部门领导的手中，检察官作为理性经济人的假设决定了在其职业活动中不可能不考虑个人的前途命运。在“上命”与“良心”发生冲突的时候，指望检察官敢于违抗“上命”而恪守客观义务，独立行使检察职权只是美好的愿望。因为，检察官心里十分清楚，坚持自己的内心确信或者坚守客观义务并不能给自己带来什么好处，但是一旦违抗“上命”，得罪上级领导将会给自己的职业前途带来非常不利的影响。如此一来，检察官的客观义务就不可能得到遵守，追求公平正义的职业理想将化为乌有，冤假错案就可能产生。从我国刑事司法实践来看，办案检察官在“上命”与自己的内心信念和独立判断发生冲突时，根据“上命”作出处理决定而最终导致冤案出现的现象时有发生。正如林钰雄教授指出的那样：“因为一旦上命下从，个别检察官所从者，乃上级之‘命令’而非法律之‘诫命’，因而，除非上开‘命令’与‘诫命’相符，否则上命下从与客观性义务势将二律背反，无法并进；尤有进者，如果上级之顶头上司乃党政首长，检察官将因上命下从而脱离客观法律仆人之角色，有沦为政策跑腿或政争工具之虞。”[1]

四、社会转型中的检察体制改革与制度创新

人民代表大会制度下的“一府两院”政治制度实践被证明是适合我国国情的科学民主的政治体制形式，既能够保证公民个人全面充分地参与国家事务管理和民主政治生活，又能够很好地集中大家的智慧，群策群力办大事。从党的十四大提出深化司法体制改革，努力推进社会主义法治国家建设进程的宏伟战略目标到党的十八大提出全面推进依法治国总体部署，全面深化司法体制改革，坚持和完善中国特色社会主义司法制度，确保审判机关、检察机关依法独立公正行使审判权、检察权总体改革进程来看，包括检察制度改革在内的整个司法体制与运行机制改革正在向纵深领域持续推进。检察系统也在不断探索检察活动基本规律，积极推进检察制度改革，并取得了阶段性的重大成就。我国社会正进入整体转型时期，在各个方面都发生了重要变化的当口，必须针对新形势，研究和解决新问题；积极推进及全面深化检察体制与运行机制改革，从而促进检察制度的日益完善。

（一）改善党对检察等政法工作的领导

检察机关的外部领导体制实行“双重领导体制”在实践中已经发生很大变化，因为从形式上看，检察机关的外部领导机关是同级人大及其常委会，而实质上是同级地方党政。这是因为地方各级人民检察院在财政和人事任免上被地方党政机关所控制，导致地方党政领导凭借财政划拨权和人事任免权干预检察机关独立办案，各级地方检察机关很难独立、公正地行使法律监督权，进而导致检察权的“附属化”和“地方化”。[2]在不少地方，党对司法工作的领导已经演变为对司法工作的干预，党的政治领导也异化为党的政法委员会参与对具体案件的讨论并对案件处理过程和结果施加影响。实践中，检察机关办理重大、疑难和敏感刑事案件均需向同级或者上级政法委员会进行书面或口头汇报，并听取政法委书记的指示。对此，党的十八大报告明确指出：“要更加注重改进党的领导方式和执政方式”；“加强和改革党对政法工

---

〔1〕 林钰雄：《刑事诉讼法》（上），中国人民大学出版社2005年版，第107~108页。

〔2〕 万毅：《台湾地区检察制度》，中国检察出版社2011年版，第64~65页。

作的领导”；“进一步深化司法体制改革，确保审判机关、检察机关依法独立公正行使审判权、检察权”。改进党对包括检察工作在内的政法工作的领导是改革党的领导方式的重要环节，最终目的就在于“确保检察机关依法独立公正行使检察权”。具体而言，党对检察工作的领导应当是方针、政策和组织的领导，而不是对具体案件的办理、法律的具体适用作出指示或决定。为此，应当严格执行党中央第64号文件的规定，彻底取消党委政法委审批案件的制度。党委对检察等政法工作的领导应当主要体现在通过制定、发布具有普遍意义的规范性、指导性文件，将党的方针、政策贯彻在具体的司法活动中。例如，近年来提出的宽严相济的刑事政策、两个证据规定以及量刑规范化改革都是在中央有关司法改革的文件提出指导性的意见之后，在中央政法委的统一组织协调下，通过制定具有法律效力的规范性文件将党的指导意见上升为法律规定，从而既体现了党对政法工作的领导，又体现了对立法及司法的一般规律的遵循。

（二）建立相对独立的检察体制

检察体制作为国家司法体制的重要组成部分，直接关系着检察职权的科学配置和检察制度的理性设计，关系到检察权功能实现等重大原则问题，应当高度关注和充分重视，当然，检察制度改革也直接涉及国家权力配置的重新调整，涉及司法体制乃至政治体制改革的高风险性和全局性问题，自当谨慎探索。法律职业的专门化和职业化特征决定了检察机关必须作为相对独立的专门司法机关进行配置，同时充分尊重检察官员的办案独立性。国家宪法虽然明确规定人民检察院独立行使检察权，但现行“一府两院”政府体制相互制衡格局还没有真正形成，法院、检察院与行政机关还没有做到真正的平等对待与相互制约，法院、检察院的人、财、物都掌握在行政机关手中，法院与检察院很难真正独立发挥其应有的制衡作用。[1]权力行使的规范性在于必须根据不同属性划分不同的权力类型，并各自保持相对的独立性，拥有独立行使职权的基本能力，才可能形成相互制衡的均衡结构。孟德斯鸠认为不同性质的权力之间保持合理的距离，甚至比选择什么样的政体形式更为重要。[2]倘若法院、检察院与行政机关不能保持各自应有的独立地位，不具备独立自主

〔1〕 李兴友、任国强：“关于检察权优化配置的几个问题”，载《河北法学》2008年第11期。

〔2〕 转引自沈国琴：《中国传统司法的现代转型》，中国政法大学出版社2007年版，第312页。

的司法能力，司法权运行受到重重阻挠，必然导致其功能减损甚至失灵。“不管一个国家的政府权力的设置和相互关系表现得如何复杂，行政权力都是最核心的因而也是在实际上最大的权力。行政权力的膨胀是一个世界性的问题”，“没有较完善的司法权力配置，是谈不上对政府的监督的”。[1]现实司法实践证明，如果将法院与检察院的财政权与人事权控制在地方党委及其行政机关手中，那么法院与检察院就会沦为地方党和政府的部门，为地方利益谋福利而无力维护国家法律权威与保障国家司法利益，甚至走向与国家法律相对抗的反面。刑事案件的侦查、起诉与审判必然听命于地方党委政府的指令。如今常见的是地方党委政府规定未经其批准，不得对领导班子成员乃至企业的违法犯罪行为进行侦查、起诉和审判，而有些法院与检察院碍于与地方政府的关系，有时也不得不违背法律和良心，甚至牺牲社会公平正义。

随着社会主义市场经济体制的建立和完善，民主宪政制度架构的日益成熟，以公平正义与保障人权为代表的社会主流价值观的逐渐形成，人民群众对高度理性而客观公正的强大司法机能寄予了更多的制度期盼。为了实现社会公平正义，建设和谐社会，在更大程度上发挥司法机关保障公民权利，维护社会和谐秩序的基本功能，现行司法体制与运行机制需要适时改革完善。与此相适应，检察体制改革需要在重要方面及重点领域取得突破。在新的历史条件下，应当在遵循司法规律基础上，结合新时期国家和社会总体发展情况适时推进我国检察体制改革，将原来双重体制中过分偏重于地方党委政府领导的检察体制修正为适度加强检察院中上级院对下级院的领导，由原来的地方党委政府负责检察院的人事与财政做法转为由中央政府统一管理。建立上下一体的检察体制对于确保检察系统一体适用国家法律，对行政与司法活动行使法律监督权具有重要的现实意义。具体做法可以由检察系统独立进行财政预算和决算，最后交由全国人大批准后实施。检察系统实行人员的分类管理，检察专业人员与检察行政人员实行不同的职务任免、考核、晋级制度，逐步实施上级院检察官从下级院检察官中选拔的逐级遴选制度。只有将检察机关作为一个相对独立于地方党委和政府的司法机关，才可能发挥其法律监督功能，确保国家法律的统一有效实施和国家法治进程的有序推进。有学者就提出，在目前情况下应实行省级以下垂直领导，由省、自治区、直辖市人

---

〔1〕 李景鹏：《权力政治学》，北京大学出版社 2008 年版，第 46~47 页。

民检察院对本辖区各级人民检察院的人员和经费实行统一管理，待时机成熟再实行全系统的垂直领导体制。〔1〕党的十八届四中全会及时提出了省级院统一进行人事管理和财政管理的检察管理体制改革方向。检察权应当相对独立于地方党委政府以及独立于刑事侦查与刑事审判各环节。今后的工作关键在于落实，诚如斯，有利于检察机关作为法律监督主体的功能发挥，有利于社会公平正义的全面实现。

（三）确保检察官的相对独立与客观公正立场

检察独立不但要求检察机关的整体独立，而且要求检察官个体的相对独立，那是因为司法活动是司法主体个人独立运用法律法规解决具体法律问题的专门活动。检察工作作为司法活动的重要内容，必须遵循司法活动的一般规律，而司法活动就是运用法律对具体案件加以客观评判和权威决断的过程。司法人员需要经过长期的法律专业训练，以具备坚实的法学基础理论，熟练掌握国家法律法规，具备良好的分析判断能力与逻辑推理能力，能够独立而熟练地运用法律处理刑事纷争。国家宪法规定人民检察院独立行使检察权，但是实际上检察权的行使是通过检察官的个体活动予以展开的，对检察官个体活动的尊重本身就体现着对于检察权运行的尊重。检察官不是长官的附庸，而是能独立地作出诉讼判断并付诸实施的司法者，说检察官在"检察事务方面，是具有自己决定和表示国家意志的独立机关，而不是唯上司之命是从的行使检察权。检察官所以被称作独任制机关的原因就在于此"。〔2〕当然，检察机关承担的指控犯罪职责涉及全面贯彻国家刑事政策乃至社会政策，需要检察系统整体对外统一司法适用，所以才有检察一体化之说，亦即，存在着上级领导下级，下级服从上级的领导体制。但是，检察活动的司法性质决定其不同于行政活动的严格意义上的上下级领导关系，因而允许下级拒绝绝对服从上级，保留自身行动的一定选择权。大陆法系国家和地区的检察体制尽管强调检察一体原则，但检察一体本身建立在作为个体的检察官独立的基础上，即"检察一体乃检察官对外系独立官厅属性下的内部控管机制"〔3〕。根据《日本刑事诉讼法》的规定，检察权的行使属于每个检察官的权限，而不

---

〔1〕 谢鹏程："论检察官独立与检察一体"，载《法学杂志》2003年第5期。

〔2〕 [日] 日本法务省刑事局编：《日本检察讲义》，杨磊等译，中国检察出版社1990年版，第18页。

〔3〕 吴巡龙：《刑事诉讼与证据法全集》，新学林出版股份有限公司2008年版，第60页。

是检事总长、检事长的辅助机关行使权力，检察官是“独任制的官厅”。虽然检察官中存在“检察官一体原则”，但这一原则实际上以检察官的独立性为前提，是对检察官独立性的统一。[1]与域外制度不同，我国大陆“检察一体”建立在检察权集体行使的基础上，我国刑事诉讼法以检察院而非检察官作为独立的诉讼主体，因此更强调检察机关的整体独立而非检察官的个体独立。“即便授予检察官权力，也是为了保障人民检察院独立行使职权，法律并未规定检察官独立行使检察权。”[2]由于检察官的独立性缺乏保障，检察一体原则下的“上命下从”因为缺少节制而容易被滥用。实际上，检察权作为行政权需要遵循“上命下从”的权力运行逻辑，但检察权所具有的司法权属性又需要保持相对的独立性，那么，必须在“上命下从”与“检察独立”之间保持相对平衡。故而，“健全司法责任制，突出检察官主体地位，实行检察官权责利的统一，必须正确处理检察一体原则与检察官相对独立之间的关系。”[3]亦即，必须为“上命下从”设定限制，具体来说，“上命下从”必须受到法定主义原则的限制，必须受到检察官客观义务的限制，必须受到检察官内心确信之约束。

检察官代表国家行使控诉权，控诉职能的充分发挥取决于检察官对案件证据的充分把握而证明被告人构成犯罪，请求法庭最终作出有罪判决，实现惩罚犯罪的刑法目标。但是，客观及诉讼关照义务原则要求国家控诉官员必须履行客观义务。具体来说，检察官的客观义务要求检察官在刑事诉讼中应当超越当事人立场，担当起法律守护人的使命，同时注意对被追诉人不利和有利的情况，并在必要时为被追诉人的利益而主动采取行动；在协助法院查明案件事实的过程中，更要维护被追诉人的正当程序权利和实体权利，以保障法律的正确实施和公平正义的实现。[4]因此，检察官不应当坚持有罪推定的单向思维和先入为主的片面立场，在履行控诉职责时应当坚持客观全面原则，并保持相当程度的中立。这是由国家司法利益与公正价值目标决定的。“检察官乃一剑两刃的客观官署，不单单要追诉犯罪，更要搜集有利被告的事

---

〔1〕［日］松尾浩也：《日本刑事诉讼法》，丁相顺译，中国人民大学出版社 2005 年版，第 31 页。

〔2〕陈卫东、李训虎：“检察一体与检察独立”，载《法学研究》2006 年第 1 期。

〔3〕郑青：“论司法责任制改革背景下的检察指令的法治化”，载《法商研究》2015 年第 4 期。

〔4〕韩旭：《检察官客观义务论》，法律出版社 2013 年版，第 14 页。

证，并注意被告诉讼上应有的程序权利。"[1]我国检察机关在打击犯罪方面功勋卓著，但是在保持客观中立方面做得还有些许不够。当然，这与检察机关整体保持独立和中立的程度不够有关，更与其内部指标考核机制密切相关，基于完成上级规定的办案指标，检察官必须将全年的硬性指标分解到每个时间段进行单位作业，包括逮捕案件数目、公诉案件数目、职务犯罪侦查数目、民行检察监督案件数目等。检察系统的工作就如同加工机器零件的计件工作，为了完成指标而忽略了其他。在办案指标导向下，检察官为了完成任务自然就会最大限度地批准逮捕，最大限度地支持起诉，根本无力顾及被告人无罪或罪轻情况。不起诉比率一旦超过规定，就会触动检察长的敏感神经。[2]司法活动采用目标管理与考核的方法本身就存在着很大的问题，通过下指标实现对司法机关的管理是完全无视司法活动基本规律的做法。在这样的司法环境中，检察官的客观中立就没了条件和基础。从国家司法利益和法治国家战略目标考虑，应当废除司法系统中的目标考核与管理制度。检察官的司法活动应是以公正司法为终极价值目标，以客观中立为道德底限。通过全面地收集犯罪证据、客观公正的审查判断证据，客观全面地行使控诉职能，才能真正履行国家公诉职责，担当好法律监督角色，完成好守护法制的重任。

（四）检察职能适度扩张和细化

检察监督作为权力监督的关键环节，与其他领域的监督比较具有规范性、法律性和持续性等显著特征。在党领导下的人民代表大会根本制度下，如何保证行政权、审判权的规范行使，检察权应当能够担当起更大的法制守护职责。目前，贯彻实施检察机关法律监督的原则和制度还有很大的拓展空间。龙宗智教授就指出："在我国，虽然确立检察机关为法律监督机关，其法律地位似乎十分崇高，超过各国水平，但在实践中却对警方的违法缺乏有效监督权力，其制约程度可以说低于现代多数国家。"[3]根据法治国家经验，警察权的行使必须受到严格的法律规制及司法控制，只有通过控制警察活动的合法性，才能全面摆脱警察国家的梦魇。故而，借鉴大陆法国家检警一体化原则来改造中国的警检关系就具有重要的法治价值与实践意义。同时，"一府两

---

〔1〕 林钰雄：《刑事诉讼法》（上），中国人民大学出版社 2005 年版，第 102 页。

〔2〕 张能全："中国刑事诉讼的系统化探析"，载《广西大学学报（哲学社会科学版）》2006 年第 4 期。

〔3〕 龙宗智："评'检警一体'兼论我国的检警关系"，载《法学研究》2000 年第 2 期。

院”体制下的行政权迅猛扩张已经是当今中国政治运行的显著特征，单单依靠行政机关内部的监督制约机制已经无法从根本上遏制行政权的滥用。学者指出，检察权不能对行政权构成有效的监督，检察机关作为宪法规定的“国家的法律监督机关”，就难免徒有虚名。[1]据此，应当根据我国“一府两院”体制理顺政府、人民法院、人民检察院的配合制约关系，明确检察机关对政府及其部门行使法律监督的职责。可以学习借鉴我国香港地区的廉政公署制度，建立行政监察机关监察活动与检察机关职权活动的联动机制，扩大检察机关的法律监督范围以全面监督行政权的行使。另一方面，应当建立完善检察机关的法律监督与党的纪律监督的对接机制。目前党的纪律监督对于确保党员领导干部遵纪守法，廉洁奉公发挥着重要的党纪守护功能；但鉴于地方纪委对地方党委的从属性和亲和性，其很难做到对纪委书记甚至党委书记进行有效监督。而纪委书记通过空降的做法以及目前正在推行的巡视制度监督都仅仅是党内的纪律监督，存在着一些局限性。应当提升检察机关的法律地位，建立并实施检察监督与纪委监督同步协调机制，适度延伸检察机关的法律监督权限，由此，既扩大了检察机关的监督权，又能够将纪委监督法制化，从而体现出法治国家原则。实际上，解决权力监督根本性的办法是通过权力细分以形成均衡态势，通过强化权力相对独立行使实现有效制衡。

我国现行检察制度赋予检察机关法律监督地位与实际上的权力配置明显不大相称，检察机关如何担当法律监督主体，如何行使法律监督权是值得认真研究的重大课题。根据刑事诉讼法规定，公安机关对普通刑事案件行使管辖权，检察机关对职务犯罪案件行使管辖权，但是检察机关行使侦查权却不能对拘留和逮捕加以执行，相当于只具有半个侦查权。作为近期的检察改革目标，我们认为徐静村教授提出的建议值得立法机关研究，法律需要明确侦查权的真正归属，建议将其修改为：人民检察院独立行使国家公诉权，统一负责刑事案件的侦查和起诉，公安机关、国家安全机关分别对所管辖的刑事案件实行侦查；公安机关和国家安全机关在侦查活动中采取强制侦查行为，须报人民检察院同意；检察机关在侦查中采取强制侦查行为，须报上一级人民检察院批准。如此一来，既解决了侦查权的归属问题，也有利于加强对强

---

〔1〕 张智辉主编：《检察权优化配置研究》，中国检察出版社 2014 年版，第 73 页。

制侦查行为的监督，防止侦查手段的滥用，实现保障人权的目标。[1]通过检察机关对刑事侦查行为的具体控制，能够减少司法实践中诸多刑讯逼供、超期羁押、动辄拘留逮捕、随意查封扣押等侵犯公民人权现象。当然，我们认为，远期改革目标是确立司法审查机制，所有强制侦查行为一律由法官进行事前授权、事后审查并辅之以司法救济。再者，应当扩大检察机关针对侦查职务犯罪的独立侦查权限，检察机关同等行使公安机关侦查职权的同时，还应当增加针对职务犯罪的特别侦查手段及强制措施，将检察机关介入提前到纪委调查阶段，形成以检察机关为主体，以纪委为辅助的复合侦查主体团队。明确检察机关对行政机关的法律监督权限与职责，除针对职务犯罪行为采取强制侦查外，还应当赋予其进行纪律处分的权力。对侵权案件由检察机关协助受害人向法院提起诉讼。检察机关对审判的监督主要通过抗诉实现，在现行刑事诉讼法中已有明确规定，至于针对法官的职务外行为的监督，检察机关同样可以行使法律监督权，向人大建议对其行为进行纪律处分从而维护司法机关的威信与尊严。

〔1〕 徐静村："侦查程序改革要论"，载《中国刑事法杂志》2010 年第 6 期。

第十章
社会转型中的侦查体制改革与制度创新

侦查体制是指侦查机构的设置、侦查职能的划分、内部结构等方面的规则体系。作为国家司法制度的重要组成部分，侦查体制构成侦查机关行使侦查职能的组织基础，对于实现侦查目的乃至实现刑事诉讼整体目的都具有重要的制度意义。田口守一教授指出："侦查与国民的人权有密切关系，必须注意侦查时不得非法侵犯人权。因此，要研究的课题是采取怎样的侦查体制才能既保护人权又能查明案件事实真相。"〔1〕一般来说，侦查体制有横向侦查体制和纵向侦查体制之分。横向侦查体制是依据宪法和法律关于侦查权和侦查职能分配的规定而设立的国家各类及各种侦查机关，如我国公安机关、国家安全机关的侦查部门和检察机关的职侦部门。纵向侦查体制则是指国家各级侦查机关内部，根据各自的法定侦查职能，按照相关法律及部门规章构建的纵向侦查组织体系。本章将阐述我国侦查体制及运行机制所具有的主要特征，概括存在的主要问题，继而提出社会转型中侦查体制改革及制度创新的意见和建议。

一、我国侦查体制及运行机制具有的主要特征

（一）侦查权与其他刑事司法职权处于并列关系

根据我国宪法和刑事诉讼法的规定：公检法三机关办理刑事案件，应当分工负责、互相配合、互相制约，以保证准确有效地执行法律。由此，分工

〔1〕［日］田口守一：《刑事诉讼法》，刘迪等译，法律出版社2000版，第24页。

负责、相互配合、相互制约原则既是我国宪法规定的调整公检法关系的基本准则，同时也是刑事诉讼法确定的诉讼原则。通过调整公检法三机关之间的相互关系，配置公检法三机关的侦查、起诉、审判三项刑事司法权力，形成了中国特色的刑事司法体制与刑事侦查体制。“分工负责”，是指公检法三机关在进行刑事诉讼时，根据法律赋予的职权进行诉讼活动，各司其职，各负其责，既不能相互代替，也不应相互推诿。主要体现于：在诉讼职能分工上，公安机关承担侦查职能，负责侦查、拘留、执行逮捕、预审；检察机关承担部分侦查职能和全部控诉职能，负责自侦案件的侦查、批准逮捕、检察、提起公诉；法院承担审判职能，负责审判工作。在案件管辖上，法院直接受理自诉案件；检察院负责职务犯罪案件的侦查；公安机关负责前面两个机关管辖案件以外的刑事案件的侦查工作。“相互配合”是指公检法三机关在进行刑事诉讼时，应当在分工负责的基础上，协调一致，通力合作，全面完成刑事诉讼任务。主要体现在于：公安机关通过立案和侦查以查找犯罪嫌疑人并收集犯罪证据，从而为检察院审查批准逮捕和提起公诉奠定基础；检察院应当及时批准逮捕那些公安机关已经提请批准逮捕而又符合逮捕条件的犯罪嫌疑人；检察院自己决定其直接受理的案件的拘留、逮捕或通缉，但需要交给公安机关执行；在审查起诉过程中，检察院可以自行补充侦查或者将案件退回公安机关进行补充侦查；法院应当及时开庭审判检察院提起的那些符合刑事诉讼法规定的公诉案件；法院审理公诉案件，检察院应当派员出庭支持公诉。“相互制约”是指公检法三机关进行刑事诉讼时，应当按照职责分工，分别把关，相互监督制约，以便及时发现问题或错误并加以纠正，以保证法律的准确实施。主要体现于：对于公安机关应当立案侦查的案件或者被害人认为公安机关对应当立案侦查的案件而不立案侦查而向检察院提出的，检察院应当要求其说明不立案的理由。检察院在认为理由不成立的情况下应当通知其立案侦查，公安机关在接到通知后应当立案；公安机关认为应当逮捕犯罪嫌疑人而检察院不批准时，可以要求该检察院复议或者其上一级检察院复核；对于公安机关移送起诉的案件，检察机关决定不起诉的，应当将不起诉决定书移交公安机关，公安机关认为应当起诉的，可以要求复议或复核；检察院对公安机关的立案和侦查活动实行监督，如果发现有违法情况，可以通知公安机关予以纠正；检察院认为法院裁判有错误时，可以按照二审程序或审判监督程序提出抗诉以履行其审判监督职能。[1]由此可见，配合制约原则确定了我国三种刑事司法权力属于配合制约关系，审判权、公诉权与侦查权三者之间分工明确，侦查机关与公诉机关、审判机关之间平起平坐、各司其职，各自归属不同系统，各自在法律规定的管辖领域独立自主行使职权而不受其他权力约束。配合制约原则下的司法体制生成了我国独特的刑事侦查体制：侦查权被视为一项完全独立的刑事司法职权，由法律赋予特定的侦查主体所单独享有和独立行使。

（二）侦查权主体横向配置比较分散

我国侦查主体除公安机关之外，还包括检察机关、国家安全机关、军队保卫部门、监狱、走私犯罪侦查机关等。检察院负责自侦案件的侦查，其他侦查机关也在各自相应领域内对数量有限的特定案件进行侦查。总体看来，我国公安机关负责进行绝大多数刑事案件的侦查，是行使侦查权最主要的主体机关。目前，公安机关的侦查体制采用的是分散体制，即公安机关的侦查权分散由内部诸多二级部门分别行使。“20 世纪 80 年代初至 20 世纪末，中央与地方公安机关在警察权的纵向配置方面，与社会转型开始前相比，无论是人事编制、基层供给保障还是基层警察机关事务权限划分方面，都在事实上由中央向地方进一步下放，从而呈现出中国警察权纵向配置方面的‘行政分权’特性。”[2]我国公安侦查体制在 20 世纪 70 年代采用侦查治安合一体制，侦查权与执法权划分并不明确，治安管理部门不仅承担部分侦查工作，而且领导和指挥侦查工作的开展，这种体制与当时的社会治安形势比较稳定且刑事案件案发数量不大有关。随着改革开放政策的逐步推进，生产力得到解放，社会活力得到释放的同时，刑事案件数量大幅上升，社会治安形势压力显著增大，公安机关的治安与侦查力量明显不足以应对这种新的形势。1983 年公安部设立侦查局，标志着侦查工作独立化、专业化发展的开始。随后，省、自治区、直辖市公安厅普遍设立了刑侦处或刑警总队，地区公安局（处）设刑侦科或刑警支队，县公安局设刑警大队。同时，开始推行三级侦查体制改革，将刑事案件侦查权下放到公安机关基层派出所，并由其负责一般刑事案件的侦破，区县公安机关负责重大刑事案件的侦破，而地市州级公安机关则

---

〔1〕 参见刘广三等：《刑事司法环境研究》，北京师范大学出版社 2010 年版，第 133~134 页。

〔2〕 高文英：《我国社会转型期的警察权配置问题研究》，群众出版社 2012 年版，第 243 页。

负责特大刑事案件的侦查工作。1997 年全国侦查工作会议开启了我国公安刑侦工作改革进程，会议提出刑侦部门应当承担全部破案责任且是破案的主力军，公安机关应做到统一指挥、快速反应、各警种各地区密切配合、紧密协作的打击犯罪整体作战格局，从而提高侦查破案水平。主要措施有：撤销预审部门，实行侦审合并；由跨数个派出所辖区的刑警中队全面负责案件的侦查和预审工作，派出所不再行使侦查权。20 世纪 90 年代中期以后，我国侦查体制进一步向分散化方向发展：1993 年国家成立国家安全机关，专门负责侦查危害国家安全的刑事案件；1995 年公安机关分别组建经济侦查与禁毒侦查两大侦查部门专门负责经济犯罪与毒品犯罪的侦查工作；1998 年，国家公安部下文对侦查权进行了重新调整，分别规定国家安全部门、经侦部门、治安部门、刑侦部门办理刑事案件的范围，另外又规定禁毒、消防、交通管理部门办理相关主管领域的刑事案件；2000 年规定公安机关的网络监管部门负责计算机犯罪案件；2002 年规定公安机关的出入境管理部门负责涉及妨害国边境犯罪案件。如此一来，公安机关内部负责办理刑事案件的部门有十个以上，从而形成了比较分散的侦查体制。

（三）侦查权主体职权配置比较集中

尽管我国侦查机关主体配置比较分散，但基于刑事司法实践中绝大多数的刑事案件都是由公安机关受理侦办，侦查职权实际上主要集中于公安机关。德国著名的刑事诉讼法学者魏根特教授在其对中德刑事诉讼法的比较法评述中曾指出，中国刑事诉讼法有两个特征非常引人注目：一是公安机关的独立角色；二是侦查程序中缺乏任何形式的法官监督。[1]总体来说，我国侦查职权配置相对比较集中。具体而言：其一，侦查职权的内涵十分广泛，既包括程序意义上的侦查权，也包括实体意义上的侦查权；既包括任意侦查权，也包括强制侦查权。其二，我国侦查职权行使表现出高度的集中性与封闭性。具体表现在：各种侦查机关对各自管辖的刑事案件享有绝对的侦查管辖权，既不能侦查属于其他机关管辖的刑事案件，也不能把自己管辖的案件交给另外的侦查机关侦查。只是对于国家机关工作人员利用职权实施的“其他重大

---

〔1〕［德］托马斯·魏根特：“对《中华人民共和国刑事诉讼法》的比较法评述”，樊文译，载［德］托马斯·魏根特：《德国刑事诉讼程序》，岳礼玲、温小洁译，中国政法大学出版社 2004 年版，第 241 页。

犯罪”，需要经省级检察机关决定，可以由检察机关立案侦查。其三，侦查职权行使具有广泛自由裁量性。具体表现在：侦查权行使具有高度自主性，除了逮捕需要经过检察机关批准以外，所有的调查取证等专门性调查和强制性措施通常都是由侦查机关自行决定，自主实施。亦即，侦查机关既是侦查行为的决定机关，又是执行机关。同时，侦查机关既可以实施治安管理等行政行为，也可以实施刑事侦查等司法行为。至于对何种案件采取何种性质的法律行为，以及实施多长时间，完全由侦查机关自由裁量。孙长永教授曾指出，我国侦查权运行存在着区别于法治国家的一些典型特征：“侦查机关在自己的管辖范围内不仅享有强大的调查取证权，而且可以采取包括剥夺人身自由在内的各种强制性措施，长时间地控制犯罪嫌疑人的人身自由。检察机关行使批准或决定逮捕权，并且对公安机关的侦查活动享有法律监督权，但其侦查权不及公安机关，其批捕权和公诉权行使反而受到公安机关的反向制约。法院无权介入侦查程序，也没有权力对侦查行为进行审查。”〔1〕实践证明，这种高度集中的刑事侦查权力配置使得侦查权常常游离于制约监督机制以外从而导致侦查权恣意滥用现象频繁发生乃至对公民人权造成侵害。随着国家法治进程的逐步推进与刑事程序正当化改革的渐次展开，侦查权配置调整必然提上议事日程。

（四）侦查权内部管理实行双重领导体制

党的十一届三中全会以后，公安机关的“双重领导”体制得以迅速恢复。1982 年《中共中央关于加强政法工作的指示》规定，公安编制单列，实行统一领导，中央和省、自治区、直辖市分级管理。1991 年《中共中央关于加强公安工作的决定》明确了公安机关“统一领导、分级管理、条块结合、以块为主”的管理体制。统一领导是指，党中央和中央人民政府统一领导各级公安工作；分级管理是指，中央和地方公安机关分别接受中央和地方党委、政府的领导和管理。条块结合，以块为主是指，地方公安机关在实际工作中接受上级公安机关的“条”与地方党委、政府的“块”的双重领导的组织制度。具体就侦查体制来说，“总体上，各侦查部门都建立起从中央到地方的全国统一的侦查管理体制，中央和省级侦查部门主要是统一指挥、协调和部署

---

〔1〕 孙长永：《探索正当程序——比较刑事诉讼法专论》，中国法制出版社 2005 年版，第 65~67 页。

下级侦查业务部门的侦查工作，基层侦查部门则具体在上级主管部门的指导下开展侦查工作。”[1]由此形成了公安机关“条块结合，以块为主”的双重领导侦查体制，即各级公安机关既要接受上级公安机关的领导，更要接受同级党委政府的领导，而且以接受同级党委政府领导为主。具体而言，首先，公安机关上下级领导主要体现在业务方面，国家公安部在关于《公安机关办理刑事案件程序规定》第 7 条中明确指出，对于下级公安机关作出的决定或者办理的案件，上级公安机关发现错误的可以予以撤销或者变更，也可以指令下级公安机关予以纠正。下级公安机关对上级公安机关的决定必须执行，如果认为有错误，可以在执行的同时向上级公安机关报告。现行体制下，侦查权的制约主要以内部制约和外部监督等为主。侦查机关的内部制约表现在：实施侦查需要由公安人员或负责案件侦查的检察官取得其单位负责人的授权或批准，公安机关内部相关部门对侦查予以监督制约；同时，检察院对公安机关的侦查行为予以法律监督。其次，公安机关接受同级党委政府领导主要体现在政治、思想、组织及行政管理方面，但由于公安机关的人、财、物都由地方党委政府配备，公安机关职权行使受地方党委政府的影响更大。

二、我国侦查体制及运行机制存在的主要问题

侦查体制包括侦查职权主体设置、侦查职权内容配置以及侦查主体组织领导关系等诸多内容，但其中侦查职权内容配置乃是核心。“侦查作为侦查机构代表国家针对个人进行的追诉活动，也面临着限制和剥夺公民基本权益的问题，也存在着追诉机构的官员滥用国家权力的危险。因此，如何构建一种旨在约束追诉机构权力的司法审查机制，确保那些处于被追诉地位的公民一些最基本的防御权，就成为现代侦查制度的主要课题。”[2]实际上，无论是在英美法国家，还是在大陆法国家，现代刑事侦查程序都体现了分权制衡原则与司法审查原则，并先后完成了刑事侦查诉讼化的体制变革。亦即，现代西方各国都不再认同侦查权属于国家官方调查权的固有观念，而是按照“诉讼化”要求构建侦查程序，从而将国家追诉活动纳入法治轨道。英美法国家和大陆法国家的侦查程序具有共同的特征：普遍建立了针对侦查行为的司法

---

〔1〕倪铁等：《中国侦查体制演进研究》，复旦大学出版社 2014 年版，第 195 页。

〔2〕陈瑞华：《刑事诉讼的前沿问题》，中国人民大学出版社 2000 年版，第 287 页。

授权和审查机制，普遍建立了对审前羁押的司法控制机制，被告人的沉默权和律师帮助权得到较为普遍的确立，辩护律师在侦查中的参与范围得到扩大以及普遍通过司法裁判程序对侦查活动进行制约。[1]“双重领导”的侦查体制自从新中国成立初期形成后实际上没有太大的变化，侦查权主体设置比较宽泛，侦查职权相对集中，侦查监督制约较为弱化。具体而言，配合制约原则下的我国刑事侦查体制及运行机制存在以下主要问题：

（一）刑事司法职权平行并列造就侦查中心主义

配合制约原则指导下的刑事司法体制造就了独具中国特色的刑事侦查体制，也创造出独特的刑事司法权力的三驾马车“并驾齐驱”与“平分秋色”的权力关系格局：侦查权、公诉权与审判权各自为政的职权配置造就出各个刑事司法权力主体各自独立封闭运行的“权力王国”，这种权力配置背离了刑事司法权力服务并服从于国家有效解决严重冲突的最终目标，违背了权力运行的基本规律。“宪法关于公、检、法三机关的定位决定了公、检、法作为刑事诉讼中执行侦查、起诉和审判的三个机关在宪法地位上的平等性，导致在司法实践中公、检、法三机关都具有司法机关的职能并具有司法机关的权威性。”[2]侦查权主体负责侦破刑事案件，公诉权主体负责提起公诉，审判权主体负责审理和判决案件，各个主体在自己管辖领域独立自主展开职权行为，至于管辖之外的其他事项则事不关己。从理论上讲，刑事司法职权主体各自根据刑事诉讼法赋予的具体职权展开相应司法行动，共同完成刑事诉讼任务是可行的，但制度安排必须放在具体的刑事司法环境中来检验其实现的现实可能性。“我国现有的侦查权程序性控制表现为以内部自律的科层制控制为主、外部他律的分权式控制为辅的基本制度格局。从制度构造的表象看，传统的线性分工模式、功利导向的控制方式和不彻底的程序性救济，暴露了侦查权程序性控制体系的残缺和现有制度的羸弱。”[3]我国多年的刑事司法实践与比较法研究成果都证明我国将侦查权、公诉权与审判权置于同等地位，进行平行并列式的职权安排从根本上违背了刑事诉讼规律，实践中不仅难以充分发挥刑事司法职权全面发现真实以有效惩罚犯罪，从而消解严重冲突的

---

〔1〕 参见陈瑞华：《刑事诉讼的前沿问题》，中国人民大学出版社 2000 年版，第 316~321 页。

〔2〕 门金玲：《侦审关系研究》，中国社会科学出版社 2011 年版，第 126 页。

〔3〕 詹建红、张威：“我国侦查权的程序控制”，载《法学研究》2015 年第 3 期。

诉讼目标，而且难以彰显正当程序的价值，致使公民诉讼权利受到国家权力的限制、侵害，乃至剥夺，从而损害程序公正与实体公正。侦查职权行使的根本目标在于收集犯罪证据、查找犯罪嫌疑人、被告人以确保国家控诉得以展开，刑事审判得以顺利进行。侦查目的决定了侦查与公诉之间的关系不可能是完全意义上的并列关系而是统一于诉讼目的之上的前后递进中的因果关系与主从关系。我国侦查权与公诉权、审判权处于同等的法律地位，侦查权服从并服务于公诉权的基本理念强化不够，反而被淡化，侦查权与公诉权、审判权平分秋色、各自为政的立法安排致使侦查权的自我中心思想和观念得以滋生蔓延，最终导致侦查权与公诉权的内在有机联系被人为切割和分离，侦查结论不能为公诉所用致使无效侦查乃至违法侦查频频出现，严重时往往酿成冤假错案。由于侦查权完全独树一帜，加之权力过分宽泛强大而且没有实质性的约束措施，侦查过程中侵犯公民人权的现象也时有发生。由于侦查职权的超强性、恣意性酿成侦查行为的无节制行使导致其权力会被滥用，更是“侦查定案、公诉照办与法院宣判”的侦查中心主义诉讼格局得以形成和固化的根源。为此，陈卫东教授指出：“在刑事诉讼中，审判机关、检察机关、公安机关的职权如何分配，建构什么样的关系，不仅关系到国家刑罚权能否准确实现，亦关系到刑事司法是否公正的根本问题。如何合理构建诉讼结构，亦成为当前推进刑事司法改革，实现司法公正必须解决的问题。”〔1〕

（二）分散类型的侦查体制导致侦查效益低下

采用分散类型的侦查体制尽管有利于侦查工作的具体细分，但所产生的诸多不足却是明显的：其一，分散类型的侦查体制导致刑事案件的管辖出现交叉重叠甚至严重推诿现象。“法律授予侦查权的主体多元，但没有明确侦查权的归属，以致实践中刑事案件的侦查各自为政，彼此讳莫如深，侦查机关之间既缺乏配合协作，更难统一适用法律。”〔2〕根据我国刑事诉讼法的规定，公安机关受理普通刑事案件，检察机关受理职务犯罪案件，法院受理自诉案件，包括告诉才处理的刑事案件、被害人有证据证明的轻微刑事案件以及被害人认为自己的人身权或财产权遭受侵犯而公安机关、检察机关不受理的刑

---

〔1〕 陈卫东、刘计划：“论检侦一体化改革与刑事审前程序之重构”，载陈卫东主编：《司法公正与司法改革》，中国检察出版社2002年版，第244页。

〔2〕 徐静村：“侦查程序改革要论”，载《中国刑事法杂志》2010年第6期。

事案件。司法实践中，一方面，涉及经济犯罪而存在利益驱动的情形常常出现相互争夺管辖权的现象；另一方面，那些与经济利益无关的自诉案件则常常处于三不管的尴尬境地。公安机关受理案件时认为属于自诉案件，被害人向法院自诉后法院却认为属于公诉案件。结果，那些被害人有证据证明的轻微刑事案件或者公诉转自诉的案件，往往出现公安机关、检察机关及法院都不受理的相互推诿现象〔1〕。其二，公安机关内部进行侦查权的二次分配同样产生大量案件的交叉重叠现象。据调查，近半数受访侦查人员认为治安大队与刑侦大队的工作普遍存在交叉重叠问题。案件管辖的交叉重叠往往导致权责混同，降低侦查效率，引发管辖冲突，加重侦查机关的内耗，损害公安机关的声誉。更严重的后果在于无法促进侦查的专业化发展，公安系统十多个部门同时行使侦查权，尤其是治安、消防、交管以及出入境管理部门等行政部门也行使侦查权，不仅造成侦查力量的高度分散，而且导致侦查的专业化发展严重受阻。治安、消防、交管以及出入境管理部门本以行政管理事务为主，职能并非刑事侦查，处理刑事案件必然存在案件调查以及证据收集的非专业化甚至存在着违反程序法规定的法律风险，案件质量也难以保证。其三，分散类型的侦查体制使得有限的侦查资源被人为分散，造成侦查资源配置不均而出现惩治犯罪不力的问题。比较而言，公安机关是主要的侦查机关，侦查力量相对强大，侦查资源相对富余；检察机关的主要职责在于审查起诉和提起公诉，其侦查资源相对薄弱，但随着改革开放的不断深入与市场经济的持续发展，利用职权违法犯罪等权力腐败现象越来越，由侦查力量比较薄弱的检察机关来单独承担自侦案件的侦查有些勉为其难和力不从心。其他机关也都存在侦查资源薄弱以及侦查专业化严重不足等问题。可见，分散类型的侦查体制造成侦查资源配置不均衡，这必然导致国家刑事侦查不力、侦查效益低下的现象，从而带来惩罚犯罪不力而危及社会秩序的不利后果。

（三）侦查职权配置集中存在权力滥用风险

“行政是国家利益的代表，司法则是权利的庇护者”〔2〕。侦查权尽管构成国家刑事司法权力体系的重要内容，但依其性质乃属于行政权范畴。而行

〔1〕　陈卫东主编：《刑事诉讼法实施问题调研报告》，中国方正出版社 2001 年版，第 28 页。

〔2〕　［德］拉德布鲁赫：《法学导论》，米健译，中国大百科全书出版社 1997 年版，第 100 页。

政权本身具有主动性和扩张性，刑事侦查在对公民展开追诉时，往往直接挤占和褫夺公民权利。如果要对其进行有效控制，必须依靠独立的司法力量。“刑事诉讼中世界各国几乎没有哪一种程序设计能像审前的控审这样高度一致。审前审查通过司法权的介入来控制控诉权、保护公民权利，几乎是各国别无二致的共识。”〔1〕司法审查不同于检察机关的侦查监督，它凌驾于侦查权之上通过对其制约监督从而实现司法控制，具体包括事前审查、事后审查与救济。事前审查指法官对涉及剥夺个人自由权利的强制侦查措施通过颁发司法令状进行司法授权；事后审查与救济则是指法庭通过程序性制裁对违法侦查行为进行司法审查，裁判非法侦查所得的证据无效并将其排除，从而抑制侦查机关的非法取证动机，达到规制侦查的目的。司法审查制度是从源头及结果两方面对侦查程序进行有效的司法控制，已经成为制约侦查权的有效手段并被世界各国立法确认。“法官作为中立的第三方对侦查程序进行介入和审查的程度已经成为衡量各国刑事诉讼程序的人权保障能力及其民主和文明化程度的重要标志。”〔2〕严格地说，我国还没有建立起真正意义上的司法审查制度，在侦查程序中，侦查权的行使由侦查机关独立垄断行使，司法授权与司法救济制度安排缺失，从而导致侦查权滥用乃至失控现象产生。根据我国刑事诉讼法的规定，侦查机关有权独立地实施所有侦查行为和绝大多数强制措施，只有逮捕需要检察机关审查批准。检察机关作为国家法律监督机关，负责职务犯罪的侦查以及公诉案件的起诉。在自行侦查的案件中，检察机关有权决定采取全部侦查行为以及所有的强制措施手段，只是技术侦查需要由公安机关的技术侦查部门具体实施，逮捕则需要交由公安机关执行。可以看出，公安机关和检察机关的侦查职权行为几乎没有任何制约机制，使得侦查阶段不存在任何实质上的司法裁判活动。由于侦查程序中缺少独立于公安机关、检察机关等国家控诉机构的第三方裁判机制，缺乏有效的监督制衡机制和程序性制裁与司法救济机制，侦查权运行呈现出程序高度封闭、追诉倾向强烈、暗箱操作普遍等主要问题。侦查权高度集中垄断行使既无以彰显程序公正，也无法确保实体公正，缺乏权力制约与权利保障机制的侦查程序制度

---

〔1〕徐阳：《权力规范与权力技术——刑事诉讼中国家权力配置问题研究》，法律出版社 2010 年版，第 151 页。

〔2〕陈永生：《侦查程序原理论》，中国人民公安大学出版社 2003 年版，第 80 页。

安排从根本上违背了刑事正当程序的基本理念和国家法治的根本精神。

（四）双重领导体制缺陷致使制约监督机制失灵

双重领导体制缺陷导致侦查职权制约监督机制失灵，使得我国刑事司法职权行使中存在地方保护主义现象。其一，由于双重领导体制中以地方领导为主，上级领导为辅，加之公安机关的人财物都由地方提供，公安机关成为地方党委政府管辖下的行政部门，在相当一段时期内，地方公安机关甚至成了个别地方党委政府违法施政的工具和手段。地方党委政府出于地方利益考虑往往对于土地拆迁补偿、资源开发利用等引发的刑事案件采取不理不睬甚至纵容包庇态度，而对于涉及地方利益的民事案件命令公安机关以刑事案件立案侦查的现象也在各地不断上演。[1]其二，在侦查机关内部尽管存在侦查职权行使的监督制约机制，但在破案压力面前这种审批机制所产生的制约监督只会流于形式。侦查人员在实施有关侦查措施时需要单位负责人的授权或批准，并签发相关的许可令，这实际上是侦查机关内部的自我授权及自我控制机制，具有行政授权及行政审批特征，远非司法审查制度中的司法授权与司法审查所能比。根据刑事诉讼法的规定，检察机关作为法律监督机关，其侦查监督职责主要体现为立案监督、侦查监督、审查批捕监督、审查起诉监督等方面，但检察机关缺乏侦查监督的有效手段。在立案监督中，对于公安机关应当立案而未立案以及不应当立案而违法立案的情况，检察机关只能要求说明理由和通知立案或撤案，若公安机关仍然没有立案或撤案则没有任何解决办法；在侦查监督中，对于公安机关在侦查活动中存在违法行为的情形，检察机关只能提出建议，如果公安机关置之不理，检察机关仍然束手无策。有学者就指出，具体监督实践中，侦查监督基本依赖卷宗，侦查活动脱离于侦查监督。从司法改革来看，检察机关进行了检察引导侦查等加强侦查的探索，但探索实践与侦查监督的控权职能存在冲突。[2]在审查逮捕中，检察机关作出不批准逮捕决定，公安机关有权要求复议或复核，其权力行使反受制于公安机关；在审查起诉中，对于公安机关违法侦查获得的证据仍然能作为控诉证据而很少有排除的情形。作为法律监督机关的检察机关在对于其自行

---

〔1〕 参见赵旭光：《刑事侦查的正当性问题研究》，中国法制出版社2013年版，第242~243页。

〔2〕 参见左卫民等：《中国刑事诉讼运行机制实证研究》，法律出版社2007年版，第195~200页。

侦查时的权力运行监督则陷入自我监督的怪圈之中，尽管检察机关内部的侦查部门、审查逮捕部门、公诉部门之间有明确的分工，但在检察首长统一领导负责的检察体制中，这种制约制度安排几乎难以发挥作用。司法实践中，检察机关自行侦查案件环节正在成为新的冤假错案集中爆发区域。

三、社会转型中的侦查体制改革与制度创新

当前理论界和实务界对侦查权配置调整问题进行了持续深入的研讨，而且提出了诸多具体的改革方案。我们认为，社会转型中的侦查体制改革与制度创新需要在四个方面予以强化：一是全面强化并理顺侦查服务于公诉与审判的观念和制度；二是努力整合侦查资源并理顺检警关系；三是准确把握侦查权的运行特征并改革侦查体制；四是持续强化并落实侦查机关的客观与诉讼关照义务。

（一）强化侦查服务于审判的理念并完善相关制度

首先，法治国家视野中的侦查权、检察权与审判权并非并列关系而是主从关系，这种关系是由刑事诉讼最终目标所决定的。侦查机关通过行使侦查权查找犯罪嫌疑人、采取强制措施以及收集证据，目的在于为检察机关的起诉作好准备。可见，侦查本身服务于国家控诉；而检察机关提起控诉在于行使国家赋予的追诉犯罪职责，通过控诉推进诉讼程序进程。但控诉行为仅仅具有启动审判的程序意义，被告人是否构成犯罪以及处以何种刑罚必须通过审理之后才能确定。可见，控诉权能服务于审判权能。三项刑事司法权力都最终服务并服从于解决严重争端的国家刑事司法的根本目标。因此，必须全面树立和持续强化侦查服务于公诉和审判的基本理念，强调专门机关严格履行法律规定的职责，既不允许懈怠，更不允许越位。其次，控诉职能决定了侦查机关在刑事诉讼中必然更多关注犯罪嫌疑人、被告人涉嫌犯罪的证据，倾向于最大限度对其采取强制措施以有利于侦查工作的正常展开和顺利完成，其追究犯罪的职责必然与犯罪嫌疑人、被告人利益处于对立冲突之中。因此，非法侦查侵害公民权利的行为，需要中立的裁判机关通过审查或法庭审理以实现程序制裁与权利救济。德国学者赫尔曼教授指出：“德国的法学思想一直认为，允许以强制性侵犯公民的权利时，关键的是一方面必须对国家权力的强制权明确地予以划分与限制，另一方面必须由法院对强制性措施进行审查，

使公民由此享有到有效的法律保障。”[1]作为国家控诉职能实现者的侦查机关和公诉机关由于肩负国家追诉犯罪职责，心理学规律决定其不可能在履行控诉犯罪的同时兼顾人权保障。置身于国家追诉犯罪之外不对犯罪负责的中立司法机构才有条件和能力保障公民人权。正是如此，在侦查阶段引入中立因素，司法官员以第三者的身份介入侦查程序，对侦查行为进行监督制约，对公民权利提供救济保障，已经成为世界各国刑事诉讼制度的普遍做法。近年来，我国刑事审判前程序改革的呼声越来越高，学者们普遍认为应当在侦查程序中引入司法审查制度。实际上，可以学习借鉴法国的预审法官制度，将我国法院现有的立案庭的职责予以扩张，将审判权延伸到侦查阶段，预审法官履行对侦查行为的司法授权与审查，同时对公民提供权利救济和对违法侦查行为予以程序制裁，从而实现对侦查活动实施全面的控制。

“从刑事诉讼过程本身看，刑事程序性裁判只是承担诉讼审判职能的法院对诉讼中的程序性事项的一种居中裁判，但若就这种居中裁判的目的和所涉及的具体对象而言，刑事程序性裁判体现的是国家权力内部不同的权力关系，并且，这种关系显然地呈现出以司法权制约和监督刑事司法活动中其他权力行使的特点。”[2]司法审查制度运行需要以独立的法院制度和法官制度为前提条件。如果没有完全独立的、中立的法庭审判组织，就无法完成对违法行为的程序性制裁，也无法为权利受到侵害的公民提供司法救济。我国法庭审判中的请示汇报制度以及审判委员会制度使得审判行政化现象比较严重而且普遍。在具体案件审判中，每当审判法官与上级领导、审判委员会的意见不一致时，都必须按照上级领导或审判委员会的决定作出判决。如果不改变这种审判行政化现象，那么通过司法审查来制裁违法侦查是不可能做到的，而且是极其危险的，因为不独立的司法官员不但无法进行公正的程序裁判，反而可能将违法侦查行为合法化。同时，司法审查制度需要配套制度作为支撑。作为英美法律制度独特的历史产物，司法审查与对抗制诉讼模式、完善发达的律师辩护制度，职业法官精深的法律素养及深厚的司法经验密切联系在一起。我国建立司法审查制度首先必须改革完善我国的法院制度和法官制度。

---

〔1〕［德］赫尔曼：“《德国刑事诉讼法典》（中译本）引言”，载［德］赫尔曼：《德国刑事诉讼法典》，李昌珂译，中国政法大学出版社 1995 年版。

〔2〕 赵永红：《刑事程序性裁判研究》，中国人民公安大学出版社 2005 年版，第 36 页。

为此，在持续推进辩论式庭审改革和完善刑事辩护制度的同时需要对我国法院制度进行大幅度改革调整：其一，必须确立法院独立行使审判权，只服从法律而不受任何非法干涉的宪法原则；其二，法院的人事任免、财政来源必须摆脱地方党委政府的控制；其三，必须确立法官独立行使审判权的运行机制；其四，推进司法职业化与专门化建设，提升法官的法律素养与司法经验。

（二）整合侦查资源并理顺检警关系

根据我国刑事诉讼法的规定，侦查主体包括公安机关、检察机关、国家安全机关、军队保卫部门、监狱及走私犯罪侦查部门，其中最重要的侦查主体是公安机关和检察机关。由于侦查权与公诉权并不是对等、独立、互不隶属的关系，而是服务与被服务的关系，将公安机关与检察机关并列作为平行的侦查主体不利于侦查资源的整合与侦查效能的最大化。根据世界各国的法治经验，侦查权主体应当在公诉权主体的引领和指挥下共同履行国家控诉职责，因此检察官引领、指挥侦查是必要而且可行的制度安排。从比较法的角度看，世界各法治国家的检警关系存在两种模式：一为大陆法系国家的检警合一模式；二为英美法系国家的检警协作模式。[1]根据德国刑事诉讼法规定，检察机关是法定的侦查机关；警察则是检察机关的辅助机关，只能作出"不允许延误"的决定，而且要将侦查结果"不延误"地送交检察机关，在检察官领导和指挥下实施具体的侦查活动。德国检察官拥有广泛的侦查权，他可以自行侦查，也可以指挥和命令警察展开侦查活动。实际上，大部分犯罪的侦查都是由警察依职权独立地进行，除非杀人案件和经济犯罪案件。一旦有迹象表明犯罪已经发生，警察就应当展开侦查，只有在警察认为侦查已经完成时，才会把案件移送检察官，检察官决定是否需要补充材料，以便确定是否起诉。只有在涉及特殊的公众利益或者政治利益时，检察官才会主动干预警察的侦查。根据法国刑事诉讼法的规定，侦查权主体包括司法警察、司法警官、共和国检察官和预审法官。司法警察和司法警官在知悉发生重罪、轻罪和违警罪后，必须立即通知检察官。检察官到达现场后，司法警察即卸其职责，由检察官接管案件的侦查。他有权指挥所在法院辖区范围内的司法警官或司法警察的一切活动并有权决定采取拘留措施。可见，在侦查方面，检察官相当于司法警察的上级长官。在实践中，法国检察官很少亲自负责侦

〔1〕谭世贵等：《中国司法体制改革研究》，中国人民公安大学出版社2013年版，第256页。

查，也很少指令司法警察调查他们不愿意调查的事实。如果将法国和德国的检警关系进行比较，法国的检警一体化并不是组织、人事、业务上的完全融合，而是在检察官领导下充分发挥警察侦查权的一种体制，检察官并不事无巨细地参与侦查，而是起到指挥、命令的作用。实际上，在当今世界各国，除英国由于历史传统仍保留警察主导侦查的制度模式外，多数法治国家采取的是检察官主导侦查的制度模式，并强调检察官的客观义务。而且，该模式得到了诸多国际性法律文件的肯定。[1]改革我国检警关系并实行检警一体化，对于加强侦查监督，提升控诉质量，提高诉讼效率具有十分重要的意义。检警一体化制度设计可将司法警察与治安警察分开管理，治安警察仍然归口于公安机关管理，但司法警察必须归口于检察机关，受检察机关管理、指挥、领导、监督；落实检察机关对刑事案件承担终极追诉责任，实行检察机关对立案、撤案、侦查、结案统一归口管理，侦查机关不再享有进行独立立案、撤销案件、终结案件的诉讼职权；收缩检察机关的具体侦查职权，扩大和强化其侦查领导、侦查指挥、侦查监督、审查公诉的职能。当然，从侦查实务整体水平来说，警察对具体刑事案件的侦查比检察官更有经验，因此应当充分发挥其侦查优势，检察官的职责是在宏观层面确保侦查有序进行，指挥、命令或引导侦查，确保侦查的有效性，证据的合法性与可靠性。

（三）把握侦查权运行规律并改革侦查体制

侦查行为既属于行政行为，具有行政行为的基本特征，同时也属于司法行为，具有司法行为的一般品质。不过，通过把侦查权运行与审判权运行特征进行比较，可以看出侦查权行政特性更加突出：在价值倾向上，侦查追求的是效率而审判力求公正；在社会功能上，侦查重在维护社会公益而审判重在保护个人权利；在职权行使主体上，侦查权行使主体多元而审判权行使主体只有法院和法官；在职权行使特点上，审判权行使主体应当保持相互独立，而侦查权行使主体具有一体化特征；在职权行使主体知识能力和要求上，审判人员的选任侧重于法律知识的合格性，要求其超脱于职务以外的社会活动，而侦查人员的选任侧重于政治倾向的合意性，要求与社会公众保持密切联系；在权力运行特征上，审判权运行需要遵循消极、被动、亲历、多方参与原则，而侦查权运行则具有积极、主动、非亲历、单方面特征；在权力主体与对象

〔1〕 参见詹建红、张威：“我国侦查权的程序性控制”，载《法学研究》2015年第3期。

关系上，审判权主体必须保持客观中立，与案件没有任何利益关系，而侦查权主体具有鲜明的追诉倾向，本身就是案件中的控诉方；在权力自由裁量与形式化要求上，审判权主体的裁量权较小，强调必须遵循严格的形式性和程序性，而侦查权主体的裁量权较大，基于效率考虑，侦查的形式性和程序性则相对自由；在职权主体的决定及效力上，审判权主体作出裁判通常采用合议制且具有终局性，而侦查权主体作出决定通常采用首长制且不具有终局性。[1]不过，既然侦查程序属于司法程序，就必须遵守司法程序运行的基本规律。基于侦查的行政性特征突出，必然要对其进行严密的法律规制与严格的司法控制才能确保其合理行使以防止权力滥用。“警察机关是一个有纪律有组织的政府机关，从事犯罪侦查工作无论实施或执行强制处分必须遵守法律，严格执行侦查程序规范，确保人权，执行标准应有一套完整细密的规范守则。”[2]程序自主与自治要求侦查程序的开启和运作应当以实现法律目的为最终使命，程序一旦运行就形成封闭的程序自主空间而不受法外程序的干扰和影响。侦查程序的独立自治特性使其自身具备了程序的刚性特征，这为侦查机关和侦查官员对抗其他权力或机构的非法干涉提供了条件，保证侦查程序的客观公正品质。侦查程序的独立性表现在功能独立和组织独立两个方面，功能独立是指侦查权的运作应当以维护法律和公共利益为目标，任何非法的或者滥用权力的命令都无力影响其程序自主运行。有学者指出：“法治国与警察国的重要区别之一就是警察行为的性质。在警察国家中，警察行为完全受政治控制；而在法治国中，警察的调查行为被认为是必须依法律而为之。而为了确保警察的行为免受政治的控制，刑事警察应当逐渐脱离行政的制约，接近刑事专业，向司法专业靠拢。”[3]实际上，对于警察来说，“专业化取决于对专业知识和在维持秩序的任务特别是在与犯罪作斗争方面效率的认可——职业地位为自我管理而不是外来控制提供了一个正当的理由，也为在政治辩论中尤其是包括有关警察执行的法律的改革辩论中听取警察意见的要求提供了正当的理由。”[4]组织独立是指侦查机关的组织机构、人员构成方面独立

---

〔1〕 参见陈永生：《侦查程序原理论》，中国人民公安大学出版社 2003 年版，第 44~78 页。

〔2〕 陈宏毅：《追诉犯罪与法本质研究》，鼎茂图书出版股份有限公司 2003 年版，第 409 页。

〔3〕 陈志龙：“跨世纪刑事司法改革的专业认知盲点”，载《法学丛刊》2000 年第 1 期。

〔4〕 ［英］科特威尔：《法律社会学导论》，潘大松等译，华夏出版社 1989 年版，第 315~316 页。

于其他机构。各国普遍实行刑事警察与行政警察职能和机构分离的制度，刑事警察机构被要求在组织和人员构成上独立于行政警察系统。预防犯罪是行政警察的职责所在，而制裁犯罪则属于刑事警察的本职工作。二者在职能上的差异必然体现在职权行使上，使得行政警察与刑事警察成为两个相对独立的系统。基于此，我国侦查体制应当进行适当调整，将行政警察与刑事警察予以拆分，组建相互独立的行政警察组织体系与刑事警察组织体系。考虑到地方治安行政的差异性，行政警察系统应坚持双重领导体制，但应当强化双重领导中的上级机关领导以抵御地方保护主义影响；刑事警察系统应当建立一元化体制，即各级公安机关组建统一的而不是分散的刑事侦查机构，改变目前公安机关内部多个部门分散行使刑事侦查权的格局。这样有利于整合侦查资源，理顺侦查体制，从而形成侦查合力，提升侦查效率与办案水平。

（四）强化并落实侦查权主体的客观与诉讼关照义务

客观与诉讼关照义务原则是指，国家侦查控诉机关在刑事诉讼中既要注意控诉职能的行使，又要注意保护被追诉者的实体利益和程序权利，要注意保持客观公正的立场。[1]该原则的具体要求表现在两个方面：一是客观义务原则。它要求侦查控诉机关在刑事诉讼中应当坚守客观公正的基本立场，要以客观事实为依据而不能以主观意志为转移，做到不偏不倚，既要注意不利于犯罪嫌疑人、被告人的证据、事实和法律，又要注意有利于犯罪嫌疑人、被告人的证据、事实和法律。“依据这个原则，检察员、警察负有义务，应当不偏袒、公正地采取行动，特别是要全面地侦查事实真相。检察员、警察不得单方面地谋求证明被告人有罪。”[2]二是诉讼关照义务原则。它是指国家控诉机构在刑事诉讼中负有对被追诉者行使其诉讼权利给予必要关照的法律义务，积极协助犯罪嫌疑人、被告人充分行使其诉讼权利。主要法治国家关于刑事诉讼的诸多法律规定都无一例外地强调贯彻客观与诉讼关照义务原则并提出具体要求，同时，诸多国际性法律文件也对该原则进行了充分肯定。虽然我国刑事诉讼法的一些规定在一定程度上体现了该原则主旨精神，但并未将其作为刑事诉讼基本原则加以规定和贯彻，侦查机关在司法实践中也未

---

〔1〕 陈永生：《侦查程序原理论》，中国人民公安大学出版社 2003 年版，第 102 页。

〔2〕［德］赫尔曼：“《德国刑事诉讼法典》（中译本）引言”，载［德］赫尔曼：《德国刑事诉讼法典》，李昌珂译，中国政法大学出版社 1995 年版。

充分认识到该原则的重要性，因而立法和司法实践中违反该原则的现象比较普遍。客观与诉讼关照义务原则的缺失既不利于我国犯罪嫌疑人、被告人的合法利益与诉讼权利保障，而且不利于专门机关规范行使职权从而助长侦查权和控诉权的膨胀和滥用。着眼于国家法治大计，确保侦查权合理规范行使，确保公民的合法利益与诉讼权利得到充分确实之保障，需要在侦查程序中明确规定客观及诉讼关照义务原则，而且将其细化到具体制度环节中加以贯彻落实。具体而言，在我国，全面贯彻客观与诉讼关照义务原则需要在以下方面加以制度完善：其一，改革完善刑事辩护制度，进一步扩展被追诉者的刑事辩护权利，从而奠定客观与诉讼关照义务原则的法律基础。与主要法治国家相比较，我国犯罪嫌疑人在侦查阶段享有的辩护权利还十分有限，法治国家普遍规定的犯罪嫌疑人享有的辩护权利在我国还没有明确规定，如保持沉默的权利、讯问时律师在场的权利、与律师通信的权利、查阅全部案卷的权利、自行或申请收集有利于本方证据的权利等。因此，需要全面拓展犯罪嫌疑人在侦查阶段享有的辩护权利。其二，在对侦查权配置进行调整的同时，强化检察机关对公安机关侦查活动的法律监督。应当充分肯定检察机关的法定侦查主体地位，扩大其行使机动侦查权范围，建立适合我国国情的“检警一体”侦查体制。公安机关必须定期向检察机关报告刑事案件的立案情况，重大刑事案件必须尽快通知检察机关；公安机关需要撤销案件时，如果犯罪嫌疑人已经被羁押的，应当经过检察机关批准；除危害国家安全罪以外，检察机关有权侦查任何刑事案件，也有权要求公安机关对任何刑事案件进行侦查，还有权对公安机关的侦查活动提出指导性意见。[1]其三，加强并完善对侦查行为的司法控制，全面建立并有效实施违法侦查的程序性制裁机制与权利救济机制。我国现行侦查体制形成的行政型侦查模式存在根本缺陷，同体监督往往流于形式，缺乏有效的外部制约机制造成侦查权滥用现象普遍。实践证明，侦查机关的内部审查机制无法从根本上抑制侦查机关的违法行为，而法治国家的经验证明监督制约侦查活动的最有效手段是建立强制侦查行为的司法审查机制。“只有在我国侦查程序中确立司法审查原则，对侦查程序实

---

〔1〕 参见孙长永：《探索正当程序——比较刑事诉讼法专论》，中国法制出版社2005年版，第76页。

行司法控制，才能真正有效地抑制侦查机关的违法行为”[1]，从而将审判权延伸到侦查阶段，通过程序性制裁机制以控制约束侦查行为，并对公民权利予以司法救济，这样既保证了侦查权的规范行使，公民人权也得到了保障。

〔1〕 谭世贵等：《中国司法体制改革研究》，中国人民公安大学出版社 2013 年版，第 273 页。

第十一章

社会转型中的刑事辩护制度改革与机制创新

刑事辩护制度尽管作为刑事诉讼中观层面的制度，但由于辩护权行使关系到刑事诉讼结构是否科学合理，关系到刑事辩护职能是否充分发挥，更关系到刑事司法权运行机制是否高效顺畅及刑事司法体制是否科学合理等刑事司法系统整体运转问题，因而具有十分重要的理论价值与实践意义。研究社会转型中的刑事司法改革与制度创新不仅需要研究刑事司法权力的合理配置，而且需要关注刑事诉讼结构合理建构与刑事程序的正当性水平的持续提升。而刑事辩护制度不仅关系于国家权力与公民个人权利配置均衡性问题，也关系到刑事司法权力之间配置合理性问题，更关系到刑事诉讼结构合理问题与刑事程序正当性水平问题；同时，由于刑事辩护涉及公民基本人权保障的宪法问题，必然成为宪法关注的重要方面。刑事辩护权利设定与制度安排不仅是刑事诉讼制度的重要内容，而且属于宪法内容，故而具有特别重要的宪法意义。如上所述，刑事辩护制度改革与创新当然成为社会转型中刑事司法改革与制度创新研究的重要组成部分。

刑事辩护权利作为国家宪法与刑事诉讼法所确认的被追诉人享有的诉讼权利在公民人权保障机制中扮演着关键角色。对于维护和保障公民基本人权，捍卫民主法治社会的基本价值观，维护社会公平正义具有十分重要的制度守护功能。历史经验证明，刑事辩护权利作为核心诉讼权利需要在国家宪法层次上确认地位，明确界定其权利谱系并制定相应的法律实施机制、权利救济机制与违法后果制裁机制，这样才能确保该权利得以全面实现。尽管我国宪法条文中存在“被告人有权获得辩护”的相关规定，但是刑事辩护权利未能成为真正意义上的宪法权利，刑事辩护权利体系及其法律实施机制很不完善，权利救济机制与违法后果制裁机制也存在诸多缺失，由此造成我国刑事诉讼结构的畸形化和运行机制的不畅与梗阻。首先，由于辩护权利体系的诸多缺失，辩护职能发挥十分有限，我国的刑事程序结构在整体上呈现出“斜三角”的诉讼构造甚至呈现出线形化的诉讼构造，与理论上的正三角诉讼构造呈现出鲜明的区别。其次，由于辩护主体难以有效发挥辩护职能，刑事诉讼中的三方主体全面参与、平等协商与有效对抗的“抗辩式”庭审格局难以形成，刑事诉讼运行机制必然出现梗阻。我国刑事诉讼法第一次修改确立了“抗辩式”的庭审制度，但多年的刑事审判运作实践与实证研究却一再指出：控辩双方有时还未实现形式平等，遑论实质平等；反因实力悬殊而导致控方对审判过程及裁判结果的客观支配。[1]这其中最重要的原因就在于我国刑事辩护权利有限，辩护主体难以充分发挥职能作用，无法与强大的控诉方形成均衡态势。故而，分析探讨各国刑事辩护权利宪法层次的地位确认与具体运行机制安排，阐明刑事辩护权利设置的基本法理，对全面落实刑事辩护权利的宪法地位，提升我国刑事辩护权利的位阶和层次，完善我国刑事辩护权利体系及其法律实施机制和程序保障机制，推进国家法治与保障公民人权具有重要的制度建设意义。

一、刑事辩护权利的宪法地位及实施机制

（一）刑事辩护权利属于宪法权利

随着人类社会公共权力的不断成长与人们对于犯罪认识的持续深化，由共同体机关处理犯罪就成为进步社会的必然选择。犯罪不再被视为单纯的侵权行为而视为威胁既存统治秩序的严重违法行为而必须受到国家的严厉制裁。犯罪嫌疑人与被告人在刑事诉讼过程中被迫沦为等待国家处置的对象和客体，人们不再关注其辩解或根本不让其存在辩护的机会，从而导致纠问式诉讼中刑事辩护制度的彻底消亡，犯罪嫌疑人与被告人刑事辩护权利荡然无存。辩护制度复兴是在资产阶级革命取得胜利，近代宪政体制形成之后。“在宪政社会中，任何公共权力的建立都是为了保障公民的利益与权利。”[2]出于对人

〔1〕 参见陈瑞华：《刑事诉讼的中国模式》，法律出版社2008年版，第256~287页。

〔2〕 夏勇等：《中国当代宪政与人权热点》，昆仑出版社2001年版，第2页。

的主体性认识的持续深化，人的自由权利与人性尊严得到宪法和法律的普遍尊重与全面保障，犯罪嫌疑人、被告人的诉讼地位及刑事辩护权利行使引起了人们的高度重视和密切关注，刑事辩护制度发展成为现代刑事法律制度的基本内核，刑事辩护权利由此成为一项十分关键而重要的基本人权。

刑事被告人基本人权可以分为实体基本权和程序基本权。“程序基本权则是指专以程序为内涵的刑事被告人权利。程序基本权即是将附含于个别基本权利中之程序保障，加以一般化与主观化，使之既成为宪法上的原则，又成为个别基本权利。”[1]由于刑事司法最容易侵犯、限制乃至剥夺刑事被告人的实体基本权，为此，世界各国都在刑事诉讼法中明确规定了刑事被告人的一系列程序性权利，并将其上升到宪法刑事程序人权的高度。有学者指出，实体基本权是否能够实现或者获得确保，往往与诉讼基本权密切相关。在考虑实体基本权时，应首先考虑是否有相应的诉讼基本权可供利用。只有当诉讼基本权存在时，实体的宪法请求权才有实现的可能。当实体基本权受到侵害时，国家应提供一套有效的法律保护制度，这种制度乃是程序保障制度。[2]

普遍有效的刑事辩护是现代刑事法治的重要标志，世界各国宪法对公民享有的刑事辩护权利无一例外地都予以确认。近现代宪政制度确立以来，西方各宪政国家都在各自的宪法中先后确立了被指控者享有不受强迫自证其罪的权利以及及时获得律师帮助的程序性权利，并对处于被追诉地位的犯罪嫌疑人及被告人予以全面的刑事程序保障和特别的宪法救济。法国大革命后，在1789年《人权宣言》第9条以及1958年的《宪法》序言中规定了无罪推定原则，从而为刑事辩护制度的确立提供了宪法根据，继而又在2000年将无罪推定原则正式写进刑事诉讼法典。实际上，法国早在1789年制宪会议颁布的一项法令中就规定，从追究被告犯罪时起，就允许辩护人参加诉讼。1897年法国对预审程序作出了两大重要改革：一是确认犯罪嫌疑人在预审中获得律师帮助的权利，二是确认辩护律师在预审法官讯问犯罪嫌疑人的在场

---

〔1〕 李震山：“程序基本权”，载《月旦法学教室》2004年第19期。

〔2〕 转引自周宝峰：“宪政视野中的刑事被告人获得律师帮助权研究”，载《内蒙古大学学报（哲学社科版）》2009年第4期。

权。[1]《美国宪法第六修正案》规定，在一切刑事案件中，刑事被告人享有获得律师帮助的权利，并通过《美国宪法第十四修正案》将这一权利适用于各州。刑事辩护权利等程序性权利主要规定被规定在《德国宪法》第九章的司法权中，因而被戏称为“准基本权利”，“但是宪法对刑事诉讼法的一些基本权利在基本法第1~19条得到保障，而且法治国家原则已经被证明是诉讼程序的宪法性保护的一种额外的丰富资源”。[2]《1946年日本宪法》规定，任何人如不立刻说明理由，而且立刻告知有委任辩护人的权利，不得拘留或拘禁嫌疑人。不仅如此，国际社会对刑事辩护权利通过系列公约、原则、规章等形式加以明确。《世界人权宣言》规定：“凡受刑事追究者，在未经获得辩护上所需一切保证的公开审判而依法证实有罪以前，有权被视为无罪。”《公民权利和政治权利国际公约》规定：“受刑事控告者有权出席受审并亲自替自己辩护或经他自己所选择的法律援助进行辩护；如果他没有法律援助，要通知他享有这种权利；在司法利益有此需要的案件中，为他指定法律援助，而在他没有足够能力偿付法律援助的案件中，不要他自己付费。”《关于律师作用的基本原则》规定：“任何没有律师的人在司法需要的情况下有权获得按犯罪性质指派给他的一名有经验和能力的律师以便得到有效的法律援助，如果他无足够力量为此种服务支付费用，可不交费。”由此可见，公约对各成员国刑事诉讼活动中的刑事辩护权利进行了具体规定，同时提出了构建相应的法律实施机制和权利救济机制的基本要求。

（二）刑事辩护权利保障的法律实施机制与程序保障机制

古老法谚曾言：没有救济就没有权利。《汉穆拉比法典》讲述道：“任何遭受压迫的人，都可到正义之王面前来申诉，让他知道，这部法典是有效的。汉穆拉比希望每一个人经由这部法典，知道什么是他的权利。”[3]可见，人们很早就认识到权利和救济具有十分密切的内在联系，权利的实现必须以其救济机制存在为前提条件和具体表现形式。当然，司法救济是法律救济机制

---

〔1〕［法］卡斯东·斯特法尼等：《法国刑事诉讼法精义》（上），罗结珍译，中国政法大学出版社1999年版，第93页。

〔2〕［德］托马斯·魏根特：《德国刑事司法程序》，岳礼玲、温小洁译，中国政法大学出版社2004年版，第4页。

〔3〕转引自［美］威尔·杜兰：《东方的遗产》，台湾幼师文化译，东方出版社2003年版，第122页。

中最有效和最终的救济方式。“从国外法治和宪政的经验来看，个人自由和权利的司法保护是防卫性保护的基本手段，也是最便利、最经常、最有效的保护手段和力量，其优越性是其他手段所不可比拟和不可替代的。”〔1〕在一定意义上讲，权利的救济要比权利的立法更重要，法律对于人权的保护和救济远比动听的人权宣示更为重要和来得实在。实际上，一个社会存在公共权力以保护权利的名义侵害权利并不可怕，可怕的是受损害的权利没有得以恢复的救济保障制度，公民宪法权利的实现需要专门的法律实施机制和整套司法救济机制予以保护。权利与救济的内在联系表明：公民权利的精髓在于其受到侵犯时，有权寻求法律保护，亦即通过司法途径加以保护。所以，权利保障的最重要之处在于它遭到侵害后能被救济。从这个意义上，寻求司法救济的刑事辩护权利可以说是保障公民实体性宪法权利得到尊重和保护的关键性诉讼权利。

刑事辩护权利作为宪法权利，其法律实施机制、程序救济机制及违法后果的制裁机制不仅需要通过立法环节在刑事诉讼法乃至宪法中进行全面规范，而且需要进入司法环节加以具体实施，从而使得该权利受到侵犯时能够得到普遍意义上的诉讼救济与最高层次上的宪法救济。目前，世界大多数国家已经先后建立起侵犯公民刑事辩护权利的多重司法救济机制：其一，在刑事审判前程序或初次审判程序中由中立的司法官员对于侵犯公民刑事辩护权利的行为进行认定并予以程序救济，通过非法证据排除及撤销案件等整套机制来保障刑事辩护权利的实现。例如，在美国，律师为保护被告人的权利和救济对这些权利的触犯，可以采取动议和上诉。动议要求法官签发支持具体权利的指令和弥补已经发生的对权利的侵犯。动议可能要求驳回指控，因为起诉书没有充分告知被告人被指控的性质和原因。如果严重侵犯被告人的权利使被告人享有的公平审判权利受到严重威胁，动议甚至可以要求这是错审，以停止正在进行的审判。〔2〕其二，在刑事上诉审程序中对于刑事辩护权利受到侵犯的相对人予以诉讼救济，凡是在刑事诉讼过程中犯罪嫌疑人及被告人没有被告知其刑事辩护权利或者刑事辩护权利受到侵犯，那么，就可以作为法定的上诉理由提出上诉。在德国，联邦上诉法院在1992年的判例中确立了未

〔1〕杨海坤：“中国走向宪政之路——兼论‘三个表带’理论和我国宪法发展”，载《安徽大学法律评论》2001年第0期。

〔2〕［美］爱伦·豪切斯泰勒·斯黛丽、南希·弗兰克：《美国刑事法院诉讼程序》，陈卫东、徐美君译，中国人民大学出版社2002年版，第76页。

告知辩护权利而获得的供述不具可采性的原则，除非有证据表明被告人已经被告知沉默权，或是被告人不反对在审判时引用其供述。〔1〕其三，如果公民的刑事辩护权利受到侵犯但在刑事诉讼中没有提出或者提出却没有得到任何司法救济时，可以以自身的宪法权利受到侵犯为理由提起违宪诉讼，从而启动侵犯公民宪法权利的非常救济诉讼机制。在对公民刑事辩护权利进行救济的同时，必然会就专门机关侵犯公民刑事辩护权利的行为予以程序性制裁乃至实体性制裁。例如在加拿大，《权利与自由大宪章》针对那些侵犯公民宪法性权利的行为确立了两种专门的救济途径，其中之一所提供的救济就包括休庭、撤销、诉讼终止、减轻刑罚、民事赔偿等，最重要的救济手段是诉讼终止形式。〔2〕

二、我国刑事辩护权利设置及保障机制存在的主要问题

宪法作为根本法，通过最高效力的法律规范来保障基本法律和部门法律的有序运行，以实现国家法治的根本目标。作为宪法确认的保障公民基本人权之程序手段，刑事辩护权利对于实现公民实体性宪法权利的重要性不言自明。我国宪法与刑事诉讼法都规定了“国家应当尊重和保障人权”，这极大彰显了宪法保障公民权利、规范国家权力的根本精神与最高价值目标。但是，我国宪法的政治性元素较多，而技术性元素不足。宪法条文尽管存在公民有权获得辩护的一般规定，但是缺乏公民辩护权利行使的程序保障机制；宪法尽管规定被告人有权获得辩护，但其刑事辩护权利不具有真正意义的宪法地位，对于侵犯该权利的行为既没有常规的权利救济机制与制裁机制，也没有宪法层面的救济机制与制裁机制。其结果是，刑事辩护权利保障的实施效果差强人意。具体而言，我国关于公民刑事辩护权利设定及其保障机制的主要问题表现在以下方面：

（一）刑事辩护权利不具有宪法地位

我国宪法虽然存在刑事被告人有权获得辩护的相关规定，但这项规定并非规定在宪法中公民基本权利义务规范部分，而是规定在宪法中国家机构规

---

〔1〕［德］托马斯·魏根特：《德国刑事司法程序》，岳礼玲、温小洁译，中国政法大学出版社2004年版，第81页。

〔2〕陈瑞华：《程序性制裁理论》，中国法制出版社2005年版，第511页。

范部分，且仅仅局限于法院审判工作原则的层面，缺乏作为刑事被告人程序基本权的宪法效力，因而无法发挥其应有的效能。而且，刑事辩护权利没有被作为独立完整的宪法权利加以看待并予以确认。由此，带来的后果表现在：其一，刑事辩护权利的宪法特性未能得到体现，其宪法意义难以得到彰显，权利实现自然难以得到普遍尊重和全面保障。宪法作为根本法，不仅具有最高效力，而且明确记载宪法内容中公民人权的终极性与最高性质，蕴含着要求所有法律都必须充分尊重和切实保障公民人权的根本宗旨。“成文宪法以及通过法院确保制定法服从那些宪法，代表了具有深厚哲学根基的创新。从最遥远的时代开始，人类就早已寻求创立或者发现一种法律的等级体系，并保证遵从这一等级体系。”“法律变化，而法则应长存，并须符合社会的基本价值：一部与高级法相抵触的法律根本就不是法律。”〔1〕宪法在法律体系中处于最高位阶，宪法规定是所有法律规定的根本依据，所有法律法规均不得与宪法抵触，否则构成无效。刑事辩护权利性质不清、地位不明，其宪法意义就不可能得到彰显。其二，刑事诉讼法的基本法功能难以体现。刑事诉讼法之所以成为基本法就在于它架设了协调和统一宪法与刑法目的的唯一制度管道以兼顾惩罚犯罪与保障人权。而保障人权的目的需要通过完整的刑事辩护权利法律规范加以落实。正是在这个意义上，人们指出：刑事诉讼的进化历史也可以说是辩护权发展的历史。〔2〕刑事辩护权利没有升格为宪法权利而仅仅通过刑事诉讼法加以规定，致使侵犯该权利的行为无法从宪法角度加以评价和认定，不但失去刑事辩护权利的宪法救济功能，而且直接动摇刑事诉讼法的基本法地位。其三，从实际情况看，我国刑事辩护权利具体行使困难重重与其宪法地位阙如紧密相关。刑事辩护权利的有效行使和切实保障往往会成为国家惩罚犯罪的法律底线与不可逾越的法律边界，而且构成刑事正当程序的重要组成部分。“宪法作为国家的根本法有其自身的实施机制。如果不靠这种机制发挥作用，宪法照样可成为一纸具文。近现代宪法发展的历史经验表明，宪政制度的建立很大程度上依赖于宪法实施保障机制的建立。”〔3〕有

〔1〕［意］莫诺·卡佩莱蒂：《比较法视野中的司法程序》，徐昕、王奕译，清华大学出版社 2005 年版，第 158 页。

〔2〕［日］田口守一：“刑事辩护制度”，载［日］西原春夫：《日本刑事法的形成和特色》，李海东译，中国法律出版社 1997 年版，第 432 页。

〔3〕蔡定剑：“中国宪法实施的私法化之路”，载《中国社会科学》2004 年第 2 期。

学者也指出："现代国家已越来越倾向于承认一种拘束立法的高级法，在这种宪政精神中，对基本权利的司法保护居于核心地位。"[1]既然宪法以尊重和保护公民基本人权为最终价值目标，而刑事辩护权利作为公民基本人权的重要组成部分，就应当在宪法中确认其应有的地位和作用，并构建与维护公民刑事辩护权利保障的具体路径与实施机制。

（二）刑事辩护权利设置与刑事辩护权利国际标准有较大差距

在现代法治社会，刑事辩护权利已经发展为集条件性权利、手段性权利、保障性权利于一体的广泛诉讼权利的集合体。刑事辩护条件性权利是指为行使辩护手段性权利进行准备的权利体系，诸如会见权、通信权、调查取证权、阅卷权或证据开示权等；刑事辩护手段性权利是指直接针对追诉、指控进行辩护的权利，诸如陈述权、反驳权、质证权、举证权、辩论权等；刑事辩护保障性权利是指保障犯罪嫌疑人、被告人及其律师在诉讼中的人身权利、诉讼权利不受侵犯的权利，诸如保释权、沉默权、律师在场权、非法证据排除权等。[2]在我国刑事辩护条件性权利体系中，现行刑事诉讼法规定侦查机关在首次讯问犯罪嫌疑人或对其采取强制措施时，应当告知犯罪嫌疑人有权委托辩护人；在审查起诉和审判阶段，人民检察院及人民法院在受理案件 3 日之内应当告知犯罪嫌疑人、被告人有权委托辩护人，但缺乏不履行告知、不履行解释义务行为的法律后果规定。《刑事诉讼法》第 37 条第 4 项规定"辩护律师会见在押的犯罪嫌疑人、被告人，可以了解案件有关情况，提供法律咨询等；自案件移送审查起诉之日起，可以向犯罪嫌疑人、被告人核实证据"。这表明侦查阶段辩护律师可以行使会见权，但由于该条文意思表达不明确，有人认为侦查阶段辩护律师不能核实证据，从而引发侦查阶段辩护权利内容的争议。龙宗智教授对此指出："嫌疑人、被告人在庭前知悉与案件相关的证据信息，是其自行辩护的必要条件，属于其辩护权的当然构成，辩护律师向当事人核实包括人证在内的证据信息，是有效行使辩护权的需要。"[3]调查取证权对此规定需要征得证人同意才能进行，使得该权利行使存在诸多障碍，而且其禁止条件规定为"辩护人或者其他任何人，不得帮助犯罪嫌疑

---

〔1〕 参见［美］约瑟夫·威勒：《欧洲宪政》，程卫东等译，中国社会科学出版社 2003 年版，第 103 页。

〔2〕 顾永忠等：《刑事辩护国际标准与中国实践》，北京大学出版社 2012 年版，第 65~66 页。

〔3〕 龙宗智："辩护律师有权向当事人核实人证"，载《法学》2015 年第 5 期。

人、被告人隐匿、毁灭、伪造证据或者串供，不得威胁、引诱证人作伪证以及进行其他干扰司法机关诉讼活动的行为”。由于对其具体行为缺乏准确界定而使得该权利行使存在极大的不确定性，从而带来辩护人被定罪的巨大风险。《刑事诉讼法》第38条规定：“辩护律师自人民检察院对案件审查起诉之日，可以查阅、摘抄、复制本案的案卷材料。其他辩护人经人民法院、人民检察院许可，也可以查阅、摘抄、复制上述材料。”该条文表明辩护律师阅卷权行使的时间起点是在移送审查起诉后，那么侦查阶段能否行使阅卷权就成为争议内容。同时，由于没有规定人民检察院将全部案卷材料向辩方开放，也没有规定人民检察院向人民法院移送所有案卷材料，因而难以防止检察官将关键材料滞留于人民检察院而隐藏证据的做法。法律没有规定控诉方向辩方全面开示证据的义务使得辩护方难以获得案件中的全部信息资料。刑事辩护中的手段性权利在审判阶段彰显比较充分，但侦查阶段和审查起诉阶段仍然存在诸多不足。“无论是宪法性原则要求的平衡和保障，还是被追诉人程序主体地位甚或公平审判原则之理念，均要求审前程序建立和健全辩护制度。审前程序的辩护制度建立和健全，不但有利于保障诉讼人权，使审前程序合目的性进行，同时，也可能有助于发现真实。”〔1〕由于在我国刑事审判中，证人出庭作证的比例非常低，从而导致被告人的质证权利难以全面实现；刑事辩护中的保障性权利实现存在更多困难，因为我国强制措施本质上是一项国家职权，公民只能行使请求权而没有司法救济权；沉默权与律师在场权在刑事诉讼法中还处于空白状态，而非法证据排除尽管已经有较明确的法律依据，但现实中非法证据被排除的案件非常罕见。通过比较可以看出，我国刑事辩护权利与国际标准还存在着较大差距。

（三）刑事辩护主体权利差别待遇违反宪法的平等精神

我国刑事辩护专门划分了律师辩护人与非律师辩护人两种类型，但在权利规定方面却存在显著差异。对于律师辩护人而言，三项核心辩护权利在新刑事诉讼法中得到了明确具体规定。其一，不需要经过批准只凭借“三证”就可以进行无障碍会见；其二，自案件移送审查起诉之日起，可以行使阅卷权；其三，享有收集证据权和申请调取无罪证据权。但是，非律师辩护人会见和阅卷必须经过批准，而且不享有收集证据和申请调取无罪证据的权利。

---

〔1〕 管宇：“审前程序律师辩护权必要性解析”，载《政法论坛》2010年第1期。

对刑事辩护权利规定采取差别对待的做法有违宪法的平等精神，尽管具体司法实践中非律师辩护的案件在所有案件中占的比例较低。或许是考虑到非律师辩护人主要是犯罪嫌疑人、被告人的家人或亲友，由其担任辩护人有可能影响乃至威胁到刑事侦查、证据保全乃至犯罪嫌疑人到案等程序顺利进行。但辩护权利属于宪法和基本法规定的公民基本人权，具有普遍性与绝对性，不能仅仅因为行使主体差异而进行区别对待。非律师辩护人在辩护过程中为使被告人逃避惩罚可能进行隐匿证据、伪造证据等行为，但这些行为已经作为伪证罪主体通过刑法加以规定，如果发生此类行为将会受到刑罚制裁。仅仅因为非律师辩护人可能影响刑事司法进行而限制其辩护权利的做法不合法理，更为严重的是侵害了犯罪嫌疑人、被告人平等享有刑事辩护的宪法权利。1979 年《刑事诉讼法》规定被追诉人的亲友等非律师可以担任辩护人，是基于当时律师数量少、法律专业化分工不够细致、法制尚不够健全等历史背景而作出的不得已选择，在当时对于保障犯罪嫌疑人、被告人的辩护权具有积极意义。目前，中国律师数量已经从 1979 年的几千人增加到几十万人，而且，随着中国高等院校的法学院培养的学生数量的增加与质量的提高，特别是司法考试的推行以及法律服务市场的良性发展，可以合理地预见，中国律师的数量会越来越多，符合刑事辩护资格条件的律师数量也相应会增加。所以，从律师当前的数量及其以后的增长趋势看，取消非律师担任辩护人的规定，在中国建立刑事辩护律师准入制度的条件已经成熟。〔1〕亦即，为全面保障公民的刑事辩护权利，必须实施刑事辩护职业律师垄断制度。为此，需要废除非律师辩护的相关规定，全面统一刑事辩护权利的行使。

（四）有效辩护不足阻碍刑事辩护权利全面实现

刑事辩护权利作为公民基本人权实现之重要手段，其宪法意义不证自明。有学者研究指出："在当今世界，一个没有律师帮助的贫穷被告人，即使完全是无辜的，也面临着被不正当定罪的风险。"〔2〕国家刑事司法活动的展开直接影响、干预乃至威胁着公民人权的实现，因此需要宪法和刑事诉讼法对公民刑事辩护权利予以全面保障，不仅需要实施全面的刑事法律援助以保证在

---

〔1〕 冀祥德："中国刑事辩护若干问题分析"，载《中国司法》2011 年第 7 期。

〔2〕［美］阿希尔·里德·阿马：《宪法与刑事诉讼基本原理》，房保国译，中国政法大学出版社 2006 年版，第 262 页。

所有的刑事案件中都有律师为犯罪嫌疑人和被告人提供辩护，而且需要辩护经验丰富的律师参与并提供真正有效的法律帮助，这是实现公民刑事辩护权与公正审判权等宪法权利的基本途径及重要措施。有效辩护包括三层含义：一是犯罪嫌疑人、被告人作为刑事诉讼的主体享有充分的辩护权；二是在刑事诉讼中，应当准许犯罪嫌疑人、被告人聘请合格辩护人为其全程辩护；三是国家应当保障犯罪嫌疑人、被告人自行辩护权的充分行使，设立法律援助制度，确保犯罪嫌疑人、被告人获得律师帮助。[1]有效辩护的最低要求是应当首先保证有位足够胜任的律师为其提供法律帮助，其次是提供法律帮助与没有提供法律帮助相比较效果明显。联合国《公民权利和政治权利国际公约》中第4条第3款规定："任何受到刑事指控的人被告知有权获得法律援助是一项最低的人权保障措施；被告人有权在'司法利益有法律援助需要'的案件中获得为他指定的法律援助。"世界各国在为本国犯罪嫌疑人、被告人提供法律帮助方面做出了卓有成效的努力，享有免费法律帮助的被追诉者比例越来越大。在英国，随着《1949年法律咨询与援助法》的颁布，刑事法律援助的对象和范围进一步扩大，从开始的为经济贫困者提供法律援助转向为除此以外的其他相对贫弱者提供法律援助。1996年有95%的被告人在刑事上诉法院得到了法律援助。在美国，《美国联邦宪法》第6条明确规定："每位公民在涉及刑事诉讼的情况下，特别是以犯罪嫌疑人或被告人的身份受到审查时，都有权请求律师帮助。"1961年美国联邦最高法院规定，如果当事人没有钱请律师，政府要负责为其提供律师。在这之后，刑事法律援助的对象进一步扩大，从早期援助的下层黑人、贫困线以下的穷人、外国移居美国的贫民转向近年来因种种意想不到的困难而沦为破产者或贫困者的中下层人士。在德国，刑事法律援助的对象主要是在经济上被部分剥夺或剥夺基本社会权利的人，或者是因经济困难无力聘请律师或无力支付诉讼费用的中产阶级或普通工人。在日本，随着新宪法的实施，将保障刑事犯罪嫌疑人和被告人获得律师帮助的权利作为一项宪法权利规定其中，特别是第一次将贫困被告人的法律援助规定为一项宪法权利，推动了1948年《刑事诉讼法典》关于刑事法律援助对象的立法：即任何被告人，只要依申请，都可以获得由法庭指定的律师；并规定被告人可能被判处死刑、终身监禁、单处3年以下监禁刑或并处惩役的，

---

〔1〕 参见宋英辉：《刑事诉讼原理》，法律出版社2007年版，第112页。

如果没有辩护律师的参加，法庭审判活动将不能进行。[1]

我国2012年修改的《刑事诉讼法》将刑事法律援助对象确定为五类：①犯罪嫌疑人、被告人因经济困难或者其他原因没有委托辩护人的；②犯罪嫌疑人、被告人是盲、聋、哑人而没有委托辩护人的；③犯罪嫌疑人、被告人是尚未完全丧失辨认或者控制自己行为能力的精神病人而没有委托辩护人的；④犯罪嫌疑人、被告人可能被判处无期徒刑、死刑，没有委托辩护人的；⑤未成年犯罪嫌疑人、被告人。与其他国家相比较，我国刑事法律援助对象范围比较狭窄，法律援助案件比例较低。“以全国而论，在2007年，指定辩护的案件占全部刑事案件的比例仅有12.7%。这意味着，大部分被告人缺乏律师辩护。”[2]同时，我国刑事法律援助的配套制度尚不完善，一方面，刑事法律援助经费不足，庞大的法律援助需求与有限的法律援助资源之间存在着突出的矛盾；另一方面，实施法律援助的主体是政府和律师，但实践中更多由律师承担法律援助的义务，政府主要履行监管职责，由于刑事法律援助回报低、要求高，律师往往被迫接受法律援助任务，因此消极辩护情况普遍存在，致使刑事法律援助效果差强人意。从具体司法实践情况来看，我国有效辩护资源严重不足阻碍着公民刑事辩护权利的全面实现。其一，我国接近三分之二的刑事案件没有律师为其提供辩护，只有犯罪嫌疑人、被告人自己辩护[3]；其二，由于我国还未根据刑事案件的严重程度实施相应的刑事辩护律师的执业准入制度，刑事辩护律师良莠不齐，甚至没有任何执业经历和法律经验的律师也在参与刑事法律援助，不可避免会导致律师辩护形式化、走过场。20世纪90年代后，我国逐渐加大了在刑事法律援助方面的投入。但与其他国家相比，我国刑事法律援助范围与援助数量十分有限，据统计，在2009年全国法律援助办案量增长17.2%的情况下，刑事法律援助案件总数比2008年反而下降了1.9%[4]。刑事辩护权利作为公民宪法权利属于核心诉讼权利，而且

---

〔1〕参见胡莲芳、叶扬：“刑事法律援助对象研究——兼析我国新刑事诉讼法对法律援助规定之局限及完善”，载顾永忠主编：《刑事法律援助的中国实践与国家视野》，北京大学出版社2013年版，第198~199页。

〔2〕左卫民、马静华：“刑事法律援助改革试点之实证研究”，载《法制与社会发展》2013年第1期。

〔3〕参见龙宗智：《徘徊于传统与现代之间》，法律出版社2005年版，第61页。

〔4〕参见国家司法部：“2009年全国法律援助工作统计分析”，载《中国法律援助》2010年第6期。

是实现公民基本人权保障的重要手段，必须通过国家宪法和法律予以有效保障。如果犯罪嫌疑人、被告人没有委托辩护人，政府应当提供国家公设辩护人为其提供法律帮助，这是实现法律面前人人平等宪法精神的制度要求[1]，也是贯彻有效辩护原则与“平等武装”刑事司法国际准则的基本体现。世界主要法治国家也大都正在或已经实施保证绝大多数被追诉人能够得到法律帮助的强制辩护制度。我国经济建设已取得巨大成就，国家财政实力正在逐步增强，完全有能力实施普遍意义上的法律帮助。实际上，由政府提供免费的刑事法律援助已经成为国际公约的重要内容与各成员国必须切实履行的基本义务。刑事辩护权利的实现完全依靠公民自己进行既不合理，也不现实。由国家财政提供支持获得法律帮助是实现公民基本人权保障和普遍意义上的社会公平正义的现实需要。

（五）刑事辩护权利受到侵犯缺乏有效的司法救济机制与程序制裁机制

德国学者哈贝马斯指出：“个人的受法律保护的权利，具体体现为一些基本权利中，它们为要求建立一个进行独立、公正审判的司法机构提供了理由。就此而言，这些权利预设了建立一个由国家来组织的法院系统，这个系统要对法律争端进行权威裁决，要求国家有制裁权威；要保护和发展法律，要求国家有组织能力。”[2]实际上，早在古罗马时就流行有权利、必有救济的法律谚语。尽管我国刑事诉讼制度日益进步完善，却少有公民的刑事辩护权利受到侵犯时的司法救济机制与对于侵犯公民刑事辩护权利违法行为的程序制裁机制，由此导致司法实践中出现刑事辩护权利受到侵犯难以对其进行任何诉讼救济的困境。陈瑞华教授曾批评指出，“现行刑事诉讼法由于立法技术和立法体例上存在着一系列的严重缺陷，使得程序性违法行为不仅得不到有效的预防，反而有可能受到一定的纵容。”[3]问题症结在于“我国刑事程序规则的最大缺陷，就是实体性规则和相应的实施性规则都不完善”。[4]特别严重的是，相当多的程序规则没有违法后果的程序制裁机制，他们既无操作性，

---

〔1〕［加］艾琳·斯金奈德：“国家提供法律援助的责任”，司法部法律援助中心译，载司法部法律援助中心组织：《各国法律援助理论研究》，中国方正出版社1999年版，第299~302页。

〔2〕［德］哈贝马斯：《在事实与规范之间——关于法律和民主法治国的商谈理论》，童世骏译，生活·读书·新知三联书店2004年版，第165页。

〔3〕陈瑞华：《程序性制裁理论》，中国法制出版社2005年版，第19页。

〔4〕锁正杰：《刑事程序的法哲学原理》，中国人民公安大学出版社2002年版，第46页。

又无强制力保证。耶林曾说，背后没有强力的法治，是一个语辞矛盾——“不发光的灯，不燃烧的火”〔1〕。《刑事诉讼法》第47条规定：“辩护人、诉讼代理人认为公安机关、人民检察院、人民法院及其工作人员阻碍其依法行使诉讼权利的，有权向同级或上一级人民检察院申诉或者控告。人民检察院对申诉或者控告应当及时进行审查，情况属实的，通知有关机关予以纠正。”该条文是对辩护权受到侵害的救济规定，不过，它与法治国家辩护权救济规定不同。法治国家公民辩护权受到侵害通过司法救济而实现，我国则通过向检察机关或上一级检察机关申诉予以救济。当刑事辩护权利受到限制、干预和剥夺的时候，人民检察院通过审查并通知具体机关予以纠正究竟能够发挥多大作用需要进行实证研究。实际上，检察机关在诉讼中既承担控诉职责又要行使法律监督权，身兼相互矛盾的角色如何保证其真正秉承客观理性行事而不只是单单追求成功胜诉的结果还缺乏基本制度保障。如果依照规定检察机关已经通知纠正，专门机关没有纠正或者拒绝纠正时应当承担何种法律后果缺乏相应法律规定，已经侵犯的权利采取何种救济措施以及制裁措施也没有任何规定。《刑事诉讼法》第227条规定，第二审人民法院发现第一审人民法院的审理有剥夺或者限制了当事人的法定诉讼权利，或其他违反法律规定的诉讼程序情形的，应当作出撤销原判，发回原审人民法院重新审判的裁定，裁定必须以可能影响公正审判为前提条件，这里的“公正审判”往往指案件的实体结果而非程序问题。同时，宪法对刑事辩护权利的规定只有寥寥数语，使得一些极为重要的权利和原则没有上升为宪法性权利；刑事诉讼法在一系列制度设计中没有按照宪法的要求，将刑事辩护权利置于具体的程序规范之中；对于程序性违法也不是从维护宪法尊严和保障权利的角度来建立有效的权利救济制度。由此，刑事辩护权利被侵犯在现有的刑事司法运行机制中乃至宪法实施中无法得到及时补救，侵犯刑事辩护权利的违法行为也不会受到任何法律制裁，这些都可能导致刑事辩护权利陷入受到侵犯时得不到任何救济的法律困境。

---

〔1〕［美］罗庞德：《通过法律的社会控制——法律的任务》，沈宗灵、董世忠译，商务印书馆1984年版，第17页。

三、准确界定刑事辩护权利的宪法地位并努力完善其权利体系及实施机制

（一）通过宪法修改明确刑事辩护权利的宪法属性

在现代法治国家中，“宪法基本权利规范对刑事法目的的拘束效力具有规范视角和功能面向的双重依据。一方面，宪法规范对部门法产生拘束效力是一国统一的法律秩序得以维持的根本保证，宪法基本权利规范对刑事法目的的拘束效力是宪政法治原则的必然要求；另一方面，宪法基本权利规范对刑事法目的具有价值形成和功能定位的作用，宪法基本权利规范对刑事法目的的型塑和规制使得以报应为目的的刑事法具有了保障人权尤其是犯罪人人权以及限制国家刑罚权恣意和专断的宪政精神和品质，从而有利于刑事法制良性发展，有利于宪法与刑事法的沟通与和谐共生。宪法基本权利规范对刑事法目的的拘束力乃宪法基本权利规范对刑事法目的之形成、作用发挥及合宪性审查的全过程所产生的形式和实质上的规制效力。”[1]实际上，现代法治国家无不将公民基本人权保障通过本国宪法加以规定，对于公民人权加以详细记载本身就宣示着国家法治的根本宗旨与最终目的。刑事辩护权利进入宪法领域具有重大的宣传示范意义，能够彰显刑事辩护权利对于公民个人基本人权保障的重要性和基础性，提出了全社会都必须切实尊重和保障公民个人刑事辩护权利的宪法要求；不仅如此，刑事辩护权利进入宪法领域还具有极其重要的规范适用功能，要求基本法乃至一切部门法的实施必须以宪法为根据和准绳，不得与宪法关于公民个人权利保障的规定有任何抵触。我国在推进社会主义国家法治建设的伟大进程中，应当借鉴世界各国的先进经验，将刑事辩护权利作为公民的程序基本权利列入宪法，同时，积极推进宪法司法化进程，将宪法实施作为国家法治建设的重要步骤加以具体落实。

（二）刑事辩护权利体系需要持续完善

刑事辩护权利作为捍卫公民实体性宪法权利的重要手段，属于宪法规定的公民基本人权谱系中的关键权利。宪政与法治必然要求国家宪法与刑事诉讼法真正做到国际公约所要求的当任何人受到不利于自己的指控时能够得到“辩护所需之一切保障”的最低要求，为此，必须持续推进我国刑事辩护权利

---

〔1〕 宦吉娥：“宪法基本权利规范对刑事法目的之拘束效力研究”，载《法学评论》2012 年第 1 期。

体系的充实完善。新刑事诉讼法规定的公民刑事辩护权利内容广泛，其中的会见通信权、阅卷权与收集证据权三项辩护权利乃是刑事辩护条件性权利体系中的核心权利。不过，这三项核心辩护权利的具体行使在我国各个诉讼阶段存在着诸多折扣乃至陷阱。有学者为此指出，对法律条文进行合理解释就成为防范刑事辩护权利虚化和异化的防线。[1]会见权应当提前到任何公民一旦受到刑事指控时而不是现行法规定的第一次讯问之时或采取强制措施之日，而且专门机关必须履行相应告知义务并承担没有告知的消极性法律后果；阅卷权行使应当延伸到侦查阶段并赋予专门机关证据开示义务以保障辩护律师获得所需辩护之一切材料；调查取证权应当取消征得同意字样的规定，明确细化禁止条款的含义和内容。此外还应落实刑事辩护权利中的手段性权利，尤其应当确保其质证权利的充分实现；改革完善刑事辩护权利中的保障性权利体系，确立沉默权规则与讯问律师在场规则，完善非法证据排除规则的实施机制与程序制裁机制。实际上，刑事辩护权利可以划分为消极性权利和积极性权利两种类型。消极性权利是指犯罪嫌疑人、被告人有权拒绝配合国家专门机关指控自己的权利。亦即，任何人都有拒绝强迫作不利于自己陈述的权利和始终保持沉默的权利，是否配合专门机关的调查，完全取决于公民个人的自愿。积极性权利是指公民个人有权为自己辩护或者由他的辩护律师为其辩护并维护其合法权益的诉讼活动。既然刑事辩护权利属于宪法权利，就应当在宪法层次上规定任何人都不得强迫自己证实有罪，赋予犯罪嫌疑人、被告人沉默权。在改革完善我国刑事辩护权利体系的基础上，实施不同刑事案件辩护律师准入制度与普遍意义上的法律援助制度，为一切没有律师辩护的犯罪嫌疑人和被告人提供免费的而且是有效的法律帮助。

（三）建立公设辩护人制度并着力提升刑事辩护的普遍性与有效性

刑事辩护权利作为宪法权利中的保障性或手段性权利对于保障公民基本人权具有关键意义，因而人人都应当享有同等的辩护权而不允许进行差别性的制度安排。我国一方面允许公民聘请非律师辩护人为其辩护，但另一方面又对非律师辩护人的具体辩护权利进行限制的做法不符合公民辩护权利均受宪法保障的基本精神。基于此，首先，应当建立刑事辩护律师准入制度。鉴

---

〔1〕 参见汪海燕：“合理解释：辩护权条款虚化和异化的防线”，载《政法论坛》2012年第6期。

于非律师辩护人的专业知识、辩护技巧与实践经验有限，难以为犯罪嫌疑人、被告人提供全面有效的刑事辩护，而且其与被追诉者存在着千丝万缕的联系，还可能影响刑事诉讼程序的进行。我国应当借鉴法治国家的经验，建立刑事辩护的律师准入制度以保证所有涉及刑事诉讼的公民都能够得到全面有效的法律帮助继而实现其宪法权利。其次，应当建立公设辩护人制度。鉴于犯罪嫌疑人、被告人中的绝大多数都是贫困者，并无足够的财力聘请律师为其辩护的客观现实情况，为他们提供免费的法律援助以实现其刑事辩护的宪法权利就逐渐成为一项义不容辞的国家义务。“公设辩护人制度建立的正当性基础在于：实现公民律师辩护权、兑现国家刑事法律援助义务以及矫正辩护服务的过分商品化。”〔1〕而公设辩护人是“代表国家履行刑事法律援助职责的国家机关工作人员，公设辩护人这种身份就体现了法律援助的国家责任”。〔2〕《公民权利和政治权利国际公约》第 14 条第 3 款的第 4 项规定了被追诉者获得法律帮助的权利：“出席受审并亲自替自己辩护或经他自己所选择的法律援助进行辩护，如果他没有法律援助，要通知他享有这种权利；在司法利益有此需要的案件中，为他指定法律援助，而在他没有足够能力偿付法律援助的案件中，不要他自己付费。”《关于律师作用的基本准则》提出，各会员国政府应当确保向贫困者和在必要时向其他弱势群体提供获得法律服务所必需的基金和其他资源。各会员国政府和律师协会应当促进有关的方案，使公众了解法律赋予他们的权利和义务，以及了解律师在保护他们基本自由方面所起的重要作用。应特别注意向贫困者和其他弱势群体给予帮助，使他们得以维护自己的权利和必要时请求律师协助。作为国际社会大家庭的成员，主权国家如何兑现自己所承担的刑事法律援助义务就成为现代国家对法治的基本承诺，世界各国根据自身政治结构、司法体制、社会文化、法律传统等地方性因素已经建立起符合其国情的刑事法律援助提供模式。从整体上看，这些模式主要有三种类型：指定律师制度、合同制度与公设辩护人制度，前二者属

---

〔1〕 吴羽：“比较法视域中的公设辩护人制度研究——兼论我国公设辩护人制度的建构”，载《东方法学》2014 年第 1 期。

〔2〕 汪海燕：“贫穷者如何获得正义——论我国公设辩护人制度的构建”，载《中国刑事法杂志》2008 年第 3 期。

于私人律师模式，后者属于公职律师模式。[1]如果对三种类型的法律援助提供模式进行比较，较具优势的是公设辩护人制度。我国目前无论是从制度体制层面、经济层面还是人才层面，都已经为构建公设辩护人制度做好了准备。根据我国台湾地区公设辩护人制度的经验，公设辩护人属于司法人员，待遇与法官、检察官等同，不收受被告任何报酬。一方面，公设辩护人能主动收集被告无罪或者罪轻的证据；另一方面，公设辩护人的存在也能提醒侦查机关、检察机关全面、合法地收集证据。公设辩护人积极进行辩护，在维护被追诉者合法权益的过程中促使法官作出公正的裁决。公设辩护人制度有助于控辩双方平等对抗，保证被追诉人充分、有效地参与到刑事诉讼过程中，并且对国家权力进行制衡和约束。最后，全面建立有效辩护制度。为真正落实国家的法律援助义务与公民的刑事辩护宪法权利，必要建立有效辩护制度。从实体层面来看，有效辩护可以保证裁判结果的准确性，防止冤假错案，继而提高裁判结果的可接受性，实现司法公正；从程序层面来看，有效辩护可以促进程序的正当性，维护平等司法，继而遏制公权力的滥用。

（四）完善侵犯刑事辩护权利的司法救济机制与程序制裁机制

“权利救济之大端莫过于宪法救济。”[2]公民个人刑事辩护权利的完全实现不仅取决于该权利完整地进入国家宪法和法律领域，建立整套的刑事辩护权利的实施机制，而且必须建立整套的刑事辩护权利受到限制、干预甚至剥夺的司法救济机制与侵权行为的程序制裁机制。我国刑事辩护权利行使情况很不理想的重要原因就在于宪法和法律中没有基本的司法救济机制和违法行为的程序制裁机制，致使刑事司法中基本人权保障效果差强人意。“传统的宪法权利依赖于普通法来保障的方式也越来越不能适应要求，宪法权利的司法化、宪法权利的可诉性和直接效力也越来越成为时代关注的主题。”[3]要将公民个人的刑事辩护权利真正落实，我国需要在宪法层面构建违宪审查制度，赋予公民个人因为基本人权遭到侵犯并穷尽普通救济手段时可启动非常诉讼机制的权利以保证宪法权利完全实现；其次，需要在刑事诉讼法中建立完整

〔1〕谢佑平、吴羽：“公设辩护人基本属性与独立性探析”，载顾永忠主编：《刑事法律援助的中国实践与国家视野》，北京大学出版社 2013 年版，第 171 页。

〔2〕程燎原、王人博：《权利及其救济》，山东人民出版社 1998 年版，第 374 页。

〔3〕杜承铭等：《社会转型与中国宪法自由权制度的完善》，北京大学出版社 2005 年版，第 230~231 页。

的刑事辩护权利实施机制，包括刑事辩护权利的告知、刑事辩护权利的具体行使与刑事辩护权利的司法救济机制与侵犯公民个人刑事辩护权利的违法行为的程序制裁机制。凡是刑事辩护权利没有被专门机关正式告知，被专门机关限制、干预或剥夺，都构成对公民个人宪法权利的重大侵犯，所进行的诉讼程序无效，所收集的证据必须排除，严重侵犯公民个人刑事辩护权利的刑事案件必须无条件撤销，从而产生诉讼终止的后果；同时，通过实体制裁的方式对于侵犯公民个人刑事辩护权利的违法行为加以处理。国家刑事法治不但需要将刑事辩护权利确定为宪法性权利，更为重要的是明确这些宪法权利遭到侵犯时应如何制裁与补救。如果只规定权利而没有相应的救济措施和制裁机制，宪法所赋予公民的基本权利就会变成“空中楼阁”。因此，必须确认宪法的法律属性，所有条款都应当具备法律所必备的规范适用功能、救济功能与制裁功能。通过构建刑事诉讼法层面与宪法层面的刑事辩护权利救济机制与制裁机制，全面有效实现对公民刑事辩护权利的保障。

主要参考文献

一、中文著作类

1. 苗东升:《系统科学原理》，中国人民大学出版社 1990 年版。
2. 吴增基等:《现代社会学》，上海人民出版社 1997 年版。
3. 苏国勋等主编:《社会理论的诸理论》，上海三联书店 2005 年版。
4. 赵震江主编:《法律社会学》，北京大学出版社 1998 年版。
5. 王海明:《新伦理学》，商务印书馆 2001 年版。
6. 严强等:《宏观政治学》，南京大学出版社 1998 年版。
7. 王健文主编:《政治与权力》，中国大百科全书出版社 2005 年版。
8. 韦庆远、柏桦编:《中国政治制度史》（第 2 版），中国人民大学出版社 2005 年版。
9. 卓泽渊:《法政治学》，法律出版社 2005 年版。
10. 佟德志:《在民主与法治之间》，人民出版社 2006 年版。
11. 张千帆等:《宪政、法治与经济发展》，北京大学出版社 2004 年版。
12. 刘海波:《政体初论》，北京大学出版社 2005 年版。
13. 胡水君:《法律的政治分析》，北京大学出版社 2005 年版。
14. 马长山:《国家、市民社会与法治》，商务印书馆 2001 年版。
15. 杨心宇主编:《现代国家的宪政理论研究》，上海三联书店 2004 年版。
16. 季卫东:《宪政新论》，北京大学出版社 2002 年版。
17. 袁祖社:《权力与自由》，中国社会科学出版社 2003 年版。
18. 顾肃:《自由主义基本理念》，中央编译出版社 2003 年版。
19. 夏勇:《中国民权哲学》，生活 · 读书 · 新知三联书店 2004 年版。
20. 王人博、程燎原:《法治论》，山东人民出版社 1989 版。
21. 程燎原、江山:《法治与政治权威》，清华大学出版社 2001 年版。

22. 汪太贤：《西方法治主义的源与流》，法律出版社 2001 年版。
23. 沈宗灵：《现代西方法理学》，北京大学出版社 1992 年版。
24. 钱福臣：《美国宪法生成的深层背景》，法律出版社 2005 年版。
25. 季卫东：《法治秩序的建构》，中国政法大学出版社 1999 年版。
26. 易延友：《沉默的自由》，中国政法大学出版社 2001 年版。
27. 龚祥瑞：《比较宪法与行政法》，法律出版社 1985 年版。
28. 曾宪义：《中国法制史》，中国人民大学出版社 2000 年版。
29. 何勤华：《外国法制史》，法律出版社 2001 年版。
30. 李交发：《中国诉讼法史》，中国检察出版社 2002 年版。
31. 瞿同祖：《中国法律与中国社会》，中华书局 1981 年版。
32. 易建平：《部落联盟与酋邦——民主、专制、国家：起源问题比较研究》，社会科学文献出版社 2004 年版。
33. 张晋藩：《中国法律的传统与近代转型》，法律出版社 2005 年版。
34. 韩秀桃：《司法独立与近代中国》，清华大学出版社 2003 年版。
35. 李红海：《普通法的历史解读——从梅特兰开始》，清华大学出版社 2003 年版。
36. 何勤华主编：《法国法律发达史》，法律出版社 2001 年版。
37. 张培田、张华：《近现代中国审判检察制度的演变》，中国政法大学出版社 2004 年版。
38. 陈景良主编：《当代中国法律思想史》，河南大学出版社 1999 年版。
39. 程维荣：《中国审判制度史》，上海教育出版社 2001 年版。
40. 梁治平：《法律的文化解释》，生活・读书・新知三联书店 1994 年版。
41. 刘作翔：《法律文化理论》，商务印书馆 1999 年版。
42. 公丕祥：《法制现代化的挑战》，武汉大学出版社 2006 年版。
43. 张中秋：《比较视野中的法律文化》，法律出版社 2003 年版。
44. 武树臣：《中国传统法律文化》，北京大学出版社 1994 年版。
45. 马小红：《礼与法：法的历史连接》，北京大学出版社 2004 年版。
46. 陈弘毅：《法治、启蒙与现代法的精神》，中国政法大学出版社 1998 年版。
47. 陈弘毅：《法理学的世界》，中国政法大学出版社 2003 年版。
48. 高道蕴等主编：《美国学者论中国法律传统》（增订本），清华大学出版社 2004 年版。
49. 强世功：《法制与治理——国家转型中的法律》，中国政法大学出版社 2003 年版。
50. 左卫民等：《变迁与改革——法院制度现代化研究》，法律出版社 2000 年版。
51. 苏力：《法治及其本土资源》，中国政法大学出版社 1996 年版。
52. 何勤华等：《法治的追求——理念、路径和模式的比较》，北京大学出版社 2005 年版。
53. 吕世伦：《法理的积淀与变迁》，法律出版社 2001 年版。
54. 贺卫方：《司法的理念与制度》，中国政法大学出版社 1998 年版。

55. 尹伊君:《社会变迁的法律解释》，商务印书馆 2003 年版。
56. 张彩凤:《英国法治研究》，中国人民公安大学出版社 2001 年版。
57. 樊崇义、夏红:《正当程序文献资料选编》，中国人民公安大学出版社 2004 年版。
58. 魏宏:《法律的社会学分析》，山东人民出版社 2003 年版。
59. 何兵:《现代社会的纠纷解决》，法律出版社 2003 年版。
60. 顾培东:《社会冲突与诉讼机制》，法律出版社 2004 年版。
61. 谭世贵主编:《中国司法原理》，高等教育出版社 2004 年版。
62. 贺卫方:《运送正义的方式》，上海三联书店 2002 年版。
63. 蔡定剑:《历史与变革》，中国政法大学出版社 1999 年版。
64. 孙笑侠:《程序的法理》，商务印书馆 2005 年版。
65. 林钰雄:《刑事诉讼法》，学林文化事业出版有限公司 2001 年版。
66. 中国政法大学刑事法律研究中心编译:《英国刑事诉讼法》（选编），中国政法大学出版社 2001 年版。
67. 陈光中等主编:《联合国刑事司法准则与中国刑事法制》，法律出版社 1998 年版。
68. 陈光中主编:《21 世纪域外刑事诉讼立法最新发展》，中国政法大学出版社 2004 年版。
69. 徐静村主编:《21 世纪中国刑事程序改革研究》，法律出版社 2003 年版。
70. 樊崇义主编:《诉讼原理》，法律出版社 2003 年版。
71. 何家弘主编:《刑事司法大趋势——以欧盟刑事司法一体化为视角》，中国检察出版社 2005 年版。
72. 陈瑞华:《刑事审判原理论》，北京大学出版社 1997 年版。
73. 陈瑞华:《刑事诉讼的前沿问题》，中国人民大学出版社 2000 年版。
74. 陈瑞华:《程序性制裁理论》，中国法制出版社 2005 年版。
75. 陈瑞华:《刑事诉讼的中国模式》，法律出版社 2008 年版
76. 宋英辉主编:《刑事诉讼原理》，法律出版社 2003 年版。
77. 宋英辉:《刑事诉讼目的论》，中国人民公安大学出版社 1995 年版。
78. 宋英辉、吴宏耀:《刑事审判前程序研究》，中国政法大学出版社 2002 年版。
79. 程味秋等编:《联合国人权条约和刑事司法文献汇编》，中国法制出版社 2000 年版。
80. 左卫民:《刑事程序研究》，中国政法大学出版社 1999 年版。
81. 左卫民、周长军:《刑事诉讼的理念》，法律出版社 1997 年版。
82. 谢佑平、万毅:《刑事诉讼法原则——程序正义的基石》，法律出版社 2002 年版。
83. 谢佑平等:《刑事司法权力的配置与运行研究》，中国人民公安大学出版社 2006 年版。
84. 龙宗智:《刑事庭审制度研究》，中国政法大学出版社 2001 年版。
85. 龙宗智:《徘徊于传统与现代之间》，法律出版社 2005 年版。
86. 龙宗智主编:《宽严相济刑事政策的程序保障机制研究》，法律出版社 2011 年版。

87. 孙长永:《沉默权制度研究》，法律出版社 2001 年版。
88. 孙长永:《侦查程序与人权》，中国方正出版社 2000 年版。
89. 孙长永:《探索正当程序——比较刑事诉讼法专论》，中国法制出版社 2005 年版。
90. 陈卫东主编:《刑事诉讼法实施问题调研报告》，中国方正出版社 2001 年版。
91. 张丽卿:《刑事诉讼制度与刑事证据》，元照出版有限公司 2000 年版。
92. 万毅:《底限正义论》，中国人民公安大学出版社 2006 年版。
93. 熊秋红:《刑事辩护论》，法律出版社 1998 年版。
94. 汪海燕:《刑事诉讼模式的演进》，中国人民公安大学出版社 2004 年版。
95. 锁正杰:《刑事程序的法哲学原理》，中国人民公安大学出版社 2002 年版。
96. 梁玉霞:《论刑事诉讼方式的正当性》，中国法制出版社 2002 年版。
97. 李昌林:《从制度上保证审判独立》，法律出版社 2006 年版。
98. 史立梅:《程序正义与刑事证据法》，中国人民公安大学出版社 2003 年版。
99. 李心鉴:《刑事诉讼构造论》，中国政法大学出版社 1992 年版。
100. 张建伟:《司法体制原理》，中国人民公安大学出版社 2002 年版。
101. 李春雷:《中国近代刑事诉讼制度改革研究》，北京大学出版社 2004 年版。
102. 曾新华:《当代刑事司法制度史》，中国检察出版社 2012 年版。
103. 赵永红:《刑事程序性裁判研究》，中国人民公安大学出版社 2005 年版。
104. 吴卫军:《司法改革原理研究》，中国人民公安大学出版社 2003 年版。
105. 刘涛:《刑事诉讼主体论》，中国人民公安大学出版社 2005 年版。
106. 陈永生:《侦查程序原理论》，中国人民公安大学出版社 2003 年版。
107. 杨立新:《刑事诉讼平衡论》，中国人民公安大学出版社 2006 年版。
108. 曲新久:《刑事政策的权力分析》，中国政法大学出版社 2002 年版。
109. 朱立恒:《社会主义法治理念视野下的司法体制改革》，法律出版社 2012 年版。
110. 孙万胜:《司法改革的实践之悟》，人民法院出版社 2013 年版。
111. 卢学英:《法律职业共同体引论》，法律出版社 2010 年版。
112. 王戬:《不同权力结构模式下的检察权研究》，法律出版社 2011 年版。
113. 卢荣荣:《中国法院功能研究》，法律出版社 2014 年版。
114. 宋远升:《法官论》，法律出版社 2012 年版。
115. 宋远升:《检察官论》，法律出版社 2014 年版。
116. 郝银钟:《刑事公诉权原理》，人民法院出版社 2004 年版。
117. 张智辉主编:《检察权优化配置研究》，中国检察出版社 2014 年版。
118. 韩旭:《检察官客观义务论》，法律出版社 2013 年版。
119. 石少侠:《检察视野中的司法改革》，中国检察出版社 2011 年版。
120. 谢小剑:《检察制度的中国图景》，中国政法大学出版社 2014 年版。

121. 谭世贵:《中国司法体制改革研究》中国人民公安大学出版社 2013 年版。
122. 李建明:《刑事司法错误——以刑事错案为中心的研究》,人民出版社 2013 年版。
123. 李蓉:《刑事诉讼分权制衡基本理论研究》,中国法制出版社 2006 年版。
124. 徐阳:《权力规范与权力技术——刑事诉讼中国家权力配置问题研究》,法律出版社 2010 年版。
125. 张智辉主编:《检察权优化配置研究》,中国检察出版社 2014 年版。
126. 孙煜华:《侦查权的宪法控制》,法律出版社 2014 年版。
127. 王昕:《公诉运行机制实证研究》,中国检察出版社 2010 年版。
128. 周欣:《侦查权配置问题研究》,中国人民公安大学出版社 2010 年版。
129. 门金玲:《侦审关系研究》,中国社会科学出版社 2011 年版。
130. 赵旭光:《刑事侦查的正当性问题研究》,中国法制出版社 2013 年版。
131. 倪铁等:《中国侦查体制演进研究》,复旦大学出版社 2014 年版。
132. 刘广三等:《刑事司法环境研究》,北京师范大学出版社 2010 年版。
133. 卢上需、熊伟主编:《社会转型中的法院改革》,法律出版社 2012 年版。
134. 孙洪坤:《司法民主、公平正义与法官制度》,法律出版社 2012 年版。
135. 蒋剑鸣等:《转型社会的司法:方法、制度与技术》,中国人民公安大学出版社 2008 年版。
136. 顾永忠等:《刑事辩护国际标准与中国实践》,北京大学出版社 2012 年版。
137. 张能全:《刑事诉讼生态化研究》,中国人民公安大学出版社 2009 年版。
138. 胡志风:《刑事错案的侦查程序分析与控制路径研究》,中国人民公安大学出版社 2012 年版。
139. 徐昕主编:《刑事辩护的中国问题》,厦门大学出版社 2014 年版。

二、译著类

140. [德] 马克斯·韦伯:《经济与社会》(上、下),林荣远译,商务印书馆 1997 年版。
141. [德] 马克斯·韦伯:《儒教与道教》,洪天富译,江苏人民出版社 1997 年版。
142. [美] 帕森斯:《社会行动的结构》,张明德等译,译林出版社 2003 年版。
143. [英] 科特利尔:《法律社会学导论》,潘大松等译,华夏出版社 1989 年版。
144. [法] 埃米尔·涂尔干:《社会分工论》,渠东译,生活·读书·新知三联书店 2000 年版。
145. [德] 哈贝马斯:《在事实和规范之间》,童世骏译,生活·读书·新知三联书店 2004 年版。
146. [德] 贡塔·托依布纳:《法律:一个自创生系统》,张骐译,北京大学出版社 2004

年版。
147. ［美］摩尔根:《古代社会》，杨东莼、马雍、马巨译，商务印书馆 1997 年版。
148. ［德］奥特·弗利德·赫费:《政治的正义性——法和国家的批判哲学之基础》，庞学铨等译，上海译文出版社 2005 年版。
149. ［古希腊］亚里士多德:《政治学》，吴寿彭译，商务印书馆 1983 年版。
150. ［英］洛克:《政府论两篇》，赵伯英译，陕西人民出版社 2004 年版。
151. ［法］孟德斯鸠:《论法的精神》（上、下），张雁深译，商务印书馆 2006 年版。
152. ［法］卢梭:《社会契约论》（中译本），何兆武译，商务印书馆 1980 年版。
153. ［美］亨廷顿:《变革社会中的政治秩序》，李盛玉等译，华夏出版社 1988 年版。
154. ［美］熊彼特:《资本主义、社会主义与民主》，顾准译，商务印书馆 1979 年版。
155. ［英］阿克顿:《自由与权力》，侯健、范亚峰译，商务印书馆 2001 年版。
156. ［美］罗尔斯:《正义论》，何怀宏等译，中国社会科学出版社 1988 年版。
157. ［美］魏特夫:《东方专制主义》，徐式谷等译，中国社会科学出版社 1989 年版。
158. ［美］汉密尔顿等:《联邦党人文集》，程逢如等译，商务印书馆 2006 年版。
159. ［法］托克维尔:《论美国的民主》（上、下），董果良译，商务印书馆 2004 年版。
160. ［英］M. J. C. 维尔:《宪政与分权》，苏力译，生活·读书·新知三联书店 1997 年版。
161. ［美］路易斯·亨金等:《宪政与权利》，郑戈等译，生活·读书·新知三联书店 1996 年版。
162. ［英］弗里德利希·冯·哈耶克:《自由秩序原理》（上、下），邓正来译，生活·读书·新知三联书店 1997 年版。
163. ［英］弗里德利希·冯·哈耶克:《法律、立法与自由》（第 1、2、3 卷），邓正来译，中国大百科全书出版社 2000 年版。
164. ［美］诺内特、塞尔兹尼克:《转变中的法律与社会》，张志铭译，中国政法大学出版社 1994 年版。
165. ［美］劳伦斯·M. 弗里德曼:《法律制度》，李琼英译，中国政法大学出版社 1994 年版。
166. ［日］川岛武宜:《现代化与法》，王志安等译，中国政法大学出版社 1994 年版。
167. ［美］哈罗德·伯尔曼:《法律与革命》，贺卫方等译，中国大百科全书出版社 1996 年版。
168. ［英］哈特:《法律的概念》，张文显等译，中国大百科全书出版社 1996 年版。
169. ［美］德沃金:《法律帝国》，李常青译，中国大百科全书出版社 1996 年版。
170. ［英］米尔恩:《人权哲学》，夏勇、张志铭译，中国大百科全书出版社 1995 年版。
171. ［德］拉德布鲁赫:《法学导论》，米健、朱林译，中国大百科全书出版社 1997 年版。

172. ［德］魏德士：《法理学》，丁晓春、吴越译，法律出版社 2005 年版。
173. ［德］拉德布鲁赫：《法哲学》，王朴译，法律出版社 2005 年版。
174. ［美］罗斯科·庞德：《法理学》，邓正来译，中国政法大学出版社 2004 年版。
175. ［美］博登海默：《法理学：法律哲学与法律方法》，邓正来译，中国政法大学出版社 2004 年版。
176. ［德］考夫曼：《法律哲学》，刘幸义等译，法律出版社 2004 年版。
177. ［美］小詹姆斯·R. 斯托纳：《普通法与自由主义理论》，姚中秋译，北京大学出版社 2005 年版。
178. ［英］艾伦：《法律、自由与正义——英国宪政的法律基础》，成协中等译，法律出版社 2006 年版。
179. ［俄］伊·亚·伊林：《法律意识的实质》，徐晓晴译，清华大学出版社 2005 年版。
180. ［爱尔兰］J. M. 凯利：《西方法律思想简史》，王笑红译，法律出版社 2002 年版。
181. ［英］梅因：《古代法》，沈景一译，商务印务馆 1984 年版。
182. ［美］E. A. 霍贝尔：《初民的法律》，周勇译，中国社会科学出版社 1993 年版。
183. ［美］孟罗·斯密：《欧陆法律发达史》，姚梅镇译，中国政法大学出版社 1999 年版。
184. ［美］埃尔曼：《比较法律文化》，贺卫方、高鸿钧译，生活·读书·新知三联书店 1990 年版。
185. ［美］克里斯托弗·沃尔夫：《司法能力主义》，黄金荣译，中国政法大学出版社 2004 年版。
186. ［美］约翰·亨利·梅利曼：《大陆法系》，顾培东、禄正平译，法律出版社 2004 年版。
187. ［美］富勒：《法律的道德性》，郑戈译，商务印书馆 2005 年版。
188. ［美］罗斯科·庞德：《法律与道德》，陈林林译，中国政法大学出版社 2003 年版。
189. ［德］K. 茨威格特、H. 克茨：《比较法总论》，潘汉典等译，贵州人民出版社 1992 年版。
190. ［日］谷口安平：《程序的正义与诉讼》，王亚新、刘荣军译，中国政法大学出版社 1996 年版。
191. ［意］贝卡利亚：《论犯罪与刑罚》，黄风译，中国法制出版社 2002 年版。
192. ［意］莫诺·卡佩莱蒂：《比较法视野中的司法程序》，徐昕、王奕译，清华大学出版社 2005 年版。
193. ［美］阿兰·S. 罗森鲍姆编：《宪政的哲学之维》，郑戈、刘茂林译，生活·读书·新知三联书店 2001 年版。
194. ［美］R. M. 昂格尔：《现代社会中的法律》，吴玉章、周汉华译，译林出版社 2001 年版。

195. ［法］达维德：《当代主要法律体系》，漆竹生译，上海译文出版社 1983 年版。
196. ［日］棚濑孝雄：《纠纷解决与审判制度》，王亚新译，中国政法大学出版社 1994 年版。
197. ［美］米尔伊安·达玛什卡：《司法和国家权力的多种面孔》，郑戈译，中国政法大学出版社 2004 年版。
198. ［日］大木雅夫：《东西方的法观念比较》，华夏等译，北京大学出版社 2004 年版。
199. ［美］庞德：《普通法的精神》，唐前宏等译，法律出版社 2001 年版。
200. ［英］丹宁：《法律的正当程序》，李克强等译，法律出版社 1999 年版。
201. ［德］克劳思·罗科信：《刑事诉讼法》，吴丽琪译，法律出版社 2003 年版。
202. ［法］卡斯东·斯特法尼等：《法国刑事诉讼法精义》，罗结珍译，中国政法大学出版社 1998 年版。
203. ［美］爱伦·豪切斯泰勒·斯黛丽、南希·弗兰克：《美国刑事法院诉讼程序》，陈卫东、徐美君译，中国人民大学出版社 2002 年版。
204. 麦高伟等主编：《英国刑事司法程序》，姚永吉等译，法律出版社 2003 年版。
205. ［日］松尾浩也：《日本刑事诉讼法》，丁相顺译，中国人民大学出版社 2005 年版。
206. ［日］田口守一：《刑事诉讼法》，刘迪等译，法律出版社 2000 年版。
207. ［美］米尔建·达马斯卡：《漂移的证据法》，李学军等译，中国政法大学出版社 2003 年版。
208. ［英］杰奎琳·霍奇森：《法国刑事司法——侦查与起诉的比较研究》，张小玲、汪海燕译，中国政法大学出版社 2012 年版。

三、中文论文类

209. 李步云、肖海军：“契约精神与宪政”，载《法制与社会发展》2005 年第 3 期。
210. 王岩：“契约理念：历史与现实的反思”，载《哲学研究》2004 年第 4 期。
211. 陈兴良：“为辩护权辩护——刑事法治视野中的辩护权”，载《法学》2004 年第 1 期。
212. 高鸿钧：“现代法治的困境及其出路”，载《法学研究》2003 年第 2 期。
213. 徐静村：“走向程序法治：中国刑事程序改革的宪政思考”，载《现代法学》2003 年第 4 期。
214. 马长山：“中国法治进路的根本面向与社会根基”，载《法律科学》2003 年第 6 期。
215. 牛振宇、张晓薇：“正视与反思：中国诉讼文化的现代化进路”，载《当代法学》2003 年第 6 期。
216. 邓智慧：“人身保护令与人权保障——以刑事诉讼为主视角”，载《中国法学》2004 年第 2 期。

217. 陈瑞华："程序正义的理论基础——评马修的尊严价值理论"，载《中国法学》2000年第3期。
218. 锁正杰："刑事程序价值论：程序正义与人权保障"，载《中国法学》2000年第5期。
219. 何家弘："刑事司法的十大趋势"，载《燕山大学学报（哲学社科版）》2005年第1期。
220. 孙长永："比较法视野中的刑事强制措施"，载《法学研究》2005年第1期。
221. 左卫民："我国刑事诉讼制度若干改革基本理论问题研究"，载《中国法学》2003年第4期。
222. 陈光中："刑事诉讼法再修改之理论更新"，载《政法论坛》2004年第3期。
223. 季卫东："法律程序的意义——对中国法制建设的另一种思考"，载《中国社会科学》1993年第1期。
224. 陈瑞华："程序正义的理论基础"，载《中国法学》2000年第3期。
225. 陈瑞华："从认识论走向价值论"，载《法学》2001年第1期。
226. 吴泽勇："从程序本位到程序自治"，载《法律科学》2004年第4期。
227. 陈卫东："我国检察权的反思与重构"，载《法学研究》2002年第2期。
228. 陈卫东、刘计划："论犯罪嫌疑人的诉讼主体地位"，载《法商研究》2003年第2期。
229. 陈卫东、程雷："刑事诉讼的全球化趋势析评"，载《山东公安专科学校学报》2003年第2期。
230. 陈光中、郑旭："追求刑事诉讼价值的平衡——英俄近年刑事司法改革述评"，载《中国刑事法杂志》2003年第1期。
231. 叶传星："和谐社会构建中的法理念转换"，载《法制与社会发展》2006年第1期。
232. 谢佑平："刑事诉讼视野中的司法审查"，载《中外法学》2003年第1期。
233. 樊崇义："论刑事诉讼法律观的转变"，载《政法论坛》2001年第2期。
234. 郝银钟："刑事诉讼目的双重论之反思与重构"，载《法学》2005年第8期。
235. 吴宏耀："现代法视野中的刑事诉讼"，载《政法论坛》2004年第3期。
236. 陈瑞华："刑事诉讼中的重复追诉问题"，载《政法论坛》2002年第5期。
237. 陈卫东、李奋飞："论侦查权的司法控制"，载《政法论坛》2000年第5期。
238. 张泽涛："'议行合一'对司法权的负面影响"，载《法学》2003年第10期。
239. 张卫平："论我国法院体制的非行政化"，载《法商研究》2000年第3期。
240. 左卫民："现代化视野中的法院建构"，载《政治与法律》2001年第4期。
241. 张卫平："体制、观念与司法改革"，载《中国法学》2003年第1期。
242. 万毅："转折与定位：侦查模式与我国侦查程序改革"，载《现代法学》2003年第2期。
243. 刘安荣："我国法院体制的行政化及改革对策"，载《陕西师范大学学报（哲学社科版）》2004年第6期；
244. 张建伟："从权力行使型到权力抑制型——刑事程序构造的重新设定"，载《政法论坛》2004年第3期。
245. 王戬："宪政体制下的刑事诉讼：权利维度的思考"，载《四川大学学报（哲学社科版）》2003年第6期。
246. 聂洪勇："分工负责、互相配合、互相制约原则的检讨与重构"，载《法律适用》2007年第1期。
247. 陈卫东、李训虎："检察一体与检察独立"，载《法学研究》2006年第1期。
248. 汪海燕："论程序倒流"，载《法学研究》2008年第5期。
249. 熊秋红："中国语境下的刑事司法改革"，载《法商研究》2007年第6期。
250. 陈光中、崔洁："司法、司法机关的中国式解读"，载《中国法学》2008年第2期。
251. 葛同山："刑事诉讼中国家权力配置规律研究"，载《新疆社会科学》2008年第1期。
252. 葛琳："刑事诉讼程序回转现象之反思"，载《西部法学评论》2010年第6期。
253. 韩大元、于文豪："法院、检察院和公安机关的宪法关系"，载《法学研究》2011年第3期。
254. 吴纪奎："对抗式诉讼改革与有效辩护"，载《中国刑事法杂志》2011年第5期。
255. 宋寒松："我国非法证据排除制度的完善对防治腐败的启示"，载《中国法学》2013年第6期。
256. 熊秋红："刑事司法职权的合理配置"，载《当代法学》2009年第1期。
257. 向泽选、谭庆之："司法规律与检察改革"，载《政法论坛》2009年第5期。
258. 熊秋红："刑事辩护的规范体系及其运行环境"，载《政法论坛》2012年第5期。
259. 谭世贵："中国刑事司法体制若干问题"，载《法治研究》2011年第3期。
260. 周宝峰："宪政视野中的刑事被告人获得律师帮助权研究"，载《内蒙古大学学报（哲学社科版）》2009年第4期。
261. 顾永忠："刑事辩护的现代法治涵义解读"，载《中国法学》2009年第6期。
262. 梁玉霞："逮捕中心化的危机与解困出路"，载《法学评论》2011年第4期。
263. 夏锦文："当代中国的司法改革：成就、问题与出路"，载《中国法学》2010年第1期。
264. 左卫民："范式转型与中国刑事诉讼制度改革"，载《中国法学》2009年第2期。
265. 朱孝清："检察官客观公正义务及其在中国的发展完善"，载《中国法学》2009年第2期。
266. 龙宗智："论建立以一审庭审为中心的事实认定机制"，载《中国法学》2010年第2期。
267. 樊崇义、张中："论刑事司法体制改革与诉讼结构之调整"，载《环球法律评论》

2006 年第 5 期。
268. 陈岚："我国检警关系的反思与重构"，载《中国法学》2009 年第 6 期。
269. 车传波："论我国法院体制改革的路径"，载《当代法学》2011 年第 4 期。
270. 龙宗智："强制侦查司法审查制度的完善"，载《中国法学》2011 年第 6 期。
271. 彭海青："我国刑事司法改革的推进之路"，载《法学评论》2011 年第 3 期。
272. 左卫民："司法化：中国刑事诉讼法修改的当下与未来走向"，载《四川大学学报（哲学社科版）》2012 年第 1 期。
273. 童之伟："'中国模式'之法学批判"，载《法学》2012 年第 12 期。
274. 易延友："论无罪推定的涵义与刑事诉讼法的完善"，载《政法论坛》2012 年第 1 期。
275. 冀祥德："刑事辩护准入制度与有效辩护及普遍辩护"，载《清华法学》2012 年第 4 期。
276. 陈光中、龙宗智："关于深化司法改革若干问题的思考"，载《中国法学》2013 年第 4 期。
277. 刘辉："刑事司法改革试点现象"，载《中国刑事法杂志》2013 年第 8 期。
278. 万毅："'曲意释法'现象批判——以刑事辩护制度为中心的分析"，载《政法论坛》2013 年第 2 期。
279. 向泽选："新时期检察改革的进路"，载《中国法学》2013 年第 5 期。
280. 龙宗智、袁坚："深化改革背景下对司法行政化的遏制"，载《法学研究》2014 年第 1 期。
281. 陈光中："如何理顺刑事司法中的法检公关系"，载《环球法律评论》2014 年第 1 期。
282. 郭松："刑事诉讼制度的地方性试点改革"，载《法学研究》2014 年第 2 期。
283. 徐鹤南："制度内生视角下的中国检察改革"，载《中国法学》2014 年第 2 期。
284. 谢佑平、潘祖金："主任检察官制度的探索与展望"，载《法学评论》2014 年第 2 期。
285. 陈卫东："司法机关依法独立行使职权研究"，载《中国法学》2014 年 2 期。
286. 徐汉明等："深化司法体制改革的理念、制度与方法"，载《法学评论》2014 年第 4 期。
287. 顾培东："再论人民法院审判权运行机制的构建"，载《中国法学》2014 年第 5 期。
288. 魏胜强："法律方法视域下的人民法院改革"，载《中国法学》2014 年第 5 期。
289. 朱孝清："检察官相对独立论"，载《法学研究》2015 年第 1 期。
290. 陈光中、魏晓娜："论我国司法体制的现代化改革"，载《中国法学》2015 年第 1 期。
291. 万毅："检察改革'三忌'"，载《政法论坛》2015 年第 1 期。
292. 何勤华、王涛："论刑事辩护制度的起源"，载《现代法学》2015 年第 4 期。
293. 陈福宽："检察改革的问题、使命与前景"，载《法学》2015 年第 9 期。
294. 龙宗智："影响司法公正及司法公信力的现实因素及其对策"，载《当代法学》2015

年第 3 期。
295. 杨建军："司法改革的理论论争及其启迪"，载《法商研究》2015 年第 2 期。
296. 郑青："论司法责任制改革背景下的检察指令的法治化"，载《法商研究》2015 年第 4 期。
297. 詹建红、张威："我国侦查权的程序性控制"，载《法学研究》2015 年第 3 期。
298. 沈德咏："论以审判为中心的诉讼制度改革"，载《中国法学》2015 年第 3 期。
299. 左卫民："省级统管地方法院法官作用改革审思"，载《法学研究》2015 年第 4 期。
300. 魏晓娜："以审判为中心的刑事诉讼制度改革"，载《法学研究》2015 年第 4 期。
301. 袁达松："走向包容性的法治国家建设"，载《中国法学》2013 年第 2 期。
302. 杨建军："通过司法的社会治理"，载《法学论坛》2014 年第 2 期。
303. 李建明："初论刑事司法体制改革的内容"，载《南京社会科学》2004 年第 1 期。
304. 孙锐："刑事诉讼本质论"，载《政法论坛》2012 年第 4 期。
305. 周长军："语境与困境：侦查程序完善的未竟课题"，载《政法论坛》2012 年第 5 期。
306. 左卫民、马静华："刑事法律援助改革试点之实证研究"，载《法制与社会发展》2013 年第 1 期。
307. 何勤华："新中国法学发展规律考"，载《中国法学》2013 年第 3 期。
308. 张文显："现代性与后现代性之间的中国司法"，载《现代法学》2014 年第 1 期。
309. 郭华："我国案卷移送制度功能的重新审视"，载《政法论坛》2013 年第 3 期。
310. 周光辉："推进国家治理现代化需要寻求和凝聚社会共识"，载《法制与社会发展》2014 年第 5 期。
311. 陈卫东："司法机关依法独立行使职权研究"，载《中国法学》2014 年第 2 期。
312. 王莉君："全球化趋势下我国法律发展的自主性"，载《比较法研究》2013 年第 4 期。
313. 季卫东："论法制和权威"，载《中国法学》2013 年第 1 期。
314. 刘晶："卷证并送主义下的公诉审查程序之构建——兼评《刑事诉讼法》第 172 条、第 181 条"，载《河北法学》2014 年第 6 期。
315. 刘宇晖："价值多元化与我国人民陪审团制度的构建"，载《河北法学》2012 年第 9 期。
316. 陈光中、肖沛权："关于司法权威问题之探讨"，载《政法论坛》2011 年第 1 期。
317. 杜宴林："当下中国需要怎样的治理现代化"，载《法制与社会发展》2014 年第 5 期。
318. 陈瑞华："辩护权制约裁判权的三种模式"，载《政法论坛》2014 年第 5 期。
319. 夏锦文："当代中国的司法改革：成就、问题与出路——以人民法院为中心的分析"，载《中国法学》2010 年第 1 期。
320. 李爽："优化司法职权配置的理论解读与制度建构"，载《法制与社会发展》2016 年第 2 期。

321. 龙宗智："影响司法公正及司法公信力的现实因素及其对策"，载《当代法学》2015年第3期。
322. 詹建红、张威："我国侦查权的程序控制"，载《法学研究》2015年第3期。
333. 徐美君："我国刑事诉讼运行状况实证分析"，载《法学研究》2010年第2期。
334. 左卫民："未完成的变革——刑事庭前会议实证研究"，载《中外法学》2015年第2期。
335. 莫湘益："庭前会议：从法理到实证的考察"，载《法学研究》2014年第3期。
336. 陈学权："死刑复核程序中的辩护权保障"，载《法商研究》2015年第2期。
337. 朱孝清："司法职权配置的目标与原则"，载《法制与社会发展》2016年第2期。
338. 陈瑞华："司法审查的乌托邦"，载《中国法律评论》2014年第6期。
339. 强梅梅："司法人员分类管理改革的制约因素及其破解"，载《法制与社会发展》2016年第2期。
340. 韩成军："司法公正权威与检察监督的关系"，载《当代法学》2015年第6期。
341. 胡铭："司法公信力的理性阐释与建构"，载《中国社会科学》2015年第4期。
342. 王敏远："司法改革背景下的三机关相互关系问题探讨"，载《法制与社会发展》2016年第2期。
343. 秦前红、苏绍龙："深化司法体制改革需要正确处理的多重关系"，载《法律科学》2015年第1期。
344. 刘计划："检警一体化模式再解读"，载《法学研究》2013年第6期。
345. 朱孝清："检察官相对独立论"，载《法学研究》2015年第1期。
346. 徐汉明："论司法权和司法行政事务管理权的分离"，载《中国法学》2015年第4期。

四、外文著作类

347. Mireille Delmas-Marty, J. R. Spencer, *European criminal*, Cambridge University Press, 2002.
348. Joel Samaha, *Criminal*, West/Wadsworth Publishing Company, 1999.
349. Esmein, *A History of Continental Criminal* (Trans. By John Simpson), Little Brown and Company, 1913, p. 13.
350. *Black'Law Dictionary*, Fifth edition, West Publishing Co. (1979)
351. Packer, *the Limit of Criminal Sanctions*, by the Michie Company, 1913.
352. Ronald Jay Allen, Willian J. Stuntz, Joseph L. Hoffmann, DebraA. Livingston, *Comprehentive Criminal*, by Aspen Publishers, Inc. 2003.
353. Mirelle Delmas-Marty, *The Criminal Process and Human Rights*, by Martinus Nijhoff Publishers, 1995.

354. Sanford H. Kadish, Stephen J. Schulhofer, *Criminal Law and Its Processes*: *Cases and Materials*, *by Aspen Publishers*, *Inc*, 2003.

355. Antonio Cassese, *Human Rights in a Changing World*, Cambridge: Polity Press, 1994.

356. Mauro Cappelletti, *Who Watchs the Watchmen*? ——*A Comparative Study on Judicial Independence*, by Martinus Nijhoff Publishers, 1985.

357. Henry J. Abraham, *The Judicial Process* (7th ed.), Oxford University Press, 1998.

358. Benjamin N. Cardozo, *The Nature of Judicial Process*, Yale University Press, 1928.

359. James O'Reilly, *Human Rights and Constitutional Law*, The Round Hall Press, 1992.